中国艺术研究院
基本科研业务费项目

中国艺术研究院学术文库
主　编　王文章　周庆富

陈绶祥　著

# 遮蔽的文明

北京时代华文书局

图书在版编目（CIP）数据

遮蔽的文明 / 陈绶祥著 . -- 北京：北京时代华文书局, 2025.6
（中国艺术研究院学术文库 / 王文章，周庆富主编）
ISBN 978-7-5699-5218-6

Ⅰ.①遮… Ⅱ.①陈… Ⅲ.①中华文化—文集 Ⅳ.① K203-53

中国国家版本馆 CIP 数据核字 (2024) 第 062535 号

ZHEBI DE WENMING

出 版 人：陈　涛
责任编辑：徐敏峰
装帧设计：周伟伟
责任印制：刘　银　訾　敬

出版发行：北京时代华文书局 http://www.bjsdsj.com.cn
　　　　　北京市东城区安定门外大街 138 号皇城国际大厦 A 座 8 层
　　　　　邮编：100011　　电话：010-64263661　64261528

印　　刷：三河市嘉科万达彩色印刷有限公司
开　　本：710 mm×1000 mm　1/16　　成品尺寸：170 mm×240 mm
印　　张：26.5　　　　　　　　　　　字　　数：392 千字
版　　次：2025 年 6 月第 1 版　　　　印　　次：2025 年 6 月第 1 次印刷
定　　价：98.00 元

版权所有，侵权必究
本书如有印刷、装订等质量问题，本社负责调换，电话：010-64267955。

## "中国艺术研究院学术文库"编辑委员会

主　编　王文章　周庆富

副主编　喻　静　李树峰　王能宪

委　员　王　馗　牛克成　田　林　孙伟科
　　　　李宏锋　李修建　吴文科　邱春林
　　　　宋宝珍　陈　曦　杭春晓　罗　微
　　　　赵卫防　卿　青　鲁太光
　　　　（按姓氏笔画排序）


### 编辑部

主　任　陈　曦

副主任　戴　健　曹贞华

成　员　马　岩　刘兆霏　汪　骁　张毛毛
　　　　胡芮宁　（按姓氏笔画排序）

# "中国艺术研究院学术文库"再版序

周庆富

  由中国艺术研究院策划、北京时代华文书局出版的大型系列丛书"中国艺术研究院学术文库",历经十余载,陆续出版近150种,逾5000万字,自面世以来取得了很好的社会反响。这套丛书以全景集成之姿,系统呈现了中国艺术研究院新一代学者在文化强国征程中,承继前海学术传统,赓续前辈学术遗产的共同追求,也展现了学者们鲜明的研究个性和独特的学术风格,勾勒出我国当代文化艺术从理论研究到实践探索的发展脉络,对推进中国艺术学学科体系、学术体系、话语体系建设具有重要的史料价值和学术价值。

  北京时代华文书局意将整套丛书再版,并对装帧、版式等进行重新设计,让这一系列规模庞大、内容广博的研究成果持续发挥它应有的作用,这无疑是一件好事!衷心祝愿"中国艺术研究院学术文库"再版成功!中国艺术研究院的学者们也将继续以饱满的学术热情,将个人专长与国家需要紧密结合,不断为新时代文化艺术繁荣发展,为文化强国建设贡献智慧和力量。

2024年12月20日

# 总 序

王文章

  以宏阔的视野和多元的思考方式，通过学术探求，超越当代社会功利，承续传统人文精神，努力寻求新时代的文化价值和精神理想，是文化学者义不容辞的责任。多年以来，中国艺术研究院的学者们，正是以"推陈出新"学术使命的担当为己任，关注文化艺术发展实践，求真求实，尽可能地从揭示不同艺术门类的本体规律出发做深入的研究。正因此，中国艺术研究院学者们的学术成果，才具有了独特的价值。

  中国艺术研究院在曲折的发展历程中，经历聚散沉浮，但秉持学术自省、求真求实和理论创新的纯粹学术精神，是其一以贯之的主体性追求。一代又一代的学者扎根中国艺术研究院这片学术沃土，以学术为立身之本，奉献出了《中国戏曲通史》《中国戏曲通论》《中国古代音乐史稿》《中国美术史》《中国舞蹈发展史》《中国话剧通史》《中国电影发展史》《中国建筑艺术史》《美学概论》等新中国奠基性的艺术史论著作。及至近年来的《中国民间美术全集》《中国当代电影发展史》《中国近代戏曲史》《中国少数民族戏曲剧种发展史》《中国音乐文物大系》《中华艺术通史》《中国先进文化论》《非物质文化遗产概论》《西部人文资源研究丛书》等一大批学术专著，都在学界产生了重要影响。近十多年来，中国艺术研究院的学者出版学术专著在千种以上，并发表了大量的学术论文。处于大变革时代的中国艺术研究院的学者们以自己的创造智慧，在时代的发展中，为我国当代的文化建设和学术发展做出了当之无愧的贡献。

为检阅、展示中国艺术研究院学者们研究成果的概貌，我院特编选出版"中国艺术研究院学术文库"丛书。入选作者均为我院在职的副研究员、研究员。虽然他们只是我院包括离退休学者和青年学者在内众多的研究人员中的一部分，也只是每人一本专著或自选集入编，但从整体上看，丛书基本可以从学术精神上体现中国艺术研究院作为一个学术群体的自觉人文追求和学术探索的锐气，也体现了不同学者的独立研究个性和理论品格。他们的研究内容包括戏曲、音乐、美术、舞蹈、话剧、影视、摄影、建筑艺术、红学、艺术设计、非物质文化遗产和文学等，几乎涵盖了文化艺术的所有门类，学者们或以新的观念与方法，对各门类艺术史论做了新的揭示与概括，或着眼现实，从不同的角度表达了对当前文化艺术发展趋向的敏锐观察与深刻洞见。丛书通过对我院近年来学术成果的检阅性、集中性展示，可以强烈感受到我院新时期以来的学术创新和学术探索，并看到我国艺术学理论前沿的许多重要成果，同时也可以代表性地勾勒出新世纪以来我国文化艺术发展及其理论研究的时代轨迹。

中国艺术研究院作为我国唯一的一所集艺术研究、艺术创作、艺术教育为一体的国家级综合性艺术学术机构，始终以学术精进为己任，以推动我国文化艺术和学术繁荣为职责。进入新世纪以来，中国艺术研究院改变了单一的艺术研究体制，逐步形成了艺术研究、艺术创作、艺术教育三足鼎立的发展格局，全院同志共同努力，力求把中国艺术研究院办成国内一流、世界知名的艺术研究中心、艺术教育中心和国际艺术交流中心。在这样的发展格局中，我院的学术研究始终保持着生机勃勃的活力，基础性的艺术史论研究和对策性、实用性研究并行不悖。我们看到，在一大批个人的优秀研究成果不断涌现的同时，我院正陆续出版的"中国艺术学大系""中国艺术学博导文库·中国艺术研究院卷"，正在编撰中的"中华文化观念通诠""昆曲艺术大典""中国京剧大典"等一系列集体研究成果，不仅展现出我院作为国家级艺术研究机构的学术自觉，也充分体现出我院领军国内艺术学地位的应有学术贡献。这套"中国艺术研究院学术文库"和拟编选的本套文库离退休著名学者著述部分，正是我院多年艺术学科建设和学术积累的一个集中性展示。

多年来，中国艺术研究院的几代学者积淀起一种自身的学术传统，那就是勇于理论创新，秉持学术自省和理论联系实际的一以贯之的纯粹学术精神。对此，我们既可以从我院老一辈著名学者如张庚、王朝闻、郭汉城、杨荫浏、冯其庸等先生的学术生涯中深切感受，也可以从我院更多的中青年学者中看到这一点。令人十分欣喜的一个现象是我院的学者们从不故步自封，不断着眼于当代文化艺术发展的新问题，不断及时把握相关艺术领域发现的新史料、新文献，不断吸收借鉴学术演进的新观念、新方法，从而不断推出既带有学术群体共性，又体现学者在不同学术领域和不同研究方向上深度理论开掘的独特性。

在构建艺术研究、艺术创作和艺术教育三足鼎立的发展格局基础上，中国艺术研究院的艺术家们，在中国画、油画、书法、篆刻、雕塑、陶艺、版画及当代艺术的创作和文学创作各个方面，都以体现深厚传统和时代特征的创造性，在广阔的题材领域取得了丰硕的成果，这些成果在反映社会生活的深度和广度及艺术探索的独创性等方面，都站在时代前沿的位置而起到对当代文学艺术创作的引领作用。无疑，我院在文学艺术创作领域的活跃，以及近十多年来在非物质文化遗产保护实践方面的开创性，都为我院的学术研究提供了更鲜活的对象和更开阔的视域。而在我院的艺术教育方面，作为被国务院学位委员会批准的全国首家艺术学一级学科单位，十多年来艺术教育长足发展，各专业在校学生已达近千人。教学不仅注重传授知识，注重培养学生认识问题和解决问题的能力，同时更注重治学境界的养成及人文和思想道德的涵养。研究生院教学相长的良好气氛，也进一步促进了我院学术研究思想的活跃。艺术创作、艺术教育与学术研究并行，三者在交融中互为促进，不断向新的高度登攀。

在新的发展时期，中国艺术研究院将不断完善发展的思路和目标，继续培养和汇聚中国一流的学者、艺术家队伍，不断深化改革，实施无漏洞管理和效益管理，努力做到全面协调可持续发展，坚持以人为本，坚持知识创新、学术创新和理论创新，尊重学者、艺术家的学术创新、艺术创新精神，充分调动、发挥他们的聪明才智，在艺术研究领域拿出更多科学的、具有独创性的、充满鲜活生命力和深刻概括力的研究成果；在艺术创作领域推出更多具有思想震撼力和艺术感染力、具有时代标志性和代表性的精品力作；同时，培养更多德才兼备的优秀青年人才，真正把中国艺术研究院办成全国一流、世界知名的艺术研究中心、艺术教育中心和国际艺术交流中心，为中华民族伟大复兴的中国梦的实现和促进我国艺术与学术的发展做出新的贡献。

2014年8月26日

# 目　录

前言 / 1

中华文化的人性特征
　　——《吾文吾理》之一：《人性篇》/ 1
中华文化的开放性特征
　　——《吾文吾理》之二：《开放篇》/ 16
一"指"禅随笔：指"一" / 26
一"指"禅随笔：道"二" / 29
中国绘画的物我观念 / 32
遮蔽的文明 / 37

中国龙 / 46
彩陶艺术研究 / 89
面具与农业文明 / 170
玩具的文化性散论 / 183
民间美术三论 / 191

祥云·卷草·如意
　　——佛教纹饰的中国化历程 / 197

中华建筑艺术与中华文化论纲 / 212
近大远小·以大观小·变时化空
　　——中国画透视刍议 / 225
写死·写真·写生 / 231
素描的"素描" / 240

朝闻先生美术史观之我见 / 254
新文人画论 / 272
今存顾恺之画论的辩名 / 297
现存魏晋南北朝画论考订 / 307
"六法"辩析 / 321

魏晋南北朝时期"传神论"发展的几个阶段 / 334
魏晋南北朝美术史导论 / 370
折腾本己
　　——读陈玉圃画集代序 / 382
自强不息
　　——《中国中青年画家自选作品集》代序 / 386

不要忽视"创新"的传统
　　——"八十年代中国画展"观后之"乱弹" / 389
石鲁传代画序 / 395
朱屺瞻画序 / 397
《中华艺术丛书》跋 / 399
《三文丛书》序 / 401

后记：有梦不觉人生寒 / 407

# 前 言

　　《遮蔽的文明》一书收入了作者的专题研究文章三十篇，对中华文化的人性特征，对与龙有关的文化现象，对面具与农业文明，对彩陶艺术、玩具艺术、建筑艺术、美术史等中华文化与艺术中的诸多方面进行了具有独特见解的剖析和阐述。

　　作者陈绶祥先生是位博闻强记、见地不凡的中年学者。著名学者王朝闻先生曾评价他"有审美敏感，有比同龄人较丰富的知识，对学术敢于提出不同的意见。"从本书的目录也可以看出作者治学的领域是十分广阔的。其文章具有"精于学、邃于文、熟于事"的特点。作者性格宁静、淡泊，在研究中常以"无迹方知流光逝，有梦不觉人生寒"自励。作者在做学问或写文章中，持"大道如常、小技雕饰"的态度，用轻灵、平易的笔法，浅出深入地阐述他的艺术心得与见解。这在理论文章中可算是别具一格。此外，从行文中还可以感受到作者独具特色的幽默感，以及洞察问题的敏锐机锋。

　　由于篇幅所限，本书只展示了作者研究成果的一部分，但仍在总体上体现了作者的学术风格与水平。我们将本书献给喜爱、关心中华文化与中华艺术方面的课题的读者，献给希望了解中华传统文化艺术及关心当代文化发展与建设的读者。

# 中华文化的人性特征
——《吾文吾理》之一：《人性篇》

## 原　序

主编盛情，再三约我撰文谈谈中华文化。

我性情闲散，好"述"而不"作"，爱得"意"忘"行"，其实，都是难以提笔的托词。况且本人又有"身在此山中"之癖而没能漂洋过海去"蓦然回首"一下来看看"老土"(只是故土的含义、以应时髦的心理需要)，也没能到月亮上去"向前看"地望望"蓝色"的"地亮"(只是月亮的类比，以应时髦的"文化之光")，更缺乏那种可杀不可辱的"士气"，怕作了那叫作"鹄"的形象而被当作箭靶。后来，做了一个梦，终于在梦中上了天，入了地，也见了周公，也当了南柯太守。可见于名利仍未忘却，醒来便洒脱了许多。想想，反正早已活过了甘罗、王弼、王勃、李贺他们的寿数，还是"写了吧！"于是理了个总题目便信口开河，学着柴可夫斯基写《四季》那样应景作起"曲"来(只有不平不直的扭斜之含义)，十二个月总得有一打篇目，于是搜肠刮肚，得曰：①人性、②开放、③变革、④志记、⑤哲理、⑥教化、⑦神灵、⑧纲纪、⑨权术、⑩性情、⑪艺文、⑫风俗。姑妄依次而言，并学林语堂先生那本"吾民吾土"的样儿，起了个总题目叫"吾文吾理"。仿佛郑板桥在唱"道情"(是真正的道"情")。我的观点也许同很多人相悖，自视价值也正在于此。但我可不想抛"玉"引"砖"，也不想与谁"商榷"。

欧洲的圣哲们在将全部精力放在争论"一个针尖上能容纳多少个天使"的时候（奇怪！至今我国还有不少新兴的"当代学者"认为这是非常高超且必要的"理性思维"问题），人便只能是上帝手中的"东西"或者"其他东西"上的"肋骨"了。整个西方十四世纪之前的"经院哲学"以及所统领的一切文艺、科学全是神的殿堂，那儿虽然每一个针尖上都布满了许多天使，但却没有一丁点儿人的立锥之地，那时，整个西方文明对人的认识可说是等于零。十四到十六世纪，西方先进的哲人们怀疑起神殿的构架来。于是，他们一如许多革命者一样，从古希腊、罗马的文明中找到了似乎是描绘人，其实是描绘神的"文艺"大纛，以"复兴古希腊文艺"的"复古面貌"，行摧毁"经院神学"的"创新行动"。于是，许多朴素的上古学问被发掘，被理解，被运用，被阐述。于是，便如"王弼注易老"那样在欧洲大地上发生了一场"六经注我"的运动来，我们便得以窥见了那个伟大的"人性"和"人道"的出现。最初，还只能"犹抱琵琶半遮面"，哲人们、匠师们接二连三地解释："人是上帝创造的最佳范模"，"人体便是上帝的模样"。但是，一方面哥伦布和麦哲伦受到举国上下的欢迎，另一方面，伽利略和布鲁诺却要被审判和被烧死；一方面，培根升任大法官，另一方面，伏尔泰却被放逐。欧洲十八世纪的先知先觉，也只能在自然的认识上提出了实为"人的社会品质"的"平等、自由、博爱"作为人性口号，但他们对人的自身还是一无所获。而西方传统的"物化哲学"却在这种复兴中大展其能，那种"有一个支点便能撬起整个地球"的假说使得哲人们喊出了看似科学，实则荒谬的"人是机器"的口号，对神学的批判让给了对物的崇拜。随着钟表、玻璃镜子、万花筒和放大镜在西方文明中的泛滥，那建立在数理基础上的哲学只有"将人作物"似的把人体宰来割去，支、离、剖、度地研究起来，但"物"之"理"终于没能解说出"人"之"心"。于是，经典力学之父牛顿又回到了"神力"的万能中。新生的青年们在看腻了机械次序之后便逃逸到自然里面，高更不是在呼喊着"你们留恋那个社会干什么，你们留恋那个将人当作机器的社会干什么"的同时，抛弃了万贯家财而只身逃到塔希堤岛去了么！尽管如此，"物"化之繁荣毕竟创造了一个五彩缤纷的身外世界，人们转了许多圈，认识了"人是工具"，"人是奴隶"，"人是最精美的机械","人是高等动物","人是由猿变来的生物"等等许许多多的道理,但是,它们又如隔靴搔痒似的更激起了人们对"人"那个"自身本质"的兴趣。马克思总结了一个时代的认识和发现,指出:"人的本质并不是单个人所固有的抽象物。在其现实性上,它是一切社会关系的总和。"似乎摸到了些什么,但又似乎还是没有摸到。定型化产品的流通价值,空想社会主义者的伊甸园,经院哲学的逻辑思辨,构架了一个牢固的理论三角形,然而,就其本质上也正如马克思所言,它们只在"就其现实性"上框架了人生。于是,西方许多有识之士又在故去的圣哲那儿找出了新的发展来:生物学家与细菌学家研究每一个细胞的经验,难道不可供社会学家和人类学家借鉴来做一个个大小社会的考察;物理学家和化学家研究每一件物体以至分子、原子的运动,难道不可供生态学家和病理学家借鉴来做一项项事例的剖析;数学家的思维可使世界建立在"逻辑原子"身上,革命家的经验可作为世界结构的"实用哲学"。于是,西方文明花园中也出现了百花齐放与百家争鸣。孟德尔与弗洛依德,摩尔根与佛洛姆,科学家也好,神父也好,在做又一次"致广大,尽精微"的对人的探索,但不无遗憾的是,在他们认知、判析、推演、总结的整个过程中,"人"仍然是一个分离着而按一定构成方式联络起来的"物质",或者是一类联系着而按一定顺序变化方式分开来的"分子",或者是某些自然法规和社会关系造就与限定的"东西",说到底,人还是物,只不过是自然产物与社会生物。然而可喜的是,对人自身的剖析在新的世界中带来了新的希望,对自身的深入理解否认了原来的自身。文艺家与西方现代哲人们一道冲击了以往西方文明中对人的一切认识,他们从人的情感与人的思想所创获的信息符号中去解读人的自身。毕加索愤愤地问道:"你们为什么老要问我的画是什么意思,而不去问鸟儿们唱歌是什么意思。"马蒂斯不无幽默地对那些指斥他画的妇女太丑的贵妇们说:"我是个画家,画家不创造女人,只创造图画。"马格利特在他那巨大的悬在空中的烟斗画幅上反复书写"这不是烟斗"来作为他的座右铭。艺术家们并不孤立,超现实主义运动一开始便有文学与哲学的介入,表现主义与前卫主义、波普艺术也绝不是文艺单独的事情,克罗齐与席勒、罗素与怀特海、胡塞尔与海德哥尔等许多哲人们虽然依旧用数字、用逻辑、用现"象"、用符号来诠释、理解、判断人生，但这些对象本身并不再是度物所定的结果，而已变成人思所得的"文""志"，不再是物运所规的"定则"，而已变成了人历所获的格"律"了。于是，在又一次"个性"、"自我"的解脱中，实质上已不再讨论那种与"人性"无关的"个体""典型"等问题，而直指"人""生"的精义。萨特等许多西方哲人们终于画出了："我们是什么？我们从何处来？我们向何处去？"的巨大问号，这才是关于"人""性"的千古隐谜。只有至此，"人"才从自然中、从社会中、从自我中彻底被窥见而成为世界之基石。西方文明熏陶下的智者，在追求自身表现的过程中才明白了"成人不自在，自在不成人"的至理，终于将人构置在自古以来西方文化认为的最稳定的三角形中最重要的底边上，"自然·社会·人"成了新兴的宇宙框架，成了新兴的学术对象，成了新兴的艺术题材，成了……总之，"人"成了沟通其他二者之桥，如同中国太极图中那"S"形的一"道"象征的"人"的含义那样，既分割了阴阳之数，又联系了阴阳之道。当然，也正是由于东西方文化与认识的区别，它们才形成了：一个在极端上的限制的连接；另一个在整体中无处不在的运动着的连接。一个在只有横着向极端方向延伸的扩展，这种扩展使人与自然和社会的距离增大，而只有将人与自然、社会压缩到一个逻辑上的"点"时，它们才统一起来；另一个却在任何方向上随着自然社会的拓展而改变自身的量数与大小，却又不变其形状与特征，无论自然、社会、人如何地放大缩小，它们统一的至理是一统的。这也许要涉足于许多基本哲学观念才能更深入地讨论下去，但无论如何，只有在近现代，西方文化的完善构架才开始形成。于是才明白了：整个宇宙是建立在人的认识基础上的自然与社会。"自然·社会·人"，这是多么了不起的发现。但我们谁曾知道，就在西方文明认知这个"人的宇宙"构架之前多少个世纪，中国的普通老百姓已将这种构架以自己理解的文化形式，以中华固有的精辟方式书写成"文"，粘贴到了每一户农家的"香火台"上，当成了高于祖宗牌位的"民族正神"呢？

不是吗？有史籍可稽，至迟自宋代开始，中国百姓们就供奉"天地君亲师"的牌位了。那时的百姓不懂"现代汉语"，也没学过《自然课本》与《社会学讲义》，但我们谁能否认，"天地"正是中国人心目中的"自然"；"君亲"即指政权与家庭，它就是在西方社会学的严密构架中也是无懈可击的"社会"之注脚；而那中国的做"人"的标准，便集中在"为人师表"的"师"身上，这不俨然就是"自然·社会·人"的具体说明吗？

有些人会抬出"又是古已有之"的不满来。其实，"古已有之"并非是什么坏事，文化既是人们对宇宙认识的理念记录，人们只要记录了这些认识，它便会成为文化留在人类历史之中，这是什么坏事呢？真正的坏事恐怕是"现在没有"吧！

中华文化的人性特征，当然是"古已有之"的，而且还"古"得很呢！

半个多世纪前，被骂为"洋奴文人""假洋鬼子"的林语堂先生在他今天已重印并风靡世界的《吾民吾土》与《生活的艺术》等著作中娓娓动人地谈到了中华民族的生活态度与生活方式，他从衣食住行、艺匠工巧、婚丧嫁娶、声色犬马、诗文歌舞等许多信手拈来的事例中，弘现了中华文化作用于人生的真谛，指出了中华文化是让人懂得生活艺术的这一主旨。

我当然不愿再重复这些常谈，时过境迁的事例可以屡举常鲜，层出不穷。但"为人"的目的确会有不同的见解和不同的认识，理念本身并不需借助事物来阐述，而事例总是反、正都有，也并不证明任何理性认识，这便是中华文化对"文"和"行"的基本态度。就是在"为人"这一词汇的本身，也反映出中华文化对人的普遍认识来。读成平声的"为人"，便是"做自己"，而读成去声的"为人"，便是"帮别人"，"做一个人就是要为了人"，至理名言！这样一个简单的词汇，它积淀了多少深刻、平凡又精练的对"人"的理解啊！

这不是附会，更不是牵强。从一脉相承的文化履迹中，我们不难明白中华文化这种为人的根本。远在文字尚未统一之前的春秋时代，孔老夫子就以其"仁爱"哲学鸣世，而"仁"的根本便是"己所不欲，勿施于人"。是"爱人"。他的后学孟轲承其衣钵，其宗旨全是"讲道德，说仁义"，自此后的儒家学派，无不推崇"民本""民贵""民重"的思想，汉代崇尚孔子学说，其中心也是将"人"的地位提到"自然"与"社会"的框架上去，"天人感应"也好，"纲常伦理"也好，其本质仍是在"自然·社会"的认识中寻找"人"的自身。学说，不是只靠倡导便能实行的，也不是个人意志所能随意毁灭的。秦始皇烧掉的书许多都流传下来，而秦始皇不烧的书，却是一本也见不到了。"文化大革命"的焚书也是如此。儒学所以作为中华正统文化被尊崇，不正是它自身与中华文化有至关密切的联系，同时又道出每一个"人"的"人性本质"所致吗？

我们可以咒骂孔子，歪曲其理论来解脱我们自己的困窘，但是，在孔子没有诞生之前，中华文明已有数千年的历史，何况文化的至理还可追溯到文明之前。

中华文化的人性特征，表现在文化自身的产生、作用、目的都是以"人生"为始终。

中国是在原始农业经济的基础上进入文明社会，再加上天造地设之自然条件，赋予了中华文明"为人"之本质。

与原始狩猎经济方式不同（欧洲原始文明大抵如此），原始农业与原始采集经济的活动方式是以定居、集群活动为特征的。其个体的劳动方式又是和缓而相对自由的，主动而相对平等的。采集、耕作、收获、储存活动在符合自然规律的情况下，是一种对于原始人类个体来讲相对安全独立的劳作。这与狩猎活动中对个体力量的强调不同，也与狩猎活动中那受制于猎物的被动劳动不同，还与那种随时可获取或失去生命的斗争、及时享乐与忍饥挨饿的生活方式不同，因此，原始农业经济造就的是一种总体受自然规律制约的自由个体。在平等而自由的主动劳动中，每个个体的活动参照系很早便建立在自然与其他个体身上。这已足以萌发那种自在而又不排他，独立而又相依存的原始认识，并导致这种群体的规则与个体的宽容，集群的制约与个体的独立的原始心态。每一个群体在共同的植物生长规律与土地限制的前提下，受制于自然；每一个个体在自然规律限定下的活动中又必定与其他个体共存而受制于集群意识。因此，每一个"人"在自觉的同时，也正是"他觉"的同时，每一个集群在"社会"的同时，便也正是"自然"的同时。因此，在其生存方式的原始信仰中，已将自身、他人、自然化入，当人们要从这种混沌之中以理念方式记录出他们的认识时，他们所选择的"文"必定要"志"入他们自身的感受，要"化"入他们所从来就处于其中的"自然"与"社会"。他们只能以自己作为自然与他人的参照，他们也只能以自己所理解的"自然"与"他人"作为自身的参照。然而，我们更应该注意到，地球上已知的原始古文明区域(大都沿河流两岸而滋生)，只有中华民族这两条母亲河——长江与黄河是东西走向的，只有这两条河流流经的区域是处在四季分明的气候带中，它们的运行方向，正是地球自转的方向，它们生命的节奏，正是地球运动的韵律。在此范围内，有着同一的"天""地"，人们随日、月、星、辰之起落，朝暮寒暑之往复，实行着春种秋收的生活，认识着阴阳运行的至理。因此，虽然每一个个体的参照物都是自身，但任何一个自身所必须遵循的生存方式都使他们的认识统一，这种认识的结论，不正是中华文明自古以来"天造地设"的趋同之大势吗？那些把长城当作靶子的"黄色文明"的咒骂者们又何曾想过，在长城构筑之前，这块土地早已产生了有文明记载的趋同文化。正是这种每个个体自觉的趋同特征，才使得中华原始文明选择了自身——实际上是选择了统一的"自然·社会·人"中的"人"作为文明的参照系，这便是中华哲学的本质——人的哲学。以"人"的感觉、经历的记志发展成"文"的理念记录，上升成对世界的整个认识。感觉永远不能用尺度衡量，履迹永远不应该用规矩制定。不然，先秦诸子就不会那么起劲地挖苦"刻舟求剑"的楚人和"信尺疑足"的郑人；中国的老百姓也就不会将"守株待兔"、"削足适履"、"掩耳盗铃"、"揠苗助长"等典故津津乐道几千年；中国也就不会出现老子庄子那种"感觉型"的哲学大师，汉语词典里也不会有"江山如画"(注意：不是"画象江山")的词条了。

　　我们只要看看汉字中"历史"这两个字，便不难明白，中国的哲学是如何从"人生"中着眼而产生的了。在现代汉语中，人们爱将"历史"二字并称。实际上，"历"字在中国最初并无"史"的含义，从道理上讲，"历"字的出现要比"史"早得多。"历"字，从甲骨文到现在几乎都写作"歷"(唉！我们那些搅乱文字的混文化饭吃的先生们为了"少写几笔"，却多了几千个"简化汉字"，实在是"繁化""复杂化"和"混乱化"啊)。甲骨文中已发现许多"历"字，其基本写法已完全定型，均写作"𣂏"或"𣂏"，这足以说明中国人对"历"的基本观念以及对世界的认识方式。上面的"𣏲"或"𣏲"，不言而喻，是指庄稼林木之属，并排书写两个符号表示对"类"的归纳，颇有"一生二"中那个"一生"的意味。而下面的"ㄩ"或"ㄩ"乃是后来的"止"字，原意是"步履"、"痕迹"、"迹象"的含义。中华民族正是以这种自然界的生命生长之迹象来记录、把握、观察、推测时空的推移，这便是"历"。"历"的认识对象是植物群类的生长，是农业社会中有关生命的大事，认识对象既不是个体，对它们的把握则只能是总体的表"象"与其和自然的关系。在这种把握中，人的反复观察、记忆、比较和判别成了唯一方式，这种方式又导致经验的被运用和孤例的被否定。于是，每一个人的个体必须调动其生命中的一切感觉经验和理性判断来参与，而任何以往个体的结论也必须在新个体身上接受再三验证并实际上成为群体的认知结论。因此，在这种原始哲学中，"我""人""物"已融成了一个总体。另一方面，所认识的既然不是实体，而是它们运动的"迹象"，便已决定了那种"实在永不存在"（即："人们不能两次跨越同一条河"的哲理）的恒久而高超的自发之哲学思辨。由此可知中国哲学的根基集中在"道""名""关系"之上而忽视"器""实""本质"，其脉络渊源有自；中国成语中的有"名"无"实"、"名"存"实"亡之原意里深邃的哲学观念也本源于相同的至理。这种认识对象必须要求认识本体全部身心的介入，它们不同于狩猎活动中那种偶发的瞬时的近乎本能似的把握，不像那种认识中"实在·个体·偶然"之间的认知与被认知关系，因而，这种认识的结果，比较接近于自然关系中"物""人""我"的规律。这样，人们对"历"的信赖便成了必然，在中国上古社会中，"历"法几近"天"则。后来，人们要将自己的这些"经历"（多妙的词，请细细体味其中"经"的含义吧!），用一种特定的方式记录下来以传之后世。这种对类群生命总体履迹的记载，最初，并不可能借助于较为确定的具体对象之剖析或直接的语言再现来表述，更多的是要靠明显的表象与认识中颇为恒常的固有观念之间某种关系的确认来记录。于是，便产生了"仰观天象，俯察地物，近睹鸟兽之迹"的方式；于是，以视觉形象为纲纪的一切图符，便成了对"历"的认识记录。这便是中国对"史"的解释。孟子说："其文则史。"上古职官"志文"的人也称为"史"，《礼记》中便有"动则左史书之，言则右史书之"的规仪。"史"也成了中华文明之根基，

"史"（𠁻）字的创造，不正是一只手（㭞）执着有"文"的简牍之复合符号吗？

以人的经历为认识对象，以人的感觉为理性尺度，以自然与社会中的人之认识记录为规律之始终，这正是"史文"哲学的根本，在这种哲学发展的过程中，自然·社会·人是种统一的一统关系，人们的理念只对自然规律负责，人们的感觉只对"人类"自身负责，人们的情愫又只对"生命"的经历负责。这里的"平等·自由·博爱"已不是一句空话，它以原始的"仁爱"精神和"信义"理念成为中华文明的基石。

中国人善于以己度物，将心比心地生活。在他们的心中，在他们的眼里，万物都是生生不息的生灵。这并不同于西方文明中所谓的"万物有灵"那种质朴而蒙昧的原始崇拜，而是由一种文化导致的对其他生命的体会中自觉地玩味自身生命价值的情愫。中国人所谓的"人生一世，草木一秋"，"草木有情，山水趋灵"等观念，强调的正是这种运动本身的律动，是生命的节奏和呼吸，是用人的文化去感受和体会自然物的"生"与"化"。西方人永远不会明白中国诗歌中那"花若解语还多事，石不能言最可人"的情趣，他们更不懂为什么在"子不语怪力乱神"的中国，也会有那么多"怪异神灵"。中国人并没有让花能说话，石能吱声，却能让物应目会心地产生与人一样的观念，能使其成为人的文化载体。当中国画家在提出"石分三面"时，西方人一定会用素描的观点去指出：这是说："石块有明、暗、过渡的三个主要块面"，他们根本不懂，中国人是在借"石头"这个在物理性状上与人最不相亲和的材质，这个又冷又硬又无情的死物来说明艺术与生活的至理。中国不是有"玉石俱焚""形同石木"的成语以及"粪坑里的石头又硬又臭"、"花岗岩的脑袋"等俗语吗？中国人的印、砚、陈设甚至"泰山石敢当"不是都少不了石头吗？中国人不是爱给孩子起名"石头"，并为死去的老人立"石碑"吗？中国不是有《石头记》、《广石谱》、《金石录》之类的文艺、学术著作吗？在全世界的石器文明中，只有中国人从对石头的认识和理解中找到了"石之美者"的玉，发展出"玉文化"，并将玉的品格赋予了人生，实际是将人的品格赋予了不寻常的石头。中国的"道"和"理"都缘石头的纹路而获得启示。难道就是这么一个被中国文化认同了近万年的石头，中国人才仅仅只知道它是一个有阴阳向背的死物，而去说它"石分三面"，并用这理论来指导中华文化中最具特色的"书画艺术"吗？在中国，谁都知道，就算物体要说"面"，也只有"阴阳"两面，又何来"三面"呢？其实任何一个知道"三生万物"的中国人，都不会忘了"别开生面"这个成语，这其中隐藏着的哲理与生命之奥秘又怎么是西方文化所能解说的呢？这其中折射出的文化之灵光与生命之活力，又怎么是将人视同死物的"理性"所能体味的呢？只有阴阳之运行，才是生命之流动，只有流动的生命，才会有生命的感受，只有以生命的感受去体察阴阳之物，才能产生了为了生命的认识结论。如果我们忘记了"生活""生动""生命""生长""生存"等许多由"生"而衍生出来的汉语词汇，我们怎么能知道这"生"的价值！我们为什么要去画那些只有阴阳及"中间"面的又冷又硬的死石头？明白了这些，才会晓得中国人就是画石头也要画出它们那"阴、阳"二面的形体和"别开生面"里那潜动的生命。要通过这阴阳运行之"生"来表述出中国人对生命的认识记录来。

是的，中国人在讨论美学时，并不用那些均衡、比例、稳定、对称等等量东西所得出的尺度，这是些桎梏了人生感受的界说，是一些到处可用的废话。中国人在讨论艺术时，永远用的是"情""趣""势""韵""神""气"这些生命姿态所参与照应的比较。中国人认识的美一直在生命的生活与运动中，在自我作为一个生命的参与中，在对自己在内的整个人生的体察玩味中。这正是"人性"文化之使然。

就在以这种文明为基石的汉语中，我们不难发现，人凭感觉经验造就的模式，成了重要的判断准则，生命的运动方式成了描述世界的参照，人自身的一切都成为了认识和同时被认识的对象，成了文化的准则。

让我们来看看这些词汇吧：桌腿、椅背、窗眼、门鼻、壶嘴、锅耳、床头、瓶胆、台面、菜心、茶脚、条帚屁股……，我们不得不惊奇，这些"东西"在中国人的眼里，竟然全部成了拟"人"而称的对象，它们正是"以人度物"的结果，我们实在说不清有多少这样的中国词汇。在中国人看来，世间万物都是人的照应，朽木上的菌类被称为"木耳"，地面上的低等植被叫作"地衣"，石头上的则被呼为"苔藓"……；我们将许多东西付以人的名分：桃子、李子、杏子、瓜子……瓶儿、鸟儿、花儿、草儿……；我们将许多境界加入人的感觉：热闹、冷静、清幽、明亮、焦虑、和蔼……；我们还将许多判断渗入人的情绪：鸟语、狼藉、鬼哭、猿啼……。世间万事万物被"化"成人的形体、人的姿态、人的感觉、人的情怀、人的希望、人的理解，"化"入人的伤痛苦乐和生老病安，化入人的善恶荣辱和悲欢离合之中，这样地被认识、被判断、被记录、被变成人的文化符号，这不正是中华文明的根本，这不正是只有一种以"人性"作为唯一标准的文化才能做到、才能实现的吗？

当我们每时每刻说着听着这些的时候，我们那"人"的感觉难道不在其中被锻铸、被锤炼、被化成一个宇宙的"主体"，同时又是量度宇宙的"准则"吗？

世界上还没有任何一种文明，在对世界的认识上选取了像中华民族那样多的观察方式，并在这些方式上倾注过如此多的人情，这些方式与情感，又被作为文化最主要的部分被记志，并用各种自然的方式（道与理、情与趣的方式）和社会的方式（规与法、礼与仪的方式）作用于每一个个体，将他们"化"成一个"文"的"人"。我们举认识世界最主要的感觉方式——视方式来看，在汉字词汇中，"视"是整个视过程的通称，而"视"字本身的结构，已在符号中隐藏了中华文化对感觉过程的极度重视。"视"字从"示"从"见"，感觉的目的性"见"是十分明显的；感觉过程的庄重性以一个"示"字表示。"示"（音 Shì）本是天象显现之意，而古代写作"示"（音 qí）的符号，还有一个意思是指神，并专指地神。音、义再明白不过了。从整个感觉过程来看，中国人是把"感"与"觉"相对分开对待的，"看"是一个视过程，而"见"才是视结果。在常用的汉字中，仅仅记志视过程的就有如此多的成"文"方式：盼、看、瞪、瞟、睨、览、睒、瞋、睇、瞵、窥、睐、观、瞻、睹、望、眯、眈、眩、督、省……而且，还嫌不够用，还要在词汇与各地方言俚语中创造出"白了一眼""垂青""扫了一下"等各种描述视方式的词儿来。有哪一个民族的文化，如此将认识的对象、认识的重点放在人的主动立场之上，放在人的自体身上，放在人的生命过程之认识之中。如果我们再仔细琢磨一下其中每一种视方式，每个人又会从中体会出许多只有活人在不同情况、不同年纪、不同对象、不同场所、不同心境下的"此情此景"来。这样，他们所"见"的才会具智具仁，有气有血，才会有不同的见地、见解、见识。我敢说，没有一种文字、语言创造过类似的符号，甚至找不到一种语言、文字能如此简练而丰富地将这些中文翻译过来。仅从这个例证所依据的道理中，我们见到的"文"，不已是从"人生"中所"化"而出吗？不正是"化"出的"文"又要作用于"生人"并为了"人"的"文化"目的吗？

当然，在人的整个历史中，每一个时代的生命都有自身的苦乐，每一个时代的社会都有自身的是否，每一个时代的自然都有自身的新故。因此，在人类的历史中，它们永远会成为永恒的统一体，变成那种人生真谛中的情欲理念、想望觉悟，以至幻化出习俗意趣、艺文匠作，变成只有历史价值才能判定的智行美恶、礼仪规则来。如果我们将这些也当作了现代人唯一的判定准则，便是以过去的"死物"来量度当今的"人生"，便是"师古人之迹"而"不师古人之心"，正违背着"圣人不凝滞于物"与"笔墨当随时代"的中华文化之规则。我们当世的确有不少聪明的糊涂人喜欢知其然而不知其所以然，从中国历史某些阶段上的"行为"出发，指出其有悖于当今人生的"心态"，以嫁祸于中华文化。我只想举出最使人愤然、最使人难堪的一事——中国人曾经裹小脚来讨论一下，是否这种今人所认为的"酷刑"（其实，对古人也如此）证明了中华文化的非人性？还是其他原因导致了这种"非文化现象"？由此举一反三，那些"骂祖宗"的人当会有所省悟吧！

说穿了，裹小脚与穿高跟鞋一样，也与中国古代那些"楚王好细腰，宫中多饿死"及西方那些"为了戴头套而想方设法弄成秃头"的做法一样，是一种对自体的异化而以应社会审美时尚（其实，主要是迎合这种时尚未成为审美习惯时的那些社会功利目的）的人类之普遍行为，和西方"朋克"们涂发修面与电影明星们镶齿填乳也没有多少本质区别。所不同的是在不同的文明中，不同认识所导致的不同手法。中华更多趋向于"克己"，而西方多趋向于"借物"罢了。

以历史文献为据，中国人裹小脚的历史可追溯到五代十国，南唐小朝廷的皇帝沉溺于歌舞酒色，宫中多置女乐，为了让她们的舞姿动人，便"皆令缠足"——

用现代观点来看，为了要让宫廷舞蹈婀娜多姿，便要让舞蹈者以改变重心并缩小与地面接触面积的方式变得亭亭玉立起来——这正应了那句"你要美丽就得痛苦"的古老箴言。此令一出，蔚然成风，欲禁不能。老百姓们只知道"遂令天下父母心，不重生男重生女"或者"养儿不用识文字，斗鸡走马胜读书"，甚至到了"不缠足嫁不出去"的地步，尤其在明清两朝，里弄坊间，人人竞效，遂使缠足成为严重的社会弊端。虽然，历朝历代有不少有识之士反对缠足，甚至有些皇帝为此亲下诏书明令禁止，但终究禁未能绝，使缠足之风刮了好几百年。然而，近代高跟鞋的兴起，实际上是另一次"缠足运动"的重演，自民间舞蹈在欧洲王公贵族中"宫廷化"以来，古典"芭蕾"盛行，舞女们以"尖足舞"的基本形式来使舞姿动人（同样是改变身体重心并缩小与地面的接触），随着"芭蕾"造就的审美格式，欧洲的仕女们邯郸学步，也将自己的足束缚起来，用木棍支住后跟，而达到与舞女们相似的目的。于是，在整个西方，高跟鞋开始了泛滥成灾，什么生理学家、病理学家、革命家或总统的劝诫都不起作用。女士们依旧难受地绷起足背，紧缩趾掌，支起后跟，踮起屁股，一撅一挺地走来蹦去，其原理、其机制、其目的、其效用在本质上与"裹小脚"几无二致。只不过由于不同的文化，导致了方法的不同：一个"克己"，使人自幼产生对本身变异器官的适从；一个"借物"，将自己的器官作物理的改造而适应，其对身心的效用是相似的。这些，难道不是与"文化"背道而驰的东西吗？

我决无意在这种比较中去挖苦时髦女士，更不会借此提倡"缠足"。尽管一些浅薄无聊的东西方学者对"小脚"作了"见仁见智"的"性快感功能"、"封建压迫需要""残害妇女的变态"等许多剖析，但我还是要指出：这种社会时尚对文化异化的行为，恰恰是由于缺乏对文化的认识而导致的社会病。我感到惊讶的是，人们在欣赏、提倡、鼓吹高跟鞋的同时，为什么不对它们也作些"人性"的分析？为什么总是要以某些"想当然"的逻辑来评价中华民族的文化呢？

我们平心静气地去了解一下自身的历史和文化吧！文化的本质才是人的本质，只有人们从对物和对神的崇拜依赖中解脱自身的桎梏，他们的文化才会成为"人生"的医生，才会帮助自觉了的人医治那无限时空中的无奈，才会帮助人们拨开那与生俱来的生命迷雾。当代宗教学者都一致认为：中国自古以来就没有西方那种意义上的"宗教"，许多学者也咒骂中国人没有"宗教意识"与"真正信仰"；就连在中国老百姓的心目中，酒肉和尚也并不可恶，居士总要比受戒落发好得多。这些事例也是中华文化那为了人生的追求所产生的诸多现象之一。人们借文化了解人，人们借文化安慰人，人们自然也在文化中寻到了自身的着落。他们在那种从自身感情觉悟中创造出来的认识里去打发自己的人生，他们的"神"是自己眼睛中流露出来的智慧之光，他们的"精"是自己体液中流动着的生命之液。那么，他们为什么要用"戒行"来束缚身体，用"物体"来桎梏心灵，用"信仰"来麻痹生命，没有了这些，真正意义上的"宗教"又如何附体呢？中国人尽可以在吃喝玩乐、声色犬马、艺文词曲、琴棋书画这许多不同层次、不同范畴，但却同本同源同质同趣的文化载体中去抚慰人生，玩味人生，装扮人生。我们来看，在数千年恒稳的中华建筑中最具代表性的亭、台、楼、阁、寺、塔、殿、堂、廊、厅、馆、阙、园、陵等等建筑类型中，没有几种是真正为了给人居住的"巢穴"。它们恰恰大部分都是游览、登临、驻足、交际、娱乐、宣教、修读之场所，是为了人的生命陶冶而建构的"文化设施"。我们再看看，在数千年变化的中华衣饰中最著称的衫、裤、袍、衿、裾、裙、襦、袄、褊、褂等类型中，又有几种是真正为了给人御寒的"衣"呢？它们恰恰多数是为了装扮人体、交流感情的"服"。这许许多多例子的"其中三昧"，不正是对中华文化的解读，不正是对中华文化中那"人性"本质的注释么？！

文化发自于人生，文化作用于人生，文化运行于人生，文化终止于人生。在从"非人"到"超人"的宇宙履历中，在从母腹到坟茔的"穹庐"下，在生死不息的人生旅程里，李白那"夫天地者，万物之逆旅也；光阴者，百代之过客也"的认识，不正是在"大块假我以文章"中最充分的"人的呼唤"吗？不是在苏东坡那"自其变者而观之，天地不过以一瞬，自其不变者而观之，则物与我皆无尽也"中得到最充分体现的"人的法度"吗？

在宋元之际，四岁幼童"发蒙"的教材中，已经有了"三才者，天地人"的句子，有了"天地性，人为贵，无不善"的认识。世界上有哪一种文化如此地将"人"

的自身，看成了与"天地"等同的创造化育者，将人当成宇宙中最宝贵的"才"。迄今为止，这仍是最高层次的、最深刻的、最"人道"的对人的认识。难道我们还有什么理由来怀疑这种认识的"人性"特征吗？

只有"文化"是直接作用于"人"的东西，"人在文化中生活"乃是"人"区别于"神"和"兽"的本质。一个如此广阔的区域，如此众多的"人"在其中化育了五千年，已隐藏着这样一种信息：文化的适应性是由于它的人性本质而得以达到的。

1989 年 1 月　北京

# 中华文化的开放性特征

## ——《吾文吾理》之二：《开放篇》

拿起这个题目我便头痛了三天。我实在没有"一口反万众"的本事，也压根儿没有这种愿望。如今的学风与文风比"官风"与"商风"更坑人。万一落个"千夫所指"的话，我"无疾而死"不也是"自找"吗？何况那些在被堵、戳、捣、挖得几乎枯竭的文化清泉中艰难地浮动的池鱼们，已被城门上那经济的燃眉大火殃及得无以容身。于是，放火的、救火的、趁火打劫的，以至于池底的鱼鳖虾蟹们都一同来诅咒这池水太浅太少，它们根本不顾这水只是上接云霞、下通黄泉而永不枯竭的以活万物之涓涓细流，从来就不是帝王将相们争城夺地时所挖的那种护城河里的灭火剂。如同我们劈了一把名贵的小提琴来当柴火，怎么也烧不熟一只被饥肠辘辘的人瞪眼等候果腹的老母鸡，中国古来也有对"焚琴煮鹤"而无可奈何的典故。但我却要皱着眉头来做这篇文章，你说头痛不？在那火燎焦烤的城门火光下，讲泉水能泡茶浇花、陶神养性的真理，未免有点不识时务。但我既不想当什么"俊杰"，也就顾不得"识时务"的羁绊。更何况我是这泉池中的小鱼，纵使因城门失火而被殃及，也要死个明明白白，不能昧良心地"嫁祸于泉"而搞"莫须有"。再有，就是有许多小鱼小虾们也在大火中振振有词地宣传：失火是因为泉水不主动地"开放"到包灭天下大火，因而"罪莫大焉"。于是，我也动了"路见不平，以言相助"的"秀才之义"，生发了"和尚摸得，我为什么摸不得"的"阿Q之念"。

本来，这是一简单得不能再简单的道理：世界上还没有一种封闭的东西能保持住一千年，何况能作用于思想的文化，何况有五个一千年文明记录的文化！

但也许这种"反证"得来的简单真理，人们不屑一顾，有许多连初等代数与普通物理都未学完的"社会科学家"们爱谈"数理科学的论证"来吓唬老百姓；有许多连外文字母都认不全的"文化学者"们爱谈"信息符号的数理逻辑"来冒充时髦；还有一批"文痞"爱将"人闻花香花也知"改写成"一个宇宙中自觉的主体在接受另一种实体性器官释放之信息元素之后，被作为释放客体的世界同样会激起一种理念场"之类的文字来沽名钓誉捞稿费，这些已使得我们不能平静地看看世界与普通的人生，而这些才是文化之真谛。但事情既然到了这步田地，我也不得不先从文化本质的哲学意义上来画一个框架，从当代科学认识中关于所谓的"开放性"谈起。

"文化"既是一种"理念意义上的"符号体系，那么，对它的"开放"与"封闭"性特征就由符号本身所具备的"理念意义"与"构架方式"之"开放"与"封闭"来决定。

西方古典科学建立的数理符号体系是这样的：假定物体的独立、分离、静止的状态，通过测量得到一个量数，再渐渐地用这个量数转化成与"量"无关的纯粹的"数"来进行运算，以构架出理念逻辑体系来。在这里，古典科学相信数与实体是一种"唯一的对应"，甚至相信数就是实体本身；并且相信数的运算法则是绝对正确的，是规律的唯一反映。这种简单的思维原则与理念逻辑在解释大部分"常理世界"的实际时，其明显的谬误会被人们容忍或者被人们日常经验所掩盖和纠正。例如：桌子上有四个桃，筐里有三个桃，我们对一共有七个桃的结论并不怀疑，那是因为我们的"常理"叫我们永远不会去度量每一个桃子，更不用去观察它们形、色、性、状的绝对不同。实际上，只要用任何测量方法或观察方法，我们都会发现，这"七个桃"的本身已不是某个特定的"桃"的实体之实际度量的七倍。再如：一只羊价钱如果是100元，那么，当人牵着两只羊羔时，经验告诉我们，这两只羊也许只值100元，甚至更少一些，谁也不会用100×2来限定这两只羊的售价为200元，也不会说这不是"两只羊"。在以上两个例子中，我们并不怀疑量数（前边是"个"，后面是"只"）与运算结果的任何错误。事实上，它们实际没有任何"正确"的成分，只不过我们用感觉经验弥补了这种"错误",将这两种毫不相干的结论统一起来了。最初的"数"的本质,并不被人们所认识,每一种古典理论都认为数是一种"自然"状态下物质的属性,是与质有关的一种性状规律之反映。而并不认识数的本身只是一种可供运算的符号,是一种只按规定方式作出演释过程与演释结果的人文符号。直到现在,在西方数理科学发生彻底革命之后,这个认识才被数理逻辑学家们彻底揭示出来。

在古老的数学中,已潜藏了自相矛盾的逻辑悖论,古希腊的数学家们就假设过这样的问题:自然数与奇数(单数)谁更多呢?如果说自然数多,自然数有一个n,那么奇数中必有一个(2n-1)与之对应,如果说,自然数与奇数一样多,那么自然数列中的偶数又到哪里去了呢?还有,著名的"兔子追乌龟"问题(芝诺悖论)等等,但这些问题的提出,并没有对整个古典定量数学运算法则构成威胁,人们剔除了某些所谓"不合理"的条款,或作了某些规定,例如:零不能作除数、运算必须进行有限次,等等。在此之后,这个被当成实在世界反映的构架体系便又无懈可击了。

但事情并不如此,变量数学的出现使形、数之间发生了对应,笛卡尔、牛顿、莱布尼兹的贡献,使数本身独立成了一种非实在构架。"测不准"原理与"无穷"的概念出现后,同一对象任意两个测量结果之间有无穷多的测量结果的事实,打破了初等物理与初等数学的美梦,当数轴上的点与实数确定了一一对应的关系时,点与点之间的无限稀疏(即数轴上任意两个相邻的点中可容纳无穷多的点)与无限密集(即数轴本身是一根无间隙的点的轨迹)便已成为不可调和的悖论了。在这种关系中,许多"无穷"的问题只能被放在一定范围内确定解决。康托轻而易举地又使人信服地用"画掉对应元素"的方法证明了任意短的线段上与无限长的直线上具有相同"数量"的点,一个火柴盒里可容下的"点数"等于全宇宙的"点数"。现代数理科学已将数当成了一种"集"、"群",当成了某种理念中"有名无实"的元素。随着集论、群论、逻辑代数、拓扑、矩阵、连续统等一系列学科的建立和问题的提出,原来以"数"为基础的古典数理逻辑让位给新兴的以"元素"为基础的现代世界结构关系的认识。与古典逻辑相比,现代世界认识结构中的"元素"是一些"不可测得"的、"不可规定"的"符号",它们在相互之间的联系方式上是一种"相互牵制"的"无序"结构,而系统本身呈现出一种内耗的平衡,以保持整个群集的集团统一,这时的逻辑方式与演绎结果,只是这一方式的"思"的系统中的需要与规定,而已不是什么任何实在的运动方式与存在方式了。它们在系统内的逻辑是必然的,它们与现实时空运动的对应只是偶合之个别,也就是说,1+1=2 与 1+1=10 都是合逻辑的,都是对的。实际上,这看来有悖常理的算式早已成为日常算术的逻辑原理与电子计算机的逻辑原理了。罗素就公开说:给我一只"狗",我可以用一个体系完全合逻辑地将它运算(演绎)成一个"人"(这里的"狗"和"人",当然是一种概念符号,而不是一种实体,只要想一下中国"狗腿子"一词,就不难明白这在中国人的逻辑体系中是多么平常的事)。这就是时髦的所谓"无序耗散结构",与古典逻辑的因果对应、数理必然、名实恒定之结构关系相比,它们的元素之间是互为多元的、互为包容的、互为因果的、互为变化的,因而其逻辑体系呈现一种"开放"状态。这便是"文化开放"的本质含义。只有当西方数理逻辑从"物"与"数"的关系中上升到"数"与"思"的关系时,真正的"开放"性认识才会成为"数理"特征而进入西方现代哲学中。才会出现"现象学""符号学""信息论"等当代学科。当然,我不可能在不引用现代数理科学的成果与大量枯燥的算式情况下,严密地论证这一过程。但我们还可以从较为通俗的理解中去体会上述结论。事物的封闭性表现在这样一些特征中:首先,由于封闭能够精确地划定范围与界限,因此,它必须表现出局部性、静止性与肯定性特征,这样,它才可能成为一种"精确与肯定"的对象;其次,肯定了的静止局部易于导致体系内部性状的量度与量数结果之间关系的探求,因此,它的可量度性、可计算性,并以计量性取代其变化的演绎也成了其特征之一;再次,由于数理特征加强了对体系运动的理念制约,使得该体系从理论上能独立完善出来而处于自我封闭的合理状态,因此,它在处理与其他事物和其他体系之间的关系时表现出排他性特征,在它自身独立运动和发展时,则以有序的、进击的方式出现。最初的封闭体系的各自建立,其表现是严密而科学、正确且合理的,它使纷繁的对象很快地分类成一种有序的理论框架。但是,每一个体系赖以建立的公理,由于要独立和静止的被判定而违背了永恒变化与运动的世界，通常只能建立在一种实际上并不可能的绝对理论之假说上。因此，它的相悖的普遍而不可调和的，它的极端性特征也是十分明显的，它使人类的认识或行为要么屈从于这种不存在的公理去改造自身，以适应体系内的演绎结果；要么彻底否定这一绝对公理，推翻这一体系而开拓体系外的领域。西方古典科学与数理哲学所维系的"科学"体系正是这样一种"封闭体系"。例如：初等数学的运算逻辑是建立在"数的可数性"与"量的肯定性"这两个"错误的假说"之"公理"上的；牛顿经典物理学的科学体系是建立在"物体都是刚体"与"运动只是相对刚体之位移"的"错误假说"之"公理"上的。众所周知的牛顿第一定律在叙述中即以这种错误假设为前提："物体在不受力作用的情况下保持自己的惯性。"实际上，这在认识论范围中，只相当于一个类似于"人不吃饭便是神仙"的"科学体系"。因此，对于西方古典科学体系的"迷信"之打破，使西方现代科学与哲学走上了新的"开放"。"人"终于在这种开放中被发现，"无序耗散"的理论框架结构方式才被提出，我们才会理解为什么西方理论家要"向中国古代哲学学习"，而使其理论"具有东方哲学的特征"，这是理论认识由一阶向二阶上升，由封闭向开放发展之使然。我们再来看一看另一种理论方式：事物的开放性特征，首先表现在界限的模糊性与观念的相对性。由于界限模糊与观念交融，它们的定度性与测量性便会因此而不受重视；继之而来，对它们的性状则更多依靠特定的关系规律来把握，关系规律的把握在不从测量结果为前提的数理逻辑与演绎之外，最有利的做法便是依靠变化过程中的史迹与感觉过程中的经验来获得，并因此而形成一种模式。于是，开放性特征对于文化来说便呈现出这样一种面貌：不重视数量、质地间所显示的分析而重视感觉模式造就的直觉把握；不重视概念间极端的独立、准确而产生的对立却重视关系的总体协调与统一；不重视数理规定之概念演绎得到的逻辑规则而重视从文化感受与历史纪录中归纳得到的概率；不重视形体、数量之间物理关系的剖别、破坏与改造，而重视状态、过程在自然、人际之中心理与创化关系的判定、控制和平衡。它的混沌性认识、文史性理念、中庸性方式、关系性本源等哲学特征是显而易见的与始终如一的。中华文化不正是一个在这种前提下的开放性文化体系吗？它们在关于"本源"的原始之"二气"说中，不但确立了相对与相抱、相离与相即、相斥与相合的初衷，同时要在这个"二"中加上了"运动"这第"三"个元素，才使之成为"三生万物"的理念。它们在关于"本体"的原始"五行"说中，不但肯定了相克与相成、相辅与相抑、相生与相灭的关系，同时还要在这个"五"中突出了"中"这个人文与社会的自我把握，才使世界成为运行而完善的"六合"。它们在本质的原始"八卦"说中，不但提出有与无、知与行、动与静、序与乱的原则，同时还要在这个"八"中注入了对无穷时空与无穷认识的演排，才能使"九九"世界"归一"到"人类"自身。因而，它的开放性表现在对构成这个体系的所有元素之既独立而又不孤立，既肯定而又无所不包的要求中，存在于那种所谓的"一粒米藏着个大千世界"之理念认识，而不是表现在某一局部的稳恒与限制等"科学"计算中；它的开放性还表现在对体系构架既单纯而又不单一，既规则而又捉摸不定的要求中，存在于所谓的"了而未了"的本质关系所决定的"大道无极"之总体包容性上，而不是表现在某一局部的进取性上。它对任何新对象都要经过反复的"文"而"化"之的过程（即体系外部实体元素化的过程），都要在实体对象变成某种文化观念（即体系内元素符号化过程）之后，才又以原有的文化模式接受下来（即体系无序耗散之开放发展过程）。这些不正是中华文化中最基本的特征吗？不正是这个或大或小、或前或后、或可或否、即之弥漫、离之团聚的那个无序而耗散构架的开放本质吗？不用多举例子，中华文化中几乎所有最基本的视听符号元件（文和辞中的"字"与"词"）都具有不变与万变的双重特征。一方面，它们具有开放体系中元件最本质的独立特征：可在任何构架中保持自身恒定的模式与最牢固的自体结构，如没有任何性、数、格的变化。另一方面，它们具有开放体系中构架最广泛的结构方式与最强大的结体功能。随便举两例：

车：战车、货车、粪车、军车、独轮车、自行车、平板车、碰碰车、车床、纺车、水车、风车、汽车、火车、马车、电车、洒水车、拖斗车、登月车、光子车、宇宙车、吉普车、嘎斯车、双层公共汽车、出租车、车轮、车辕、车辙、车水、车轮战、车过身来、车辚马嘶……

打：打人、打狗、打小孩、打酱油、打水、打酒、打票、打肥皂、打主意、打秋风、打盹、打瞌睡、打毛衣、打领带、打点、打算、挨打、打更、打绳、打发、打猎、打冤家、一打、打杀……

在这里的"车"与"打"，正是在一种符号体系中发挥了充分的两重功能，使以它们为构成元件的文化信息体系呈开放状态，我们可以指斥它们的"不准确"、"不可量度"、"词性不明"、"结体逻辑关系不清"等，而这些，正是开放体系的特征。那么，我们自然无可怀疑在这种构架上展开来的中华文明与中华文化的开放性了。

对于当代符号体系一无所知的人，借心灵之堂哭现实之凄惶，忽而将理念逻辑糊涂地变成实体撞击，忽而将现实存在简单地当成理性演绎，将这种自身的失望与社会的疲弱嫁祸于"文化"身上，这在认识层次上是低级而混乱的。更可笑的是，有不少人竟将"四合院"的建筑布局与"四四方方一座城"的对称建筑这类表象当作"封闭性"的象征，更是"痴人说梦"的理论了。如果建筑的开放性是指建筑的平面形状，那么同样的规圆矩方，为什么"圆"便开放而"方"又封闭呢？实际上，建筑平面由圆形变成方形在建筑史上是有口皆碑的进步，方形建筑是最有利于在建筑中沟通内外空间的平面方式，更何况中国建筑中的自由化平面布局还多得很呢。照这种理论，平面为圆形的天坛或坟墓该是最开放的代表了。如果建筑的开放性是指内外空间的沟通，那实际上只有中国建筑的"主墙"是完全可以打开沟通的，也只有中国建筑才有"亭"、"台"、"坊"、"阙"这类完全沟通内外的"无墙"建筑，只有中国才有世界最多的"门""窗"（全是因内外沟通之功用而产生的建筑形式）式样。如果建筑的开放性是指有没有墙，而恰恰西方以石质垒砌的主要建筑方式正是在砌墙。如果不准砌墙，那我们为什么要建筑一个有别于外部的空间呢？我真不知道这些理论还要说什么。类似的奇谈还多了，比如说乡土观念，比如说家庭观念，比如说礼仪观念，比如说服饰观念，许许多多生活习惯与心理个性都被一些人不顾纷繁多样的实际而断言为"中华文化封闭"的证明。按这些人的观点，似乎只有那些不念故乡、不要家庭、不要父母、抛妻弃子、抄打抢砸、强占豪掠、光膀子光屁股的"野兽"才够得上"文化开放"的格。"野兽"如果关在笼子里,我们是否就会说它们具有"封闭文化"了呢?我们是否认为"能知天下事"的"不出门秀才"比浪迹天涯而乞食的"白痴"更缺少文化性或开放性呢?这许多问题的答案,并不是不假思索就可以回答的,因为对于事实和认识之间的适度把握,常常会让位给我们的偏见与无知,并受制于时代的文化水准与政治经济导向。

其实,如果要以是否"走向世界"来标志文化是否开放的话,中华民族在文化本质上正是扎根于这种开放的行动、思想与情怀的。那种以"我"为"中"的思想以及根深蒂固的乡土观念,正是有赖于远古开放型的行动与开放性的认识,才能在相对中得以产生的。不然,为什么会产生"中""华"呢?从中华原始文明的种族特征与生存方式来看,中华文化的开放性特征正是得力于原始文明中那种对未知时空的了解和探求,得力于那种在行为与思想上的开放行动。从人种学看,黄色种族是第一个走向世界的种族,人类学资料表明:黄、白、黑这地球上的三大人种约在三万至五万年前分别形成于亚洲、欧洲和非洲。在两万年前,人类足迹才出现在北美洲大陆和澳洲大陆,一万年前到达南美洲南端,而直到本世纪初,人类的双足才第一次踏上南极洲的亘古冰原。现代民族学的资料证明,在这些并非人类起源地的澳洲与南北美洲的大陆与海岛上的土著民族,无一例外地属于黄色人种的种族系列。这正是种族的开放性特征所导致的结果,而中华民族正是这样一个种族。开放不等于游移,更不等于屈从于生存条件的飘浮,而在于主动地、不随生存条件而进行的自觉探索。考古学上越来越多的发现使各国学者相信这样的事实:美洲大陆的印第安文化与中华民族古老文化有着共同的渊源。无独有偶的古文化事实是:迄今为止,所有石器文明中,只有中国、南美与新西兰地区出现了玉器。根据考古测定与文献,只有中国玉文化最早、最高、最有体系,而其他地区的玉器在选材、制作及形式上的特征,使考古学家有理由认为其渊源来自中华古文明区域。近来,在南美巴西被发现的"大齐田人之墓"与在美洲各地发现的竹简等早期中华文物,也说明了早在整个人类文明曙光普遍降临之前,中华民族的祖先们就开辟了一条条走向世界的通途。难怪在哥伦布发现新大陆四百多年后的今天,西方学者们提出,第一个发现美洲大陆的人应该是中国人。

这种开放的行为与思想成了中华远古文明的认识基础,使得中华的原始哲学基础集中体现在运动与变化中。"易"即是"变动"与"不动","周"则是"周行"与"周期",《周易》的本质含义即是"运动的规律"。"天行健,君子以自强不息"的思想也是以运动与开放为特征的人本哲学。在远古的自然科学中,"五行"即是讲"五种基本元素"的"运行"法则。原始认识的自然对象中,"风""水"正是最主要的"运行"之物。中国人按动物的飞、走、爬、游的运动方式来将它们分成鸟、兽、虫、鱼的类别。中国人将只有"代步"作用的"马"列为"六畜之首",将马的精神形象当成了"人"的象征,留下了"千里马"的借喻与每天都说的"马上就好"等词语。在中国远古神话中"逐日"与"奔月"是举世无双的,中国古代神灵几乎都有"腾云驾雾""电轮雷车"的行动本领与"千里眼""顺风耳"的认识方式。中国的菩萨也称为"观""音",连中国那"人心营构之象"的代表"龙"也是一种具有"全能"运动方式与"全天候"运动能力的牲灵。当人类的文明赞扬着人类劳动的双手时,我们还特殊地注视着人类默默无闻的双足,"邯郸学步"、"郑人买履"、"乘桴桴海"、"画蛇添足"、"守株待兔",这许多哲理正是借"足"而发,我们将"别人"尊称为"足下",连中国人行走之路也借用了哲学中最高的"道"来称谓。从有史记载开始,《穆天子传》便是记载西周天子驾八骏西行的故事,其后如徐福东渡、法显西行、唐蒙辟夜郎之道、张骞通西域之途、苏武使北国、鉴真渡东瀛、玄奘赴南亚、郑和下西洋,中华民族的历史上何止才有一两个麦哲伦或哥伦布!

而且,只有中华文化才勇于将外来的实体反复咀嚼,使其成为自身的观念与情感,真正地完成了"器用"的"非用"功能,完善了它们的文化意义,使其成为"道"而永恒。当我们伤怀着"秦时明月汉时关"与"空见葡萄入汉家"的历史时,我们也同样吟咏着那"葡萄美酒夜光杯"与"碧琉璃瑞烟笼罩"的诗句,那些葡萄、天马、琥珀、琉璃便进入了中华文化的氛围,甚至成了中华民族的骄傲。当我们眷念着"南朝四百八十寺"的繁荣与"洛阳家家学胡乐"的升平时,我们创造了世界公认的最具东方文化特征的中国菩萨,我们也将那些带有"胡"

字或"洋"字的胡琴、扬琴、琵琶、羌笛等等化成了纯粹的"民族乐器"。我们的使者没有去占领和奴役，但也绝不是去"炫耀"或"观光"，他们使中国在世界上成了"丝绸"或"瓷器"，也使那些原产非洲和阿拉伯的"百兽之王"与"金属珐琅"成了"中国狮子"与"景泰蓝"，成了中国最广泛的守护神以至歌舞杂技题材，成了中华文化的主要载体，成了"民族特产"。置这些事实而不顾，置连绵不断的文化发展而不见，便断言民族文化的封闭，这本身便是一种"封闭性思维方式"的结果。

"开放"只能是在自身的"中心"上波及不同时空的结果，不解过去、未来，不知东南西北，"开放"便只能是一种"封闭的转移"。不要因为现实的困窘而不作现实的认识，当我们谈论这些时，决无意对现实作一种可悲的麻痹和可咒的解脱。我们不是自称汉人或唐人么？那汉唐的雄风正是建立在马背风帆上的英武气概与高瞻远瞩的开放认识中的。

文化的开放性自然建立在文化的发展、运用与建设上，如果想在"革"文化的"命"中去侈望着"开放"，那不正是"缘木求鱼"吗？中华文化的开放性特征，正是现代认识中的结论之一。这些认识本身并不能取代对它们的创造，不能取代对它们的当代形态的探寻。而我们那"古已有之"的"文化"，却正是因为"当代没有"才失去它"开放"的"文"采的。

1989年4月于太原旅次中

# 一"指"禅随笔：指"一"

小时候喜欢问问题，大人被缠得不耐烦，于是就反问我："你干吗要提这个问题？"我便瞠目结舌只好作罢。因为我本来并不想问问题，而只是想引起大人们注意而对我进行爱抚、赞誉、关怀甚或讨厌；用时髦的话说，是得了"表现欲与被爱综合证"。除此之外，我真不知道到底还有什么原因，使得孩子们要向大人提问，因为孩子们的确有比大人更完整、更固执的自我认识体系，他们可以回答一切问题，他们才是那种"一花一世界，一叶一乾坤"的体现。那时我就知道这些，但我并不知道用"请君入瓮"的办法，用"你为什么要问我干吗问这个问题？"来无休止地与大人缠下去，让任何一个问题都变成那些哲学家们引以为神圣的、类似于"先有蛋还是先有鸡"的命题，我更不知道这样做才是冠冕堂皇的做"学问"。

如今长大了，那种综合证的痼疾却仍在折磨我，我只得用问题去缠那个"以天地为一朝，万期为须臾，日月为扃牖，八荒为庭衢"的"大人先生"了。据说西方的科学家们将"时间到底是什么"列为二十世纪人类尚未解决的难题，但是我真不知道二十世纪西方的大多数学者们确实解决了"苹果到底是什么"的问题没有。因为谁也不可能真正的"到底"，目前看起来，也许还只有那个"以万期为须臾"的"大人"，或曰"大写的人"，或曰"无形无象的人"才稍微接近了"到底"。否则，王阳明先生那"大丈夫处世，论万世莫论一生"的观点岂不成了"赔了夫人又折兵"的馊主意，又哪能传到我辈的耳中呢？

属于我类姓氏的那个"人"字在中国只有两画，按姓氏笔画可以和姓"丁"的排列在一起。"丁"在中国也是一种人。古往今来，不知有多少学者对"人"

字作过解说，其实，说穿了，"人"就是那么一个不横不直、无经无纬、而且连一"点"也没有的"两下子"，是靠那左右开弓支撑着的两笔"斜道"。因此，人才会想出那么多"歪门"。于是，我开始琢磨起这些人创造的来表现他们自己的"道道"来。

事情就是怕琢磨，原来那些道道也是靠琢磨得来的，老祖先们打制石器那一"琢"，便出来一个"点"，他们把这叫作"主"，于是便有了"主意""主人"，他们明白了自我的主动，或曰人的自觉。老祖先们再将石器拿来一"磨"，便出现了一条"道"，他们把这玩意儿当作了"有意味的形式"，将它摆来弄去、交错排列，于是便出现了长短、阴阳、经纬、卦爻、形象、文字，难怪直到现在，我们还常常称它为一画、一道或者纹路、杠杠，也难怪中国的哲学祖师爷们莫不强调"大道归一"和"一以贯之"了。

可是如今时髦的是西方的"科学"，于是在中国躺着的"一"便只能站起来，据说成了"1"后才能加入"数理逻辑体系"。可是，时髦的讲科学的中国人并不知道西方的科学也时髦得很。我们小时候学了"1+1=2"的科学，说那是万世不变的真理；可如今时髦的科学又推崇"1+1=10"，说这才是电子计算机的逻辑；而近现代那位西方数理哲学的泰斗罗素说得更邪乎，他说给他一个任意命题，比如说"人"或"1"吧，他都能把它运算(或称演绎)成一只狗，也就是说"1+1=狗"。然而我还是以为，"1"应该是"一"，它不只是那个加起来等于2的或等于10的"数"，它应该是那个可以"一生二，二生三，三生万物"的"道"；它也不只是那个可以演绎成"狗"的任意命题，它只是中国自古以来就使用至今的只有"一画"的一个"中国字"。

中国老百姓有一个可以囊括所有关于人类和自然至极认识的关于"一"（绝不是"1"）的谜语、说是"天无我大，人有我大"。想想这个被称为"我"的"一画"从"天"上取出来担在"人"的肩上时，那"大"不就出现在天下的人世之中了吗？这是机智还是巧合？其实这只是一种淀积下的文化解说，或称演绎与运算。

记得我小时候就跟老师抬过杠。老师说一个人加一个人等于两个人，我说不一定，一个男人加一个女人等于一对夫妻，老师便说我胡缠，还污蔑我动了春心;我一生气又问他:一斤米加一尺布等于什么?他说:不是同名数不能相加。我也不知从哪儿来的灵性和勇气,冲着老师嚷道:"那么,一切加一切,一律加一律,一贯加一贯,一概加一概等于几?"数学老师狠狠地走了;语文老师在后面笑。后来语文老师成了右派;我也只好上大学去学"数理",再去与那"一"抬杠。原来,中国那大道归一的老话也有理数,"道"不也是"说出来"吗!"大道"不就是"最了不起地说出来"吗!中国人能以"一"来"道"出所有的存在:单一的可以说成一个、一头、一只、一条……;部分的可说成一半、一角、一份、一点……;少量的可说成一些、一批、一把、一堆……;全体的可说成一总、一切、一起、一统……;还有一动、一看、一跳、一样、一律、一贯……有什么东西不可用"一"而道之呢?中国人不正是借此"一画"来做"大道"吗?来做那种不是语言所说出来的"大道无言"的记志吗?

我终于明白了,当我们只懂得"1+1=2"时,我们只是要数东西和量东西;当我们明白了"1+1"可以等于"10"时,我们才可能去摆弄符号和搞运算;只有当我们又糊涂得不知其一加一应该是(不是等于)什么时,我们才初步彻悟了那"一道",才有资格去演释那无形大象、稀声大音与不言大道。这才是中华文明之本源,谁说不是"难得糊涂"呢!至于罗素那种"人变成狗、狗变成人"的玩意儿、中国孩子和老百姓都会玩,想想他们常说的"狗腿子"、"走狗"、"狗屁"这些词儿,还不明白这是一种什么逻辑吗?

于是,我不再随便向别人提问题了,我明白了那个"大人"的永恒之存在。我只是伏自己的"法障"和"心魔",也想将来当一个"大人"罢。否则,我们似乎就只能作个忙忙碌碌得自以为在做学问的大人,那我宁愿作一个那个"大人"眼中的孩子,随心所欲地提问,因为据说许多真正的大人都和孩子相似,而且,就连上帝也"只与孩子同在"。

1991年末伏于一画书屋

# 一"指"禅随笔：道"二"

"二"当然也是一个只有两画的中国字，而不是那个由初等数学或者小代数中的"1+1"在规定体系中演绎的逻辑结果。在这个封闭的规定体系中也有一个形状与"二"相似的只有两画的逻辑符号，我们叫它为"等号"，也就是"="。虽然都是两画，但却反映出并决定了两个不同的哲学体系，导致了两种不同的文化。据说在初等数学中，等号两边完全一样，以至等号两边可以互换，这是一种可以不加证明而任意采用的"公理"。（附代说一句，在当代数理哲学所使用的现代数学中，作为逻辑符号的等号已越来越少用以至于几乎不用了。）既然我们的哲学家们早就提出过"世界上没有两片一模一样的叶子"以及"人不可能两次跨过同一条河"这样的逻辑命题，那么，完全一样或互换又如何达到逻辑上的可能？更有甚者，如果我们承认时空的无限与不可重复这条"公理"，那么，关于等号的公理又如何建立，那些一切所谓的"实验"，从哲学上着眼又哪来什么"逻辑的必然"，从根本上说又哪来什么"科学"可言！？

因此，作为"1+1=2"的"2"充其量也只是一种"规定"而并不是什么"规律"，倒不如那个从"一"中变化生发出来的"二"来得更加有理有节。"二"中那既不同而又有相似之处的两画，那既在本质上一样又在形态上各异的两个一画，不正是说明了世界是运动变化而又有规律可循的这样一个至理，不正是说明了认识是无限发展而又有逻辑基础的这样一个至道。那个中国哲学家们所谓的"一生二"的简单箴言，也正如"大道归一"那样，反映出来的是人类世界那永恒而基本的至律。"二"中所创造与沉积下来的符号与人文信息，既明确了"点""画"本身在记志中的相同职能与不同功用，又包含了"感""情"本身在认识中那种所谓的长短、大小、高下、难易、轻重、缓急、前后、反正等等"阴阳的至极"。因而，它不可能是如等号那样的两画之重复，它只能是如"二"那样的变化之生发。

　　正为其如此，在将"二"当成"术数"运用时，连中国老百姓都不太喜欢说"二"而更多时候喜欢说成"两"，在非要说"二"时又往往会带点儿民间文化的"幽默"，连曹雪芹与白先勇都不例外，要让他们的书中出现一个将"二哥哥""二嫂子"说成"爱哥哥""爱嫂子"的"可人"。也正为其如此，中国才会有那么多作为"数术"中"二"来使用的字和词。民间话本中有一个尽人皆知的"王安石三难苏学士"的故事，传说是苏东坡无意中开罪了宰相王荆公，虽然是"宰相肚里好撑船"，但毕竟是"恶语伤人恨不休"，于是乎王荆公便变着法儿让苏东坡丢人现眼了三次，以教训一下这个狂放的学者。其中有一次便与"二"字有关，那是王安石出的一句看似简单的应时上联求对。当年正是闰八月并年内交春，因此在两个农历正月初一之间出现了两次立春与两次中秋，王荆公依此而口占上联曰："一岁二春双八月，人间两度春秋。"苏学士百思无对，羞愧难当。细析起来，无非是该联中数字极多，五个数字之中除"一"和"八"外尚有"二"、"双"、"两"三个字均言"二"之数，故而难对而使苏学士受窘。其实，表"二"之汉字又何止这些，随便举来：二、双、两、对、又、重、再、偶、复、亚，哪个字中不曾包含着"二"的理数。还有唐婉《钗头凤》中"人成各"的"各"，范仲淹《岳阳楼记》中"越明年"的"明"，确也是"二"的意思。那些只信奉"1+1=2"的"符号学者们"试把这些"二"译给我看看，道给我听听，更不用说还有"二杆子"、"二毛子"、"二百五"、"说一不二"以及"老二把老大坑了"之中的"二"，它们到底有哪一点是属于那个"1+1=2"的逻辑！？

　　因此，我们必须明白"一双并非两个"、"一双不是两只"这些常识，我们更必须清楚"再来不等于二次、重复绝不是同样"这些至理，搞清楚在汉字中并不复杂的"二",明白这种能反映规律的由"一"而生发的观念符号中记志的文化现象,让那个只从"1+1"的规定中派生的"2"之符号从哲理元中滚开,否则,那真是"连 1+1=2 都不知道",又怎么会不落个"只相信尺码而不信脚"的下场!

更何况人生至理并不止于"二"哩!

1991 年秋于北京

# 中国绘画的物我观念

在一般的美术理论中，人们常爱用"主观与客观"这样的概念，这自然是受到西方古典艺术理论及哲学概念的影响。近年来，随着西方现代哲学及艺术理论的输入，又常常出现"主体与客体"这样的提法。不管是哪种提法，似乎都不能摆脱哲学对美术的影响，似乎也很难明确地表示出美术理论所要根本触及的那些问题。因为主观、客观都是在一定条件下个体或者社会群体的认识结论，都属"观念"的范畴。尤其是所谓"客观"，往往是指一定历史条件下的文化观念，主要是指当代认识指导下的社群认可观念，它与艺术活动中个人特殊经验感受形成的有利于艺术创作的"主观"总是相悖。因此，就它们的本质来讲，只是个体认识与文化结论的差异，不涉及到哲学认识论中正确与错误的根本前提。而主体、客体又都是在一定条件下的这一个体与其他个体，同属"实体"的范畴，它们不能明晰地表达观念对实体的文化作用，作为艺术理论的基本概念，其内涵的范围并未超越前者。

我觉得，在美术活动中所谓的"主客观"或者"主客体"关系，应当指创作过程中作者与题材的关系以及接受过程中观众与作品的关系，研究这种关系的目的是进一步解决作品的产生与作品的评判问题。因此，我认为在这诸多关系中，还不如沿用我国传统哲学上的"物"、"我"这两个概念，才能更确切地表述艺术活动中的基本问题。"物"与"我"虽然亦属哲学概念，但它们在美术理论的具体范围中同时分别强调了艺术活动主体与对象之间的物质属性与精神属性，当提到"我"时，虽然人们不会否认自身实体的存在及运动，但更主要的显然是指主体自身的精神活动；当提到"物"时，则更多地是指对象的存在变化规律，它们之间的相互转换体现了一定的文化结论。在"物"、"我"两者中，各自又有自己的"物我范畴"，于"我"中有"心"、"身"之别；于"物"中有"体"、"力"之分。"身"当然具有"物"性，但它又区别于其他的"身外之物"；"力"本身虽然是指与"我"的关联，但它只体现于"物用"之范畴中，多与社会属性相关。于是，又派生出"修身养性"与"格物致用"之类的关系来。如此往复深入，层出不穷，于物中见我，于我中有物，构成了中国文化的背景基调。所以，作为认识的相对关系来讲，在战国时代就出现的哲学著作中那些"坐忘"、"梦蝶"、"鱼乐"等典故所表述的哲理，长期以来，更多地作用于中国的艺术理论，"老庄"思想也乐于被后来的文艺家以至于当代西方现代艺术理论接受或借鉴。

也许在西方古典哲学中，"物"与"我"并不是相关的逻辑概念，但这恰是中华古典哲学的基本特征，类归的概念既不排斥对理念的逻辑演绎，又不拒绝与实体的相互关联。从总体上看，西方古典哲学建立在数理科学的基础上，它是从对"物"的理性观察中将其总结为定量定性的分析，从而从"数"的理念中找出它们的运动规律和存在规律，最后上升到哲学范畴。因而，其基本哲学命题偏重于探求世界的本源及动源。中国古典哲学则是建立在文史科学的基础上，它是从"我"的直觉和经验的经历中记录出现象的进程，然后总结出其规律，形成文化的理念记载，最后进入哲学领域。因而，其基本哲学命题偏重于探讨世界的结体与构架。极而言之，一重物理，一重心态；一是将人作物，一是以物当人。当西方哲人们明白了"二加二等于四"只是人们的一种特别"规定"而不是唯一的实在"规律"的时候，其古典哲学的整个基础便产生了动摇而转向了重直觉、重本体、重关系的现代哲学范畴，它们在表象上似乎反映出对中华古典哲学的认可与相似。当中华哲人们了解到"任何历史科学与文化现象也可以作定性定量分析"的时候，其古典哲学的基础也开始了自身的困境，似乎在表象上反映出对西方古典哲学的屈从与赞同。于是，双方以各自反思或固守的面貌出现，形成了现代的文化交汇与冲击。这是文化发展的必然结果之一，片面强调某一种哲学体系的合理性而排斥它在另一种文化中的荒谬性，并不利于它们的交汇与自我完善。

　　作为艺术的基本特征，我同意这样一种描述：它是在一定文化背景下以特定的物化形式所反映的感觉交往模具。其根本特征之一是应当付诸感觉，至于其他人类生物性特征与社会性特征的诱发，则是此后的系列环节。但是，每一种感觉必然受到特定文化的影响而只能以一定的特殊方式表达出来，这种方式长期淀积在文化史中，每接触一种新的时空条件，它便会以原有结论去顽强地诠释新的对象，这就是文化的恒稳性。这种诠释普遍反映在文化的基础工具——语言文字之中。例如，在接触西方艺术之后，中国出现了这样的常用词汇：文艺、艺术。它当然反映了中国传统理论对"文"、"艺"与"术"之间关系的认识。文艺，文艺，因"文"生"艺"；艺术，艺术，缘"艺"有"术"，重"文"轻"术"的观念则一览无余。如果把这三个范畴与具体的美术理论结合起来，当然可归纳成"理、意、趣、法"四个部分。"理"是属于"文"的范畴，指的是文化理论中关于美术的理念解说。"意"和"趣"则是"艺"的范畴，强调审美主体的功能，"法"才是指的"术"，当指技巧等诸多方面的问题。也明显可见传统文化的影响。那么，这四个方面与感觉的关系又如何呢？在中国还有两个与传统文化有关的派生词汇：感觉和觉悟。先强调感觉，有感才有觉；然后是觉悟，有觉方能悟。这在中国传统文化中是分属于三个层次的东西，所谓"感"是一个接触过程；所谓"觉"是一种主观结论；所谓"悟"，是一类文化判断。如果没有这三个层次的完成，"物"便不能以其自身的存在与运动方式与"我"发生关系，"我"也不能以其自身的接受与判断方式与"物"发生关系，艺术活动就不能完成。因此，在我们翻译的"感觉"一词中，已具有了与西方词汇原义上有所不同的文化观念了。举"视觉"为例："视"只是一种现象的过程，它的不同方式在中国被描述成"望"、"瞧"、"瞅"、"看"、"瞟"等等十几种概念；而"见"才是"视"的主观结果，用现代术语可说成是"实体的某种显现"。从圣人的"心不在焉，视而不见"到老百姓口头禅中的"耳闻是虚，眼见为实"，都渗透着视觉在同一种文化上形成的感觉认识模式。一切视的过程，在中国的造字法中，只要"从目"加上"谐声"就可以了。只要有眼睛，就可以去看。

而"见"就不一样，它必须是一个人头上竖立着瞪大的眼睛才能办到。但是，"见"还不等于"悟"，中国历史上许多颇有悟性的形象典型却常常低垂双眉或闭着两眼，佛祖、圣贤即是如此，这是思维的显著特征。"悟"者，吾心也，"心之官则思"，故而这也是一种自身对"见"和感觉的反思，进而作出文化判断来的形象。用现代术语来说，是在寻求文化背景上的"格式塔"。因此，"悟"的程度即与文化的层次有关。这又回到了"我物关系"与那个"有文而艺、有艺方术"的立场上了。用孔夫子的话来比较，不正是那种"其人无文，其行不远"的哲学理念在艺术中的另一显现吗？

因此，我主张将属于较大范畴的理念纳入较小的具体范围中去认识。当今是信息的时代，边缘学科与模糊理论也时髦得很，对于它们不是该不该了解的问题，而是不可避免的问题。但对问题的缩小和深入并不会妨碍认识论的发展。认识论的发展才是"全方位"和"多层次"的前提。犹如在艺术理论中"物我关系"的处理上关键是在于"我"的提高。对"物"的进一步认识有赖于对"我"之认识的深化，也就是"艺术的前进，有赖于本体的自觉"一类的含义吧。在西方众多现代艺术中，强调"本体自觉"是其共同特征，就这一点看，它们的进步意义是不容置疑的。我国许多当代艺术家对西方现代哲学与艺术的探索，不管其成功与否，或者重复前人，甚至出现一些偏差，其在理论上的意义也应当是无疑的。如果排除了因文化造成的感觉与手法差异之处，"本体自觉"的后面必然隐藏着对"我"的反思和提高，较之机械唯物论与庸俗社会学，真是天渊之别。

那么，作为中国传统画论及其哲理，除了在当代文化撞击中反思之外，是否也应当对自身曾出现过的与西方现代艺术理论或实践中那些或相类、或相似、或相悖的历史作进一步认识与探索呢？这当然是一个不容迟缓的任务，而且也应当属于地地道道的"现代观念"。现代观念并非是时空观念，更重要的是具有现代认识水平与理解能力。对历史科学的认识，必然是现代观念最基本的组成部分之一。比如有一种常被人耻笑的"中国古已有之"的观点，如果排除了那些"夜郎自大"与"故步自封"的因素，我们不得不承认它和那些"中国从未有过"的观点一样,是一种当之无愧的"现代观念"。因为只有在对现代认识作出判断的基础上,才可能得出"古已有之"或"古未有之"的判断,对它们的进一步认识,也会触动到对整个文化的认识,加深对"人生"的进一步理解,这不正是每一个现代人梦寐以求的目的之一吗?艺术之"我"的自觉,也意味着艺术本体的提高,只有如此,他对于社会中其他学科的进一步作用才能日益增强。

1987 年 11 月于扬州

# 遮蔽的文明

近大半个世纪以来，几乎所有艺术家以及文化学者都将其研究领域涉足到民族艺术学的范畴之中。作为一门新兴学科，民族艺术学既不同于以往的艺术学中对艺术的专门研究：重在强调艺术自律对艺术的造就及影响，认识、发掘与探讨艺术特殊的存在形式与创作活动的因果必然规律；也不同于以往的民族社会学中对相关艺术活动的专门研究：重在强调社会意识形态对艺术的他律，揭示、总结与利用普遍的艺术形态与接受活动之间的社会效应，来影响和限制艺术而找到艺术与社会发展之间关系平衡的症结。民族艺术学所要寻找的是一种不只作为社会本质的存在形态、而又属于地道艺术式样的文化活动对人类进程的影响。在民族艺术学中，无论是创作主体还是其接受主体，其作为社会个体的行为，都是微不足道的。即使是至关重要的艺术规律或社会规律，在此也会展示出一种普遍的适应与相互之间的依从。似乎艺术自身就是社会活动中的一切，而社会又存在于艺术活动的始终。于是，一种泛存于艺术与社会中而影响到人类文明的规律，便成了民族艺术学的普通课题。其实，民族艺术学的本身实质是人类社会中与生俱来的少数特质之一。然而，世界的发展与文明的分化，却使民族艺术学的研究，在相当长的历史时期内曾一度找不到市场：精练而极端的各部门学科理论对其不屑一顾，就好像每个人只知道他是自己而忘了他是一个人，忽略了"自己"之中已包含了他对"人"的全部理解一样。现实的所谓先进文明，又不再给民族艺术学研究提供丝毫的实证参照。由于这些原因，才使得人类对于民族艺术学普遍产生了"只缘身在此山中"的困惑。但是，越来越多的学科不得不接触许多只有民族艺术学才能究其根本的问题，特别是那些关于人类自身进化和人类文化形成的本源问题。对史前文化的研究，对原始民族的研究，对儿童的研究，不但使我们广泛地找到了民族艺术学的用武之地，而且对原始的仰慕与对自然的回归，也为其扫除了更广阔的人为蔽障。人们突然发现：作为民族艺术学中最广泛又最普遍地存在且迁延至今的民间美术，拥有了无比丰富的文化内涵与文明精神。实际上，许多根本问题的源流及发展关键至今仍能从中探得。

中华民族的民间美术作为人类文明的组成部分，有着其他文明所不及的明显特征：它具有较为统一的一统状态，发展清晰有序，它极早统一又沿袭至今的书写符号体系（主要是文字，也包括图符、卦爻）之类的典籍与受其制约的文言，既完善又恒常。以它的存在作为基础与发展前提的史文哲学不仅重视关系与规律的总体把握，而且还留下了世界上最完善与最丰富的记载。相对独立的个体生产方式与经济形态，也为其不同阶段上的文化发展保留了实存的参照。因而，许多实质性的问题，虽是属于人类文化对自身文明的诠释，但我们相信，会有更多可信的解说，能在漫长的中华文明史中找到，并且能在中华民间美术的研究中，寻获到新的信息。

人类服饰的问题便是这些问题中最典型、最有意思的问题之一。

我们先来看这样一种现象：至今为止，一直尚未发现任何一个哪怕极其原始的民族，在他们整个生存活动的时期内会不着任何穿戴，也未发现任何一种人类以外的其他生物会在其生存过程中对自己身体进行任何非本能性的穿戴活动。也就是说，我们可以毫不犹豫地将穿戴当成人类与非人类的基本界限之一来加以研究。另一方面，服饰作为穿戴物，又未离开过它始终如一的装扮人体自身的特定功能。也就是说，服饰本身可以在不离开其实用功能的同时发生与人类文明同步前进的任何审美性质的其他效应。这些特征使得这一问题的研究具有一种关于探究人类本质的意义。中国有一句骂人的话叫作"衣冠禽兽"，正是十分有意思地指出了这一点。那么，我们研究人类服饰问题时，第一个不可避免的问题便是，人类为什么会与非人类产生这样对自体的截然不同的态度。说穿了便是一个"人类为什么要穿戴"的问题。但在提出这个问题时，又发生了我们在"原"始问题探讨中常常碰见的因"观念"而发生的提问：既然服饰是人与非人的界限之一，我们就很难确定是先有"人类"还是先有"服饰"。而我们在讨论"人为什么要穿衣"时，却只能在肯定了"先有不穿衣的人类，而后才有穿衣的活动"这样一个前提下进行，这样不同前提下的演绎结论，其矛盾性是不可避免的。以往对服饰的研究大抵因此而陷入一种"魔圈"之中，而不利于从穿戴问题的缘起上发现更多人类的灵光。

我们依次来看看以往研究中对这个问题的一些结论：

结论之一是：穿戴是生存中自爱需要的产物，是人类在漫长生活中为了抵御寒冷、酷暑、风霜雨雪与毒蛇猛兽等不利人类生存的自然环境中逐渐生发的。这类结论的支持者可举出许多重要的论据，他们分析各种气候、环境之下生存的不同种族的穿戴习惯与服饰特征，找出服饰着重保护人体的作用与自然环境对人体损害之间的对应规律，论证服饰最初发生对原始人类活动的帮助。例如：山地居民与披风式服装的必然关联；手镯、指环等饰物是由原始狩猎活动中防止被野兽咬噬的需要而出现的等等论证即是此中表达者。他们还可以从历史文献中引证许多文字来证明这是自古以来人类一贯的认识，说明"冷了要穿衣"是与"饿了要吃饭"一样的生存本能之一。这些论证作为人类服饰发展过程中某一层面上一定角度的阐述当然无可非议，但我们只要考虑这样几个问题，便不难发现它们那些显而易见的理论上之不足：首先，从现存的原始民族来看，服饰的基本式样与格式与气候并无必然联系。生活在北极圈中的爱斯基摩人并不比某些生活在澳洲或非洲赤道附近的原始部族穿得更多、更厚，也许，如果不是他们要在光滑的冰上行走时，他们甚至用不着穿翻毛的兽皮靴。而且，大部分生产方式较落后的原始民族中，那些最怕恶劣环境侵害的儿童以及那些不能在户外独立活动的孩子，反而让他们不着任何穿戴，似乎在这些民族之中，穿戴只是成年人的事情，不少民族甚至将穿戴作为成年礼的重要标志。这些基本事例之后所隐藏的最终理论原则，只能导致服饰的产生与自然环境无必然联系的结论。其次，从现存一切原始民族服饰的基本结构与装饰部分来看，所有的重要活动部位大都采取裸露与半裸露的方式。例如：我们从来还未发现过戴手套的原始民族，全世界范围内的考古学结论也告诉我们：手镯的大量出现只存在于以农业生产为主而不以狩猎经济为主的原始种族之中。许多原始部族中普遍出现的耳环、鼻环、口环等饰物与装饰方式，也与任何生产活动无必然的直接联系。而且，从总体上讲，我们并不难发现，一切服饰就其对人类自体的活动而言，都是一种限制和妨碍，它们与人类的活动本能是背道而驰的。古罗马人由于从事海上活动（从捕捞到海盗或贩卖）而崇尚裸体，一切人类的孩子都厌恶穿衣的现象正从历史上与心性上对此作出了反映。否则，中国便不会出现"赤子之心"、"赤诚相见"的成语，外国也不会有"如果人类真要衣服，上帝在创造人时就应当给他一件"的民谚了。既然如此，我们怎么好将这些理论当成穿戴产生的唯一解说呢？

　　结论之二是：穿戴是繁育中他爱需要的产物，是人类在生殖过程中为了保护性器官，增加性诱惑，促进性活动等有利于人类繁衍目的的活动中逐渐生发的。这类结论的支持者也可举出许多论据来，他们分析历史上各类服饰与人体器官之间的联系，找出服饰对生育的影响，论证穿戴与原始性崇拜之间的沟通渠道。他们列举的最强有力的论证是：一切最原始的服饰中，其人类生殖器官部分无一例外地被遮挡，而裸露部分又常常是引起性诱惑或者是哺育后代的器官，因而结论是无论其遮挡或者裸露，都含有对"性"的关注成分。此外，一切服饰的发展、变化，其根本原因是与"性交往"相联系，他们甚至举出发情期禽兽体态之美丽变化来论证人类婚礼等"性交往"活动中穿戴的必然性。这些论证从把握住人的"兽性"一面出发来论证"动物"进化到"人"的过程中，"非兽性"穿戴的出现仍是"兽性"的作用，虽然时髦得令人兴奋，但仍不易说明事物的底里。其实，大量已被证实的研究成果同样表明，即使是最原始的穿戴，亦并非与"性活动"发生必然联系。服饰史的研究告诉我们，并非所有的原始服饰均重视性器官的遮挡。最初的原始服饰式样当是以披肩或围腰式样出现的。直至当代不少封闭地区的民族服饰式样，仍以这种式样的迁延为主，而并不对与"性"有关的器官作任何特殊的装扮或裸露。再有，假如说对性器官的遮挡或裸露这两种方式都是对"性"的一种关注，那么，在原始穿戴过程中，对身体的任何部分，难道还会有除此之外的第三种处理方式吗？

如果我们进而从根本上重视一下人类"性爱史"的研究成果，那就更容易发现这类结论的不足之处。性史的研究告诉我们：所有的对性器官重视而产生的崇拜与禁忌，都必须产生于人类进化过程中与大量高等哺乳动物相似的"一年只有一次发情交配时期的消失而性活动不只作为一种生殖本能之后"。生殖本能前提下的性活动，绝不可能导致本能活动之外的非本能目的所联系的逻辑行为。至今为止，尚未出现，而且也永远不会出现人类之外的任何生物种群在非生殖活动中所产生的对性器官特殊重视的行为。况且，对性活动与生殖之间必然关系的认识，在不同种族中有不同的文明导向，许多生存至今的原始民族到现在还不明白性活动与生殖的必然联系，而根据人类发展历史来看，这种认识最早也必须在定居或半定居的原始农牧业经济为主要生产形态的社会中才可能发生与形成。另一方面，我们从人类认识史的发展中也不难理解这样一个过程：所有的对性或者对生殖的有关崇拜，甚至那些对性和生殖的重视而产生的社会效应，如果在行为与思维逻辑上要与性器官或者性活动发生联系，那么这种行为与思维只能产生于人类对生殖和性之间关系的认识或揣测之后。实际上，所有对生殖和性的有关崇拜，正是社会文明发展至一定阶段而要对性和生殖进行干预之后才寻找到的，是社会文明对人类这种被神秘化了的本能（本能的神秘化也是一种文化，是人类更早期发展中本能被局限与要拓展之矛盾被认识后的结论之一）所作出的规定性解说。而由此导致的文化心理，更须有待于这种规定性解说进一步成为自觉的人文规则之后。而且就目前考古学的成果来看，能确定为人类饰品的出现比能确定为人类生殖或性崇拜物品的出现要早得多，也肯定得多。那么我们怎么能将穿戴的产生置于这样的前提之下呢？

总而言之，以往的观点大抵只重视人的生存本能与繁殖本能的研讨，希望从进化的角度来解释人类文明与本能之间的必然联系，如果我们不忘记这两种本能正是一切生物的特征，正是人类中非人性（即兽性）特征的本质，我们就很难解释，为什么只有人才能在这种本能的驱动下被进化而形成特有的文明。

我们必须寻求其他的假设。首先，我们必须否定那种被动的进化之解说，任何物种之间的变化，都潜藏着自体质的变迁，都参与了自体质的运动选择，那种以为只靠"物竞天择"来推动进化的原始理论，其致命弱点正在于只重视生物那种生存繁衍的被动本能而忽视了生物自体生命过程中存在的本质运动之参与能力。这种能力在近代大量有关遗传学的研究中已被普遍提及。否则，我们便难以解说，北极熊与狮子都长着长毛，而海象和大象又都不长毛这类千变万化而相互矛盾的现象，也根本不能说明人工选择中"基因退化"之必然规律。如果我们说对于种群生存与繁衍的本能并不存在着等级上的差异，那么，对于自体生命内部形态运动的参与，却应当存在着明显的因种群而异的根本区别。不同的生命形态对于自体生命过程中运动的参与或选择有着明显的不同。它们生命中固有的信息逻辑可能在一定条件下不被发现与释放，但决不可能超越自身生命等级而升华。这种看似后天所获得的个体差异，实际上在总体上亦受制于更大种群中趋同的范围所局限。由于篇幅所限，本文不可能更深入地讨论这一问题，但由此我们不难归结出生物中最重要的那种与生俱来的能力，对个体生命过程的干预能力。这种能力在生命进程中表现出较大的个体差异和种群差别，它们的主要反映方式是学习与表现。这一能力甚至决定了另外两种本能在生命不同的阶段的表现形态与不同个体在不同环境中的表现方式。它才是"与生俱来"的生命本质。学习是生命自体期望与其他生命个体发生联系的本能之表露，而表现正是这一表露的可逆形式之反映。

我们从这种能力对文化的促进这条思路上来讨论一下穿戴的起源：我们如果承认人类与动物之间存在着进化中的高级与初级阶段，并承认这种阶段必然且不可逆的过程时，我们不得不从注意原始人类与某些动物之中对自体装饰的相似行为入手。我们虽然尚未发现高等动物中的"穿戴"行为，但不难发现，不少动物种群中存在着类似于"文身"的表现方式，这种表现方式既由种的遗传基因所决定，又由群的生活方式所诱发。在动物行为中，不少有蹄目动物能往身上的特定部位喷涂泥浆，亦有一些犬科及灵长类动物能在岩石上或荆棘丛中弄破身上的特定部位，以往的学者们通常将这些行为解释为"自疗"，认为是动物自我防护与治疗的某种能力。实际上，任何观察与研究都不难发现，这种行为方式与生活环境及生存状态的联系并非必然，而只与种群有直接关系，但又并非只表现成遗传本能，而多数呈现为只有在种群生态中才能诱发而形成的一种能力。另一方面，这种行为亦并非与人们所解说的那类环境因素或动物自体状态有着因果的必然对应，却反而与种群中达到某个年龄或具有某种生理条件的一切个体产生直接关联。因此，我们完全可以断言，除了以往人类所作的所有解释之外，这种行为以及这种行为造就的集群活动效应，无疑会包含着一种"自娱"的"表现"性质，它是种群生存中特有的信息之一，是生命过程中不可缺少的，被种群社会所肯定的某种生存方式的表述。我想，如果说人类是从某种"非人"的动物种群进化而来的话，那么这个进化成"人类"的"非人种群"必定是具有这种以原始文身方式生存的动物群落。否则，我们便不能解释一切人类种族中都存在过的"文身"现象。

如果我们将在身体上涂抹某些东西的动物行为也看作原始文身活动的话，那么，动物行为的研究表明，在进食与配偶这两项所谓的本能活动中，一切动物个体所表现出来的行为都含有"排他"的意义，而在"原始文身活动"中，却表现出一种群落间的共容与个体的亲合。大象相互喷涂泥沙的嬉戏与猪猡们在泥塘中招呼同伴们共乐的类似情形可说是司空见惯。奥地利学者康勒德·罗伦兹甚至发现，它的那些将它看成"母雁"而与之嬉戏于水中的小雪雁，最高兴的时刻是，在它潜水后头上顶了水草的时候。而且每只小雁也都希望在水草丛中潜水而使自己身体也挂上这种"饰品"。我们不难推测，在这类活动中，动物们必定在所谓的"文身"活动中加入了交往的信息，"文身"在动物社会中显而易见的是一种超出本能之外的社会交往行为。美国威斯康星大学灵长类实验所主任哈莱·哈罗也从观察和实验中发现，幼猴之间嬉戏的主要内容之一是往自己或者是同类身体上抛洒物体或取走沾在自己身上与同伴身上的它物。在非猴群落中生长的幼猴会害怕其同龄的其他幼猴，这种幼猴既不会与其他幼猴玩耍，也不会自卫，它根本没有那种在成长过程中由于接触动物社会中其他成员而获得的"学习"与"表现"能力，更不会由此而懂得它们之间的由表情、体势、声相以及某些特定的对外物的运用方式所传达的信息。动物之中某些类似于"文身"的行为，不可能不包含了相当重要的这类信息。

就"文身"作为信息元素中那些基本符号的表现形式来看，它有着其他信息所不可取代的优越之处。首先，它们较为恒定，传达的信息较为明确；其次，它们可以较为自由安排而并非与生俱来，传达的信息较易把握；再次，它们可以较为容易地改变而不像声音大小、相貌好恶等天生的生理信息元素，而使传达的信息较易控制。在种群之间个体的交往中，由于这些因素使得信息的处理方式与表达方式更具有后天获得的能力。而在漫长的进化过程中，有的种群具有了诱使这种能力统一并强化的因素时，特定的对自体表现方式也形成了一种与种群共存的学习内容被恒稳地保持下去，渐渐生发了种群所稳定的"原始文身"形态。而当这种"原始文身"形态在长久的反复中被感到其作为信息符号要作控制时，便渐渐生发了有意识的装扮身体特定的部位，原始穿戴便出现了。而且，当我们不得不承认一切动物都是"光着身子出生"时，那么，从理论上说，"文身"要借助的外物便可以看成是原始穿戴的初级形态。

实际上，服饰的产生是人类自非人类以来所继承的原始文身能力的自控结果，是一种用最直接而便于控制的办法表达集群社会中后天信息的手段。

我们总结一下原始穿戴的部位，大致可分成头面部分与身体部分。头面装饰转化成了原始面具与脸谱，而大量的身体装饰便形成了后来的服装。原始服装的一般部位是，围绕脖子形成披肩式装饰，围绕腰而形成裙式装饰，围绕手臂手腕或大腿小腿形成环臂环腿式装饰。我们比较一下这些部位，它们往往是在动物中通常能通过毛羽、形态变化而表达特定情绪的部位，而在人类中又属于最不具备有体态姿势的表达能力之部位。我们推测这正是原始人类为了表达某种特定信息所致。

我们很难找到原始穿戴所要表达的确切信息，但对大量现存原始民族的研究表明，特定的穿戴至少主要表达如下信息：标明个体在群体中的特定身份与该身份所具有的社会位置，标明在特定场合下群体所处的状况。联系起我国古籍中一些有关古代服饰典章的记叙与分析，这种情形大抵上是相一致的。正是由于原始穿戴这种特定的标志功能，它能使个体不再作为单一的个体而只能作为集群中特定个体完成集群的创化过程，集群的生存活动有赖于个体间的秩序而得以恒定保持并作为更稳定的因素保留下去。这样，以人类寻找到的或创造出来的符号表达集群观念的行为才会日渐增多并被人类社会所肯定，新的文明才可能得以产生。

当然，原始文身与原始穿戴中的界限就更难划分了。在它们各自的发展过程中，会不停地与人类社会的各种观念或行动产生多方面的联系，完成生命过程中其他方面的功利目的或功用。例如：至今在陕西关中地区尚保留的灸嘴角而防治某些疾病的做法，与古代文身文面的习俗当然会有一定联系。另一方面，原始文身与原始穿戴的发展又受到社会其他文化观念的影响而产生了不同种族中的分化。例如：中东地区许多民族中，由于相信肚脐与天神的对话而在舞蹈中突出小腹的扭动，并在服饰中裸露小腹，而中国则由于相信肚脐与元气的泄泻有关而遮蔽小腹并形成了特有的"肚兜"。这样，穿戴才在漫长的岁月中发生了无所不及的作用，但就总体来看，中华民族的历史记载里，始终重视服饰的信息功能，始终将它作为人类文明的始祖予以重视，汉语"服装"一词，就从本质上揭示出"服"（特定场合下的规定衣饰）之"装扮"功能。最早的儒家经典《礼记》中，相当篇幅是对不同的"服"作出规定，致使服饰在中国成了文明的首要标志，这与服饰的发生发展是统一且一脉相承的。

正是由于那些非人种群中的某些种类对自身的重视，它自身才能成为一种超越自我表象的信息而转化成了一种"文明"的元素，跨入了新的种族行列。一种新的"文明"遮蔽了天地赋予的体肤，人类终于用自己创造的世界，表述了自身的存在，使"人"站立于天地之间而成了"文明"的主人。其后那丰富的发展面貌与漫长的文化历程，对于每一个研究服饰的人来说，更是有趣而繁重的课题。

1986年乌鲁木齐—北京

# 中国龙

与龙有关的文化现象堪称是中华民族文化的缩影,龙所展示的独特形态,蕴藏着中华文明中最奇妙、最有趣的华彩,龙所表述的观念,牵连着中华文化中最隐秘、最曲折的精粹。姑且不论近世流传的"龙的传人"、"龙族文化"等称谓确切与否,仅就龙的造型历史来看,亦足以展示一种民族文化在数千年发展中特有的足迹。

那么,我们打算从何处入手来研究文化现象中这一独特的龙呢?

中国人是重视形象的。"眼见为实,耳听是虚"的俗话,就是这种心理的普遍反映。汉语中"文化"的"文"字与"真理"的"理"字,原来都是指特殊的"构成形式",属于视觉形象的范畴。中国自有职官以来的最高职位,便是与掌管典籍所记录的形象有关的"司图",连汉字本身也确是一种平面构成的视觉形象。因此,形象所表达的观念,不再局限于本身形体所描绘或表述的直接对象,而是更多地表现为与文化相联系的各种关系。就这一层含义来看,"龙"是得天独厚的研究对象,它不同于任何实体所归结出来的"名",亦有别于一切概念所泛指的"实",它是一个游移于形名之间、产生于心物之间的异物。因而,对龙的剖析不能不遵循一种这样的原则:从中华文化中特有的现象与实际出发,从形象和观念的发展演化入手,尽可能地窥察诸多方面之端倪。

我们必须首先看到,"龙"既然是一种文化现象,它总会与民族文化的各个方面逐步建立起广泛的联系,它总会以各种方式扩展、转移到文化的各个层次之中;这种转移、联系的方式又与中华民族特殊的认识方式、记忆方式、理解方式、演绎方式以及政治体制、经济体制、生产体制、流通体制等等由民族文化所决定的心态与物态有关。从这个角度出发,"物"的本身并不是单纯的"体态",而是以类规方式存在的认识结论;"心"的本身也不是单纯的"思官",而是以种群方式反映的文化心理。只有站在这种文化要求的特定立场上,才不易受制于某一局部学科中具体的推断或演绎的结论,也不易因囿于某些特定场景中确切的行为或实验的结果,使得对"龙"的认识较为周全而又呈开放状态。这不正是"周"而"易"的中华哲理所期待的方式吗!这不就是那种造就了"龙"的文化之本质内涵吗!

第一件工具的制造,预示着人类从宇宙的洪荒中站了起来,他们以特有的造型形式开拓了自己"创化"的历程,这些比文字甚至比语言更早的"视觉形象",在上百万年的过程中展现了人类思想的进化履历。它们虽然没有"文字记载"那种比较确定的理念含义,但它们也仿佛是史前时代的天书,记载着许多远古文明中的人类之谜。而且,更多的遗迹还会通过口授心传,衍变成众多母题,保留在一切后来可称之为"文化"的对象之中。

龙就是中华文明中这样一种文化母题。

定型化后的龙的基本形象,可借古籍中的"三停九似"之说来描述:

"自首至膊,膊至腰,腰至尾,皆相停也。"

"角似鹿、头似驼、眼似鬼、项似蛇、腹似蜃、鳞似鲤、爪似鹰、掌似虎、耳似牛。"

"三停"言其总体布局,"九似"言其局部构成。类似的说法在历代许多典籍或谱诀中并不罕见。然而,谁见过现实的龙呢?这样一个人人都认识而又实际并不实在的怪异形象,当然迫使人们提出许多问题:龙是怎么产生的?龙为什么会是这种样子?龙与我们有些什么关系?等等。

龙的"正传"就从这些问题开始吧。

## 一 龙迹

说龙产生于远古的某种崇拜是没有实际意义的。人类任何一种从古迁延至今的文化现象，都与原始崇拜有着某种渊源，因为就人类创化的本质来看，崇拜与征服是同步产生的，当它们被作为人类群体共同认可的集团原则时，它们就是创造的原始动力。人类文化，怎么能与它们联系不上呢？

空泛指出龙起源于远古图腾崇拜，龙是以蛇或以鳄鱼等动物为图腾的部族经过联姻或战争融合了其他各种动物为图腾的部族后产生的综合图腾，或衍生图腾，其根据并不充分，其立论方法也难以使人信服。

"图腾社会"有着特定的具体含义，它是指某种人类社会发展过程中可能存在过或经历过，但并不能证明它是一切形态的文明社会都必须存在过和经历过的一种集团式社会形态。"图腾"是指同一血缘关系的亲子所共同认可的祖先形象，是氏族集团的血缘徽帜。关于"图腾"的信仰崇拜则泛称"图腾崇拜"。被作为"图腾"记录的那种现实对象则称为图腾物。图腾物、图腾、图腾崇拜都有自己的基本特征，这些特征决定了图腾社会中最主要的集团文化活动。围绕"图腾"来看，它有以下几个特征：它是严格的氏族象征形象，因此，作为形象来讲，它的可识性决定了它的固定性和集团狭隘性。就是说，在图腾社会中，图腾的形象是较为恒稳的，并具有标志性与较为狭窄的地域性。严复曰："图腾者，蛮夷之徽帜，用以自别其众于余众者也。"其次，它既是一种徽帜，因而，其应用范围有一定的规定性，其使用历史有一定的连续性，所以，某种"图腾"应当在特定的时空范围中恒定地反复出现。再次，它是由血缘关系维系的一种祖先崇拜，因而，它不同于一般意义上的崇拜方式与装饰习惯，说穿了，它是一种定型化的祖先崇拜偶像，因此，它更多体现一种内在的神秘，主动的禁忌，以及外在的尊崇，被动的推移。我们由此可以推及图腾物及图腾社会的特征。例如：图腾物多为禁忌物，从而区别于其他感兴趣的物体；图腾社会不管产生得多么远古，它只能存在于以血缘关系为主要维系的小范围宗族型氏族集团中，一旦生产关系的维系或者政权关系的维系增强之后，它将随之消失。一般认为，图腾崇拜广泛流行于原始社会中母系氏族社会阶段，结束于父系氏族社会阶段或者原始的国家形态形成之际。因此，不应当也不可能将一切史前社会的崇拜现象统统解释为图腾崇拜，也不能将一切文明社会中的蒙昧现象与古代图腾崇拜泛泛联系起来，更不能不全面考察原始文化的差异（这种差异由于原始社会的封闭性与其对环境的较大依赖性而较后来的文化差异更大）而以某种现成的固有理论去解释所有的原始文明。对龙形成与演化过程的研究也应当如此。

那么，中华民族在原始社会阶段，有哪些与其他地区和民族的原始文化根本不同之处呢？这些不同之处又如何影响与龙的形成有关的崇拜现象呢？

一般来说，原始崇拜与自然环境及原始经济方式有较大的直接联系。原始渔猎经济和采集经济易于造成人们不同类型的气质偏好和心理习性，并随之产生了不同的崇拜对象与崇拜方式。狩猎的争斗是原始渔猎经济的主要活动方式。对于这些原始种族来讲，流血的杀戮、猎获的实用、食物的易腐造成的不能贮存、生命的突然死亡和实在的及时享受，造成了他们对武器的依赖和对生命的崇拜。而且这些崇拜与依赖的表达方式，往往更多体现在实物或者偶像的直接感受中。他们的联想多与现实生命的存在、产生与活动有关。他们对自然的变化比较冷漠，对自身的情绪比较难于把握，往往处于静和动、生和死的极端状态，这样，其原始信仰就易于以生殖崇拜、图腾崇拜、偶像崇拜等实体崇拜的方式表达出来；其巫术与宗教仪式也多是如成丁礼、出猎礼等与生命获得有关的内容，并多以装扮成实体形象的模拟活动来表达。

而以采集经济为主的原始种族则不然。他们与自然的关系密切而融洽，他们没有极大收获的喜悦，也很少有突然死亡的危险；缺少与其他动物的激烈搏斗，也很少能随心所欲地攫取。因此他们须以平和的心境来等待植物漫长的生长周期，不热衷于暂时的享乐；他们也很少长期挨饿，因为他们懂得贮存。他们从对自然的依赖中产生了对自然规律的认识和联想，因而更多地崇拜自然及赖以贮藏的容器。而且，这种依赖往往反映成观念，将崇拜表现为精神联想并与情感联系起来。这样，使得它们颇具一种宽容的忍耐性格及心理状态。他们对自然的变化较为敏感，自身的情绪也较为缓和，常常处于较少变化的微小波动状态中。他们的原始信仰更偏重于以自然崇拜、气象崇拜、环境崇拜来表达，并易于将崇拜的方式与自然变化规律统一成一种思维模式，形成了众多与节气、时令、气候、水土有关的习俗活动、迷信观念、自然精灵等。并通过有关祭祀、祝祷、纪念、敬仰等活动来表达。

　　这两类不同的种族气质，使其原始文化也呈现出不同的特征。从远古形成的种族因素看，中华民族是一个杂食而以植物性食物为主的种族。这样的生存活动与种族习惯使原始采集经济越来越重要，当原始采集经济受到了我国大部分区域中四季分明的自然条件限制时，人们对自然的依赖就会变得重要起来。他们易于将自然神灵化而产生自然崇拜，并将这种与食物来源有关的崇拜和集团生存观念联系起来，也产生出类似于氏族保护神或氏族生命神的物象崇拜方式。但这些崇拜对象与图腾崇拜有两个根本区别：一是崇拜的对象与自然条件的变化有明显的直接关系，这种关系是恒稳的；二是崇拜的对象较为自由宽泛，在同一阶段与相同区域内，并不固定在某一种特定的对象身上，而且这些对象可随时间地点与自然条件的变迁而改变；所记录崇拜对象的造型形象也较多变化。总的来说，这类崇拜是较为随便、较为松泛的，极少明显的森严而执拗的原始图腾与禁忌现象。

　　我们就从这条思路上来看看龙的"来龙去脉"吧。

　　殷商甲骨文中，已出现了"龙"字，可见"龙"作为一种观念，至迟在商代已确立，那么，这里的"龙"是否确指某种确定的动物呢？

　　目前有不少的考据龙之起源的研究，归结起来，较有影响的大致有以下几种：龙的原形动物是蛇，是鳄，是鱼，是猪，是马等等。其基本的观点和依据无一例外的是这些动物与龙一样是图腾动物，它们在形象上与定型化的龙有某种相似。古籍中又多有它们的神怪传说与记述。

　　从现有文字典籍与形象资料来看，我们可以较为粗略地试举几例考察一下这些动物与远古中华民族历史发展的关联。

　　从目前的考古发现来看，在江浙一带从河姆渡文化到良渚文化、崧泽文化遗址中，出土了较多与猪的题材有关的形象，其中有一些雕成环状的，被称作"幼龙"或"豕形玉"、"猪龙"的玉饰，以及刻有"兽面纹"的玉琮十分引人注目。根据文化的迁延分布不难断定，它们是一脉相承的变化了的猪面或猪头形象。这类玉饰还见诸黄河及辽河流域一些地区，作为兽头，鬣毛、曲身的造型，它们与后来的"龙"在外形上有一定的相似之处。但无论从形象上与崇拜的实体上来讲，这些文化中所描绘的对象其原形都可能是猪，试引几则关于猪崇拜的古代文献：

豕之牙，吉。（《易·大畜》）

有兽焉，其状如豚而有牙，其名曰当康，其鸣自叫，见则天下大穰。（《山海经·东山经》）

凡苦山之首，自休与山至于大騩之山，凡十有九山，千一百八十四里。其十六者，皆豕身而人面。……其神状皆人面而三首，其余属皆豕身人面也。（《山海经·中次七经》）

由此看来，这可能是上古豨韦氏迁徙之地的遗址。但为什么将猪作为崇拜对象呢？"豕之性能水。"（《毛传·郑笺》），"彘，水畜也。"（郑注《月令》）是指猪与水有特殊关系；"猪性能突人，故取以喻。"（《汉书·食货志》引服虔注），是指后来所谓"以德取之"。似乎都与祖先崇拜无关。而"彭蠡即猪"（《禹贡》），则是指"水所汀曰猪"，即后来的"渚"（孔安国注），也指"南方谓都为猪"（郑玄注），皆是说此处水乡，人口集中，且多牧猪，故称为"都"的意思，也并没有图腾的含义。也许其他部族的人或他们自己称其为"豨韦氏"，正是因为其产猪崇猪的意思，如同英国人称中国"瓷器"一样。豨韦氏音转，或谓封豨、封豕、豕韦、室韦、失韦等等（详见傅朗云、杨旸《东北民族史略》1983年吉林人民出版社出版）。后来，封豨氏被尧所灭。"尧使羿……擒封豨于桑林。"（《淮南子·本经训》）当时，也将部族的敌人称为"毒蛇猛兽"，以致后来的文明史还误认为羿只射死了一只大野猪，没想到这里记录了一场部族兼并的战争。虽然如此，但也未见到图腾兼并的证据，更没见从猪演化成龙形的痕迹。如果说后来成为雷神的"方相氏"与猪有关，那也是这种文化崇拜文学化造成的结果。再举红山文化中发现的所谓"三星他拉玉龙"为例。从头面造型与鬃鬣造型上细看，红山文化这件典型玉器似乎更应该是以马为原型的器物，是辽河地区原始文化中对马崇拜的结果，北方草原文化与马的关系不言而喻，上古典籍中当然更不乏这类记载：

> 凡西次二经之首，自铃山于莱山，凡十七山，四千一百四十里。其十神者，皆人面而马身。（《山海经·西山经·西次二经》）
>
> 凡北次三经之首，自太行之山以至于无逢之山，凡四十六山，万二千三百五十里。其神状皆马身而人面者廿神。（《山海经·北山经·北次三经》）
>
> 凡岷山之首，自女儿山至于贾超之山，凡十六山，三千五百里。其神状皆马身而龙首。（《山海经·中山经·中次九经》）
>
> 北海内有兽，其状如马，名曰駒騄。有兽焉，其名曰驳，状如白马，锯牙，食虎豹。有素兽焉，状如马，名曰蛩蛩。（《山海经·海外北经》）
>
> 禺氏駒騄，駃马是为献。（《周书·王令篇》）

类似这类记述甚多，据有关学者研究，这些地名多在四川、甘肃、山西等地，恰好是原始社会中相对中原文化圈来说的西北地区，多属游猎民族，其文化当与马有不可分割的联系。后来，马的观念常常与龙联系起来：

> 马八尺以上为龙。（《周礼·月令》）
>
> 周穆王驭八龙之骏。（《拾遗记》）
>
> 天马者，乃神龙之类。（应邵注《汉书·礼乐志》）
>
> 文帝自代还，有良马九匹，一曰龙子。（《西京杂记》）
>
> 韩子曰，龙之为虫也，可扰狎而骑也，言虫可狎而骑，蛇马之类明矣。（《论衡·龙虚篇》）

这里似乎不难看到一些马与蛇合而为"龙"的痕迹。有些人说，这是崇蛇的黄帝部族战胜了北方以马为图腾部族的结果。那么，是否这就是图腾的融合呢？作为如此广大的区域，仔细考察它们出土的器物，不禁会有这样的问题，在马形或蛇形器饰或记载出现之处，我们会同时发现许多其他动物的形象与记载，比如红山文化中，还出现了不少猪形、鸟形等器物，黄帝部族所处区域的仰韶文化中，也不乏蛙、鱼、鼋、鹰等形象。古籍中也可找到这些区域中崇牛、崇鹿、崇狗等许多记载，那么，我们又怎么能证明只有马和蛇才是他们的图腾，而要在这么广大的区域中只将马和蛇组合在一起呢？

这类动物的考据还可作很多，但无非是与龙有关或与龙无关两种，我们可以将与龙有关的一切动物都考寻一番，结果会发现，总有那么一些与龙不相干的动物也完全同时可能具备作为图腾的条件，它们在分布范围与数量上都与我们分析的那些与龙有关的对象不相上下，那么，又有什么理由认为在上古众多的图腾部族中，人们只选择构成"龙"的那些动物来融合和演化？而这种演化又那么恒稳，那么有迹可循，似乎古代以各种动物为图腾的部族预先知道了龙的构成才选择联姻和打仗的对象，这点是不可思议的。

中国是一个广大的区域，气候又有不同，辽河流域、黄河流域及长江流域三个古文化区域中自然环境、生产方式都不同，氏族的迁徙和交往也不可忽略，因而，中国原始文化当是多种多样的。这其中可能有许多明显的图腾崇拜之痕迹，但也可能有些区域中从来也未出现过明显的图腾崇拜。将如此广泛而有规律可循的形象组合解释成众多恒定图腾的随机融合，既违背了事物发展的自然规律，也很难使人信服，何况，至今还未见到能肯定某一集团以某一唯一的对象作为图腾的充分说明。许多治上古史的学者，虽较为明晰地指出了古代少昊、太昊、鲧、禹、伏羲、女娲等部族以及他们所崇拜的某些动物的线索，例如：黄帝族与蛇的关系，太昊族与鸟的关系等等。但在出土的各类文物中，这些动物在原始社会中有不同的造型形象，其名称在甲骨文字中也有各自不同的写法，它们与"龙"是不同的观念。后来它们的形象也与龙形长期并存，那怎么能证明龙是它们的图腾交融的结果呢。

近年甲骨学的研究，已向我们证实了许多古文献的史料价值。也证实了殷王室世系，使我们明白了殷王朝的政治机构与经济方式，那已是较完善的集权制国家了。我们可以较为肯定地说，作为"图腾社会"，在殷商时代已不应该也不可能作为主要的社会形态而存在，那么为什么龙作为"混合图腾"形象的确立，又恰恰在这种非图腾社会中才开始出现而最后才逐渐来完成的呢？我以为，龙起源于"图腾"的简单说法是不能使人信服的。我们再从必定比文字产生更早的造型艺术角度，进一步考察一下它们的形象吧。

实际上，我们容易将前面那些猪形、马形饰物以至鳄鱼形、鱼形、鸟形或其他什么形的器物与龙联系起来，在很大程度上是因为它们造型的特殊性所引起的误解。

许多原始饰物的造型，喜欢将总体形状作成开口的环形，当中穿上小孔，以便携带或悬挂。这种情形到了商代尤其明显。妇好墓出土的许多玉饰，包括兔、人、鸟、鱼等等，都做成这样的形状。精雕的头部与环形的身体和龙的最初基本形相似。也许这种钩形蜷曲的形状已成了商周佩饰、礼器的一种造型模式，这种模式使我们将它们当成与龙有关的对象。但是，如果我们仔细研究这些模式的形成原因，或许会对龙的造型模式的产生，得到一个较为深刻的认识。

圆环形的线状造型，也许从远古时代就表达了某些观念，今天，我们虽然不可能指出这些观念的确切含义，但有两点我们可以肯定：一是线状的圆环形在中华原始文明中被大量采用并被迁延下去；二是这类造型模式往往使用在与某种精神活动有关的场合，并由此而形成了后来的哲学观念。因此，这种最初形成的造型模式不可能不与某种肯定的观念有关。

在山顶洞文化层中，最使我们注意的发现有用赤铁矿粉在葬地周围撒上一圈红色粉末。同时，人们也能用绳子把钻穿了孔的贝壳、牙齿等穿成圆环作饰物。据推测，这些原始文化中已可能出现结绳记事。在仰韶文化、青莲岗文化以及许多早期制陶文化中，最早出现的彩陶纹样是用红色的带纹和弦纹在饮食器具的口沿途上一圈，这类纹样占早期彩陶的90%以上，分布遍及甘肃、陕西、河南、山东、江苏、湖北、四川及山西、河北等地，迁延时间近一千年。联想到后来产生的"周"而"易"的哲学，与"周全"、"周详"、"周到"等等汉语基本词汇中的"周"所表达的观念，不能不说最初原始人类对圆环状造型的重视包含着一种特殊的精神追求。而"上古结绳记事，后之圣人，易之以书契"。

从用线穿珠串起到结绳记事，从彩陶上刻成线状符号到画成的线状纹样，从以短线组成"卦象"来表达某种关系到以线条构成创造出的方块汉字，这一切迹象又造成中华民族对线条的偏好并将其与观念的表达紧密联系起来。这样看来，那远古的环形线条，也许早就潜伏了一条龙的躯体，而当龙的观念在逐渐形成的同时，它也和其他被作为造型对象的动物一样，在不知不觉中选择了一条环形线条作为形象的基本构成了。从原始时代到殷商许多环形的鸟、兽、虫、鱼造型中，我们不难明白这一点。

当然，这并不妨碍那些其他场合中出现的模拟实物性的造型，但那些具体的对象，毕竟距离龙的形成远了许多。正因为如此，许多人忽视了观念对形象的制约与影响，而只凭环形线条来作出"龙起源于蛇"的判断，恐怕这种判断也和前边所说的例子一样，有些失之偏颇之处吧。

从殷商纹饰来看，我们可将不少造型称为"类龙形象"，也许就是这些形象在造型中受到模式化影响的缘故。也有许多动物的头部造型具有龙头的特征，其中最典型的当推兽面纹了。

大部分兽面纹为兽类动物的正视图案，但也不排斥有部分这类纹样是从鸮这一类鸟的正面像演变而来。关于兽面纹的研究文章极多，本文不再一一引证。值得指出的是，兽面纹也是各种动物造型处理中的程式化图样，其基本程式有两点：一是头部正面描绘，以中间鼻梁为基准线，两边为对称的目纹，并往往有眉，其侧为耳，下部两侧有口和腮，上部为额，额两侧有突出的角。整个面纹是一个完整的正面形象，一般突出表现"目"和"角"，其次是"口"和"牙"，这是一个综合了各种兽类特征的集合体。头面纹两侧各有一段向上弯曲的躯体，下部多半有足，躯体上常有各种斑纹、菱格等装饰。其中有些只有头面造型或者由于变形处理而不易认出躯体的造型，往往被认为"有首无身"，常被后来的金石学家泛称为"饕餮纹"，现在，也有些研究者将其通称为"兽面纹"。不管何种称呼，实际上它们都是这个时代中华民族造型手法上特有的程式化表现方式。将主体形象表现在器物表面时，一般采用这种既有整体又可以从不同角度展示的手法，既表现物体的正面形象，同时也表示它的两个侧面形象，这是自原始时代开始一直迁延到汉代，而且还被保留到现在某些门类的民间艺术中造型的基本手法，是中华民族在造型中，重视对象整体概念、重视形象表述的观念所形成的独特结果。

这类手法不但用在兽类描绘之中，也常用于蛇类、爬虫类和鸟类等其他对象的描绘上。例如徒畀上一个鸱枭的头连接左右对称的鸟身。这时候一侧的鸟身只有一只足，如果头面在处理手法上有些变化，则易成所谓的"一足夔纹"了。当蛇类的正面头像及两侧躯体作突出的浮雕状处理时，又容易被后来人视成一头双身，因而产生了"肥遗纹"这样的称谓，当纹样在交错盘曲中交织在一起时，人们也容易称它们为"曲窈"、"蟠虺"以示区别。由于这类纹饰的处理手法与局部变化极为自由而又能与一定的时代特征相适应，因此，对于泛泛而称的青铜器中的动物纹饰，就产生了众多的纹样名称。当角的纹样产生了或有或无、或卷曲或分叉、或短突形或花冠形等等变化时，当脚的纹样或有或无，或一或二时，当尾的纹样或直或曲或单一或分叉时，它们既可以被具体地说成与虎、鹿、牛、羊、蛇、鱼等动物有关，也可以被看成是蟠、虺、龙、螭、虬等生灵了。

正由于这种造型上的影响，使得"龙"的形象难以肯定，它们的名称自然也就繁多起来，以至到了汉代，不算那些"应龙"、"飞龙"、"鼍龙"之类的名目，被当成"龙属"的动物已不下十余种了，例如虬、夔、虺、蠋、螣、蛟、虬、螭、肥遗、窈曲、饕餮、并逢、积首等等，虽然对它们的解释并不十分肯定，但它们后来都被加上了龙字的名称。这些名称又给我们留下了一个纷繁的龙族之谜。

当然，这些各自在造型艺术中被当作某些受到尊崇的观念来描绘的动物，在长期的交融演化里，终于推选了那些从造型上和观念上都被肯定的局部，集中造就出了中华的"龙"。

大约从周代开始龙的形象已较为恒稳地确定了下来。龙的形象中被肯定的部分大致包括有角的兽头，有脚爪及有尾的虫躯，身上有鳞，背上有鳍或棘。仔细考察这些基本部分，它们正好与从原始时代起就被反复强调和描绘的那些各种动物身上的基本部分相吻合，它们的集中，当然不是偶然巧合，它们演变的历程也没有图腾形象中某些部分有意强调与组合的痕迹。

那么，是什么原因造就的崇拜或者是什么因素造成的固有观念导致了这种情形呢？我们似乎还应该回到那更古老的重视这类局部形象描绘的原始时代，重新探索它们引起重视或崇拜的原因。

## 二 龙神

龙形体的基本模式及它所牵动的观念，在原始社会中就已初露端倪，这与原始社会中基本的生产方式与生活方式有不可分割的联系。迄今为止，原始纹饰中尚未发现公认的能按后来的记载与理解可肯定称之为"龙"的形象，而在尚无文字的史前时代，造型是记录历史的最可信资料之一。我们研究中国龙的形成，同样也只能从原始社会中那些"类龙形象"入手。它们多以各种动物题材的方式表达出来，对于它们的命名也有不同的看法，但总的来讲，这些纹样之中大致有以下几类动物纹样在造型上与龙有些相似之处。

第一类为虫形纹样。这类纹样有的比较像蛇和蜥蜴，有的比较像龟和蛙，还有的比较像鳄和鲵，它们往往本身体态修长，或有尾有肢有爪，或有甲有棘有鳞，只要在头部与体态上稍加处理，就可能与后来的龙形十分相像。

第二类为鱼形纹样。这类纹样中往往有一些局部处理或整个形体处理上较为特殊，例如：对口和腮的强调、突出唇和牙、重视鳍尾与眼的处理、将身体变细长并作一些修饰等等，使得经过处理后的纹样在造型上具备了后世龙形的某些特征。

第三类为兽形纹样。在不少兽类纹样中强调了角的处理，在许多玉石雕刻的器物中，这类有明显兽类特征的东西又往往通过一些装饰性的处理手法或按当时佩带、祭祀等使用要求作规范化的制作，使其在总体感觉上仿佛是一条盘曲的龙。

我们无法肯定这三类形象中，究竟谁是龙的原型鼻祖，我们也无法肯定它们谁是真正的"原龙"，但它们到后来，几乎都各自发展成了自己一类形象，也几乎都成了龙族中的成员。

这些"类龙形象"所强调的形体特征如下：在虫形纹样中，注重扭动的身躯和伸张的肢节；在鱼形纹样中，注重张大的嘴、牙与摆动的尾、鳍；在兽形纹样中，注重奔跑的姿态、头上的角与背上的鬣。这些强调的引人注目之处，正是定型化的龙所选择的特征之处。

为什么原始造型艺术会注目于此呢？这些牵动了原始人目光的处所在其审美上是否因为具有特殊含义而受到偏爱呢？以龙的躯体与修长扭动的爬虫相似这一特征为例，无论是蛇蝎蜥鳄中的任何一类动物，就现代人已知的功利结果及审美目光来看，都不是善美之辈。世界上许多原始文化中，它们都被当成阴暗邪恶的象征，为什么中国的原始文化，却将这种扭曲而有鳞甲的、蛰伏于水或土中的躯体，选择成了一种象征"阳刚"和"光明"的造型物之主体呢？难道是对这些动物的恐惧而造就的崇拜结果吗？但这一部分比起爬行类动物那毒牙巨尾或分叉舌头等其他部分来，却又是最不使人恐惧的部分，原始人类不会选择它来纪念因恐惧而造成的崇拜；如果说它们是图腾崇拜演化的选择结果，那为什么在不同的图腾物中，都选择这种形象作为融合的主体？而且，这种如此广泛的选择，也与图腾崇拜的恒稳性、标志性与集团封闭性等基本特征有本质分歧。看来，这种以扭动的爬虫作龙之躯体的选择还有其他原因。

我认为，这种选择是我国原始农业生产中广为使用的"物候历法"造就的结果。

根据黄河流域与长江流域的仰韶、大地湾、北辛、裴李岗以及河姆渡等文化遗址的考古发掘得知，大约在八千年前到六千年前，我国已进入定居的、生产水平较高的原始农业社会了。这些古文明地的自然条件四季分明，农业生产必须严格遵守自然变化的时令周期，春种秋收冬藏是这类气候条件下原始农业不可违背的规律。因此，了解自然的周期变化是进行农事活动的前提，也是人类得以生存繁衍的关键。这就是"定历"。甲骨文中的"历"字已基本定型，均写作"𣏌"或"𣏌"。这是个会意字："止于农事"，明显可见"历"是与禾苗、草木生长等农时有关的重要概念。中国人重视历法与重视天一样，历法被看成是"天道"，中国人将整个社会进程称为"历史"，中国一些有关"天"的哲学与崇拜，究其本源乃是与定历有关的自然崇拜。在世界范围内，天文学也是人类最早认识的学科之一，这便是由于以农业生产为基础的古文明需要"定历"的缘故。

我国在汉代之前曾有黄帝历、颛顼历、夏历、殷历、周历与鲁历六种历法。《尚书·尧典》称"历象日月星辰；敬授人时"，可见我国天文历法的运用是非常早的。一般学者认为：至迟在商代，已有专门的天文官，负责观测星象、决定四时。《左传·襄公九年》载："陶唐氏之火正阏伯居商丘，祀大火而火纪时焉。"可见在上古"陶唐代"时代，已有"火正"之官，专门观察"大火"星的出没，以授民时。那么，在天文历法产生之前，原始人类又是如何定历的呢？

在"仰观天象"定历出现之前的先民，是以更为容易的"俯察地物、近睹鸟兽之迹"的方式定历的。他们将地物的周期性变化或鸟兽之迹的周期性变化作为自然周期性变化的参照，根据物态的变化来作为定历的标准，这就是比"天文历法"出现得更早的"物候历法"。一般说来，原始社会中作为"物候历法"所选择的参照对象多数是那些体态或行踪有着随自然周期变化而明显恒定变化的动植物。例如候鸟的回归或迁飞，鱼类的回游，鸟兽的换毛、长角，爬虫的冬眠、出蛰以及花开叶落等等。这些明显的变化特征很容易被普遍发现，因而它们更容易被当成具有某些观念的形象，作为文字及天文历法产生之前普遍承认的定历标志。

龙形的选择形成与物候历法的使用关系密切。我们统计一下我国出土的数十万件原始文物中的动物纹样，不难发现，它们的题材只有鸟、鹿、犬、猪、蛙、鱼、虫等有限的几类。虽然它们的分布相互交错，但从总体数量统计上看却有着明显的分布趋势：河泽繁密之处多鱼纹、鸟纹、蛙纹、鹿纹，而干旱少河的区域则多有虫纹。从它们被描绘的形态来看：鹿孳新角、鸟翔刚羽、鱼集而游、虫曲而行。这正是与自然变化相关的体态特征。正因为如此，它们才受到重视，受到反复地观察，它们的形象才会被作为具有某种观念含义而记录下来，也正因为这样体态的观念含义，它们才不至于像徽帜那样恒稳，狭窄。以原始彩陶中的鱼纹为例，分布在东西长一千多里，南北宽五百多里的范围内，以各种变化纹样迁延了一千多年，这正是由于它们的"物候"特点所决定的。所以说，这些原始类龙动物，更多的可能是作为原始定历的参照物而受到重视的，它们是原始农业生产中活的"月份牌"。如果说对它们也存在着某些崇拜的话，那也是因为它们的物候作用而将它们与自然崇拜联系起来的缘故。这种重视，或隐或现地保存在后来的民族文化之中。至少在汉代就已有了"鱼雁传书"的说法，传"书"者，传"信"也，此时的"信"乃是自然信息的"信"，诸如"信风"、"潮信"，这类词汇也沿用至今。汉儒们虽将"天命玄鸟，降而生商"附会了许多吞卵产子之类的臆测，但就这记载的本意来看，仍是物候历法的可信记录。"玄鸟"，黑鸟也，燕也，天鸟也，不管何说，实即指"候鸟"，它们会突然出现、突然消失，时间那么精确，与天的周期变化那么适应，仿佛天意一般，故有"天命"之说。"生"字在甲骨文中作"业"，《说文》曰："进也，像草木生出土上，凡生之属皆从生。"殷墟卜辞中有"生"字的词条极多，如：

帝如其生一月，令雷。（《殷墟文字·乙编》三二八二）

今生十一月。（《殷墟文字·甲编》九五四）

今生获生鹿。（《殷契粹编》九五一）

不其生。（《殷墟文字·乙编》七三九六）

今生四月。（《殷墟文字·甲编》二〇九）

生一月。（《殷墟文字·乙编》七二八八）

这些词条中的"生"字，其含义多数指"生存"、"生活"、"活动"等等，虽然也有如"其莘生于祖丁母妣已"（后1—26—6）这类条目，但这中间的"生"字仍是指"派生"、"出现"、"增加"等含义，并不是"生孩子"的意思，人畜生子古皆曰"产"。因此，"天命玄鸟，降而生商"的意思应当是说："那些黑色的鸟儿是天帝派来的，当它们降临之际，商族民众就要开始生息活动了。"这不正是物候历法的原始记载吗。商祀鸟崇鸟，皆由此始，甲骨文和金文中"玄鸟妇"与《山海经》中"王亥鸟祖"之说，亦当与此有关。这类记载古籍中甚多，历代众说纷纭，其根本含义可能更多即是与物候历法实施使用的记载，至今仍有"八九燕来"的民谚，古代颛顼历中也有以"燕逢摄提格"为岁首的记载，在古商地，燕子一到，农耕活动也正应该开始了。

那么，我们再来看看"龙"吧，甲骨文中有三十多种"龙"字的写法，它们大体上可分以下几类：

一 　《铁云藏龟》一六三·四

　　《殷墟文字·甲编》二四一八。

　　《殷墟书契·前编》四·五三·四

　　《殷墟文字·乙编》七三八八

二 　《殷墟书契·前编》四·五四·三

　　《战后宁沪新获甲骨集》三·四三

　　《殷墟书契·前编》五·三八·三

　　（京都大学藏甲骨文）二三六三

三 　《殷墟文字·甲编》一六三二

　　《铁云藏龟拾遗》一·五

　　《殷墟遗存》二三四

细审其共同的唯一特征便是都有扭动的虫形身躯，我们就先讨论一下它吧。在我国古代原始农业发达的黄河中上游地区，人民以穴居方式居住，掘竖穴架伞形顶而居之，极易接触蛰居土中的蛇蝎虫蛙等爬虫类动物。因此，在广泛使用物候历法进行农事活动、把握农时的时候，虫被作为最容易观察到的物候动物被选用是理所当然的。越是我国西部甘肃一带，河流较少，虫作为物候动物则显得更为重要，甚至是唯一的了。当阳春萌动时，大地转暖，所谓地气回升，冬眠的蛰虫最为敏感，它们便从土中掘地而出，于是，原始人居住之窝棚内的地面上，墙面上便常常隆起一个个蛰虫出眠的土堆，继而爬虫出土，瞪目扭身。随着天气变暖，阳春即至。由于原始穴居小屋内有火，周围土内温度较高，这类现象自然会更普遍、更集中，当原始人随着穴内出现隆起的土堆与出蛰的爬虫走出原始窝棚时，大地上也出现了各种"惊蛰"的爬虫，天气也明朗和平起来了，故《易》有卦曰："见龙在田，天下文明。"所言"龙"者，恐怕不会与"隆"无关吧。古之学者已言龙本来自西土，近世不少学者亦多作这方面的考据，以"垄"、"陇"与"龙"同音推断龙来自西陲，其实，"龙"与"仑"，"蚰"与"昆"在甘肃等地，自古及今发音皆同，后者皆指高土的意思，至今汉语"隆重"、"兴隆"、"隆大"等词，仍取其"高起来"之意。那么，最初言"龙"，是否有取"隆"的现象而言之呢？我看很有这种可能，从目前原始社会考古发掘材料来看，被认为与龙最相似的几个类龙形纹样，都发现于甘肃、陕西、山西境内。自古史学界亦有"禹来西土、禹化为能"之说，自汉以降，多言"能"乃"熊"之误，以讹相传，便兴"化熊"之说，汉画中亦多见熊罴之类动物。实际上，"能"字古音与西土方言均为"龙"音。"能"乃"龙"之音误，或是极古老之记音转借，顾颉刚先生曾有"禹虫"之考，"禹"字即"🐛"，穴中隆起土堆上出头虫之象形也，甘肃出土之彩陶虫纹，其基本绘制手法亦如是。故"能"乃"龙"之通假，"禹化为能"即"禹化为龙"或"虫化为龙"，对虫的崇拜转化成了对"龙"或是"隆"的崇拜，治水的神化成了掌水的神，后世撮土焚香祷天，其本质观念也是隆起的土可知天这一基本含义。从这些传说与习俗的迷津中走出来，可见龙与虫的关系乃是物候历法的踪迹。

中国人为此才特别重视"虫"的活动。在《说文解字》中以"虫"为部首的文字多达一百九十多个，其中除了部分与虫的性状相关的字外，绝大多数是各种虫名；在后来属于龙族的主要动物中，如螣、虺、蟠、螭、虬等，均由"虫"部而出；同时，由蛇的象形而造的"它"、"也"等字的广泛转义与应用；对蚕的发现与驯养，这些都是上古重视"虫"的证明。至今在农历二十四节气中仍保留着"惊蛰"这样一个唯一的以动物物候现象作节气名称的特例，即是以虫而定农时，可见虫与古代农时有着多么密切的联系。

我们来看看甲骨文中"农"字的写法。二十多种写法的"农"字，其基本结构都如"𧊧"。上面的庄稼草木不言而喻，下部分"𠃌"是什么呢？有人说是一种贝类的甲壳动物，即"蜃"，蜃清晨出水，取其"日出而作"之意。也有人说这是一种用贝壳做成的农具，取其耕作之意。其实，不管是贝类或农具，它们的含义都只有一个，都是属于一种与草本生长等农事直接有关的名叫"辰"的"虫"。

"辰"在中国观念中有特殊含义，它是人们最注意的那个时刻，汉语中"时辰"、"辰光"常被用作时间的代称，后来，"辰"被定成早上八点左右的时光，这正是"日出而作"的时光，是"一日之计在于晨"的时光。"辰"且被引申为可幻化出美好光景的动物，造就出"海市蜃楼"来，这也许是自然气息幻化的衍生观念，也许是人们对美好"辰光"的意义转化。甲骨文中表述时间的字，使用最多的是"辰"，有五十多种单字形出现，写法也较多变：

　　𒀭《殷墟文字·甲编》一九九九

　　𠃌《殷契卜辞》七五六

　　𒀭《殷契佚存》三八三背面

　　𒀭《龟甲兽骨文字》一·一·十一

　　𒀭《甲骨续存》二七三七

　　𒀭《殷墟书契·前编》三·三·二

　　𒀭《殷墟书契·后编》一·十八·七

　　𒀭《殷墟文字·甲编》二三三〇

这些字中无一不是一条扭动的虫，它们有的正从地面上钻出头来，有的则钻入土中，真像一个无头"龙"字。而"𠃌"后来成了"虹"字，便是指钻入土中之虫类。土虫常出穴入穴，土穴又多有两个出口，虫能两穴出入，故生"双头虫"之附会。后来被借作"虹"字，于是"蜃气化虹"、"霓气贯虹"之说便产生了。这里的"兒"（古音倪）也是虫，与甘肃出土那类彩陶瓶上所画的虫形何其相似，想想这一系列文化现象，想想虹与雨水的关系。就不难看到，所谓的

"农",正是指当虫类出土那个时候进行与草木生长有关的那类活动的一个会意字,而"农"字的古音,正与"隆"、"龙"一样,从汉语及汉字的音、形、义发展与出现规律来看,它们是以音假一脉相承的。这里,不难明白那虫形躯体对农业生产的重要含义了。到了后来,这条虫堂而皇之地步入了"历法"之中。周代传述夏事,记述夏代历法以"九"为纪。周人说"九"乃数之终极,故以"九"为礼乐之度。这纯粹是周朝人的臆测,周时立"周礼",作"周髀算经",以天文数术制历,以周历度夏制则有前说。殷商甲骨文中,"九"虽作数字运用,但从数量及使用上,均未异于它数,不像有"数之极"的样子,夏时,恐怕就更难以"九"度天审时了。细审"九"与"勹"(即勾、句)古字:

九:ㄅ《铁云藏龟》二〇·四
　　ㄅ《殷墟书契·前编》三·二二·七
勹:ㄅ(京都大学藏)三〇八〇
　　ㄅ《殷契粹编》一四五七
　　ㄅ《殷墟书契续编》四·二五·一
　　ㄅ《战后京津新获甲骨集》四七二六

其字形相近,古代"九"、"勹"同音,夏代崇"九"乃是崇"勹"之音误,加上字形相似,自然易被重数术演天文的人以"九"带"勹"了。夏代崇的是"勹",以"勹"而制历,"勹"上古又通"4"、"旬"、"句",联想一下传说中之共工、句龙等族的传说以及"虬乃无角龙(虫也)"、"禹学于西王母"(《荀子·大略》)、"禹步效蛇"、"禹娶涂山氏(九尾,实勹尾)"等记载,并不难明白,夏代赖以定历的"勹",正是那条虫的扭动躯体。将其与第一类"龙"字的躯体比较,更见其相像,龙作为物候历法的总体参照,它的虫形躯体,其形象与观念的来源与含义不正在于此吗?

除了"虫身"之外,龙的第二特征当推它头上的角了。前边所举的甲骨文中可见，有的"龙"字无角，如"🂡"、"🂢"等；有的龙字似有耳似有角，如"🂣"、"🂤"等。被认为有角的"龙"字是这一类："🂥"、"🂦"、"🂧"等等。

龙角的描绘方式有"千"、"Ψ"、"日"、"囧"、"∇"、"丁"等多种。

为什么在龙的躯体上会长出角呢？这角又象征着什么含义呢？

有人说"Ψ"是石斧的象征，象征父系氏族社会中的权力，是将龙"神化"的意思；有人说这类角是表示王冠一类的冠饰；也有人说"Ψ"即"玉"，是从"火"演化而来的日神崇拜。其说法均窥其一点，如此众多的而又写法不一的角形，它们应是表达相同的某种特定观念的"角形符号"。

从"物候历法"的观点来看，"角"是相当重要的物候标志。成书于秦汉而实记三代历法的《夏小正正义》曰："自黄帝始有干支，甲寅为首；颛顼作历象，仍始于焉逢摄提格之岁。"并指出这种定历方式"相传至夏，未尝变革"。这里的"焉"即"燕"，"焉者，燕也，知太岁之所在"。"摄提格"即"大角"之星，它之出现恰是地上雄鹿长角的征兆，在《尚书》中还有关于岁首"摄提格孽"（雄鹿孽生出新角）的记述。后来，"大角"便成了天上定历之主星，是东方七宿之首，这仍是物候历法中以兽角为定历标志的遗迹。从原始彩陶开始，对兽纹强调角的描绘，并以角作装饰等现象亦证明了角受到特殊重视。自彩陶至青铜纹饰中，相当一部分兽角作"菌"状而不分叉，也有人称"棒槌状角"，甲骨文中的龙角似乎基本保持了这种特征，它们不像甲骨文中牛（Ψ）、羊（𦍋）、鹿（𢊁）等动物那类具体象形描绘的角。从形象上看，这类角似乎像是"摄提格孽"时的鹿类动物初生之角。商代玉人仍作这种"菌状发髻"，周民歌中也将幼童所挽发髻称"总角"，《诗经·氓》中即有"总角之宴，言笑晏晏"的诗句。大概是人们对这种受到重视之角形之刻意效仿，以求吉兆，如同后来所言"产麟儿"那样。这类角后来为"麒麟"类龙族瑞兽所特有。甲骨文中"龙"字上的角，是否由这种角象形描绘而来呢？在一些文字中不排斥这种可能，但在许多字中似乎也不完全如此。恐怕还应从这类角形所表示的观念上去探求。

细审甲骨文龙字中这些"角"的写法，它们基本上是立柱状，并且加刻一至数道短划。其形状与"且"有关。长期以来。以"且"为男根崇拜，因而有人推测"龙"是父权象征，是阳刚之表率，这类说法与中国原始文化并不相符。甲骨文中"且"（祖）字甚多，单字即见五十多种，常见的几种写法是：

　　🝆《殷契粹编》二
　　🝆《殷墟书契·前编》七·三〇·三
　　🝆《殷墟文字·甲编》二九四〇
　　🝆《殷契佚存》一八六
　　🝆《殷墟书契·前编》六·二·三
　　🝆《戬寿堂所藏殷墟文字》四六·四
　　🝆《殷墟书契·后编》一·二四·四
　　🝆《殷契摭拾续编》二

这些文字中，相当一部分可见其确像"菌状角形"。同时，"且"还常与辛、亥、卯等时序用字连用，举例如下：

　　🝆 且甲　《殷墟文字·甲编》五四
　　🝆 且乙　《戬寿堂所藏殷墟文字》三·十一
　　🝆 且丙　《殷墟书契·前编》一·二二·八
　　🝆 且丁　《殷墟文字·甲编》二五八一
　　🝆 且戊　《殷墟书契·前编》一·二三·二
　　🝆 且己　《殷墟书契·前编》一·二三·五
　　🝆 且庚　《殷墟书契·前编》一·十九·一
　　🝆 且辛　《殷墟文字·甲编》二九四〇
　　🝆 且卯　《殷墟书契·前编》一·二三·七
　　🝆 且亥　《邺中片羽》三下三七·二
　　🝆 且壬　《殷墟文字·乙编》五三二七

这类所谓"合字",出现的频率极高,范围宽泛,它们不可能是祖先名号。将记时辰的序号与"且"合用,其含义是什么呢?在古历中,记时辰的序号字,绝大部分是取象于物候动植物:如"辛"源于花蒂,后成古"帝"字假音;"壬"源于虫类;"辰"源于虫类或贝类;郭沫若先生亦指出"甲乙丙丁"诸字均为鱼身之物。它们作为序数词的出现与使用,当然是由于它们本身表时的特点决定的。那么"且"又是什么呢?它也是一个与时间有关的字,它本身表示一种时间的观念,实际上,它是一个最早测定时间的工具——"表"。表是以测日影定时辰的最早测时器——这含义至今未变。它最初是以一直杆立于户外,靠杆的投影长短及运动变化来确定时辰,有时为了区别于其他物体,常在立杆上系上物品或将杆作成特殊形状,以示标记。中华的"中"字,古写作"𠁥",即是一个在杆上系了带状物的"表"立在圆圈当中,日当正午时其投影情形的象形文字。古民迁徙,注意自然变化,故依表立地观影以择地,其结果称"表象",今日考古遗址发掘可验证,同一氏族迁址其"表象"往往相同。更简单而实用的定时方法是人立日中以观其影,起了代替表的作用,则曰"代表"。这些词都沿用至今。较为完善的表乃是由物候历法向天文历法过渡时的产物,是由动物等自然物为测天的参照物转向由人造定性状物为测天参照物的重要仪表。从历史发展上看,正当出现于夏商之际。它们是在特制的杆上加以刻度,以便标记测定结果。于是,"表"的形状也固定下来,成了一个直立于地面的、有刻度标记的特殊形状的"杆状物"。"且"字就是一个测时工具的"表",它表达了与时间有关的这一观念。"△"、"⚟"、"⚠"等为各种特殊形状的"杆",而"三"、"⌒"、"⌒"等则为不同形状、不同数量的杆上刻度。而"⌒"形状的刻度甚至表明人们仰视杆上刻度标志而得到的视觉印象。后来,"景仰"、"景行仰止"这类词语的出现即是这一视觉方式受到特殊重视的明证。我们还可以找到类似的证明:甲骨文中的"酉"字举例如下:

酉 《殷墟文字·甲编》一三三六
酉 《殷墟文字·乙编》六七一八

㊀《殷墟文字·甲编》二四一八
㊁《战后宁沪新获甲骨集》一·二三七
㊂《殷墟文字·甲编》五四四

这也是一个有刻度的表，因为夜间太阳下山，无法测影，是一个以表置漏中测时的象形字，故表形朝下，"酉"则指日入之时。这里当然不会误会成"且"或"男根"了吧！

明白了这个道理，不难看出，前面那些合体字，都是记时辰的符号，加"表"以示与序号的区别。而"且"的基本含义当与"表"有关。

龙角正是这类"表"的图像化产物，它以基本符号刻画出表的形状，表达的是"龙"这类动物与"时刻"发生必不可少的联系，换句话说，即有"表"的动物是用以作"物候动物"来与"天时"发生关系的动物。《酉阳杂俎》中有记载曰："龙头上有一物如博山形，名尺木。龙无尺木不能升天。"《酉阳杂俎》虽为唐代段成式所撰，但其言多录古籍异闻，体裁类似张华《博物志》。在这条记载中，唐代的龙，其角已非博山形，唐时博山已不盛行，未见常用博山为喻，而汉代博山流行，估计该记录与名称，乃古籍所录。"尺木"本身就是指有刻度的，用以量度的像尺子一样的工具。古人重视这种东西，将它移在龙的头上，指明这些对象与"天时"发生必然联系，因而产生了所谓"无尺木不能升天"的说法，这是中国人将对象神灵化的处理方法之一。这种在龙头上放"尺木"的做法，正与汉代石刻中在伏羲、女娲两大主神手中放"规"、"矩"一样，是一种远古观念与时代相对应的迁延。在数术算天时，伏羲女娲这对"人之祖"以规矩掌日月；而在以物观天的上古，物候动物头顶"尺木"以测天，又有什么奇怪呢？文化的迁延在于观念的迁延，观念的迁延在于现实的适应。从"物态"到"尺木"，从"尺木"到"规矩"，正是"睹鸟兽之迹"到"察地物"、"观天象"这种重时令、重天气的观念在不同社会条件下与不同认识阶段中的各种反映。"玊"后来演变成了"王"字，而"王"中之"王"又称"天子"不也正是与以"表"测"天"的观念有关吗！非但如此，头上有"尺木"的动物尚有"凤"这类"物候鸟",我们岂能说"凤"头上有"角"或"男根"呢?这样一来,我们对龙头上的"角"是怎样一种观念的图像便有所理解了,对"角"之所以成为天上"东方七宿"之首也不会不明白其道理了。名实之间的基本关系是文化心理最主要的反映,"角"是怎么能随心所欲地解释成"男根"或"权杖"这些西方古文化中之"物的表率"呢?

甲骨文是一种较为完善而进步的"中国体系"文字,因为它是"视觉形象",因而,在某种程度上讲,它受到"音"的影响较少而更多地重视"形"对"义"的制约。它是真正的"纹""志",是表达观念图像的定型化过程之产物。因此,甲骨文中那些观念化的符号常是有着相似的基本结构,而又可能有变化着的刻画手法。"角"形符号有时还会写成"丅"、"Ψ"、"Ψ"等等,这些符号后来被称为所谓"干"、"子"、"丁"等字,但它们实际上也是表达与"时间"有联系的观念的。"干"字成了后来时间这一观念的泛指。"天干"即"天时";"子"、"丁"都成了后世具体时辰的名称。在甲骨文中,还有另一记时专用的"子"字,通常写作"冎"(《铁云藏龟》一〇八·一)或"冎"(《殷墟书契·前编》三·七·五)等样子;而"丁"字也写成僵了的虫形,虫入冬变僵意味着农事的结束,"丁"也是一个表时字。这些字不会与"尺木"和"以虫纪历"毫无关联吧!

作为物候兽类来讲,重要的时令变化当然表现为"摄提格孽",而大部分鸟、鱼、虫多数只靠其出没与形色变化来判断,要将它们区别于通常状态下的同种动物,在它们身上加上表示时间观念的符号是重要而常见的方法。甲骨文中的"凤"字从"候鸟迎风舞动的羽毛"(这是候鸟长途飞行出现后的第一个体态特征)而变成有着与"龙角"相似的符号即是一例。甲骨文中还有不少这类写法的字:

　　　《殷契佚存》九七三
　　　《卜辞通纂别录之二》二·三·A
　　　《殷契佚序》三八六
　　　《战后津京新获甲骨集》三八八七
　　　《殷契粹编》八四四

※《殷墟书契续编》二·一五·三

这其中的"Ψ"、"Ψ"等形状的符号，很可能亦是表示相同的观念，它们是取象于生长的草木，或是"表"的刻画符号，现在已很难说准了，但与"生"字(Ψ)的"Ψ"符号或"表"中的刻画符号相比，它们的基本结构均十分相似。这些字可能都是"龙"字与"凤"字的不同写法吧。

同样，在甲骨文中许多原始社会中可作物候动物的那类文字写法上，也有不少与"Ψ"符号以及有明确天象含义的符号组合成的字。试以几类举例如下：

一　与"鱼类"的组合：

※《殷墟文字·乙编》八八九二
※《殷墟书契·后编》二·二一·一一
※《殷墟书契·前编》六·五〇·六
※《殷墟书契·前编》七·八·四

二　与"龟类"的组合：

※《殷墟文字·乙编》八四一四
※《殷墟书契·续编》六·二二·八
※《甲骨文拾零》九二
※《殷契佚存》二三四

三　与"畜或兽类"的组合：

※《殷墟书契·前编》六·四九
※《战后宁沪新获甲骨集》三·二四
※《殷墟书契·前编》七·一一·三

🜲《殷墟文字·甲编》三七五四反

如此等等。

后来，这些字中有许多并未保留下来，也有一些字保留至今（如"霾"）。但在后来的"灵龟"、"灵兽"以及"鱼雁传书"、"鱼龙变化"等文化观念中，很难说没有反映出它们的构成中所表示的那些深层含义来。从这点上来看，我们也找到了我国从原始社会开始就崇敬的那些现在看来并不可爱的"龟、蛙、蛇、虫"等动物的原因。

正因为在广大的范围中，人们选择不同的物候参照动物，因此，江汉流域的鼋类、鳄类，黄河中上游的虫类蛙类鱼类、黄河中下游的鸟类畜类等等都有可能成为较为固定的物候历法之参照动物，这种选择虽有一定的标准，但只要它们能与气候周期变化发生明显的直接联系，它们的种类和形象上都有相当宽泛的通融，而不像原始图腾那样恒定。我国原始社会中造型艺术的研究表明结果正是这样。后来，这些关系演化成观念集中在某种特定的形象身上，便形成了龙。所以，龙的形象之确立和把握，从来都是相当宽泛与通融的。汉代王充《论衡》中已有龙为鳄鱼变相之说，抱朴子亦有蛇蠋化龙之论。这些宽泛使得龙形能吸取各类物候动物之重要特征，反之，这些特征又加强了龙这一形象的物候观念。当天文历法出现之后，这些从物候历法时代就被重视的特征，如"角"、"尾"等等，自然化成了天上赖以定历的星宿之名，龙也成了自然的天神。并以它那"鹿角、虫躯、鱼尾、兽头、鳄棘、鸟爪"等"人心营构之象"，步入了民族文化的殿堂。也许只有那最初与"农"有关的"隆"起的蛰虫土堆，使我们寻找到它所表述的"农时"这一与生存相关的至关重要的观念；也许只有那作为思想"活化石"的汉字，才在"隆"、"农"、"龙"这种看似偶然而并非巧合的音、形、义中，悟出了"龙神"即"农神"的道理；也许只有那覆盖了鸟兽虫鱼形象而又不断变化的龙形，才向我们阐述了龙并不是图腾动物随机变化将其特征拼合的实体，而是按照一种文化观念表达特定关系的人心营构之象。

这就是龙，它作为最初与中华民族生息发生最本质联系的农业生产主神，不断被尊重、被神化、被利用、被指斥，伴随着中华民族的这一古老东方农业社会中的特有文明迁延至今。

## 三 龙情

在中国老百姓心目中，龙始终是游移于畜和神之间的一种特殊牲灵。龙的观念经过历史的选择，渐渐具有了更广泛的含义，更多地联系着与文化有关的各种现象。这是中华民族的崇拜或信仰特征之一，也是中华民族的民族特性之一。实体本身演化成的固定形象或称偶像，对于农业经济造就的民族心理，有着本质的隔阂，而原始文明中那些关系所导致的观念本身又不可能不在文化的发展中借助较为恒稳的外在形式。因此，龙的发展踪迹也体现了这样一种兼而有之的现象。

一方面，龙的发展变化所体现出来的观念表达，从根本上离不开农业经济的主要范畴。在远古靠天收获的农业时代，决定节令是生产的关键，孕育中的"龙"便与各类物候动物发生紧密的联系。随着历法的进步与人们对节令的进一步把握，土地成了农业生产的决定因素，形成中的"龙"便成了物候特征的综合形象，并保持了土中的躯体。《尚书》中有"山龙华虫"的记载；《易》中也有"见龙在田"、"龙蛇之蛰以存身"之说法；《神龙本草》中名蜥蜴曰"石龙子"，蛇蜕称"龙子衣"；古文"龙"字亦作"竜"，均乃土中之象也。到了后来，由于耕作技术进一步改进，水成了决定农业生产的命脉，因此，定型化了的龙便渐渐成了与水有关的神灵。《考工记·画绘》中即有"水以龙"之说。龙之所以成为东方星宿，也正因为在原始"五行"学说中"东方主木"这类认识的结果，而"东方主木"观念的产生，也完全与我国自然条件有关：东方临海，湿润的空气和雨云多从东方来，有利于农业生产。由于古代朴素的"相生相克"观念，人们希望把握住"龙"来控制水，故而又把龙与火联系起来，象征着"火龙"能对水有一定制约。所以，东方苍龙星座的主星名"大火"，《左传》中亦有"火龙黼黻"的记载。其后，一切与水有关的自然现象常被附会在龙的身上：

久旱不雨是龙王发怒,山洪暴发是蛟龙升天,暴风骤雨是神龙过境等等。直到今天,我们还将许多与水有关的事和龙联系在一起:强大的旋风被称作"龙戏水"或"龙卷风",抢收小麦称为"龙口夺食",连自来水开关也被称为"水龙头"。这些正是同一种观念的迁延。

另一方面,龙在发展变化过程中,又不能不将它所体现的观念与不同历史条件中的现实情况相结合,使它能与更多的政治、宗教、人事等实际发生联系,成为文化上的某种象征。在原始祭祀阶段,龙类动物就被作为图像用于这类活动,山西陶寺遗址出土的彩绘盘蛇纹盘,形象类龙,口含穗状物,许多专家认为这是一件祭祀活动中所用的礼器;上古典籍中,这类记载也不少,《礼记·王藻》中有"龙卷以祭"的记载;郑玄注曰:"交龙为旂,诸侯之所建也。"《考工记·辀人》中也有"龙旂九游"的记载,郑注:"画龙于衣。"孔颖达疏:"龙卷以祭者,卷谓卷曲,画此龙形卷曲于衣,以祭宗庙。"这里说的都是指在一定的礼仪活动中,饰有龙纹的器用服饰是不可少的,大量饰有龙纹的青铜器物也证明了这一点。最初,龙的身份并不确定,原始类龙动物多属"虫部",龙是以"爬虫类"动物出现的;商周时期,农业生产已比较发达,牧畜业已占有一定比重,这时候的龙,则更多地转向"畜类"动物了。春秋战国时期,乘龙、豢龙、屠龙的故事已是十分普遍的题材,我们现在能见到的最早的关于龙的绘画,长沙战国墓出土的帛画《仙人驭龙图》中,龙就是一种役畜。《礼记·礼运》曰:"麟凤龟龙,谓之四灵,故龙以为畜,故鱼鲔不淰。"汉画像石中,龙多数仍呈畜状,它饥肠辘辘地捕鱼,疲于奔命地拉车,时而被神仙们逗弄,时而与奇禽异兽嬉戏。从汉代开始,龙渐渐与水发生了更多的联系,它在形体上也突出鱼的特征了。

从汉代开始,龙开始明显地受到了特殊重视,其原因也许要追溯到高祖斩蛇起事的传说上。《史记》中曾载,高祖之母刘媪宿大泽,梦与龙交而产高祖。这乃是自古以来"玄鸟生商"这一类记载的演化,是上古自然与人事关系想象认识的迁延,与后来流行的天人观与谶纬说也有一定关联。实际上,妇女梦见蛇形物体是人类普遍现象,按西方某些现代心理学派的解释,这是一种性的潜意识呈现结果。中国古代较早重视了这种现象,早在商周时代,巫师们就注意了男子多梦见狩猎活动中的熊和罴，而女子则多梦见蛇类动物，巫师们将这些当成吉兆。《诗·小雅·斯干》中即有句曰："吉梦维何？维熊维罴，维虺维蛇。大人占之：维熊维罴，男子之祥，维虺维蛇，女子之祥。"刘媪之梦当然正是属于这种现象，但高祖当了皇帝之后，随着大量人首蛇躯的神祇在汉画中的出现，随着它们在汉儒校订过或整理过的典籍中之肯定，龙的形象也被一般工匠们画成了"马首蛇躯"，并逐渐成为皇权的象征，开始若即若离的与各种政治、宗教等活动联系起来。

魏晋以降，佛教大兴，南宗遂起。"放下屠刀，立地成佛"的思想显示了中华民众那幽默、洒脱而又急功近利的宗教观，这观点用于龙的身上，也出现了"鱼龙变化"之说，鲤鱼跳过龙门即可成龙，既合了龙的鱼族身份，又应了立地成佛之意。佛教中的神圣动物狮子、白象等，自然也演化出角和鳞鬣来，成了"象龙"或其他龙族动物了。佛龛中少不了用龙作纹饰，罗汉中也少不了一尊"降龙罗汉"了。到了唐代，这类形象比比皆是，直到宋元明清，它们都成了民间造型中的重要题材。

佛传中龙女与佛的故事，也在中国找到了市场，佛教中拟人化的特征又使龙也成了龙头人身的龙王，他们居三江五湖四海，纳妻妾百官水族，掌行云布雨，具七情六欲。在唐传奇以致后来一切民间故事及文学作品中被广为引发，直到现在，柳毅传书、张羽煮海、龙宫借宝等故事仍广为流传，并活跃在戏剧舞台上。

元明以后，帝王虽三令五申，专龙权于皇家，民间不得使用，以至立以法典，然终究令之而难行，也往往开眼闭眼，不了了之。于是出现了五爪、四爪、三爪之龙，五爪称龙，其余皆以蟒名，真有点自欺欺人。明清时代，龙的演化极多，一时间笔记杂说，皆有关于龙的附会解说。其实，这些看似荒诞的说法又何尝不隐喻着龙的观念之变化与人们对"龙"的情绪呢？试录几段：

龙性最淫，故与牛交则生麟；与豕交则生象；与马交则生龙马；即妇人遇之，亦有为其所污者。（《五杂俎》）

龙生九子，皆不成龙，各有所好。（《怀麓堂集》）

> 龙苗裔甚伙，不特九种已也。且龙极淫，遇牝必交。……得雉则结卵成蛟，最为大地灾害；其遗体石嶂中，数十年后始裂山飞出，移城郭、夷墟市，所杀不胜计；比入海，往往为大鱼所噬，即幸成龙，未几辄殒，非能如神龙应龙之属变化寿考也。（《野获编》）

> 又龙生三子，一为吉吊，盖与鹿交遗精而成，能壮阳，治阳痿。（《野获编》）

当然，这类明目张胆的对"龙"之大不敬，正是出现在帝王们对龙大敬的时代中，他们把自己当成"真龙天子"，对这些不敬之辞讳莫如深，难怪《五杂俎》这类书籍要被列为禁书了。

由于帝王对龙的垄断，一般画家们也不敢随便画龙，相传明代大画家戴进（一说盛著）即因为"画天界寺影壁以水母乘龙，不称旨，弃市"。而一般的工匠们又不能不依命制作大量的龙纹器饰。随着明代后龙形严格的程式化造型，龙本身在形象上失去了更多变化的可能；而随着皇权对龙的结合，各种器用服饰上又要求越来越多的各种龙形。因此，广大工匠们不但要在实践中创造出许多既不损皇家体面而且实用的各种形象，又要符合于皇家真龙天子的法典要求。那么，从理念上扩大龙的观念，增加龙形的含义，从形象上改变各种传统纹样中非龙形象使之向龙形靠近，成了既不违法度，又能达到目的的唯一手法。在这种情况下，大量被称为"龙子"的"龙族动物"造型涌现出来，这就是所谓的"龙生九子，各司其职"之说。"九子"也只是泛指其多，从古籍中统计一下，大概有以下十余种：

囚牛：好音乐，胡琴头上所刻兽头是其形象；

萍牢：好鸣，铸钟上之钮鼻是其形象；

睚眦：好杀，刀剑上之吞口是其形象；

嘲风：好险，殿角上之走兽是其形象；

狻猊：好坐，佛座官门前之蹲兽是其形象；

赑屃：好负重，驮碑之石砆是其形象；

狴犴：好讼，狱门上无下巴的猩形头是其形象；

螭吻：好望好吞，殿脊兽头是其形象；

蚣蝮：好水，桥拱兽头及桥上望柱兽头是其形象；

蟋蝎：好腥，刀柄上之鬼头是其形象；

螭蛈：好文，石碑两旁所刻纹龙是其形象；

椒图：好闭，门上衔环铺首是其形象；

金猊：好烟，香炉腿上所饰兽头是其形象；

蚂多：好险，石牌坊顶上小龙是其形象；

鳌鱼：好吞火，屋脊上之鱼尾蹲兽是其形象；

金吾：性通灵，锁上之双鱼形是其形象……

还有一些由于各书所载不同而名称不同的"龙子"，如饕餮、螭虎、海马等等。我们细观其形，它们实际上就是各种动物造型，在某些局部作了一些"类龙处理"后的形象，一般是头上有角，身上有鳞，肋底项背有鬣，身体修长弯曲。这正是龙造型的重要特点。所以，将它们称之为"龙子"满可以搪塞那些皇帝老儿们的。《野获编》记载："长沙李文正公在阁，孝宗忽下御札，问龙生九子之详。"看来，在皇帝老子的过问下，九子便受到重视，载入了龙族的家谱之中。但我们只要细细考察一下，这些龙子的形象及名称都与传统工艺中的造型有些联系，它们的出现及创造带上了更多民间工匠的色彩。在"九子"的名目中，有些是古已有之的，例如："睚眦"见《战国策·聂政范雎传》，"蒲牢"见班固《东都赋》，"狻猊"见《尔雅》、《穆天子传》，"饕餮"见《吕氏春秋》，"狴犴"见《字林》，"赑屃"见《西京赋》等等；有些乃是古物之音转，如"蟋蝎"即"蜥蜴"，"螭吻"即"鸱吻"，等，有些本来就是工匠借音而表意，如"蒲牢"原"捕牢"，借作铸钟钮，谐音取其钟钮焊牢不掉之意；"蚣蝮"原"霸下"，原为砌桥拱至当中，寓其牢固之意。从"九子"的形象来看，从与古代文献及古文物的对比中不难发现：螭蛈、蚂多、蒲牢等仍是龙形的演化，椒图、狴犴、狻猊等是狮形的演化，睚眦、蚣蝮是饕餮的演化，蟋蜴是蟠螭的演化，螭吻、鳌鱼、金吾等是鱼形或鱼龙的演化，嘲风是麒麟的演化，虫八虫夏是天鼋的演化。从"九子"的功用看，几乎包括了所有古建筑及皇家器用的嵌合、焊接部位与装饰部位，这些部位正是要作特殊工艺处理之处。从这些地方来看，我们不难明白，"九子"之说是一次由下及上的龙族扩展，它们是从工艺的特殊需要开始的。因此，"九子"之说不但丰富了龙的想象，给过分程式化的龙形增加了新的内容，而且，使皇家垄断了的龙带上了更多民间的色彩。随之而来的各种妖龙、孽龙、毒龙、恶龙之类的民间故事与传说大量涌现。出现在各种野史笔记、小说漫笔以至口头文学中，这其中很难说没有一点指桑骂槐的味道。封建皇帝们哪能料到，对龙的禁锢恰恰导致了龙的泛滥呢！树龙的威严恰恰引起了对龙的亵渎呢！这种适得其反的意料之外的事，也许不单是造型艺术的规律，也是一切文化现象的根本规律之一吧。

当然，龙族动物之所以能够扩展，还有一个重要因素就是龙的观念本身有相当大的外延性。严格考察起来，虽然秦汉开始，龙形被确定下来，对龙的解说也明确下来，但龙这一观念却并没有被肯定地归附在某一种以至某一类具体的对象身上，这恰恰是远古龙造型与文化关系的一种精髓。从汉代一些著作开始，有关龙的描述一直贯穿着这一点。王充曾作《虚龙篇》以疑龙之为物；《淮南子》曰："万物羽毛鳞介，皆祖于龙。羽禽生飞龙，飞龙生凤凰，而后鸾鸟、庶鸟，凡羽者以次生焉；毛犊生应龙，应龙生建马，而后麒麟、庶兽，凡毛者以次生焉；介鳞生蛟龙，蛟龙生鲲鲠，而后建邪、庶鱼，凡鳞者以次生焉；介潭生先龙，先龙生元鼋，而后鸳龟、庶龟，凡介者以次生焉。"随后，《抱朴子》曰："有自然之龙，有蛇蠋化成之龙。"《广雅》曰："有鳞曰蛟龙，有翼曰应龙，有角曰虬龙，无角曰螭龙。"《内典》曰："龙有五种：象龙、马龙、鱼龙、虾蟆龙，此四种旁类；蛇龙五龙之长，是正类。"这些历代的著作，为我们提供了龙形及其观念演化的佐证。龙基本上是作为一种灵物出现的，汉代之后龙的变化，从根本含义上与汉代广为流行的"四灵"有许多联系。

"四灵"本是中国对动物界最古老的分类认识之一，人们根据动物的飞、走、行、游、羽、毛、鳞、介、天、地、水、土等有关的性状特征及活动范围，将它们分成了鸟、兽、虫、鱼四大类别。人们认为每一类动物应该有一个"首领"或"典型代表",于是便集中该类动物的性状特征,产生了"四灵"的说法。"四灵"的渊源极其古老,细审"四灵":凤即"风"也,考据诸多,不再赘述,然汉代仍称"雀",取其"鸟类之长"的意思;"麟"即"麇",为鹿类动物,重其"角",其形象多为一角鹿身牛尾,典籍记载亦多,然汉代却以"虎"为"兽类之长";"龟"本为甲壳动物,汉代以龟蛇合交之体为"虫类之长",称"玄武"。战国时即有"玄武"之谓,《楚辞·远游》:"召玄武而奔属。"洪兴祖注曰:"玄武谓龟蛇,位在北方故曰玄,身有鳞甲故曰武。"这种解释明显受了方位观念的影响,这是汉代最普遍的观念之一。这三种特殊形态的动物与龙一起,按五行说、天人论等关系的配搭,与四方产生了联系,通称为"青龙、白虎、朱雀、玄武",构成了四方的神灵动物,俗称"四灵"。随着龙被重视,"四灵"也渐渐出现了"龙化"的迹象,"白虎"渐被长了鳞片的麒麟所取代,"玄武"也在许多特征上吸取了龙的造型,最后,"龙生九子"最终完成了它们"龙族化"的过程,四灵之说就渐渐不存在了。龙族动物取代了具体的兽、虫、鱼类动物的造型,最后,以龙和凤为表率的动物化神灵的形象,成了备受重视的纹样之一。

　　实际上,从"龙"产生那一天起,它就并非是某一类具体动物之物体,而是某种特定观念赖以寄托之形骸。因而借什么形象来更好地表述"龙"的观念,成了龙形演变的极重要原因。硬把演化过程中的一切龙形,都肯定成某一固定对象,或者非要将某一固定对象之形肯定为龙形,这种思想本身就背离了中华文化的心理基础,也不了解自"周易"(本体及变化)而"阴阳"(对立与统一),自"混沌"(把握与感受)而"中庸"(适度与恰当),自"得意忘形"(本质与表象之关系)而"名存实亡"(概念与实体之关系)等中华哲理的基本特征。我们说,龙的形体与观念的创造、变化、发展,体现着中华民族的一种基本精神,原因就在于它体现了这种文化最本质的对人与物、对自然与社会、对时间与空间的关系之把握。

　　龙族成员在各种场合出现,被敬奉、被诅咒、被当成各种"商标广告"贴来贴去,而它的主体,在整个封建时代中都固定在中华民族业已形成的农业生产格局中,作为主要的"气候天神"被中国老百姓按自己"中国的宗教方式"

供奉着。自古以来,便有以龙祷雨的祭祀活动,甲骨文中即有这类记载,《周易》所记的卦象中有"潜龙勿用"、"飞龙在天"、"见龙在田"、"群龙无首"等许多以龙为象的卦;汉代星占图中,与天气有关的许多图像中有龙的形象;魏晋之际,已有著名画家画龙藏于皇家秘府以供祷雨的记载;唐宋以后,几乎各地都立"龙王庙"以祭祀。龙王、阎罗、土地成了中国老百姓最为信奉的三大主神。最有趣的是在对它们的敬仰上所反映出来的民族性格,虽然老百姓们口头上也随不同的时尚将它们通称为"王"、"爷"、"菩萨"等等,但最有代表性的称谓是"龙王爷"、"阎罗天子"和"土地菩萨"。土地神从远古坛社的繁荣中被挤紧到一个不满盈尺的小龛里,与老伴成了皱皱巴巴的老两口,但土地是中国人的依赖,所以,土地神也是慈眉慧眼、宽厚和蔼的菩萨心肠了。生命神是永不可被人所控制的。儒的"修身养性"、道的"拔宅飞升"、佛的"极乐世界"都终于没能哄过理智的中国百姓,他们信奉"死生亦大矣"的信条,明白死神掌管一切的至理。于是,死神成了一个与掌握生权的帝王一样的形象,是一个森严可怖的、鬼怪模样的"阎罗天子",供奉在最豪华的城隍庙中。与生产有关的神更有赖于人生,因此,它是个有慈有威、可敬可怕的"爷儿们",被供在不大不小的龙王庙中。同时,它成为了与人生最有关的神灵,也陶冶着中国人的人生。

没有一个中国人能忘得了春节、端午等民俗节日,而这些民俗节日,最主要的乃是由古代与生产生活有关的重要祭祀演变而来的。因此,与龙有关的活动,也伴随着祈年、祈雨为本源的祭祀,演化成中国最主要的民俗活动之一。这些活动中最重要的当推舞龙与龙舟这两类活动了。

舞龙是从以龙形祈雨的仪式中直接演化保留下来的民俗活动,它最初大约总在春季生产季节进行,宋元之后,舞龙已渐渐与放灯、社火之类的春祭、祈年活动结合起来,通称为"舞龙灯",实际上,与水、火有关的雨和灯都是古代以龙为祭的本质迁延。明清之际,尤其是晚清之后,不少地区或乡镇将舞龙与宗族祭祀联系起来,演化出一些与宗族活动以及民间团社活动相关的舞龙形式。各种舞龙活动的习俗、规矩与程式真是五花八门,舞龙的时间多在春节与立春之际。例如:湖北来凤、江苏镇江等地有所谓"滚地龙",龙头重数十斤,双龙粗壮,就地而舞,着意表演雌龙雄龙相互嬉戏的热闹场面;湖南、江西等地有"七巧龙",以数条龙变换不同的方位和图形来表现龙的巧妙灵活;江苏海安等地有"罗汉龙",以人作龙形表演,有点类似民间杂技;广东、福建等地有"彩龙",只有拳头大小,以绸作身,欢快挥舞,小巧活泼,又像是民间舞蹈;广西、贵州、湖南等地有"板凳龙",以条凳做成龙形,穿串而舞,朴质可爱;江西、山东等地有"游龙",百十人手各执一龙走乡串镇,气势磅礴;湖南、湖北等地还有"凤龙",以羽毛作成龙,摆在队列中,别有风味。如此等等,几乎各地都有自己的舞龙习俗。在广西三江侗族地区,还保留着一种濒于失传的古老风俗,每当田中出现虫灾,村民们即以草扎成龙形,在田中来回巡行,驱虫被灾,不知是何代古风遗存,但在其观念中不也明显保存着龙的百虫之长身份及与农业生产的直接关系吗!

　　龙舟活动也是家喻户晓、并成为国际竞技项目的活动。其起源说法不一,有谓纪念吴臣伍子胥,有谓纪念汉代孝女曹娥,也有谓起于越王勾践训练水师等等,而一般最通常的说法是纪念爱国诗人屈原。"屈原初沉之时,其乡人乘舟求之,意急而争先后,因为此戏。"实际上,龙舟最初并不用于竞渡,其起源要早于屈原时代,最初恐怕泛指天子乘坐之大船。在《穆天子传》中,曾有周天子乘龙舟浮于大沼的记载;《述异记》亦有吴王夫差作天池,池中造龙舟,日与西施水戏的叙述。竞渡活动也起源很早,最初可能与先民以水洒除、禳灾祛病之俗有关,原多在阳春三月易发瘟病之时举行,后来定在五月初五端阳之日,也与祭阳有一定关系,但始终保持了饮药祛毒之基本内容。五月五日竞渡活动,在南北朝时已有史可稽。南朝梁宗懔所撰《荆楚岁时记》中即有"五月五日,……是日竞渡,采杂药。"的记载。以龙形舟舫称为"龙舟"并作竞渡活动,恐怕出现于唐宋之际,而五月端五以龙舟竞渡之风俗,比较可靠的记录当在北宋时代了。以后此俗久盛不衰。宋元绘画中,多有描绘龙舟活动的盛况。明代皇帝亦重龙舟戏,常以炮声助兴。明熹宗曾为其亲自挝鼓助威,清代花样更多,并杂以百戏画舫之类游艺。笔记、小说、传奇中诸多此类描述。《聊斋志异》中《晚霞》名篇,以此增色不少。古代龙舟竞渡,不独端午举行,上元、上巳、孟夏及重九皆有之，但均不及端五隆重盛大。看起来，它从古就是中华民族一项最重要的游艺活动了。

这类与龙有关的民俗活动造就了大量与此相关的民间美术、民间游艺，配合着许多民间风俗、民间故事和传说进入民心，长期以来，深深地影响了整个民族感情，使得龙在民众的心目中，自然而然地有了某种情感寄托。

自清末庚子赔款之后，民不聊生，大量华裔或被卖或被骗而出洋谋生，他们一般不识字而处穷乡僻壤，这些故国乡俗民风便牢记他们心头，一直被作为乡情的寄托；加之清帝国以龙图案作为国旗旗徽，银圆以至邮票也以龙作图案，故而"龙"亦随华人遍布他乡，成了华埠的共同标志。几代人内，对于故土中华的了解，恐怕只有耳濡目染的一些乡俗想象，因而渐渐出现了"龙的传人"、"龙的故乡"、"故乡的龙"之类朴质而单纯的观念，这些观念又在本世纪初西方社会科学研究成果的基础上得以发挥，于是，龙是中华民族远古图腾之说得以广泛流传，加之龙这一形象创造的过程，始终与中华民族的生息繁衍有所关联，作为西方文化观念中对龙图腾的理解也得到了较为广泛的认同。因此，这些认识配合着世界范围内的"寻根热"、"返祖热"及海峡两岸与五洲四海华夏子孙的心理要求，造就了对龙的当代认识。龙作为最普通层次上的中华民族的创造物，以其联系广泛的形象与众多的民族集社活动，维系着数千年文化传统的基石。

## 四 龙韵

龙这样一个在现实中属于"子虚乌有"的东西能在中华文明中被重视数千年，除了它观念的宽泛与演化之外，其形体本身的创造变化能引起中华民族审美上的心理共鸣，也是一个重要因素。

从造型艺术的角度来看，仅仅以具体对象为参照物的造型，必定要受到实体形象本身的制约。一旦对象的实用价值与审美价值在历史过程中衰微之际，其造型的变化与探索就会停滞，并导致这一题材的衰微以至消失。仅仅依靠某些政治时尚、宗教信仰等观念来创造与维系的造型，也会因这些观念的取舍而出现类似的情形。中国造型艺术发展史中这样的例子很多。例如对马的造型即是其中之一,自春秋到秦汉,马作为对政治、军事、日常生活等方面有重要影响的动物进入了造型艺术之中,它随之而产生的许多甚至演化成道德观念的特征被弘扬发挥,使得以马为题材的造型探索空前发展并极度完善起来,它的造型方式、造型思想与手法影响了整个审美意识,使得我们今天仍为那个时代的以马为题材的艺术品赞叹不绝。而唐代之后,由于这一对象价值观念的变化,其造型上的追求也就停滞下来。因此,造型艺术不与特定文化观念的发展相联系,它便不可能长久保持某一特定的题材。同时,一旦题材被选择确定下来,无论其观念如何变化发展,如果造型本身不随着时代的审美观念变化发展,它也不可能长久获得艺术上的生命。

龙作为特有的造型题材,它既在观念上充分保留了发展的余地,使之能与现实生活不停地保持特定联系,又不受具体对象的局限,使它能在造型上有着充分变化的可能。

龙从开始产生起,其基本造型就与中华民族的审美要求结合起来。原始彩陶中有大量由点、线、块面构成的装饰纹样,这些纹样由于不受具体题材的限制,它反而更能集中反映人们的审美要求。其中水平最高的马家窑文化彩陶中,有许多定型化的线条处理方式,那些最主要的"∽"形、"⌒"形等纹样结构与连缀方式也与原始类龙形动物造型一样,恰恰是后来龙形的基本造型骨架。殷商时代,最常见的几何纹样如菱形、曲折形、乳钉形、螺旋形与勾连形等基本纹样,不但大量出现在"类龙动物"形体的装饰上,而且许多基本纹样的产生,也与这些动物的鳞甲、躯体、眼睛、角爪等部分的变形、夸张与符号化有相辅相成的关系。许多春秋战国时期就已广泛运用的交织纹样,都在其构成线条的端点部分或转折部位描绘出龙及类龙动物的头和躯体形象,仿佛使人觉得这些复杂的纹样乃是由龙的躯体缠绕而成。秦汉时代大量的云纹、云气纹中,我们更容易找到龙的身影。随着佛教艺术的传入,卷草纹类型的纹样大量出现,龙的形体又与它们结合得完美无缺。后来,几乎所有的中国常用纹样中,都可以毫不牵强地镶入龙的形象。云头、花叶、卷草、如意、方胜、万字、同心等构成型或摹拟形纹样，都可以看成是龙形不同的变化、穿插与组合构成的纹样。这类纹样被大量地运用在各种建筑、工艺、服饰、器用等装饰之中，形成了所谓"如意龙纹"、"拐子龙纹"、"万字龙纹"、"方胜龙纹"等等定型化纹样。中国绘画中常常描绘的题材如水、云、花、草、鸟、兽等等，无一不能进行"龙化处理"或者与龙组合在一起，形成"云龙纹"、"水龙纹"、"花龙纹"、"草龙纹"、"龙虎纹"、"龙凤纹"等等规范化图案。龙还能与各种器具组合，构成"金龙和玺"、"吉祥龙珠"等纹样。龙的形态，具有极强的亲和力，它似乎能与一切几何纹样、一切现实题材完美地结合甚至融合成一体，成为中国民间图案中最奇妙的题材之一。

仅就龙本身的造型来看，它乃是由类似点的头部和类似线条的躯体四肢这些基本造型"元件"构成，它可以在构成中较自由地变化。龙本身不但在观念中包含了实在与虚幻、现实与想象、畜兽与神怪等诸多方面对立统一的因素；它还在形态构成中融进了对称与变化、均衡与运动、盘曲与伸张等诸多方面对立统一的因素。龙不但能在任何任意的平面与空间范围中作充分自由的变化安排，创造出千差万别的飞龙、腾龙、行龙、游龙等形象；它也能在给定形状的规则平面与空间范围中，例如圆形、方形、菱形平面或者锥体、柱体空间中组成规矩或变化的盘龙、团龙、坐龙等图案来．龙似乎能在一切环境、一切部位、一切范围中寻找到表现自己的位置。因此，每一个人便可从自己的历史经验和生活角度去体味它、理解它、表述它，这真是一个造型艺术中的奇迹。

如果我们想较为概括地总结一些中华民族的审美特征，那么，相对地说，中华民族追求比较空灵、曲折的境界，含蓄、隐喻的手法与运动、变化的趋势。龙的造型正是在长期的选择与演化过程中与此产生了充分的适应。

"一龙三停"的总体构成原则，造就了一条"一波三折"的曲线，它隐藏着龙形的基本韵律。而在局部的精细处理中，除了"九似"的原则外，还有广为流传的"七忌"：嘴忌合，眼忌闭，颈忌胖，身忌短，头忌低，爪忌收，尾忌拖。这样总体与局部处理的结果，使得无论在平面和空间内，龙形都可以在各个自由度上造就出"三弯九转"、"盘曲回旋"、"腾跃潜伏"的运动姿态来，产生出玲珑剔透的、情势神态俱佳的效果来。因此，我们不能不觉得，龙形的变化中较为集中地体现着中华民族审美要求中的基本节奏和韵律。龙是一种较适合表现中华民族这种审美追求的"形式元素"。这正是龙被长期作为造型艺术题材的重要原因之一。

让我们试举几例来看看龙形在发展变化过程中与中华民族审美观念之间的相互影响相互制约吧。

从汉代开始，龙体有一个较明显的"线性化"过程。随着躯体的细长变化，龙头也明显地增大，面颊变短，额角变宽、角立鬣张。这样，整个龙形就可看成一根有明显停顿起落的线条。这类线条是中国线描中最主要的笔法之一。同时在明清龙形的总体结构中，人们还创造出了"龙珠"，它与龙构成了"笔断意连"的点和线，仿佛是中国最基本的造型元素。有人说龙珠起源于道家炼丹思想，珠乃龙吞吐丹田之气所结而成；有人说龙珠起源于佛教摩尼火珠，是佛法至宝所化；也有人说龙珠是象征着水神戏日，是取象于朝阳腾跃于水云之间。这些说法均不无道理。然而，从对龙形的构成来讲，"龙珠"正是一个牵动龙形运动的"点"，是一个给人以心理上动态暗示的成功结构。作为构成元素，无论是单龙、双龙，龙珠都能产生停顿、转折的效果，从而起到调节、控制平面上线条构成的作用。随着明清龙形规范化的处理，龙珠的应用越来越广泛。这时，佛道均非特别流行，日神崇拜也未见兴盛，因此，龙珠的出现与广泛使用，当有不少与造型变化有关的原因。

再看看龙头各细部的造型处理。最初龙并不强调胡须和鬣毛。当"须眉"作为气质要求而影响到审美观念时，龙的须、鬣也开始出现并越来越受重视了。这里虽然也有为了表达某种观念的因素，但在相当大程度上，须鬣的出现，起到了加强龙形动势感觉的作用。宋元龙须低顺起伏，明龙须上翘而飞舞，到了清代，则依龙势作各种处理，都能各自为表现龙的运动而增加一定的风采。

还有龙爪的变化也是如此。元代之前，龙皆三爪，多作聚缩之状，有人说这是鸟爪为蓝本而造成的。这是一种不深究中国造型原则与规范的臆测。中国造型不重实体的参照，而重观念的解说。"三"者，即在观念上表示多数也、类归也。犹如后来"三思"、"再三"中的"三"。从中国文字所表现的结构来看，水是三道的"〰"，山是三座山峰的"⛰"，草是三根茎叶的"ψ"，其余诸如雨、木、桑、星、虫、晶之列，无论物类、性状，皆以"三"为度，皆言多也、类也。故在中国有"三生万物"的哲理，阴阳乾坤亦以三道为象。甲骨文中的人手、兽爪亦皆作三画，写成"ॶ"、"⿘"，也是同一种意思。实际上，鸟亦并非三趾，枭雄之属前二趾后二趾，燕雀之属前三趾后一趾，何来"三趾鸟"之说呢？再看唐之前虎、熊、马、豹等物的描绘，其脚亦多作"三趾"而收拢，可证"三趾"乃泛指多趾，并非实指趾数。到了元代以后，龙有三、四、五趾的区别，趾也多作鸟爪状。这当然可以解释成"因为人有五指，故龙为神灵当以人为效"，愚蠢的皇帝也可作出这种规定。但难道这种变化不是为了在总体造型程式化的前提下，让形象富于变化而对局部造型有意改造的结果吗？只要我们注意到明、清的龙图中，那些龙爪各种伸张的姿态和蕴藏无比力量的描绘，就不难明白这种变化给龙的造型带来了多大的生命力。

从龙形的造型发展过程来看，总体上可划分三个时期。第一时期是秦汉之前。这一时期的特征是：随着龙的观念之确立，在众多龙生灵中抽象出一些基本特征，级合成了基本的"龙"形，以反映这些生灵所要求表达的共同观念。第二时期是从汉至宋，这一时期的特征是：随着龙身上融进的社会生活中其它各方面的观念，诸如政治、宗教、宗族等观念，结合中国造型艺术发展中的基本审美要求，对龙的造型作精细而详尽的变化处理，形成了严格的局部造型与总体结构之格局，并出现了一些从其他动物形象经过龙化处理后的"龙属动物"形象。第三时期是元以后。这一时期的特征是：固定的龙观念与程式化的龙形象导致了在艺术创造中对龙题材运用的分化。在使用龙这一题材上，造成了文人艺术与工匠艺术的分野；在龙的形象创造上，造成了宫廷龙造型与民间龙造型的分化。最后形成了明清以来以工匠为主体、以工艺美术为主要方式、以宫廷趣味为正宗的龙形创造阶段。因此，一方面产生了众多的龙族动物形象，另一方面也产生了严格模式化的众多龙形图案化纹样。但更多的是追求制作的气势、规格、工艺，使得其审美要求停留在精巧、富丽、华贵、繁缛等较低的俗文化层次上，缺少更多生动活泼的文化内涵。

但无论如何，在龙形的变化中，始终隐藏着一条与中华民族审美变化相适应的神奇曲线。秦前论理，重"周"重"折"，龙形则或环或曲；汉儒论画，重"狗马"而轻"鬼魅"，龙形则为马首蛇躯之畜形。当魏晋谈玄与风骨受到重视，龙形亦瘦长而飘飘欲仙；在画论中强调"悟对通神"、"眼能传神"而形成"传神理论"这一中国画论的基石时，张僧繇"画龙点睛"、"破壁而飞"的故事也就应运而生。其后各代，那些基本的艺术风格，如唐的雄放华美、宋的文雅洒脱等等，都可在龙的造型变化上微妙而普遍地反映出来。

非但如此，中国人还在其他方面重视龙的完美设计。包括龙的音容笑貌、七情六欲，都使其既非实在的物类，又非泛指的神灵，而是具有较大的类似人类的宽容的范畴。例如对最能传神的龙眼，就与圣人与佛的创造不同。圣人喜怒不上脸，佛则总是低眉顺眼，而龙则讲究"眼似鬼"，这真是个"见鬼"的比喻，所以在龙的神态上，则往往见善见恶，有威有严了。再如对龙的声音，中国人以"吟"来形容，亦可见用心良苦。自古中国的音乐理论认为，声发于情而异于情，所以特别重视声音的描述，如鸡鸣鹤唳、狗吠狼嚎、虎啸猿啼，以至蛙鼓蝉噪，猪哼哼，可谓绘声绘色。而只有龙冠以了"吟"声，"吟"声实"人声"，吟哦、吟唱、沉吟，一唱三叹，起伏曲折，伴之以情，似乎与龙体的"一波三折"有异曲同工之妙。自宋元起，词曲中就有"水龙吟"的牌名，而明清以来，几乎没有一种戏曲、没有一个地方的民间曲调中没有"水龙吟"的曲牌了。从以上这些例子来看，我们不难明白，龙在中国人的心目中，是一个活生生的艺术形象，对它的全面塑造，也贯串着中华民族多方面的审美追求。

因此，龙反过来也影响了中华民族特有的审美心理，造就了中华民族的审美习惯，锻炼了中华民族的审美眼光。

举例来看，在中国建筑中，最典型的园林里常爱用"斗折蛇行"的路径、水道、桥梁作穿插布局，在中国装饰与绘画的构图原则中，也爱用"三转"、"三叠"的"之"字形构图，这些习惯的形成，当与龙形的基本造型有相通之处。还有，在中国盆景园艺中，人们普遍喜爱那些盘曲错落、古朴多节的树石花木，造成飞动、伸展的气势,当我们以"盘龙之姿"、"虬龙之态"、"腾龙之势"来形容这些盆景艺术品时,我们当然不会排斥民族审美意识中淀积下来的龙之精灵。最典型的、中华民族奉献给世界的礼物菊花与金鱼之中,那参差如龙爪的花瓣和那被称为"龙睛"的名种,不又与龙形挂上钩了吗?平时,我们爱用"笔走龙蛇"、"龙飞凤舞"来形容书法艺术的高超,爱用"藏龙卧虎"、"虎踞龙盘"来形容地势的险要,爱用"龙肝凤髓"来比喻菜肴的珍美;爱用龙脊、龙尾、龙首、龙爪、龙舌以至龙涎、龙胆、龙牙来命名奇山秀水、深洞南崖、花草树木、药材器具以至村镇楼阁,可是,在这些名目产生之前,我们每一个叫出或承认这些名号的人之心目中,又怎么能没有由"龙"而造就的声、色、形、影呢?我们默认了也许并不准确的"龙的传人"之说法,我们容忍了并不存在的"以龙为喻"的说明,我们也将"望子成龙"的希望留给自己的儿女,这一切不正是"龙"的文化对我们的陶熔,不正是"龙"的形象和观念对我们的锻炼结果吗?

近世有受自然科学研究成果影响的学者,提出了中国的龙也许是古代爬行动物恐龙遗存的一支演化而成的假说。这是一个在根本上不明白中国造型观念与造型原则的谬论。虽然中国也曾将古化石称为"龙骨",也曾将爬虫类动物称为"石龙子"或"螭龙",但这正是中国龙这一观念在运用中的演化,不可本末倒置地将其因果颠倒过来。何况地质学与古生物学的研究成果已表明,近世称之为"恐龙"的那类古爬行动物,在高等哺乳动物出现之前的数百万年前就已灭绝殆尽了。而且,就是"恐龙"一词的命名,也是建立在西方文化中"龙"的典型形象之上的。西方的"龙"基本的定型化特征是:蛇头、颈,硕大的爬虫类躯体,有蹼的短爪,肉翅,巨尾,身上有肉突、口中能喷水、火及毒气。这是一种西方人观念中丑恶邪毒的化身,是原始恐惧和灾难在另一种文化中积淀而拼凑出来的形象,是这类原始文化中将邪恶动物如蛇、蝎、癫蛤蟆、蝙蝠、鳄等综合而成的产物。它与中国的龙,无论在观念的表述上,形象的创造上与文化的影响上,都是风马牛不相及的。

中国的龙在长期演化过程中还影响了其他国家和地区的文化。汉唐之际,龙在日本也成了盛行的艺术创作题材,考古发掘已证明,大量以龙为题材的造型在日本出现，并且与历史上相应时期的中国龙形极为相似；东南亚各国也有相似的情形。近来有不少学者，详细研究考证了中国龙与美洲早期印第安文化的关系，指出其中存在着某些因缘关系。由于篇幅有限，本文就不详细论述这个专题。但总的来讲，由于在龙的第一时期中，与龙形有关的文化已迁延至美洲，而其后又各自独立的发展，因而它们虽然在局部造型上有不少相似之处，但在总体形象的发展变化与观念的形成演化上并无更多的共同之处，它们应属不同自然条件下不同农业文化的各自产物。而在日本及东南亚各地，由于历史上不断的交往与文化交融，这些地方与龙有关的文化观念与中华民族有着更多的相似之处，从而共同构成了相对西方文明来讲有不同特色的东方文明。这两个不同的农业文化环绕而成的"太平洋文化圈"，乃是世界古文明最重要的组成部分，龙在这个文化圈中所起的作用与造就的影响，不但在造型艺术中是个有趣的课题。在整个人类文化史与认识史中，也是一个大可开拓的领域。

1986 年 7 月初稿

1987 年 1 月修改

# 彩陶艺术研究

## 一 农神文化

### 1. 中华史前彩陶

制陶是人类进化历史上第一次最伟大、最重要的创举，是人类依靠自身力量创造新材质的第一次根本性革命。

大约在距今一万年前到八千年前期间，在世界上许多原始文明地区纷纷燃起了制陶的火焰，人类新的历史时刻来临了。虽然，人类对火的使用和掌握已超过了五十万年，对水和土的掺和及使用也许更古老些；而且，原始人类从打制石器开始，已有了多少万年的加工本领，有了比制陶过程复杂得多的诸如钻孔、编织及雕刻等技能。那么，制陶至此时才在世界范围内被普遍发现，同时，陶的本身又是不可进行再次加工的材质，所有制陶的产品都是有目的制作的某种器物。这一切都表明：制陶并不是某种偶然行为的机械重复所导致的发现，也不是只为了满足某种实际需要而突然寻找到的发明。制陶作为人类进化中普遍出现的社会生产活动，它是人类发展到一定阶段生产需求和某种观念借助相应的技能得以实现的结果，是人类及其社会进化在特定历史条件下的产物。它所表现出的物质变化的整个过程，凝聚了人类进程中的智慧与追求，体现了他们的技艺能力与审美准则。从审美角度及其与社会发展的关系方面来看，制陶是人们对材质美感的主动追求在原始农业定居社会中付诸实现的结果。

中华民族是世界上最早发现和掌握制陶的民族之一，并且有着最早的关于制陶的记述。在《周佚书》中，就有"神农耕而陶"的记载，先秦时代《墨子》

一书中也有"陶于河滨"的描绘，相传黄帝时代，就有了专门掌管制陶的官员"陶正"。将制陶归于"神农氏"时代的产物，指出了"耕"和"陶"的必然联系，这完全符合现代科学对制陶史的认识，它无疑是世界上最早的关于制陶史实最可信的文字记录。

中华民族制陶的第一个高峰是以彩陶的兴起为标志的。中华民族以那精美的、举世无双的彩陶，在人类文化史上展现了一道长达三四千年的绚丽彩虹，形成了中国原始美术以至原始文化的第一个高峰，为后世那特殊的、波澜壮阔的中华文明与中华艺术，奠定了多方面的重要基础。

在中国远古为数不多的神话中，有一个最著名、最有影响的女娲炼五色石补天的故事：神女将水和土放在烈火中"焙炼"，炼出了各种色彩的像石头一样硬的东西来，弥补了天然的不足。透过这神话的迷雾，也许这正是中华民族传说中关于原始制陶的远古记忆。那腾腾烈焰与五彩器物，所描绘的不正是我国原始制陶第一个发展高峰中先民炼制彩陶的景象吗？彩陶那红、黄、黑的强烈色彩基调中，仿佛蕴藏着中华民族那鲜红热血、黝黄皮肤与乌黑眼睛的远古精灵。中华文明的形成发展，也在彩陶那体、形、纹的变化节奏和韵律中，留下了值得记忆和探寻的足迹。

彩陶是指原始制陶中那类器表饰以彩绘装饰的各类陶器。彩绘是原始制陶工艺中最重要的装饰手法之一，用特殊原料在陶坯上绘出纹饰，然后焙烧而成为不同色泽纹饰的器物，称为彩陶；用颜料在烧成的陶器上绘制出纹饰来，则通常称为彩绘陶器。一般来讲，原始彩陶主要指前者而言。

近数十年来的考古学成果，已向我们较全面地展示了中华原始文化中彩陶的基本风貌，虽然许多更详尽的结论有待于进一步发掘和研究，但对我国主要文化圈中的原始彩陶，已有了较为明晰的脉络了。

总的来讲，彩陶的发展处于原始制陶的前期，其主要成就也集中于这个阶段中。彩陶分布的区域多为内陆地区，沿海地区极少。

在距今约八千年前的河北武安磁山遗址中，曾发掘出一片模糊的简单彩陶片，可见在我国彩绘装饰发端很早。从北首岭下层，大地湾一期，华县老官台及半坡早期等七千年前后的早期重要遗址的一系列发掘中，可以看到彩陶数量，比例渐次增加的趋势。同时，彩陶器物上纹饰的绘制手法较为接近并趋向一致。虽然这时彩陶尚属凤毛麟角，仅仅占陶器总数的百分之几，不过，这预示着彩陶时代的即将来临。

原始制陶的繁荣首先是由彩陶的发展展示出来。大约在七千五百年前到四千年前之间的三千多年中，彩陶经历了产生、发展和衰落的过程。彩陶集中分布在黄河中上游的陕、甘、豫、晋、青等省，并随其发展向周围蔓延：南达江汉流域的川、湘、鄂等地；北抵冀、蒙地区；东及鲁西皖北一带；西至新疆境内。另外，在长江下游的苏松平原，辽河流域及东南沿海一些区域乃至西藏云南等地，都先后出现过极少数有一定特色的彩陶器物。

从考古类型来看，仰韶文化中分布于关中、豫西、晋南、甘东等地的半坡类型、庙底沟类型、西王村类型，洛阳、郑州地区的王湾、大河村类型，豫北晋南的后岗类型、大司空类型；马家窑文化中分布于甘青地区的石岭下类型、马家窑类型、半山类型和马厂类型，鲁南苏北的大汶口文化早期；江汉流域的大溪文化和屈家岭文化都有较为丰富的彩陶，辽河流域的红山文化与长江流域的马家浜文化，江苏地区、南京地区也出现过个别彩陶器物；稍晚时期黄河上游的齐家文化、辛店文化、卡约文化及唐汪文化中，也出现了一些区域性彩陶器物。所有彩陶中最有成就、最有影响和特色，也最能说明中华彩陶文化的当推黄河流域地区的仰韶文化与马家窑文化。有关这些彩陶的考古发掘情况与研究情况，在许多考古专门著作中都有论及，这里就不再重复了。

彩陶艺术的明显特征表现在器表装饰的多种色彩的纹饰。由于装饰的需要，彩陶器物大都有平缓而少有变化的表面，不像后来发展起来的素陶器物那样，多有奇异的造型或起伏跌宕的表面与众多的足、耳、柄、流、系等附加结构；由于处于原始制陶发展的前期，彩陶器物种类较为单一，多为各类碗、钵、盆、瓶、罐、壶、瓮等饮食器具与贮存器具。这样一来，彩陶更偏重于对于纹饰的审美追求，而对器形变化影响甚微，甚至对器物造型的多样化发展起过制约作用。因此，纹饰成为人们研究彩陶艺术的主要对象，也成了彩陶艺术的主要特征。

根据彩陶纹饰特征和装饰手法，中国彩陶主要的发展过程大致经历了以下几个或先后出现、或交错出现、或重叠出现的时期：

弦带纹装饰期　距今约 7700—6000 年前。

环折纹装饰期　距今约 6700—5500 年前。

象形纹装饰期　距今约 6500—5000 年前。

曲面纹装饰期　距今约 5800—4900 年前。

旋线纹装饰期　距今约 5500—4600 年前。

图像纹装饰期　距今约 4600—4000 年前。

最初的定型化纹样是红色或黑色的"宽带纹"或者环绕器物上部一圈或数圈的"弦线纹"。它们在关中地区早期遗址中已经出现，其迁延时间长久，分布广泛，并以首尾相接而绕器腹一周的环形方式，奠定了中国彩陶的基本装饰方式。其后，出现了由点、直线、折线构成的三角形纹或环折纹，这类纹样同样分布较广，迁延时间较长，但以半坡类型彩陶较为典型。与此同时或稍后，以描摹动物或人物形象的象形性纹饰也出现了，它们为数极少，分布地区广泛，大体上在黄河中上游地区。在长江流域同时期的河姆渡文化中，虽无彩绘的象形纹饰，但也出现了刻画的猪纹、鸟纹等，它们造型精美，类似彩绘象形纹饰。随着环形纹饰带的加宽，器物形制增大变高，器形增多而且精细，多为平底敞口，且表面进行磨光处理，装饰部位扩展至肩部或腹部，有时还延及内壁。饰纹排列层次增多，出现了多方连续纹样，并利用曲线和平涂方式造成对比，构成众多的类似月牙形、火焰形、花瓣形的纹样，并且有些纹样还有明显拟形变化的特征。色彩由红转黑，并出现了白彩，增加了与陶色的对比，更加强烈明快，这类纹饰分布也较广，以庙底沟类型彩陶最为典型，在大河村类型与大汶口文化中也有各具特点的这类型纹饰。这一时期是我国彩陶装饰手法及技巧都相当成熟的时期，其普遍采用的线条和块面结合的造型手法影响尤为深远。

中原地区彩陶发展到庙底沟类型时，呈现出衰落的趋势，彩陶繁荣中心由关中豫西一带转移到黄渭上流的陇东一带，马家窑文化把我国彩陶艺术推向一个新的高峰。这一时期的典型器物除了原来的盆、钵、瓶外，又出现较多的瓮及罐形壶。敞口浅腹容器彩绘多集中在器物内壁,而窄口深腹容器的彩绘多布满肩、颈、腹部以至布满整个器身,从视觉上将彩绘装饰扩展到最大限度。石岭下类型至马家窑类型,纹饰变细长,主要是黑色的回旋线或波纹线构成的几何纹样。器物造型比较适中,轮廓线条流畅,一般不施陶衣而表面磨光。整体精美,风格特别。后虽然出现少量棕、兰、白彩及红彩,但以线条装饰的基调仍很明显。到了半山类型开始,纹饰风格转向了较为烦琐的修饰。马厂类型则以粗犷的笔触随意涂刷出以圆圈和折线为主要结构的纹饰。器形规范,短口高腹的大瓮和带耳小罐、长颈壶几乎完全取代了其他器物,少量奇特形制的器物时有出现。陶质疏松,表面粗糙,红黑二色鲜艳而对比强烈,纹样结构变化而有序,仿佛具有图像性质,加上粗略施过的棕色或绛紫色陶衣和似乎含有某些意义的多种绘制符号,给人一种神秘感。这一时期彩陶总数骤增,有些地区占陶器总数的80%以上,在一些日常用具如陶纺轮、陶球上也施以彩绘,彩陶显然成为专业化分工和社会审美时尚的产物,从而程式化生产也限制了新手法的出现,继之而来的齐家文化、辛店文化、卡约文化、唐汪文化等诸文化中的彩陶,已明显成了强弩之末,并有更多受西亚文化影响的痕迹了。除了黄河流域之外,江苏等地的大汶口文化彩陶、江汉流域的大溪文化与屈家岭文化彩陶在色彩与纹饰上也颇有自己的特色。在中原地区进入铜器时代之后,东南沿海地区与西藏新疆等地,也出现过个别彩陶器物,它们多是偶然出现的特例,对中华彩陶的发展几乎未造成影响。

总之,整个黄河流域的彩陶,形成了我国原始社会中最有影响的彩陶艺术繁荣区域,它不但逐渐向外传播并与南北各地文化相互交流,共同造就了举世无双的中华彩陶。(图1)

**2. 选择与采集的追求**

那么,为什么中华民族要以如此巨大的精力、如此执拗的情感,对原始彩陶倾注了三四千年的热情追求呢?彩陶既是对原始制陶工艺的发展,又是对后世制陶艺术的开拓。彩陶的出现并不一定是制陶术进步的必然产物,在世界上许多原始制陶地区就从未出现过彩陶,在我国也有一些从未发现过彩陶的原始

遮蔽的文明

▲ 图1 中国原始陶器的主要种类及类型（一）

1.碗 2.钵 3.圈足碗 4.罐 5.盆 6.瓶 7.壶 8.豆 9.釜 10.瓮
11.圈足杯 12.簋 13.杯 14.异形器 15.鬶 16.鬲 17.盂 18.斝 19.甑
20.盉 21.鼎 22.甗 23.三足钵 24.匜 25.四足器 26.铃 27.器座 28.灶
29.勺 30.锅 31.箅 32.杵 33.澄滤器 34.环 35.支座 36.斧 37.簪
38.刀 39.镰 40.球 41.纺轮 42.埙 43.镞 44.祖 45.网坠 46.研钵 47.陶塑

94

彩陶艺术研究

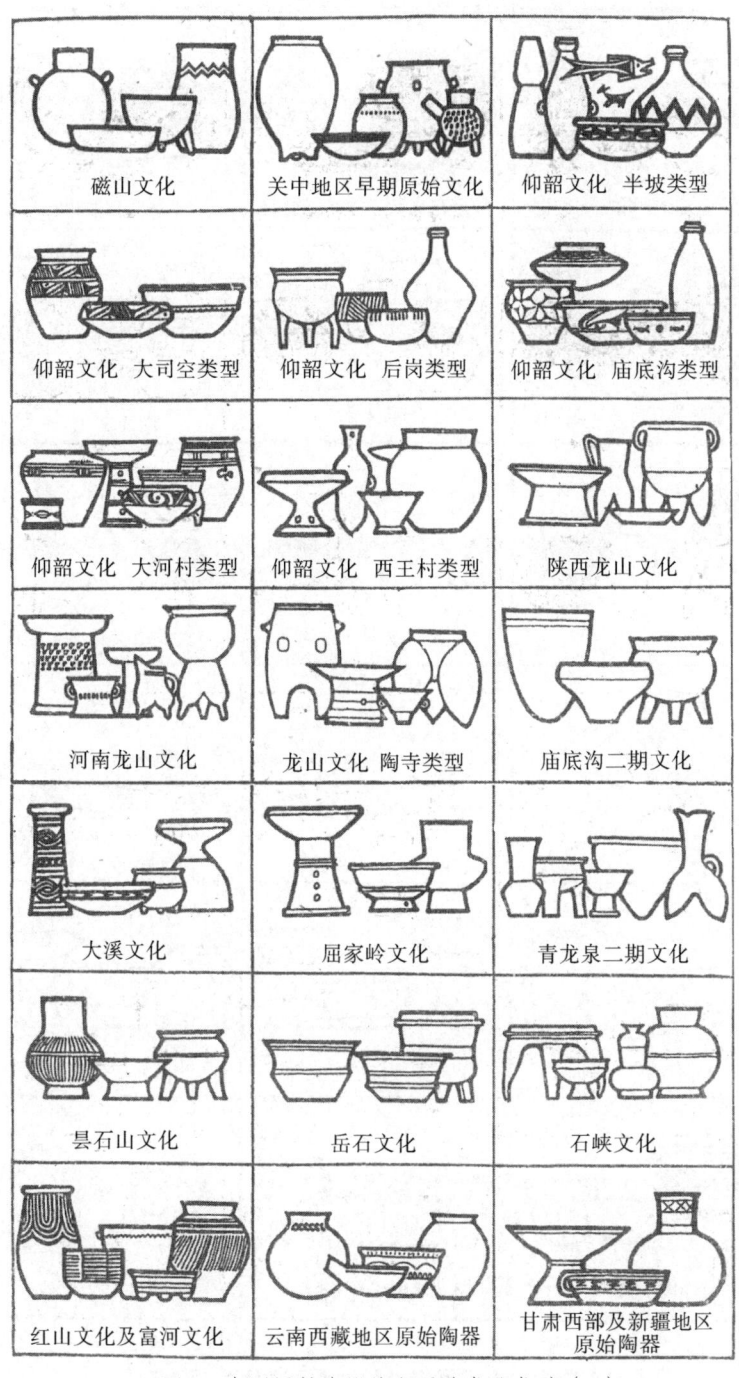

| | | |
|---|---|---|
| 磁山文化 | 关中地区早期原始文化 | 仰韶文化 半坡类型 |
| 仰韶文化 大司空类型 | 仰韶文化 后岗类型 | 仰韶文化 庙底沟类型 |
| 仰韶文化 大河村类型 | 仰韶文化 西王村类型 | 陕西龙山文化 |
| 河南龙山文化 | 龙山文化 陶寺类型 | 庙底沟二期文化 |
| 大溪文化 | 屈家岭文化 | 青龙泉二期文化 |
| 昙石山文化 | 岳石文化 | 石峡文化 |
| 红山文化及富河文化 | 云南西藏地区原始陶器 | 甘肃西部及新疆地区原始陶器 |

▲ 图1 中国原始陶器的主要种类及类型（二）

遮蔽的文明

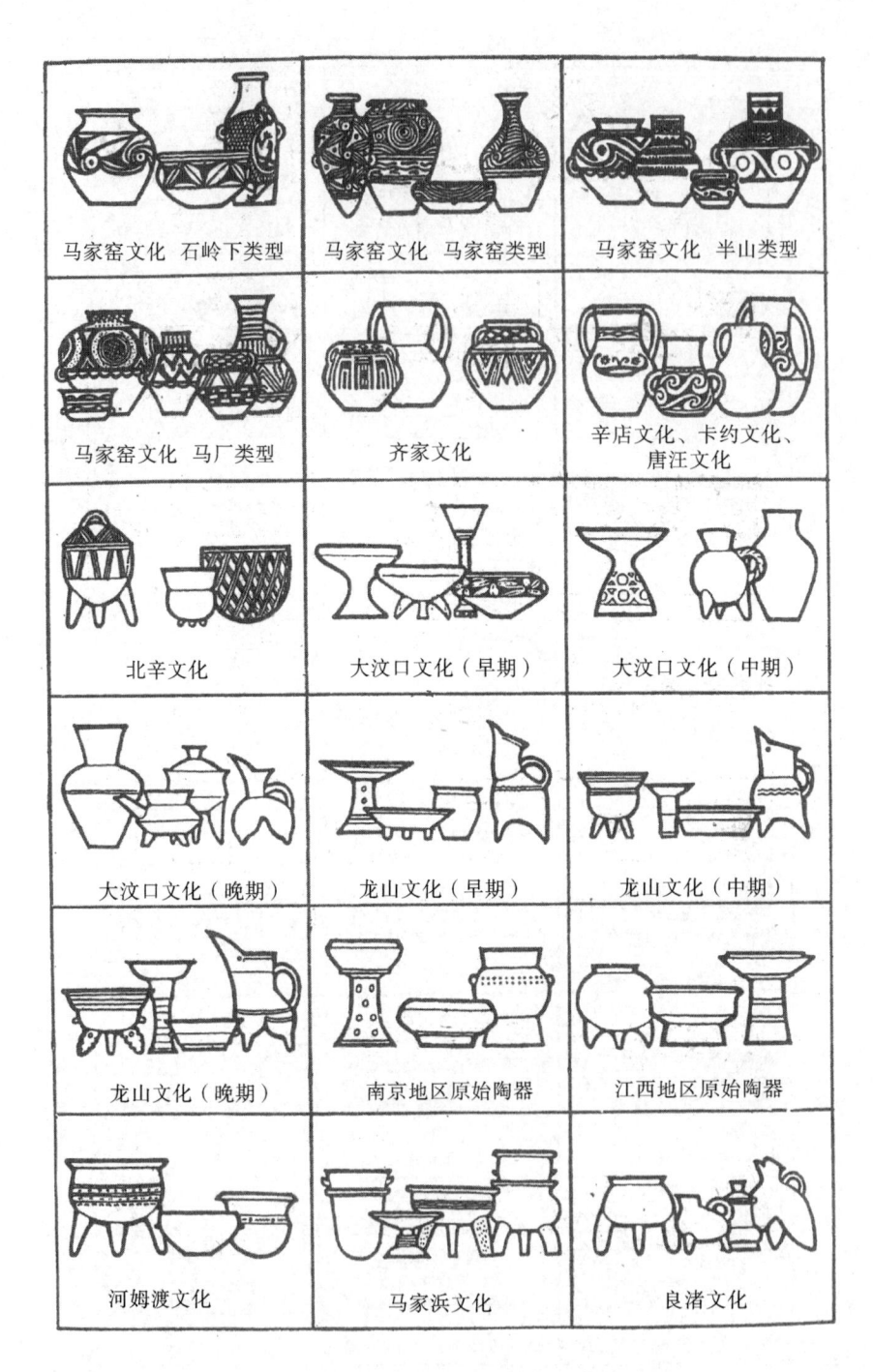

| | | |
|---|---|---|
| 马家窑文化 石岭下类型 | 马家窑文化 马家窑类型 | 马家窑文化 半山类型 |
| 马家窑文化 马厂类型 | 齐家文化 | 辛店文化、卡约文化、唐汪文化 |
| 北辛文化 | 大汶口文化（早期） | 大汶口文化（中期） |
| 大汶口文化（晚期） | 龙山文化（早期） | 龙山文化（中期） |
| 龙山文化（晚期） | 南京地区原始陶器 | 江西地区原始陶器 |
| 河姆渡文化 | 马家浜文化 | 良渚文化 |

▲ 图1 中国原始陶器的主要种类及类型（三）

陶文化。从人类艺术发展史来看，远在陶器产生之前许久，就出现过如欧洲洞窟中那样绘画技艺相当高的岩穴壁画，可后来这些地区并未发展出这样风格的彩陶艺术，也未产生过特征相近的彩陶。可见对彩陶的所有探索都离不开对陶器的重视，彩陶只是人们对陶器表面色质审美要求在制陶实践中逐步实现的创造，是人类当时某种观念和精神需求在制陶中的体现。

在陶产生之前的一切人类文化都属于"较被动的进化"，这时一切人类的创造都只能是对自然物的"索取"和"加工"，由于受到自然条件、自然材质与加工手段的局限，人们对创造的结果较难随心所欲地把握，因而进化缓慢，人类审美要求几乎全部受制于实用的功利要求，造型规律也只能较曲折隐晦地反映出来。制陶从根本上解决了材质使用要求与加工困难的基本矛盾，因而，制陶使人类走上了较为主动的"创化"历程，后来金属冶炼的出现与有机材料的合成等材质上的革命，在一定意义上仍是解决这种基本矛盾的"创化"继续。事实证明，当实用要求与加工矛盾解决得较好时，人们的创造力会得到极大的飞跃，例如在制陶出现之前的编织活动中，由于这对矛盾已基本解决，所以编织术便发展得较为成熟。同样，当制陶出现之后，人们的创造力获得了空前的发展，因而他们的审美追求、观念意识都会在这种创造中较为主动而直接地表现出来。这样，制陶本身会反映出更多原始文化中在此前其他方面所不能反映的差异，体现出更多原始文化的不同追求与不同的本质特征。

我们不妨看看后来出现的与"陶"字有关的汉语词汇与它们的引申含义："陶化"、"陶冶"、"陶铸"、"陶蒸"等等都含有造就、创造、治理的意思，"陶育"、"陶化"、"陶教"、"陶染"、"熏陶"等等都有着引导、教化、改造、影响的含义，还有"陶熔"、"陶泻"、"陶钧"、"陶陶"等等。这简直可以看到一个由"陶"组合而成的创造与情感的世界。这是中华民族远古对制陶追求的记载，是对制陶的一曲亘古赞歌。

我国原始制陶还有一个明显的特征，那就是对容器的重视和对陶质改进的重视。原始陶器中容器无论在数量上或种类上都占绝对压倒多数，《说文解字》中记载着五六十种陶器名称，几乎全是各种不同性质与用途的容器。如常见的勺、碗、钵、盘、杯、豆、盆、壶、瓶、罐、瓮、尊、釜、鼎、甗、鬶、鬲、盂、甑、斝、匜、盉、瓯等等，它们既丰富又精美，并在制陶史中不停地改进、发展。与之相比，许多其他陶器如陶纺轮、陶网坠、陶刀、陶斧、陶锉、陶镞、陶拍、陶镰等工具，以及陶灶、陶支座、陶箅、陶瓴等生活器具，还有陶环、陶珠、陶笄、陶哨、陶埙、陶玩等等，显得既少又不精美，它们大多数是以陶质取代原用材料而制成的同类器具，明显不是制陶方面的主要追求。

对容器的重视与追求，是从更为远古的中华原始文明中造就的。

制陶产生于农业定居社会之中，而且，农业生产的发展是定居社会的先决条件。社会发展史的研究表明：原始狩猎的生存方式不能导致农业生产方式的定居式社会生活，从狩猎生存发展到牧畜生产的生活方式也与定居无缘。这类原始文明多数是以游猎家族——狩猎氏族——游牧部落的方式迁延发展的。只有当原始游牧经济与农耕相结合或者由原始采集经济逐渐发展成以农业经济为主要生产方式时，定居才会出现。因此，由游猎种族转入到定居农业社会的过程极为缓慢，一般出现很晚，多数要在通过民族融合而形成较稳定的类似国家式政权之后。最早进入、也最易进入农业定居社会的当是以采集经济为主要经济形态的那类原始种族。

当然，原始经济是混沌的。极而言之，渔猎经济易与肉食性有关，采集经济则易造就素食的习性。从杂食性的原始人类开始，由于不同的取食方式，也会影响到进化过程中种族的区别。除此以外，自然环境也在较大程度上影响到原始经济的发生和变化。自然条件恶劣或变化明显的区域，由于植物生长有周期，动物群落也会有变化周期。这易于促进贮存或家畜驯养，导致农耕而出现定居。从渔猎经济来看，自然变化会引起狩猎困难。于是，家畜驯养开始了。最初，人们也许企图驯养所有未毙的多余猎物，但后来由于饲料来源的关系，人们一定只能选择那些大型素食动物或中小型杂食性动物来驯养，这一切活动如果在相对定居的条件下会突出采集经济而导致农耕。从采集经济来看，四季分明的自然条件使植物有荣枯变化，当人们认识到植物荣枯规律和生长规律时，农业种植也会由此滋生，定居则更易到来。由此看来，采集是原始农业的前奏，农业是定居的条件。

无论是采集或是农耕，对于中华原始文化中四季变化明显的自然条件下的先民来讲，"选择"和"贮藏"都是获得食物、保存食物而延续生命的重要手段，它们造就了与狩猎经济那种"搜寻"和"掠取"方式不同的气质特征与心理习性，并随之产生不同的崇拜对象（在一定意义上也是征服对象和探求对象）与崇拜方式（在一定意义上也是认识方式与表述方式）。一般来讲，对于原始狩猎种族来讲，流血的杀戮、猎获的实体、生命的突然死亡和实在的即时享受，造成了他们对武器的依赖和对生命的崇拜。而且这种依崇的表达方式往往更多体现在对实物或偶像的直接感受中。他们的联想多与现实生命的存在、产生与活动有关。他们对自然的变化比较冷漠，对自身的情绪比较难以把握，往往处于静和动、生和死的极端状态。这样，其原始信仰就易于以生殖崇拜，图腾崇拜、偶像崇拜等实体崇拜的方式表现；其巫术与宗教仪式也多是如成丁礼、出猎礼等与生命获得有关的活动，并多以装扮成实体形象的模拟活动来表达。

而以采集经济为主的原始种族则不然。他们与自然的关系密切而融洽，他们没有极大收获的喜悦，也很少有突然死亡的危险；缺少与其他动物的激烈搏斗，也很少能随心所欲地攫取。因此，他们须以平和的心境来等待植物漫长的生长周期，不热衷于暂时的享乐；他们也很少长期挨饿，因为他们懂得贮存。他们从对自然的依赖中产生了对自然规律的认识和联想，因而更多地崇拜自然及赖以贮藏的容器。而且，这种依赖往往反映成观念，将崇拜表现为精神联想并与情感联系起来。这样，使得他们颇具一种宽容的忍耐性格及平和的心理状态。他们对自然的变化较为敏感，自身的情绪也较为缓和，常常处于较少变化的微小波动状态中。他们的原始信仰更偏重于以自然崇拜、气象崇拜、环境崇拜来表现；并易于将崇拜的方式与自然变化规律统一成一种思维模式，形成众多的与节气、时令、气候、水土有关的习俗活动、迷信观念、自然精灵等，并通过有关祭祀、祝祷、纪念、敬仰等活动方式来表达。

这样两类不同的种族气质又会反过来影响文化的发展，使其原始文化呈现出不同的本质特征。以影响造型艺术最重要的视觉方式为例：狩猎方式促使原始人们多注意偶然机遇,其目光敏锐,不甚了然,多以一目瞄准对象,猎物呈水平奔跑,故多以横向视觉位移作大致地捕捉跟踪;采集方式促使原始人们多注意必然规律,其视野广阔,反复深入,多以双目从各个角度盯住对象,采集物并不移动而多呈自然的左右对称状态,故多作上下打量的视主体位移来作出取舍或判断。类似的特点各自还很多,我将在另一本专著《中华眼界》中详述,这些由原始生产生活方式造就的视觉特点,在后来不同的文字书写、绘画等造型艺术中都在许多方面被充分展示出来。

远古形成的种族因素表明,中华民族正是一个杂食而以植物为主的种族。这造成了他们重视采集和选择的眼光,我国大部分区域中四季分明的自然条件,又促进了他们对收藏与贮存的崇敬,这种特征反映在制陶中,便成了中华原始文化的显著特点。

出于对容器的崇敬与重视,中华民族将主要精力,甚至全部精力放在以容器为主的制陶探索中,使那些作为贮存的"容"的实用变成一种文化追求,如果我们再想想"容貌"、"容颜"、"宽容"、"容易"等作为审美范畴,甚至道德范畴中的重要汉语词汇,我们便会惊奇地发现,它们为什么竟会与"容"联系得如此紧密。

出于选择方式而造就的类归认识与总体把握方式的偏好,在陶器的装饰上,首先重视器表色泽纹样的变化规律以及它们与理念认识的关系,所以在制陶史上首先展开的是对彩陶的深入而广泛的持久探索。

以彩陶的色泽为例,其色彩的发展与使用也体现着特殊的要求。偏爱红色几乎是所有原始人类的共同特点,这也许是从进化过程中遗传下来的本能之一。生物学的研究表明,高等动物眼睛对色彩感受能力的进化,是从可见光谱中波长最短的红光开始的。几乎一切能感知色彩的动物都会对红色作出较强的生理性反应,不少动物还伴有特定的行为模式。就人类的色彩观念来说,它与在特定社会生活条件下的心理感觉的不断强化有关。天际那朝夕可见的红色预示着一次次光明的开始或黑暗的降临,刺激着人类对光亮追求与对黑暗畏惧的原始情绪;猎物与自己身上的鲜红血液,震撼着原始心灵中生的欲望与死的悲伤;

原始洞穴中的火堆与狂风暴雨中的闪电，又给原始人类安全与恐怖带来种种与红色有关的联想。我们虽难以断言色彩观念演化的具体原因，但考古材料已证明，远在山顶洞人时代的墓葬习俗中，撒在尸体周围的红色粉末，表明红色与某些观念有了直接联系。当人们有意识地将色彩感觉从实际生活中抽象出来，形成比较稳定的色彩审美准则时，反过来，这种色彩观念就会越来越强地促进人们对相应色彩的追求，从而使色彩具有特殊的精神作用与魅力。中华民族对红色或接近红色一类色彩的喜好，比较明显地影响了黄河流域制陶，并更集中体现在彩陶的发生和发展过程中。黑彩的出现使彩绘装饰跨进了一大步。不管对黑色的喜好是来自夜晚那深邃苍穹的启迪和感受，还是出于对黑眼珠黑头发的所谓"自我认同美感"，总之，它成为中华彩陶的基本色之一，并影响稍后的素陶艺术，黑色成了中华民族最古老的色彩审美要求，后来，虽然还出现过少数如白、棕、蓝等其他色彩的彩陶，但都极其稀少而分布地区极狭。总之，原始经济造成的重视选择和馈集心理，易于使人们从色泽上产生对比和判断。并且，纯净的色彩因鲜明强烈而容易成为选择的对象。经过无数次重复的选择，造就了中华民族最原始而基本的色彩审美理想：强烈和单纯。它们导致了后来"青、黄、赤、白、黑"的五彩观念，成为世界最早对原色的认识。在原始艺术中，也许对青白的追求，较集中体现在对玉石、牙骨等材质的选择与琢磨上，而对赤、黄、黑的赞美，则更多体现在制陶，特别是彩陶的创作之中。

当然，这种心理也影响了整个彩陶纹饰的理念结构，以致后来的"纹"成了中华文化中最基本而最广泛使用的概念之一。这点留待后文再详述。

正是基于对容器和纹饰的着意追求，彩陶艺术才得以如火如荼，才形成了中华民族高人一着的"宽容文化"来。明白了这点，我们才不会奇怪，为什么在世界所有出现石器的原始文明中，中国首先找到了"玉"；而世界所有原始制陶中，中国又率先发明了"瓷"。

**3. 笔墨之祖**

通常的理论认为：人类可以从自然界的物体中抽象出"点"和"线"等概念来，例如空中的雨滴，树上的藤萝，都可能被当成点和线而受到原始人的重视，于是，他们便会产生了点和线的概念来。但从造型艺术发展的角度来看，点和线只有成为毫无实际意义的"纯形式"引起原始人类的重视时，他们才会主动去运用这些东西创造出表现某种认识的"构成的形式"。

彩陶的历史表明，几何纹饰的起源要远远早于象形性纹饰；中国彩陶的发展甚至表明，象形性纹样只是整个纹饰构成中的特例。

最初的定型化纹样"宽带纹"是用宽度相等的红色涂刷于器物口沿周围形成的环带。其宽度一般占器物整个高度的三分之一到五分之一。施宽带纹的陶器主要是平底、圆底或小支足底的敞口钵、盆等食具。主要分布在黄河流域的陕、甘、豫等地。直到临近彩陶繁荣时期，宽带纹仍占彩陶总数的60%到90%。延续了一千多年的宽带纹造就了中国彩陶在色彩使用、绘制手法、器物形制以至装饰观念等方面的基本特征，因此，我们有理由将"宽带纹"称为"中国彩陶纹饰之母"。那么，为什么当时的艺术家最初会在这一装饰部位采用这样的手法呢？虽然很难具体说出某种肯定的原始观念以及相关的执拗意识，但就其审美感觉和情绪来说，至少可以作如下推测：在使用上和视觉上口沿是位于容器上最"引人注目"的部位，对口沿的重视既是对其实用功能的肯定，又是对视觉感受上的满足。中国文字中将器物的"口沿"与人类赖以进食生存的器官——"嘴"使用同一称谓是饶有兴味的。追溯到远古的认识根源上，这可能与容器、贮藏、生存、食物这些现象的联想有一定关系。事实证明，不但在彩绘装饰中首先重视器物口沿，在整个制陶发展过程中，对口沿的重视也成了中国器物的基本特征之一。这种对口沿圆周的重视和偏爱，成了后来中国艺术与哲学中诸如"周而易"、"周则满"、"周而复始"之类基本认识理论的最初渊源。早在山顶洞人时代，环绕尸体而撒的红色粉末已表现了人们对"环绕一周"观念的重视，从"周全"、"周到"、"周密"、"周行"、"周旋"、"周精"、"周折"、"周详"等极常用的汉语基本词汇中，我们不也能窥察"周"在造型艺术中曲折展现或派生的审美观念与推测吗？

当然，我们还可以从工艺发展等角度来讨论几何纹的出现。例如：远在陶器产生之前的编织术也造就了对环状线条装饰器物的审美习惯，最初制陶中的

"泥条盘筑"手制成型方式，基本上可说是沿自编织术的成型手法。常见的各种弦纹、斜线纹、网格纹及折线纹，也多是编织工艺观念在新材质上的体现与对编织物审美习惯的继续。因此，彩陶最初采用以线条为主的环带状口沿装饰绝不是偶然的，而是特定历史条件下装饰观念与工艺发展的结果。

但是，从更早的对"点"和"线"的历史来看，打制石器时撞击出的"第一个印痕"就是人们创造的"第一个点"，而磨制石器时的第一道磨痕，则是人们创造的"第一条线"。这些点和线就应当不再是人们从自然物感受中抽象出来的、只依靠联想去与自然实体发生必然关联的那种"形体的抽象"，它们已经是人们通过有意识劳动创造出的并不必与任何实体发生形象必然联系而不断被人们控制掌握的"有意味的形式"了。这种"意味"的本身当然是指原始人在创造或使用它们的活动中造就的情绪与社会功能，而并不是指它们与某一实体形象有关联。因此，它们才能成为造型艺术中的最原始最基本的"构成元件"。这样一来，它们当然不必非要按照实体外形的模拟方式去构成纹样，在大多数情况下，它们自身的组合就是纹样，这种构成纹样的过程也会给原始人类带来某种满足，并造就出某种固定的关系模式而影响人的定向思维。正因为如此，原始彩陶中的几何纹饰不但比象形纹饰要早得多，而且数量上要多得多。在我国彩陶出现的最初千余年中，所有的纹饰都是较为简单的几何纹，然后才有极少象形性纹饰。就目前我国境内发现的早期彩陶来看，其纹饰就已大小适度，排列有序，并体现了一定的结构规律。归结起来，早期彩陶中较典型的几何纹饰有以下几类：

（1）弦带型　平行于口沿的环形带状纹或平行环线状纹。出现最早，平行环带加强了水平放置器物的稳定感，加强了敞口容器的均匀感。

（2）点线型　以圆点和直线交替构成的环带状纹饰。多出现在仰韶文化早期彩陶中，长江流域亦偶有发现。点与线交替，形成了明显的停顿，造成了节奏的对比。

（3）网格型　以交叉平行线排列成网格纹或菱形环带纹。这类纹饰似乎出现略晚，分布较普遍，迁延时间亦较长，丰富了彩陶几何纹饰的构成。

（4）折线型　以折线、交叉折线与环形弦线联结构成的菱形、正倒三角形或锯齿形环带状纹饰。它们构成手法丰富多样，分布广泛，影响深远。在多种文化早期彩陶中起了重要的作用，是早期纹饰构成中最具典型特征的纹样，也代表了我国早期彩陶纹饰构成的基本风格。（图2）

▲ 图2　早期几何纹饰类型

Ⅰ弦带型　Ⅱ点线型　Ⅲ网格型　Ⅳ折线型

1.4.5.8.10.11.12.16.17.陕西半坡　2.四川大溪　3.江苏北阴阳营
6.湖北桂花树　7.河南庙底沟　9.山东大汶口　13.14.陕西北首岭
15.河南后岗　18.山西芮城

早期纹饰色彩单一，结构简单，常由单纯的直线形或点、折线排列而成。装饰部分多接近口沿或上腹部。基本纹样是三角形，在连缀手法上不是以单个纹样随意或排列装饰，而是将这些单一纹样并列成二方连续的环带纹饰。这些特点，初步体现了中国原始社会中特有的认识方式，构成了中国彩陶纹样的基本展开规则。

环带状纹饰的基本构成方式给人们造成统一而富于变化的视觉感受。由于纹样的单纯及联结方式的规范，人们从任何方向上看，都能得到相似的感受；由于器物的环形表面总是不断地将纹饰的某一部分隐藏在背面，所以从任何角度都不能看到纹饰的全部，而只能感觉到它的环绕趋势。这样，环带型纹饰既能给人以圆满、完整、和谐的感觉，又使人能获得运动、变化和不满足的体验，从而使这种形式作为器物的装饰部位和纹饰的展开规律而得到肯定，并被作为较稳定的程式而运用至今。它也培养造就使用者一种相应的意识与情感以及艺术创造中的审美要求。

环带纹饰在理念上可认识成是作为纹样的点的移动和联系，也可认识成是一条首尾相接的"有纹样的线"。当点线的结构观念形成并被用于彩陶艺术创作时，一种既遵循环带装饰规律，又清晰展示出点与线各自独立形态的彩陶装饰风格就广泛流行开来。

点在早于彩陶的艺术造型中还不曾受到重视，编织术中没有抽象的点的形式，最原始雕刻或制陶中的戳刺纹样，也由于未形成一定运用规律而未受重视。只有当彩陶中点以较大而规整的圆形或圈形作为"有规定的可视信号"见于纹饰构成时，它开始作为环带的分别、划分和联结因素而受重视，随着点或圈的内涵的丰富，随着点作为可扩展平涂色面的最初形态，点也成为纹饰构成中最活跃部分，成了纹样结构的中心或重点，起了画龙点睛的作用。后世汉语中"点拨"、"重点"甚至"点心"这类词汇，正是中华文化中对点在类型中重要作用与点的重要观念之反映。（图3）

最初出现的线几乎都是水平线或竖直线，并没有由曲线构成的纹样，它们给人以平稳的感觉。对于水平放置的器物来讲，有着相似的恒稳甚至呆板的感

遮蔽的文明

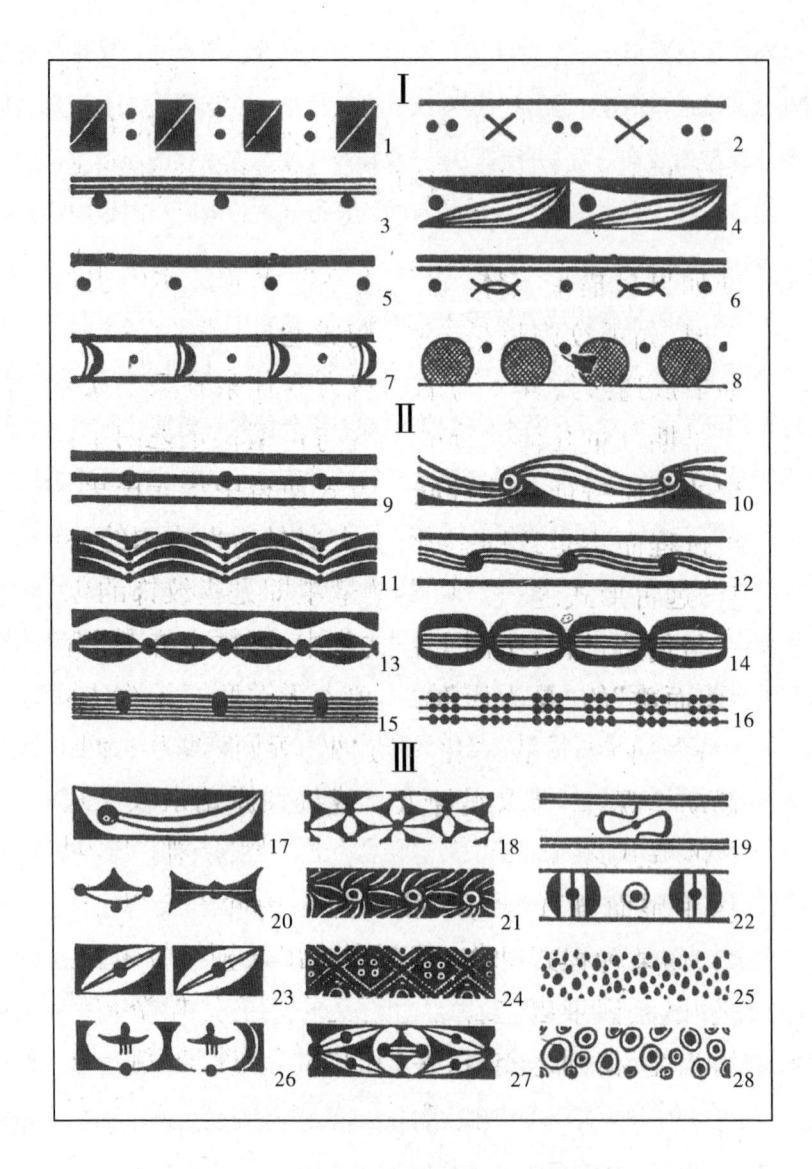

▲ 图3 点在几何纹饰构成中的运用

Ⅰ 分割纹样　Ⅱ 连缀纹样　Ⅲ 构成纹样

1.陕西半坡　2—9.11.13.15.17.18.20.21.23.26.河南庙底沟
10.甘肃天水　14.27.江苏大墩子　18.19.22.河南大河村　12.青海大通
16.湖北桂花树　21.甘肃永靖　24.甘肃广河　25.28.甘肃临洮

觉。斜线的出现打破了横竖方向上的呆板，造成了装饰纹样的运动感，并与器物的稳定感形成对比，丰富了彩陶纹饰的艺术效果。斜线造成的基本感觉贯穿于整个彩陶装饰中，并派生出新的纹样。例如：不同方向的斜线首尾相连形成环状折线纹或锯齿纹；折线纹与平行环带相连，进一步组成一正一倒相邻的三角形纹；两组不同方向的斜线相交，组成了网纹等等。这些早期出现而广泛长期使用的基本纹样，都渗透着甚至加强了斜线的运动倾向。尤其是折线纹的出现，使斜线在水平运动方向上产生了起伏的节奏，造成了动态中的新的平衡，在图案构成和纹样连缀中被广泛长期使用，无论将其排列成"锯齿形纹饰"还是将其柔化成"水波形纹饰"，它们都能保持平稳的运动势态，用它们的跌宕起伏造成跳动的感觉及循环运动的节奏。这成为了后来几乎所有纹饰构成的本质特征，成了中华民族最早的造型结构韵律。以至于后来的"曲折"成了中华民族最重要的审美评价准则之一。（图4）

▲ 图4 曲折起伏的基本韵律

仰韶文化：1.陕西半坡　2.3.陕西临潼　10.河南陕县

马家窑文化：4.6.8.青海柳湾　5.9.甘肃广河　14.甘肃临夏

大溪文化：13.湖北松滋

大汶口文化：7.11.12.山东泰安

由点线构成的基本纹样虽然简单，但由于组成了环带状图案而不显单调。相反，其明晰性与起伏性造成的单纯节奏和变化韵律，使得在长期的发展中，纹饰并没有朝着那种单独纹样复杂化的方向演变，而是以连缀方式丰富化来组成更为生动的整体纹样。于是，环带构成使单一的图案明晰、丰富而有节奏，有利于纹样与现实的定向联想；简单的纹样又为环带平添了动感，并提供了使其组成多样变化纹饰的可能，有利于纹样与现实关系的主动描述。它们的结合不仅决定了几何纹饰的基调，成了我国彩陶纹饰构成的两个基本元素，而且长期以来影响着我国文化中的认识方式与表述方式，甚至其"既独立又便于相互组合"的原理还反映在后来包括文字在内的一切图籍的构成方式中。（图5）

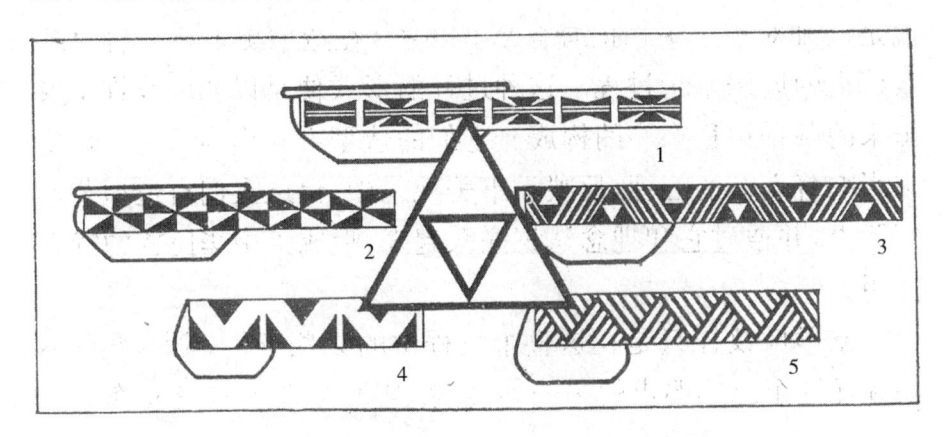

▲ 图5 环带纹饰中三角形纹样构成举例
1．3．4.陕西半坡　2.山西芮城　5.河南安阳

纹饰如果是描摹实体，它往往易造成通过实体去产生还原方式的联想，如果纹饰只是一些"构成元件"式的纹样连缀，那么它则更易造成通过纹样本身的构成方式体察到某些实际中的恒稳关系。早期大量几何纹饰的出现与定型化正说明了此前中华远古认识的本质特征。这种联想方式使得中华先民更重视于纹饰的产生过程而不是纹饰本身，这大概是后世中国绘画中重"笔墨"传统的远古形式之一。广义的笔墨即是指纹饰的创造工具、造型样式与创造过程，中国上古文化中的"舞文弄墨"者，也许与那"执牛尾而舞"的"葛天氏"的形象不无关联。不少人常将中国上古的"舞"与西方上古文化中的"巫"等同，

以为他们是一种形体的舞蹈动作观念，借以娱神人。或许在原始宗教仪式中，舞蹈是不可少的程式之一。但在中国远古文明中，"舞"更多是指手的挥动，"执牛尾而舞"的形象，我以为更接近于是以牛尾状的工具，挥动它作某种程式动作，甚至图绘出某种符号来作为一定理念的解说，以至记录出这种理念解说来作为原始祭祀的祷祝，仿佛后世的符咒、祷词之类。汉字中的"聿"字即是"执牛尾而舞"的象形字。后世中"肇"、"笔"、"书"、"画"、"津"、"律"等皆取象于此。"⇁"是一只手，"⋔"则是一支笔，原始时代也许是用树枝系上兽毛或以风干的畜尾代替。"聿"不正是执笔的形象吗；后世"笔杆子"的重要性从未被忽视，从掌握典籍的"史"到位列三公的"司图"，从某些"刀笔吏"到"魁星点斗"的"文曲星"，未必这些文化中的观念与形象，不含有那"葛天氏"执而"舞"之的笔墨精灵。从最原始的彩陶作品中可见，几乎所有的图案都是使用类似毛笔毛刷那样的软锋工具绘制而成的，绘制的手法与笔锋的起伏运转在许多作品中已较清晰可辨；在姜寨等遗址中也出土过研钵、杵和一些矿物颜料，这些正是我国"笔墨传统"的最早实物佐证。

  不能单纯地对待"彩陶纹饰"这种历史上的文化现象，它必定和后世文化有一脉相承的联系。采集与农业经济造就的社会生活与文化心理，使中华民族更偏重于总体方式、类归方式、连续方式地把握对象，因而更侧重于对象之间较为恒稳关系的认识和记录。传说中的上古"结绳记事"和"伏羲氏始作八卦"即是这种认识方式的记载。"记事"（并非记数）与特定的空间形状的"结绳"产生对应。而进一步则是某些特定的关系又与特定的平面形状的"卦象"产生对应。空间理念关系转化成平面理念关系，都用可供视觉接受的构成形式展现并记录下来。这些与后世中国文字的发展途径一脉相承，其总体认识方式也完全一致。中国彩陶文化当然也应该记录了这样一种展现历程。在一定情况下我们甚至可以这样说：中华原始文化中对彩陶的追求，在认识史上是一种对恒定关系的理念认识过程，在造型史上是一种对理念认识的原始记录过程。这种过程的形式便是以几何纹饰反映出来的各种恒稳有序的构成。它们的造型方式作为一种文化要求影响着人们的心理，反映在审美观念中，促进人们对造型艺术的要求，并通过它和理念认识联系起来，形成了中华民族的特有文明。

象形性纹样只是在这整个过程中的某些特例，是罕见而不堪胜任这个总体要求的另一种尝试。因此，它们在中国彩陶中的稀少与其地位的起伏衰落是自不待言的，它们的图案化趋向或图像化倾向也是不可避免的。当然，由于这样的造型特征，象形纹饰本身又具有更多的其他方面的造型要求和影响。成为研究中国造型艺术史中最为重要的对象之一。

## 二 象形纹饰

### 1. 形象创造

彩陶中的象形纹饰是迄今可见的我国最早描绘具体对象的绘画性形象。它们的创造反映出中华民族对现实世界的基本观察方式与表述方式，也反映了中华民族文化形成初期那些对世界和自身把握的基本原则，值得倍加重视。

大约六千年前，出现了最早的绘制在陶器上的象形纹饰。其时彩陶宽带纹已延续了近千年，一些早期直线形几何纹饰也出现了。在这个时间出现象形纹饰是有一定原因的。从造型艺术发展规律上看，象形纹饰是人类平面造型能力发展到一定阶段的产物。两维平面的抽象与认识，是人类有别于一切动物的特殊能力。要有目的地将点线、色块等"造型元件"按实体形象绘制在器表上，需要更多的对形、色的非随意性的肯定把握，当然更困难一些。较长的简单几何纹绘制历程，正是象形纹饰出现的前奏。从中华民族记录形象的方式来看，选择而形成的类归心理创造出的类归型形象，要远比直接描摹实体对象困难得多，因而，象形纹饰在中国出现也较西方原始文化晚得多。

早、中期的象形纹饰集中发现于豫西至陇中一带，晚期多在湟水及洮河流域。据考古材料可知，象形纹饰在早期彩陶中占有一定比重，但随着彩陶数量的增加，几何纹饰发展起来，愈来愈居于主导地位，而象形纹饰却逐渐衰减了。象形纹饰即使在早期彩陶中占的比重较大，仍不超过彩陶总数的百分之十，其数量也仍然很小。

以最典型的和数量最多的鱼纹为例，它以不尽相同的表现形式继续了一千五百年左右，分布在东西约七百公里，南北约五百公里的广阔区域。目前，出土鱼纹的遗址有二十多个，而完整的绘有鱼纹的陶器总数不过三十来件。其中包括十二件人面鱼纹盆及残片。

宝鸡北首岭遗址是象形纹分布比较集中，保存比较完好的村落遗址。在已发掘的五千多平方米遗址中，出土各种完整陶器 986 件（包括修复的），内中只有 4 件绘有鱼、虫、鸟的象形纹样。

在较晚的青海柳湾墓地中，一千五百座墓共出土陶器（包括修复的）15133 件，残片不计其数，彩陶占三分之二以上。其中连一件绘有象形纹饰的陶器或陶片也没有发现。

尽管在彩陶几千年的发展中，迄今发现的象形纹为数不多，但其形象的种类却颇有迹可循。归结起来，如果我们不主观臆测地将某些线画纹当成植物纹，将构图中的曲线联结方式当成花卉纹，又除开那些由圆形、弧形或曲线形构成而似乎可视为日纹、月纹、火纹、水纹等纹样之外，象形纹样仅限于鱼、蛙、兽、犬、虫、鸟、人等有限的几种形象。但是，它们（特别是早期的象形纹）在中国原始美术乃至全部美术史中却占有举足轻重的地位。正是它们，几乎代表了那个时代最有特色和最高水平的艺术成就。它们所展示的艺术形象对后世造型艺术的表现手法和创作思想都有直接关联，并影响到整个中华民族文化观念的形成和发展。

远古艺术家对这些对象的表现手法不尽相同。他们对有些动物描绘不多，例如蛙和一些兽类；而对另一些动物则经常表现，例如鱼、鸟、虫等；对人的描绘也较多并有各不相同的描绘方式。其中有些手法在不断地重复和衍变中形成了较为稳定的程式。我们可以将这些描绘手法归纳为以下三种类型。

（1）线描型　以线条造型的白描式手法。线条疏密有致，能抓住对象的形体姿态的特征，显示出较高的绘画技巧。这类手法多见于鸟纹，鱼纹和蛙纹，河姆渡文化中刻画的鸟纹与猪纹，虽然不是绘制，但也类似于此。

（2）平涂型　以单色平涂作类似剪影式的描绘手法。造型极简括，动态活泼，能从特定的角度把握对象的形态特征。这类纹样有鱼纹、鸟纹、兽纹、虫纹和人体纹等。

（3）综合型　这种手法结合线描与平涂两种手法构成。较前两种刻画细腻，图形本身的对比造成较强的装饰意味，如鱼纹与人面纹等；有时以生动的描绘追求绘画性的效果，从而具象性较强，形象富于变化。河南临汝出土的陶缸上绘的《鹳鱼石斧图》，是目前发现使用这类手法最有代表性的作品，晚期彩绘陶器中有些手法也与此相近。（图6）

以上各种手法相互影响、相互融合。但从总体上看，它们仍显示出一定的区域特征及发展演变规律。在早期纹饰中，几种手法并存。到了中晚期，逐渐以第三种手法为主。晚期的大多数象形纹饰，随着几何纹样的发展朝装饰化方向发展，象形处理手法变得单一起来。除了个别具象性较强的纹样外，象形纹样几乎消失殆尽。某些具象性的形象在一定程度上反映了人类当时的生产和生活现实。同时也反映了这一特定时代的文化特征和心理气质。但是，即使最写实的画面，也与欧洲旧石器时代那类洞窟壁画的写实手法及风格大相径庭。这正是不同的原始文化造就出的根本分别之一。

虽然象形纹饰的表现手法很多，但总的风格是统一而明显的。与西方原始绘画中强调具体对象的精细描绘不同，它们并不以某一具体对象甚至某一种固定的具体对象作为描绘的参照物，而是通过对某一类对象特征、动态的多次感受，凭记忆去作综合性的形象创造。当然其中有些是为了记录现实对象，但更多的则是在于创造一种形象模式，来表达某种观念。所以，这些形象虽有一定的确定性，但又不囿于某一确定的对象。它培养造就着人们相应的观念联想，并满足于人们的审美需要；由于它突破了对象具体特征对人的束缚，因而更利于观念的表达和情感的交流。

以人面纹的描绘为例。在陕西临潼到宝鸡东西约二百公里的地段几个遗址中共出土了12例人面纹样。从比彩陶更早的陶塑作品可以看出，原始人类已经有了把握人面椭圆形与五官位置特征的能力。但是，在半坡发现的所有彩陶中的人面纹，都不是以写实的方法表现，而是一个圆形的近于图案的纹样，以至引起有人猜测这根本不是人面而是水虫或什么别的动物。我们推断，这些人面

|  线描型  |  平涂型  |  综合型  |
|---|---|---|
| 1 | 6 | 11 |
| 2 | 7 | 12 |
| 3 | 8 | 13 |
| 4 | 9 | 14 |
| 5 | 10 | 15 |

▲ 图6 象形纹饰的描绘手法

1.7.11.陕西半坡 2.浙江河姆渡 3.陕西北首岭 4.甘肃临洮 5.甘肃
6.陕西华县 8.陕西姜寨 9.甘肃东乡 10.青海大通 12.山西芮城
13.甘肃秦安 14.甘肃武山 15.河南临汝

纹描绘的可能是在一定原始宗教仪式中经"化装"变形的人的头面形象留给原始人类的主要印象。从现在所知的十多个人面纹来看，生动而又有一定程式的各种人面纹，基本的装饰部位是一致的。头发上挽成高髻或饰以羽毛、草穗之类的高帽。前额上涂以不同色彩，鬓旁插着羽毛或者其他东西做成的缨穗或鱼形饰物，口角涂色，嘴上两旁也挂着谷物、草穗、毛羽编成的胡子或鱼形饰物。这大约是古代最大的祭祀活动——春社祭祀的特定场合中使用的颜面固有装饰手法。（图7）

　　一个民族头面装饰的喜好往往是古代面饰心理的遗传和延续。在欧洲、非洲以及南美洲的一些原始民族中，着重装饰眼圈、嘴唇、鼻翼及面颊部位。而中华民族则更注重装饰头顶、鬓角、须口。有关"须""眉""鬓""冠"等汉字及其所组成的词语大都含有审美情感甚至伦理意义，这是远古面饰造成的审美习惯与准则在中国传统文化中的遗迹。这类部位的装饰手法，与迄今尚流传在关中社日活动的化妆部位相吻合，也被历来我国颜面装饰及戏曲化妆所应用。这里值得注意的是鬓饰与口饰。有的研究者只缘一两个纹样中鱼形饰物而解释为由鱼造成的观念或崇拜。其实，在出土的人面纹中也有不加装饰和饰以不同饰物的。穗状饰物及鱼形饰物似乎与祈祷丰收和欢庆春天到来有关。特别值得一提的是鬓旁装饰，那些上翘的鱼形非鱼形饰物，使人想起从古以来中国冠上的带饰或帽翅来，这也许是中华民族远古纹面习俗形成的牢固审美观念的迁延。从人物面部所具有的表情可以看出他们并非戴着面具。所有的人面，均从正面角度被画成圆形，五官、面饰与表情各异，但装饰的面饰部位又都相同。嘴多呈张开状，眼睛或瞪大或闭拢，这大概是对在春社活动中带有表情唱歌或叫喊者的写照，这是对仪式活动中人物形象特征的传神把握。正因为人面描绘抓住了头面纹饰、呼喊、面部表情这三个最基本的关键，不求肖逼细而用圆形、三角形、曲线形等基本形把握彼时人面的形态特征，从而作为容纳一定观念，可以唤起共同感受的象征性形象比较稳定地保留下来。或者可以这样说，在较为宽泛的区域产生程式化的描绘手法，正是由于形象本身并不为记录实体，而是为了表述某种共同感受形成的相同观念造成的。

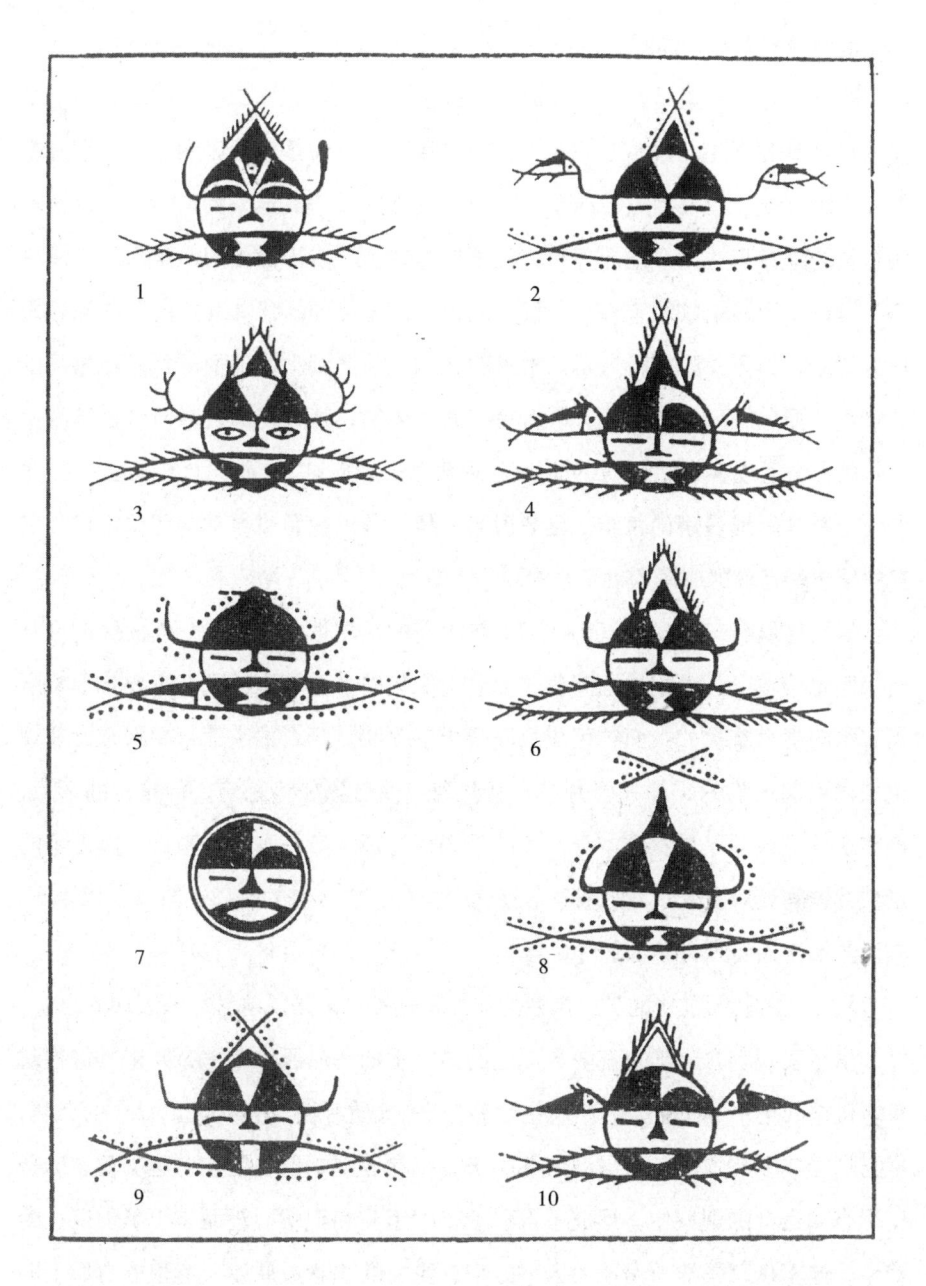

▲ 图7 人面纹

1.2.4.5.6.8.陕西西安半坡　3.9.陕西临潼寨　7.10.陕西宝鸡北首岭

这种表现方法，同样也体现在更多的鱼纹、鸟纹与其他象形纹饰中。

静止状态中的鱼以其外形与周身的鳞片引人注目。作为游动的鱼、人们更注意它那常开不闭的眼睛，不断张合的口和腮，不停摆动的尾和鳍，特别是它们升降沉浮或"鱼贯而入"的动态。彩陶纹饰中对鱼纹形象的创造，正是对这些感觉的综合表达。早期的鱼纹，注重形体特征，多用简单的三角形组合成头部与躯体，用网格纹表现鳞片，仅偶或以平涂的侧面形象和身体的弯曲来表现鱼的游动。到了中晚期，远古艺术家的注意点从静到动，他们不再描绘鱼身上的鳞片，而代之以对口、眼、腮、尾、鳍的描绘，特别是通过对身体上这五个部位的描绘表现鱼的动态。就对现实的观察和表现来讲，这是一个了不起的进步。器物上那并联或贯串的鱼纹，也是现实中鱼之升沉或鱼贯游动的印象记忆和对鱼特殊感受造成的兴趣的创造性表现。（图8）

但是这里有一个现象值得注意，在相同的或相近的遗址中，人面纹的形状较为固定、单一，而相比之下鱼的形象则变化较多，其原因可能主要与形象所需容纳的观念有关。人面纹可能只局限于某一特定场合的人面形象特征，表现出来以引起人们的兴趣并因融进了某种观念使形象较为稳定。但是鱼的形象，可能所要记录的，是鱼类本身，鱼的千姿百态都与某一现象联系着，因而鱼的形象就较为灵活多变。在彩陶象形纹样中，鸟、虫、兽的纹样也与鱼纹相类似，其形象都比人面纹灵活丰富得多。

从侧视的展翅欲飞的鸟、俯视的爬虫和蛙等也都是以这种方法表现的。

虽然表现观念的形象有较为规范的描绘手法，但原始艺术家并未将这些对象作机械的记录，而是以中华民族宽厚仁和的气质特征，凭"以己度人"的态度，把它们当成了有情感、有灵魂的同类来看待和表现。他们是在对这类动物的特定形态和运动的观察中，形成了自己独特的感受和记忆，进而作出了创造性的描绘。这不仅仅是靠所谓原始人"万物有灵"的观念或原始人造型能力低下的理由能够解释的。这正是一种民族文化在发端上显现的不同气质，这气质反映在他们对物对人的观点上，表现在他们放荡于形骸之外的那种因寄所托之中。

由于原始艺术家将自己的情感和对象沟通起来，从而使他们创造的象形纹

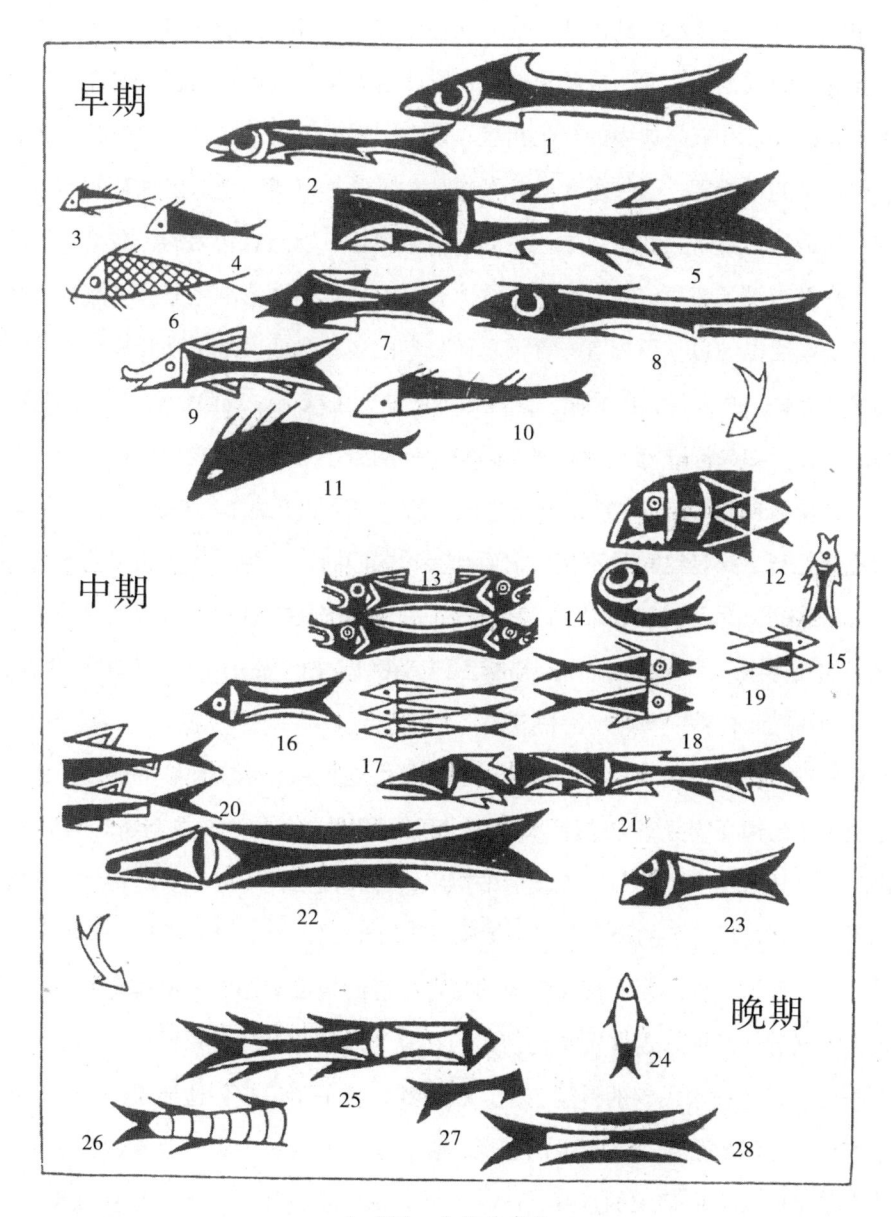

▲ 图8 鱼纹的变化

1.11.14.15.陕西姜寨  2.8.陕西北首岭  3.4.6.7.9.10.13.16.17.18.
19.20.23.27.陕西半坡  5.21.22.25.26.甘肃大地湾  12.山西东庄村
24.河南闫村  28.陕西游风

样中的形象不是冷冰冰的漠然之物而往往流露出一种"人的神情"。那些神态各异的人面或平静哀思，或瞠目惊诧，或闭目微笑，或虔诚敬畏，或许就是原始氏族盛大节日或祭典中的众生相貌，或在一定程度上也是作者们彼时彼地的思想情绪的记录吧！那些远古作者不受对象原形的束缚，创造出种种似不合理但又通情的形象来。在鱼纹中，鱼的眼睛仿佛是可以随意转动的，在猪纹上没有毛皮而布满了花草纹样，而在鸟纹上有时也会长出圆形羽毛来。半坡早期那几条墨线绘出的鱼，仿佛有一种天真而狡黠的表情，而大地湾那几只活泼游动的鱼又有着一对会说话的眼睛。这些鱼的眼睛或上或下，或前或后，俯仰得失，喻之于怀。如果同欧洲原始洞窟壁画中受伤的野牛那无动于衷的眼神比较，和它们那精确到毛蹄的造型相对照，这里鱼的"眼睛"更显示创作者"想当然耳"的主观色彩。正是这种虽不真实，而却会动的眼睛，成为中华民族在艺术的发端上潜在的、会动的"心眼"。它预示了后来中华民族观察和表现世界的艺术眼光的独特性。那种在动物身上描绘各种"花纹"而不是羽毛或者鳞片的手法，至今仍为民间艺术中普遍地沿用着。

分别出土于河南临汝与陕西宝鸡的叼鱼伫立的鸟与啄虫而食的鸟，相距千余里，但它们那侧身斜立的神态又多么相似，那骨节突出的腿脚与昂起的头嘴，那从头到尾收缩着的毛片与支棱着的冠羽，那种耐心而专注等待的情趣，多像人世中"翘首以待"的渔夫和"怒发冲冠"的斗士。

彩陶象形纹样不是对现实对象的形体冷静的描绘和图解，而体现着与人相近似的情感。从而，这些形象促使人们在较为亲切和谐的关系中对世界与人类自身的认识。中华民族的造型艺术，从一开始就主动追求创造形象而不满足记录实体。彩陶象形纹饰中形象的创造，较明显地展示了中华民族原始美术在形式与感情两个方面追求的足迹，产生了与中华民族心理、文化相吻合的基本造型观念与造型手法。

**2. 形象观念**

随着彩陶的发展，几种比较集中的象形纹饰，一再地重复着，而且，手法也更趋于程式化。人们不禁要问，原始人为什么将纹样题材只限于这几种对象呢？是由于人们偏爱这些对象本身形象的特点，还是人们希望通过这些形象的描绘来体现某种观念和意愿呢？如果是这样，这些爱好、观念又是怎样发生的呢？它们联系着原始人怎样的功利观念、文化习俗和审美意识呢？

　　一种说法是，这些形象是与原始人类实用器具或日常生活有密切联系的对象，是他们食源或器用之源。的确，在许多遗址中，人们确实发现了以鸟骨、鱼骨、鹿骨或鹿角加工而成的缝针、骨匕等工具及珠串等饰物。象形纹饰所取材的动物在当时是为人们所习见，并与他们的现实生活具有密切关系的。但是考古材料表明，除了这些动物之外，同时还有其他对原始人更重要的动物。至于虫和蛙对原始人生活的实用意义，就更难说是十分重要的了。

　　那么，是否如目前通常的一些见解那样，这些动物是否曾作为某些氏族的祖先崇拜，进而转化成被他们当作精神支柱的图腾动物呢？从后来的典籍里当然不难找到某些区域将特定动物神灵化的记述，民俗学里也有关于这方面的材料。但就彩陶纹饰来看，主要不可能是这种情况。原始彩陶作为广泛的文化现象与"图腾"这一氏族徽帜概念非但风马牛不相及，而且彩陶文化的基本特征也与图腾崇拜相悖。例如仅在半坡及姜寨同期遗址中，就有鱼纹、人面纹、鹿纹、蛙纹的形象。从数量最多的鱼纹来看，在半坡、北首岭、大地湾三个仰韶文化遗址中的早期文化年代相近，又无地层叠压关系，这样各相距都超过一百六十公里的地区出现鱼纹。此外，东起临汝，西至宝鸡的鸟纹，东起河南，西至甘肃的爬虫纹，分布也十分宽泛。这种现象似乎与原始部落中"图腾集团"那种比较集中的单一性及分布区域的狭窄性不相符合。再就同一遗址中同一时期的纹样绘制形式看（如半坡遗址），早期鱼纹多为单体，其绘制手法多样，形象生动；到了中期，虽然绘制手法趋于同一，却又以各种变体或联体鱼纹表现出不同的形象。而且，这些绘有鱼纹的器物为数不多，形制又无任何独特之处，似乎也与"图腾艺术"形象的所谓神灵性及恒定性不相吻合。看来，以后世某些典籍中所谓"人面鱼身"或者"鱼国"来推断这些对鱼的崇拜都是源于对鱼祖先的图腾崇拜并无充分理由。泛泛地将早期彩陶中这几种象形纹样完全作为"图腾艺术"形象也是没有充分根据的。

我们所要探讨的是这些形象的特征及其差异,而且应该寻找当时人类所以描绘它们,或者崇拜它们的根本原因。

　　某种动物作为被崇拜的对象,其根源往往并不仅仅在于动物本身,起着更重要作用的还有它们后面潜藏的、先民生活和社会活动中与其利害相关的精神及物质的各种复杂原因,以及与此相连的原始人类的审美观念和审美意识。

　　一般来说,如果没有比较稳定的观念,造型题材是不会如此集中而保持不变的。而且,如果这些观念不同当时人类的审美心理相适应,它们也不会以造型艺术的方式融入象形纹饰之中而流传下去。那么,这几种被作为主要描绘对象的动物题材,是以怎样特殊的方式同原始人的现实生活及审美心理产生了密切联系,并使这种联系进而成为他们意识中的观念呢?

　　有关学者认为:原始社会条件下所产生的观念,大多来源于同他们有或以为有直接利害关系的自然现象及相关事物的因果关系。中华民族的祖先主要赖以生存的原始采集和农耕,必定直接受植物春华秋实规律的制约;而且,原始人类自身的生殖发育,也会受自然周期变化的影响,他们的情绪和心理的变化也与这种自然变化有一定相应的关系。这种对应于自然的生存、繁殖的变化,使原始人类产生了对大自然周期变化规律的关心、重视,进而去认识它和适应它。所以,自然界气候的周期变化是原始人类重视并最先认识的基本规律之一,这已为现代科学史的研究所证明:人类社会所产生的最古老的科学是天文学。

　　天文学是为了通过日月星辰的周期变化来掌握地球上相应的节气变化规律的科学,它是制定历法时选择参照物的需要而产生的。那么,在这些宏观对象的运动规律被揭示之前,人们一定也曾以自身周围与自然变化相对应的植物或动物作为参照物,预测过自然的变化。这种方法,就是比天文历法更古老、更原始的所谓"物候历法"。彩陶上作为象形纹饰所取材的那些动物,很可能就是远古时代被中华民族先民们作为物候历法主要参照物的对象。它们以自身与自然界变化规律的关系,和原始人类建立了息息相关的联系。

　　作为物候历法的参照物,一般要具备这样的条件:它们是比较常见的对象,有严格固定的出没周期或者有明显的随季节变更而变化的生态特征。世界许多地区的远古人类和现存的原始民族,判定时令都不外乎凭借这两种现象:一种是以候兽、候鸟或冬眠、夏眠的动物的来去、眠蛰作物候历法的参照,另一种是选择有确定时节或繁殖或聚集或更毛、换羽、长角等发生明显群落变化或体态变化的动物作为物候历法的参照物。不同的区域或民族,往往因地理环境和生活方式的不同而有不同的选择。如北方的爱斯基摩人常选择作为他们狩猎对象的定时生殖洄游的海豹与鳕鱼,而古埃及的居民则选择鹳和鹤这类候鸟来作参照物。

那么,我国彩陶繁荣时期的黄渭流域一带又有什么物候参照动物呢?据考古学资料与气象学资料所知,当时这一地区较现在湿润温暖,沼泽森林密布。河网与水势有利于水生生物的生长繁殖。因此,这一地区是候鸟聚集、獐鹿出没和鱼类生殖洄游的理想环境。在这些动物中,尤以候鸟和鱼类有精确的归回与回游时间。现代动物生态学表明,动物生态与时间的关系极其精确,如燕子和北美鲑鱼的出没周期,误差不超过两天。对这种规律,自我国古代就流传着"八九燕子来","九九雁来","四月初八鲤鱼跳龙门"等认识。另外,到了春天,雄鹿会长出美丽的角,各种冬眠的爬虫也会出来活动。这些现象都会作为自然变化的信息被原始人们所注意和认识。

我国古籍中有许多关于物候现象的记载,早在夏代之前,物候现象使用的参照物就有鹿和候鸟。成书于汉代而追记夏制的《夏小正》之《正义》记载:"自黄帝始有干支,甲寅为首。颛顼作历象,仍始于焉逢摄提格之岁。"并指出这种记历方式,"相传至夏,未尝变革"。这是我国原始社会物候历法的文字追记。我国有文字以来的记载往往将远古传说附于三皇五帝时代,并将其作为历史的发端,物候历法也是这样。在这段记载中,"焉"即指候鸟,古泛称"玄鸟"。人们发明了天文历法后还有这样的看法,《禽经》中认为"焉者、燕也,知太岁之所在"。将候鸟当作知道星宿所在的掌握天文历法的主体,这正是物候历法的本质。"摄提格"是指东方八宿之首的星名,即古称"大角"之星。它的出现恰是地上雄麝长角的征兆。《尚书考·灵耀》中有关于岁首"摄提格孳"(鹿角生长)的记述。后来天文历法中用以定位的主要星宿即有以"尾"和"角"来命名。

正因为这些动物负有如此重要的使命，它们在人类的生活中有如此重大的作用，因此，它们的形象才会作为重要的自然信息被人们所注意、重视、肯定和描绘。如果没有这些特定的观念内容，虫、蛙之类的形象、神态及它们那蛰居、有毒、爬行等习性所造就的功利效果，恐怕不会引起人们的兴趣而受到垂青。在世界不少地区的民俗中，蛤蟆乃是丑陋与恶魔的象征，可是在中华之文明中，这些蛰居的虫、蛙们唤醒过穴地而居的先民，预示着春回大地的美景，它竟与鸟一起，演变成了日精月华的象征，这也大约是因为它曾经作为自然的信使而被人们另眼看待的缘故吧。

这些动物被描绘下来的典型体态特征也说明了当时人们观察它们的着眼点。我们只要注意一下鱼纹中那张开的背鳍和那摆动的尾，其形象仿佛是跃出水面的追逐，连它们的眼睛也显得是明亮的。这些，正是鱼类在生殖洄游中最主要的特点。除鱼之外，在彩陶象形纹饰以至其他原始动物纹饰中，我们不难注意到，对于爬虫类，重视其扭动身躯；对于兽类，重视其头角；对于鸟类，注意其飞羽及爪。大约也都带有它们所暗示的特定的时令节气的信息。由于人们长期重视对它们的观察，因而对它们的体态特征概括得那么准确，描绘得那么生动。后来的汉语量词中，鱼类计量称"尾"，虫类称"条"，兽类称"头"，鸟类称"只"，这当然不是偶然的，而是物候历法中那些参照对象如鹿、鱼之类引起重视的体态部分留给文明世界的遗迹。《易经》中有卦辞曰："见龙在田，天下文明。"不少学者认为，这里的"龙"正是指那"从云从雨"的爬虫类动物而言。其实，这里的龙，更可能是"隆"的转音，是指"惊蛰"眠虫们出土时隆起的土堆，它们在田间的出现，正是天下新时令的开始。在沿用至今的农历节气中，还有以"惊蛰"为名的节气，恐怕很难说与此没有关系。（图9）

从彩陶中这类纹饰分布情形来看，在渭水与黄河汇集之处多鸟纹和鱼纹、鹿纹和蛙纹也发现在这一地区。而在渭水上游甘肃一带，虫纹就比较多，描绘也精细。这和当时的气候变化、地理条件及生活方式均相吻合。越是上游地区气候越干燥，河流的季节性越明显。河道狭窄水流湍急，这些自然条件对候鸟和洄游生殖的鱼类是不适宜的。在这样的环境里，冬眠春醒的爬虫类动物就相

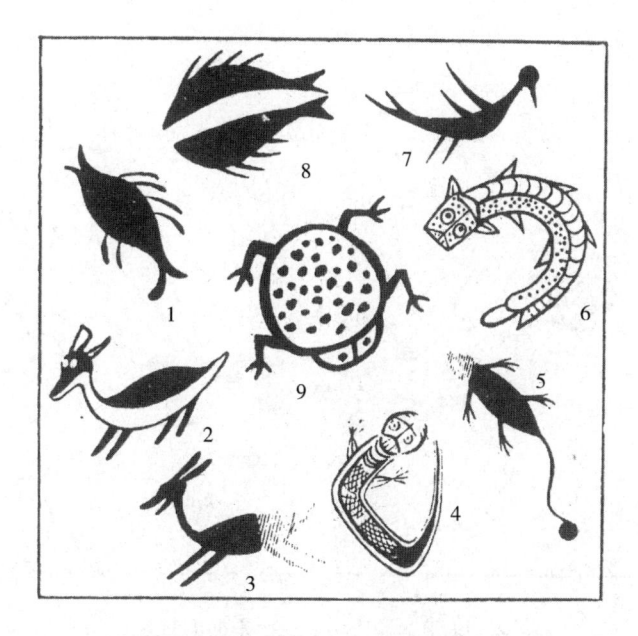

▲ 图9　物候动物的形象与神态

1、8、9.陕西姜寨　2、3.陕西半坡　4.甘肃武山　5.甘肃东乡
6.陕西北首岭　7.陕西华县

对地显得重要起来，对它们的描绘也就多一些了。这种现象正说明彩陶中描绘的不同动物与气候变化关系密切。（图10）

　　以这类动物作为物候历法参照物的做法，不但可以从民俗学与考古资料中得到证明，即使在中国古代文化传统中，也还遗留着有关的观念。在青铜文化中，多数动物呈现狰眉厉目的怪异形象，但鱼和雁却大多沿用着较写实的造型手法。在秦汉之际，"鱼雁传书"的观念已在文学、故事和历史中流行。实际上，"传书"是"传信"的衍化。"信"最早正是作为自然信息的概念被重视的。自然现象的准时重复在物象上反映出来，正是"信"的原始意义。古人常以"日月有信"、"潮有信"喻之，至今仍有"信风"、"信鸟"的说法。后来，"信"甚至被推崇为"五德"之一。足见远古对于"信息"的掌握，具有着与身家性命攸关的重大意义了。

　　由此看来，象形纹饰中的动物形象与人们自己生产生活有着直接紧密联系的自然时令的周期变化有关，与对它们之间对应关系的注重认识和适应有关，

遮蔽的文明

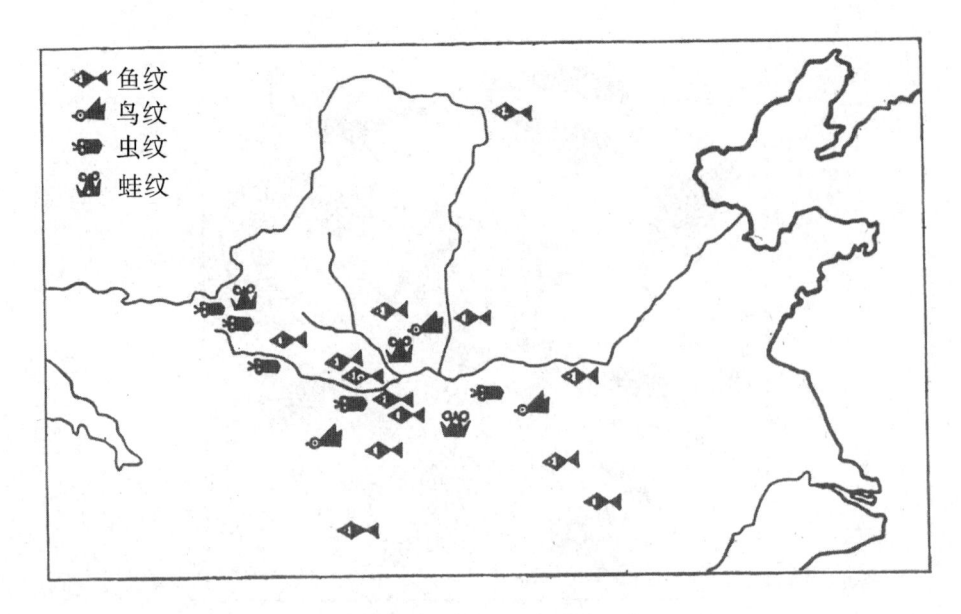

▲ 图10　常见象形纹饰分布示意图

因此，它们才成为原始人类"历法"的参照物，成了备受人们重视的时令变化的使者而形成相应的观念。人们自觉或不自觉地选取周围不同的与时令相关的事物作为参照物，甚至以迎春庆典中的人面纹形象来表达对春天的情感。早期的象形纹饰，描绘对象虽然集中但手法多样，后来，人们逐渐将这些对象集中到鸟和鱼这类群体上。当人们认识到了日、月、星、辰等更为稳定的标志之后，这些被原始人们参照过的"使者"便完成了历史使命，而以"金乌"、"金蝉"、"角"、"尾"等观念永久地镌刻在与自然历法有关的文化之中。彩陶作为这个时代的艺术，也不可避免地会将这种现实生活中的认识融进艺术形象之中，从而，使彩绘题材显得如此集中而恒久，以致显得奇妙莫解。

　　伴随着这些艺术形象的产生，它们所反映的原始含义也在形象的背景上发展成了与多方面相联系的文化观念，从而，使这些形象渐渐地有了多重含义，自然引起人们从多种角度的认识。

　　首先，因为这些动物都是大自然规律的信使，因此，它们常被作为与自然现象有关的神灵，它们的形象往往或直接或间接地演变成自然界中一些神灵形象的化身，进而被作为一种自然崇拜物。后世中国的神灵，多为"非人形"类的自然神灵，其原因当始于此。

其次，从农业和采集的角度来看，人们一般更注意春天的到来，这些动物大部分是作为春天的象征，作为新生命的代表出现的。它们那总是生机勃勃的形象与春天万物复苏的感受相关。后来所衍生出的广泛的"鹿鹤同春"题材，就是这一观念的继续。

第三，春天还使人们产生一系列的心理变化或反应。"春心"、"春情"的萌动，大概是动物界中普遍的规律。但对于有联想能力的人类，这种繁育生殖现象也导致一种美的观念。人们将生命创造的欢乐与这些物候现象联系起来，也源于上述物候观念。

此外，这些对象是由仿佛死一样的休眠中醒过来，因而，它们的形象也常常作为生命延续与复活的象征，它们大都绘制在日常饮食用具与贮藏容器上，其中，最精美的往往作为儿童的葬棺使用。郭沫若有诗云："半坡小儿冢，瓮棺盛死骸。瓮棺有圆孔，气可通内外。墓集居址旁，仿佛犹在怀。大人则无棺，纵横陈荒隈。可知爱子心，万韧永不灰。"这种"万韧永不灰"的亲情，这种希望夭折的孩子重新回到世界上来的愿望，大约也是人们用这些绘有生之意义形象的器物作葬棺的原因之一。

一方面，由于这纹饰造就含有多重观念，从而与人们的生活、信仰、崇拜等多方面密切相关。这也是后人对它的含义产生多种推测的原因。

另一方面，这些观念又促使人们赋予这些形象更多的精神内涵，形象不拘囿这些形象实体的特征，而强调了与观念有关的神态特质。

许多研究中国艺术的人，从西方哲学中名实的绝对关系出发，不停地考察原始艺术家们画的是什么品种、什么名目的对象，是鲤鱼还是鲮鱼，是苍鹭或是白鹳，或者可不可能是一种灭绝了的鸵鸟。这种现代西方观念与中华远古文化，颇有些南辕北辙之嫌。选择心理造就的类归方式，重认识的连续性而轻阶段性，重把握的总体性而轻分割性，重认识的相对性而轻确定性。从原始纹样的模糊性到后来的"花无正色鸟无名"，从同一类纹样的多变到后来的"名"存"实"亡，都反复强调了观念的主动性与其对形象的反作用。因而，这些原始象形纹饰的本身，也正体现了原始中华哲学的基本观念，它们的创造过程反映的正是中华民族原始而根本的认识世界的方式与过程。在历史的发展中，它们从最初产生时的功利关系中摆脱出来并以文化的形态存在下去，成为中华民族最古老的有确定题材的造型艺术。

### 3. 审美魅力

象形纹饰开始是作为独立的单个纹样按一定规则组合在器物上的。北首岭遗址出土一件三鱼纹陶盆，在盆内壁上顺序地绘制了三条鱼形；半坡、姜寨遗址出土的人面鱼纹多是规整的四点式组合纹样。这些单个纹样虽然也很生动，但作为纹饰与器形的结合，当时的艺术家还只是采用了最简单的顺序排列或对等分割的方式，也就是中国原始哲学中所谓"一生二"或"一阴一阳谓之道"的方式仅能作出的初步筹划。

由于这种散点式的构成，初期的象形纹饰描绘手法具有较强的绘画性。随着彩陶的发展，不仅其组合方式更加丰富多样，而且象形纹饰出现图案化的趋势；但与此同时，也有极少数象形纹饰仍在原有的基础上继续发展着自己的绘画性特征。

象形纹饰的图案化趋向表现为两种形式。一种是对形象本身的改造，加入装饰成分，隐藏某些暗示，如在鱼嘴里画上牙，对眼睛或腮作各种变形处理，略去头尾等等；另一种是将象形纹样进行组合，以构成对称和均衡，如联体鱼纹、双向鱼纹、两头鸟纹、多尾鱼纹等等。这不但促进了象形纹样的规整化、图案化倾向，也使它们能与那些由点、线和网格纹组成的几何纹样逐渐结合起来。它不再注重描绘对象的具体特征，而按构图、装饰的需要作大胆变化的处理。象形纹饰的图案化趋势虽然使形象本身失去了对象原型的某些特征，但却大大丰富了作为彩陶纹饰的装饰趣味和表现性，增加了一种不拘形的而对画情追求的艺术价值。（图11）

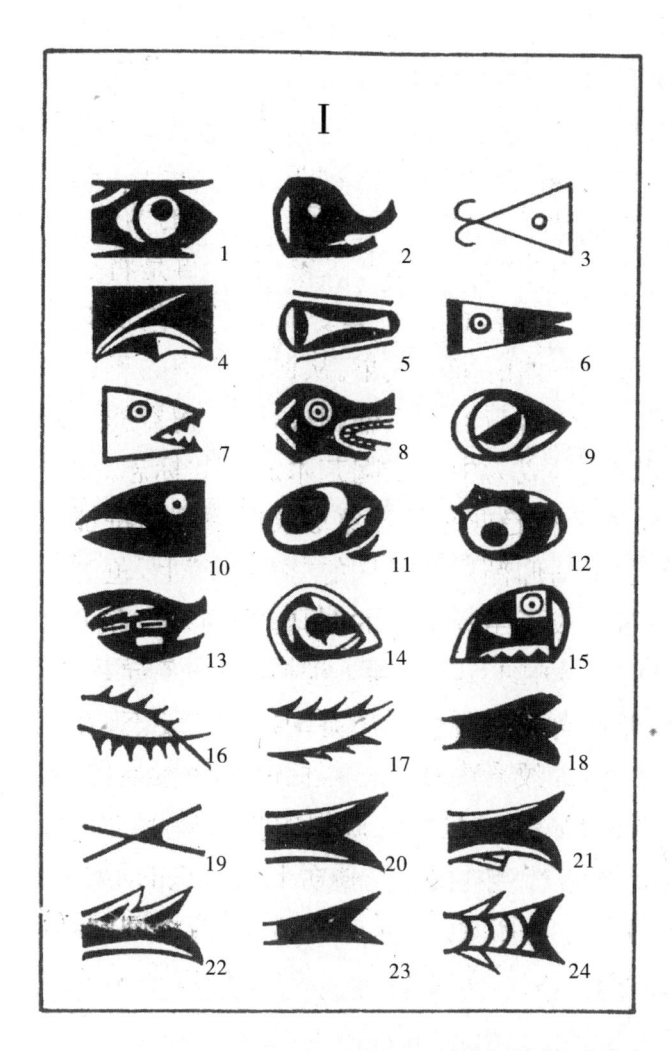

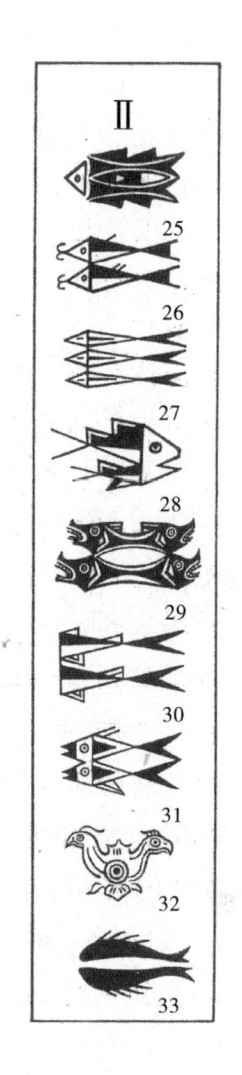

▲ 图11　象形纹的图案化趋向

Ⅰ 单体形象的变化　Ⅱ 纹样的排列组合

1.陕西北首岭　2.3.6.7.8.13.19.20.21.25—31.陕西半坡
4.5.24.甘肃大地湾　9.10.11.12.18.33.陕西姜寨　14.22.陕西游风
15.山西芮城　16.17.内蒙古托克托　32.浙江河姆渡

象形纹饰的图案化趋势，相应地促使原始艺术家对纹饰变化与器物造型结合的重视。如在体积较大的罐上用粗犷的笔法绘制并列双向鱼纹，既与器物粗糙的表面质地及高大的外形相统一，又使纹饰多样而富有变化。尖底小罐器身细小，造型精细而陶面磨光，陶色深重，在其上饰以图案化的象形纹样，显得十分和谐。鱼纹被不合常理地呈竖立状，画在葫芦形瓶的两侧，反而更有意趣。大胆而富有创造性的原始艺术家们，不再是将这些形象作为一种孤立的纹样对待，而已将其变成了彩陶艺术有机构成部分，更着意于彩陶整体的审美效果。从而使器物的形、色、质更有机地结合起来，使纹饰与器形相辅相成，使彩陶器物从总体上产生了新的艺术魅力，成为中华彩陶艺术成熟的标志。

与图案化并行的另一种趋向是少数象形纹饰的绘画特征更为加强。在甘肃秦安出土的仰韶文化晚期的"游鱼瓶"上，鱼纹不是作为图案化纹样，而变成了生动活泼的图画。这件只残存下半部分的葫芦形瓶外壁上描画的三条鱼摇头摆尾，体态各异；由于布局合理，从几个角度都可以看见两条鱼游动嬉戏的姿态。在宝鸡北首岭出土的一件"鸟虫纹彩陶瓶"上，扭曲的虫绕瓶半周，与瓶的造型达到了完善的结合；一只斜立眈视的鸟打破了虫与瓶腹的环形的单调感，产生了节奏与对比。画面上鸟和虫的形态以不同的线条画出，鸟斜视，毛羽紧收，啄住虫尾；虫两目圆睁，惊恐地扭动身躯，挣扎向前，虫的头部转向一侧，背朝内腹向外作扭曲状，整个画面紧张而活泼有趣。这种手法既有别于平面绘画，又不同于装饰图案，它也是象形纹饰发展到成熟阶段所产生的一种新的艺术手法，是与图案化象形纹饰并行的绘画性纹饰。(图12)

纹饰绘画性的进一步发展，会导致它与器形的脱节。在绘画性纹饰晚期，出现了这种情况。河南临汝出土的一件陶缸上所绘的"鸟鱼石斧"(或称"鹳鱼石斧")，是一个明显的例子。"鸟鱼石斧"陶缸是先用白色在缸腹涂出一块竖长方形色块作底色，然后用黑色绘出鸟、石斧和鱼形。鸟、鱼、石斧的描绘极具绘画性，从形象塑造到整幅画构图，很少像其他纹饰那样考虑到与器形的有机结合，仅仅是借陶器表面作画而已。因此，将这件作品称为新石器时代的绘画作品，也是不过分的。彩陶上的绘画纹饰表明仰韶晚期出现的大地湾遗址绘画，龙山时代出现彩绘性绘画等都不是偶然现象。绘画性彩陶与几何纹彩陶的分离，以至绘画与陶器的分离正是历史发展使然，也是艺术自身发展的必然，是人们审美观念以及创作与绘制手法向更高阶段发展的体现。

▲ 图12　象形纹的绘画性趋向
1.陕西北首岭　2.河南闫村　3.4.甘肃王家阴洼

从以上所举的作品，还可以看到在题材选择上，当时的艺术家已注意到形象的配置，用以造成基本形的对比与照应。如鸟和鱼的组合，鸟和虫的组合等。飞鸟游鱼和爬虫等物不属同一物种，并且它们的形体结构差异较大。圆和长条的基本形结合，既便于构图，也利于采用不同的描绘手法。有些研究者将这种搭配解释成部落联盟，通婚或斗争的象征，也许有某些局部的根据。不过，只要了解到这种搭配在彩陶中并不是一时一处的偶然现象，而几乎是象形性纹饰手法中普遍特征，就不难明白这实际上至少也是与其他动机相伴随的一种审美追求。或许由于不同类动物的配置更能引起人们的兴趣，或许由于不同的造型与手法能产生更佳的艺术效果。半坡人面鱼纹盆就有人面纹与鱼纹、蛙纹与鱼纹、人面与网纹的组合。它们的基本形都是圆形和直线形的组合。这当然有一种构图上审美的需要。否则，在这广大的区域内，如此漫长的时间里，何以没有出现一个鱼和虫或者人面和鸟、或者鸟和蛙的组合？原因大概是它们的基本形象都是接近同一圆形或长形，不能造成视觉上的对比，不便于艺术表现罢了。

在色彩上，平涂与线描相结合的方法是绘制单色纹饰的一种理想的手法，而不同题材又为它提供了运用这种手法的有利条件。在陶器上彩绘必须顾及陶质特点，当人们认识到器表本色也可以作为一种色彩后，就更增加了色彩的丰富性。因此，器物便在形、色、纹、质上又进一步达到了统一。

相比之下，象形性纹饰形象比图案化纹饰形象更便于表现动势、动感。所以，几乎所有的象形纹饰，都选择了运动中最典型的姿态作为造型依据：飞鸟、游鱼、爬虫、奔兽以及有表情的面孔、跳舞的人等等。即使是静止伫立的鸟，也画成倾斜状，而与其他动物形态对比，以构成相对的动感。

象形纹饰的创作很注意通过细部处理强调表现对象在运动中的姿态以及它们生活着的某种情绪，甚至可以说，创作者是为了追求特定的情绪才去作画的。他们似乎企图通过这些动物形象传达的某种神情，以唤起观者的联想和想象。原始艺术家在对动物的眼睛的处理上是很下工夫的。鱼形纹饰中眼的处理就传达了鱼的灵活与机敏，本来毫不引人注目的爬虫类眼睛，也成了原始艺术家重点表现的对象。在早期象形纹饰里，对于动物和人的眼睛的描绘有多种多样的手法。它们虽然用笔不多，却尽力靠线条的弯曲方向、靠瞳孔的上下左右位置，靠眼眶的长、圆或曲线开合，靠涂色或空白的对比来造成俯仰得失之神情。和陶塑中把眼睛、嘴抠一个洞的处理手法相比较，这些画显得略高一筹。发展到后来，那些仅仅作为表示眼睛位置或一般形象的单一线条和单一图形渐少以至消失，其中一些转化为图案，而那些由点和线复合组成的眼睛被保留下来，并继续发展。为了强调眼神，不断使眼珠变大、转动，移动鸟、鱼眼中的黑点，比较充分地表现了鱼、鸟的神采。它不仅赋予了对象以表情，而且加强了处理单色画的线块构成的主动性，从而使纹饰产生更强的艺术魅力。（图13）

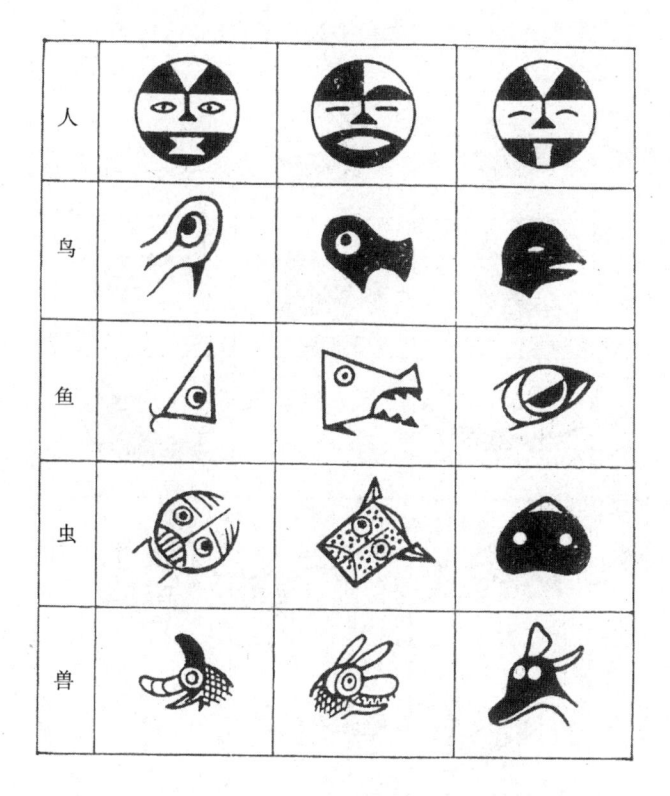

▲ 图13 对表情的重视

在其他细部的刻画上也是如此。鱼鳞对于运动没有多大影响，本身虽有银光闪闪的特点，但不足以引起艺术家的重视。因而，只有早期鱼纹在短时期内以网格表示鳞片。后来，鳞片被大胆地舍弃了，而鱼鳃尽管算不上鱼身上突出的部分，但因为与运动关系密切而不断被着意描绘，并产生了具有不同特色的造型。

鸟类的毛羽与其运动密切相关，因此，对于飞动的鸟或栖息的鸟。不论是采用哪种画法，创作者对毛羽的刻画都相当注意。在平涂时，往往将毛羽尖部上翘，或使之成为弧形再向外翻卷；在线描中，则常常将毛羽画成流动的曲线，而不像鱼的鳞片那样被省略。

　　另外，虫的肢节，以至鸟脚的关节都成为重点描绘的部位：或将其故意突出，或将其转折加强，肢爪伸长，使人最能感到它们是肢体运动中的关键。这种处理为后世创作中敢取敢舍的艺术观念和手法开了先声。（图14）

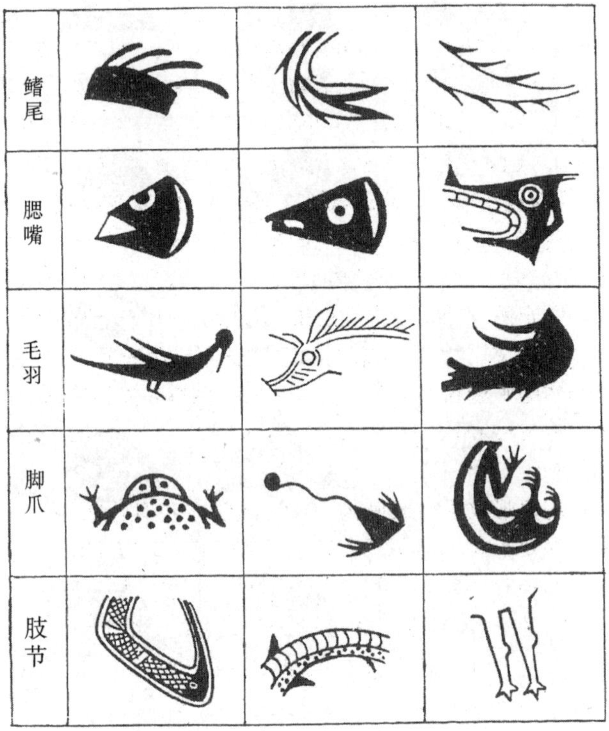

▲ 图14　对动物运动部位的强调

　　由于要表现对象的神态和强调其运动的特点，原始艺术家常常对同一对象的有关部位作不同角度的表现。最常见的是对鱼头、鱼尾多从侧面描绘，以突出口、眼、腮以及摆动的尾。而鱼身多从背、腹部描绘，突出鳍的划动。虫身从背部或侧面描绘，突出扭曲和摆动，而虫头多从正面描绘突出口、牙或双眼。这种基于长期的感受经验基础上的造型方法与以视觉感官直觉为基础的造型手法不同。应当说，这里已包含了中国传统艺术不拘于形似而重神似以及非焦点透视的基因。（图15）

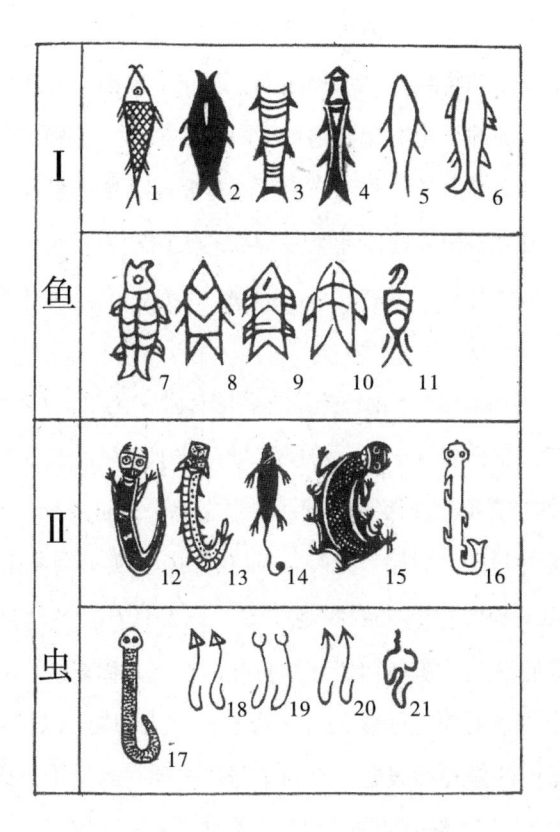

▲ 图15 重视视觉经验的形体组合

Ⅰ鱼

彩陶鱼纹：1.陕西半坡　2.陕西姜寨　3. 4.甘肃秦安

早商鱼纹陶牌：5.河南二里头　　　　早商石刻鱼纹：6.河南二里头

周初铜器鱼纹：7.河南鹤壁　　　"鱼"字从早骨文到小篆的演变：8—11.

Ⅱ虫

彩陶虫纹：12. 15.甘肃武山　13.陕西北首岭　14.甘肃东乡

西周铜戈上虫纹：16.　　战国木雕虫纹：17.

甲骨文"昆"字：18—20.　　小篆"虫"字：21.

原始时代的艺术家在创造和欣赏这些富有魅力的艺术品的过程中，同时也培养和造就了相应的审美感受、审美意识和审美观念。以线和点造型的方法更多地被采用,而平涂剪影手法渐少,圆圈与点组成的眼睛图像在纹饰构成中的广泛出现。即使没有动物纹样,那种圆圈、圆点、半圆或月牙形的各种组合方式已作为人们感兴趣的视觉对象普遍地被保留或沿用。仿佛点和圈象征着一定的情感和生命。后来马家窑文化与庙底沟类型彩陶纹饰中那许多对点和圆圈的处理方式,不是很容易使人联想起某些动物的眼睛和羽毛吗?与此同时或相继发展的几何纹饰虽然自有其发展和构成规律,难道我们能排除象形纹饰观念对它的影响吗?

彩陶象形纹中对眼睛的重视和描绘在我国后世文化中,也可见其强烈影响。象形的"目"字,在腓尼基字母、希腊字母、拉丁字母的演变过程中,都变成了字母"O",在古埃及、古西奈字母及象形文字中,是一个平淡无奇的"◇"或者是水平放置的写实性眼睛"◇"。而在中国,从早期象形文字开始,它就是一个紧张飞动而竖立起来的眼睛"∅"。人只有具备这种目光,才能所"见"(㒸)清楚而深刻。流动而紧张的目光,成了人们观念中眼睛的形象。联系后来中国传说中,对视觉超人的神灵那只竖立着的第三支"慧"眼的设想,联系后来青铜兽面的狰狞的眼睛,直到"阿睹传神"的画论,或许在冥冥中有那远古祖先对"鱼眼"的创造的启迪。至于那些"鱼"、"鸟"、"虫"等字的结构,也都是在不同视点上所见其特征部位的象形的组合。包括后来许多汉字构成的基本原则,都有着从彩陶纹饰继承下来的诸如对比、均衡等审美准则以及动态、情绪相关的审美追求。

到此,我们不难看出,这些象形性纹饰无论从整体表现上还是从细部刻画上所追求的,主要不只是要通过这些形象来记录或传达某种具体内容,它们在完成上述功用的同时,还在于通过经主观加工的艺术形象来表达一定的观念,凭借富有动感的形象来传达一定的情绪。在客观上,以图形及其与器物的结合构成的形、色、质的统一关系,造成了一种神奇的艺术魅力。

同时,这些怀着人类较多主观愿望和情绪的形象,否定了自然物中那些物竞天择而造成的固定刻板式样与强制的服从形式,使中华文明从一开始就更接近于形成一种文学、艺术的氛围,具有了较强的审美主动性与人文意味特征。

彩陶艺术开辟了一个绘画的新时代，而象形纹饰是探求实体描绘过程中的第一步。它最早地奠定了我国许多绘画中某些形式美的基本原则，创造了魅力神奇的艺术形象。当色彩逐渐被更多运用之后，形象性绘画就从器物表面走到了墙壁和地面上。在甘肃秦安大地湾遗址的地面上，已发现了这类原始绘画。在其他地区的一些陶器中，也出现了彩绘的图画。推想在墙壁或各种器物上，可能也曾有过更多的这类作品。他们继承了象形性纹饰中那些基本的艺术原则，同时创造着和发展着中国绘画。

差不多在充满生气的象形纹饰发展的同时或稍后，色泽较单一的彩陶，沿着古老的几何纹样的装饰手法，带着象形纹饰发展的成就与启示，在另一条道路上，叩开了几何纹饰构成的大门。

## 三 几何纹饰

### 1. 奇妙的构成

彩陶装饰中的"几何纹饰"是相对于"象形纹饰"而言的。实际上，这两类纹饰之间并无绝对明显的界线。几何纹饰是指由点、线和各种几何形组织而成的图形或纹样，在彩陶纹饰中占有绝大多数，不少图案化、程式化的象形性纹样的连缀方式与装饰手法也与几何纹饰相近。

如前所述，最初的点线装饰手法的形成，决定了我国彩陶纹饰的总体基本特征，几何纹饰的发展，就在这基本特征之上层层展开。

随着环带装饰的创造与折线韵律的形成，彩陶纹样向新的构成方向发展着。大约在距今六千年至距今约五千年之间的一千余年中，我国彩陶纹样的构成方式最为丰富多彩。这一期间，黄河中上游的仰韶文化和马家窑文化，黄河下游的大汶口文化、长江中游的大溪文化和屈家岭文化中的彩陶纹饰，都在几何构成的规律上，各自创造出一些富有区域特色的纹样来。考古界通常以其构成方式或相近的物象命名这些纹样。主要的纹样至少也有数十种，例如：条纹、圆点纹、三角纹、波折、垂帐纹、旋涡纹、花瓣纹、月牙纹、目纹、绞索纹、齿纹、

回纹、火焰纹、图案化的鸟纹、鱼纹、人纹及各种动物纹样等等。（图16）

▲ 图16 各类几何纹样举例

这些纹样或是以线条描绘而成，或是以色块平涂而成，或是在线描基础上平涂部分色彩而成。尽管它们千差万别，但在彩绘装饰过程中，基本上是将一两个单独纹样利用反复、连缀、对称等手法，构成单层或多层的装饰环带。只是在纹饰的具体构成方式上，不同地区又具有明显不同的风格；即同一地区的不同时代，其纹饰也有差异。例如，从豫中到鲁皖地区的彩陶，常常出现直线与曲线结合并平涂色彩的星形及贝形纹样等；而花瓣纹、月牙纹则是庙底沟类型特有的典型纹样；大汶口文化的彩陶多以单独纹样反复排列成单层环状纹带；而大溪文化与马家窑文化却多以连缀方式将纹样排列成多层的纹饰。

在纹饰构成方面，最有代表性的当推陕、豫、晋交界区域的庙底沟类型彩陶。这类彩陶多利用平涂色块与陶色的对比，相互补充、相互映衬、相映成趣。并且，还利用线条的曲直变化，点的排列点缀，连接成图案，造成奇妙的艺术效果。图案与敦厚而有变化的器形、细密而光洁的陶质结合起来，显示了我国彩陶艺术的高超水平。

纹饰最初的构成原则是适应纹样布局的需要产生的。现代心理学的研究认为，原始时代人们的视觉心理与视觉联想普遍希求对象的完整性。早期彩陶纹饰的安排也反映了最初纹样是为了保证那些"象形纹样"的完整的视觉需要而构成的。人们从一个侧面去观看器物，只能看到部分器表，因此，制陶人容易想到在器表局部装饰一个完整的纹样。半坡时期的鱼纹盆中就有这样在外壁装饰的纹样。当纹样转到器物内壁时，人们的视野在通常情况下只能看到器物的四分之一到四分之三个内壁，为了保持图案的完整性和可视性，制陶人需要考虑合理地划分装饰面与非装饰面以便处理纹饰的基本结构。（图17）

半坡期开始出现的人面鱼纹盆，其口沿图案与内壁图案的布局已展现了我国彩陶纹最初的构成方式。这类彩陶鱼纹盆多在内壁安排四个单位纹样并使之两两相对，口沿的八个纹样以"米"字形分割了器口圆周。有趣的是，内壁的四个纹样正好处于两条相互垂直的分割线上。看来，这是以对等分割圆周的直径来确定位置的。这种用分割器物口沿定位的方法，后来被广泛应用在器物外壁纹饰构成中。（图18）

庙底沟期的彩陶，大都使用这种方法将陶器外壁分成四至八等分，以此安

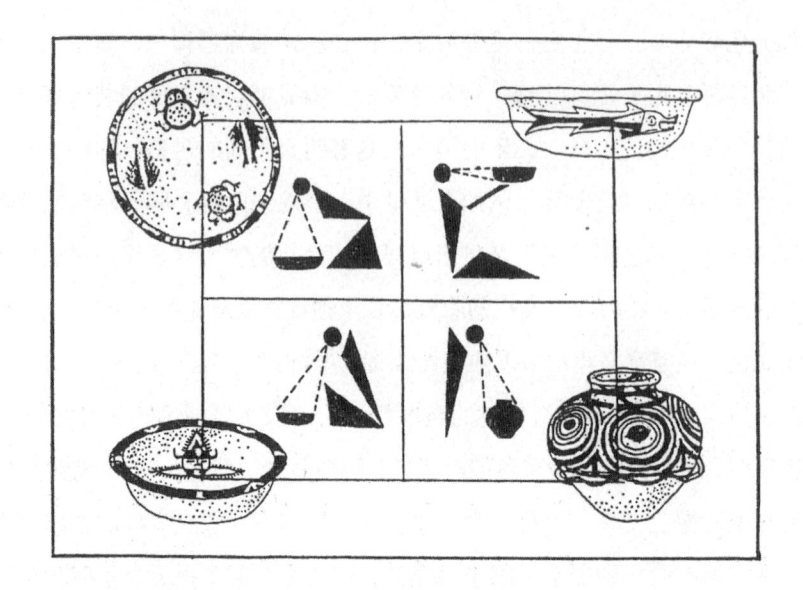

▲ 图17　装饰部位与视觉的关系

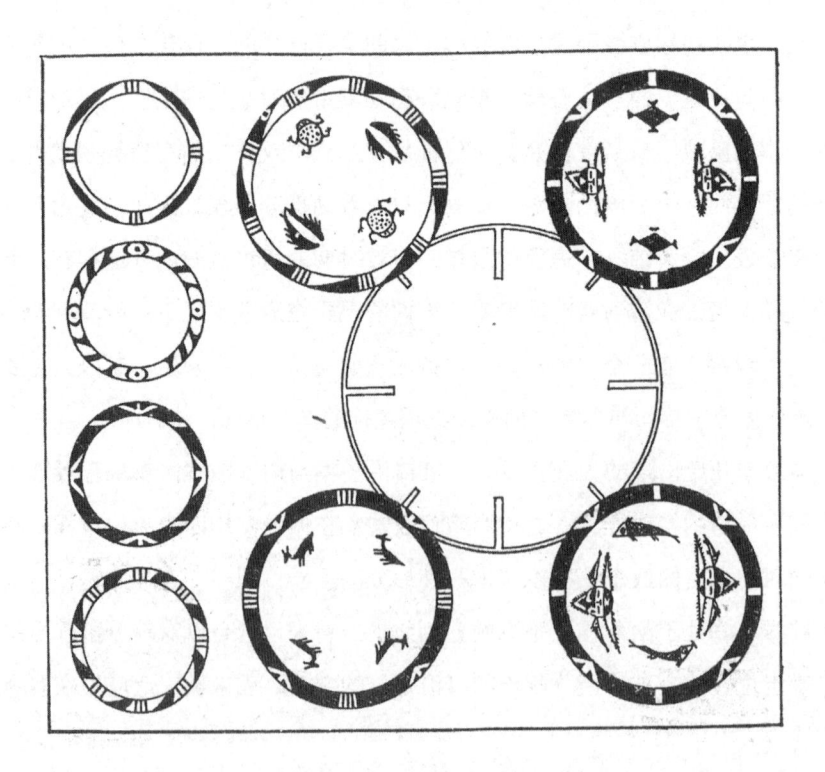

▲ 图18　等分圆周与纹样的安排

排纹样。河南淅川下王岗出土的一件彩陶碗，比较典型地代表了这类纹饰的构成格局。碗周三十二个大小相同、黑白相间的三角形组成的饰带，就是先用十字分割法将碗口沿及外壁分成四等分，然后每一段而分别以"米"字形分割成八个三角形而构成的。可见人们已经掌握并应用了一定程度的数学与几何学知识，建立在这一基础上的几何纹饰，表现出一种严谨、规整的对称风格。

随着构成方式的复杂化，严肃规整的对称排列被交错组织起来，构成了更巧妙的单独纹样和装饰带。庙底沟类型彩陶中的"花瓣纹"可能就采用了这样的构成方法。这种方法大约先在陶盆口沿下画与陶盆口沿平行的四条某距直线，并与等分器物外壁的垂线相交，采用相间的方法选取各定位点，然后将相邻的三个点连接成弧边三角形并平涂色彩，这样，露地的梭形就形成了新的类似花瓣的纹样。由于定点错落有致，因而相同的简单曲线形块面交错映衬，构成密集而富于变化的纹饰。

这种既严格又多变的定位分割与连缀方法在整个几何纹饰的发展中起了很重要的作用。从山东到甘、青，直至长江流域的辽阔区域内，都出现过用这类方法构成的几何纹饰的彩陶器物。这种纹饰的间架结构很像中国传统的九宫格局。"九宫"实际上是四面八方及中央，这种"九宫格"与"米字格"常常成为许多平面构成的基本格局，对后世的图案、纹样及书法的结体影响极大。过去多以为这种格局是东汉时期道家的创造，从彩陶纹样的构成来看，实际上早在六千多年以前这一格局就已经出现，到了距今五千五百年的庙底沟时期，已经发展得比较完备并普遍化使用了。（图19）

纹样的构成方式的完善化，使彩陶更进一步地向着在对比中求平衡，在统一中求变化的方向发展，从而将我国彩陶艺术水平推向了新的高度。

这一时期的彩陶，不仅在整个布局上重视对比和照应。同时，在每一个具体纹样的刻画上也非常注意变化与和谐。这里值得提出的是曲线的广泛使用与平涂色块的巧妙布置。总的看来，早期彩陶纹饰中除了象形性纹样之外，几何纹饰呈现出以直线型、折线为代表的直线型风格。而在这一时期曲线增加甚至取代直线的主导位置；圆点也被扩大，变化，从而成为纹样不可缺少的组成部分。

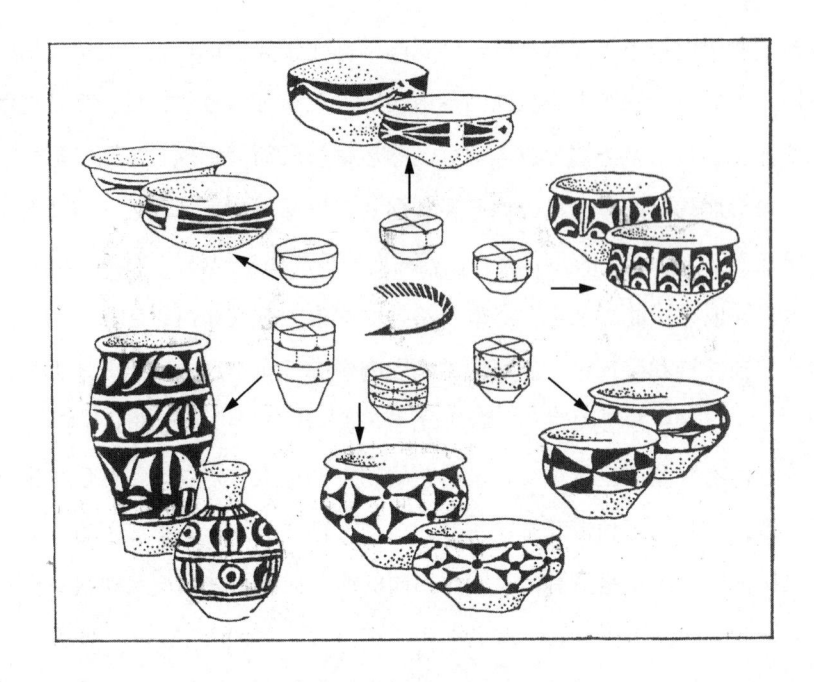

▲ 图19 饰带的构成示意

曲线显示了比直线更加丰富的表现力，它与直线结合使用，更具有魅力；色块与陶色一起组合成色彩的多维层次。这两方面，为这一时期彩陶增添了绚丽斑斓的光彩。

　　纹样空白处的陶质底色总是与彩绘部分一起构成纹样的，所以空白也是纹样的组成部分。早在半坡期彩陶中，就出现了有意利用空白构成纹饰的做法：人面纹中人的鼻子用黑色平涂，而嘴却用留空的方式；在用黑彩画的三角形中，用留空的方式空出一个倒三角形来，这明显是有意利用黑白对比来造成装饰效果。由于这种对比法及色块造型对于象形性纹饰有较大的局限性，因此，这种很早就出现的手法直到几何纹饰发展起来才被重视和广泛应用。涂色的曲线形平面与只用线条勾画出来的曲线形给人以不同的感受，前者强烈，后者平淡；前者丰富，后者单调。前者还造成了涂色与底色的对比，从而引起人们在视觉互补中得到两种视觉对象。比如纹饰中的一些纹样当它们单由线条画成时，往往只能使人感到是一些简单的圆、弧或其他几何图形，甚至只是两点间的联结曲线。但是，当把对等部分经色彩平涂之后，人们就很容易看到月牙形、花瓣形或叶形的丰富纹样了。

广泛分布在晋、陕、豫、鲁等地的"十字形花瓣纹"最初大约是以米字分割定位的一种直线三角形纹，当纹样联结时，纵横方向上的每两个米字形单位纹样的连接处，就又产生了新的菱形结构纹样。如果这些纹样只由线条画出，这种分割方式造成的中心聚合式线束，便容易地把人的视觉集中到"米"字形纹样上。但是，一旦用色彩将这些纹样的某些部分涂满时，它给人们的感受就不同了。黑白相间的风车形构图显然比"米"字形"线束"耐看多了，但它仍然很容易将视线吸引到这个聚合式的单体图案上来。当把它组成二方连续图案时，于是就产生了对十字对象分割的菱形纹样，它均衡而有变化、活泼而有节奏，显然优于孤立的风车形单体纹样。这也许为最初绘制单位纹样的原始艺术所不曾料到的。在陕西华县柳子镇遗址、西安半坡遗址、山西芮城东庄村和河南淅川下王岗等遗址出土的彩陶中，这种孕育在直线三角带状纹中的菱形纹样就逐渐被分离出来。随着曲线的出现和增多，菱形中的三角形的边由直线变成了弧线。当边框线内凹的三角形涂色后，会给人以分散而孤立的感觉，而边框凸出来未涂色的部分，则又给人以集中、聚合的感觉。色彩与背景所形成的"黑白颠倒"的视觉效果，使人们产生了"花瓣"的联想。（图20）

从这种菱形纹饰逐渐向花形演变的过程中，我们不难想到，既然自然界的物体多数都是某些对称或简单的几何图形，那么，一切现实的客体对象，都可能"逐步"地与简单的几何图形建立一定的近似关系。西方有些学者从这一现象出发，简单而机械地将所有图案都归结成某些动物的肢体、鳞毛或植物花叶的抽象结果，认为是原始人类的自然崇拜或祖先崇拜的物象演变，但实际情况可能要复杂得多。即使是原始人类的精神内涵也不会是像一些人想象的那么简单，原始纹样的形成当由多种因素的影响。从造型技巧发展的角度来看，在多数情况下，人们随心所欲地刻画点、线，总比描摹某一个形体容易些，也是由于这个缘故，几何纹样的出现，比象形描绘早得多。在不少情况下，单凭线、形、色的组合就会给人们带来某种莫名的趣味和联想，使他们在精神上产生审美满

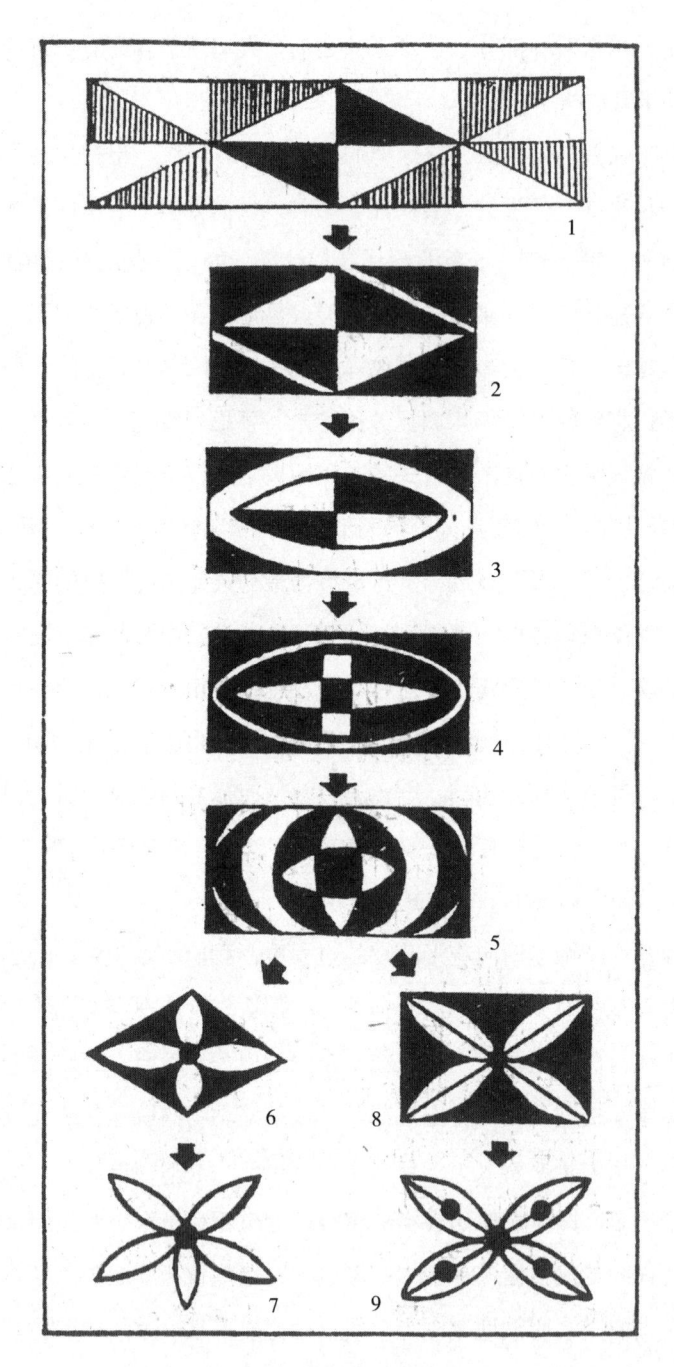

▲ 图20 花瓣纹的构成推测

1.山西芮城 2—4.陕西半坡 5.陕西华县 6.7.河南陕县 8.9.山东泰安

足。当然，这种联想也会加强他们对客体的认识，又反过来促进他们对一定图形的创造。正因为如此，我国彩陶发展到这个阶段，才会在广泛的时空范围内形成几何纹饰占绝对主导地位的局面。这既是对客体世界的抽象表达，又是对理性观念的感性显示，其中已经融合了多重内涵。

这方面的例子还很多。如果早期出现的简单的平行线与斜线交叉组成的网格纹，一旦与渔网产生了联系，于是，对渔网的描绘也就成了一种几何构成；而一旦与动物鳞甲相关联，它们就常常被用在动物纹样图案化的表现中。最初的三角形也可能在一定条件下，与鱼头或鱼身建立起联系而成为图案化的鱼纹样式。而且还有可能原始人一开始对于所描绘的对象就不按实体形象摹拟，而有意用人们喜好的纹样来象征。河姆渡文化中猪文身上的曲线形纹饰，鸟文身上的环状纹饰，仰韶文化中鱼头纹内的人面装饰等，这些纹饰明显地有统一的风格，它们与整个几何纹饰的构成保持着一致性，正是这种情形的最好说明。（图21）

观念要寻找合适的形象外衣，必须符合时代的审美时尚，几何纹饰的观念也不例外，它的观念、功能，总是和当时的审美意识相适应，相融合。同时，它们的构成形式又会成为文化素材积累迁延下去，以至在后来的文化中，累累出现相同与相似的基本构成样式。例如：考古材料就表明，半坡彩陶中出现的三十八种图案，乃是由八种基本纹样配置而成，并几乎囊括了历史上由直线、波线与折线构成的一切基本纹样。而庙底沟彩陶又成了集历史上曲边形纹样的大成者。当然，对于今天的人来说，虽然由于时代的久远或其他原因而蒙上了一层神秘色彩，但这些耐人寻味的艺术形象却给我们记录了中华民族那最原始的直觉感受和时尚，许多文化上的隐秘也将会依此逐渐被揭示出来。

## 2．和谐的行云流水

当庙底沟类型彩陶纹饰发展出现以黑白相间的构成高峰之后，中原地区的彩陶文化急剧地衰落下来。而在西部黄渭上游的甘青地区，马家窑文化彩陶独树一帜，使我国的彩陶升华并开创了又一种几何纹饰的新天地。

大约从5800年前开始，甘肃东部出现了一种与庙底沟类型彩陶极相似的地区性彩陶文化，考古发掘证明这种纹饰构成明显受着庙底沟类型的影响。最初

143

遮蔽的文明

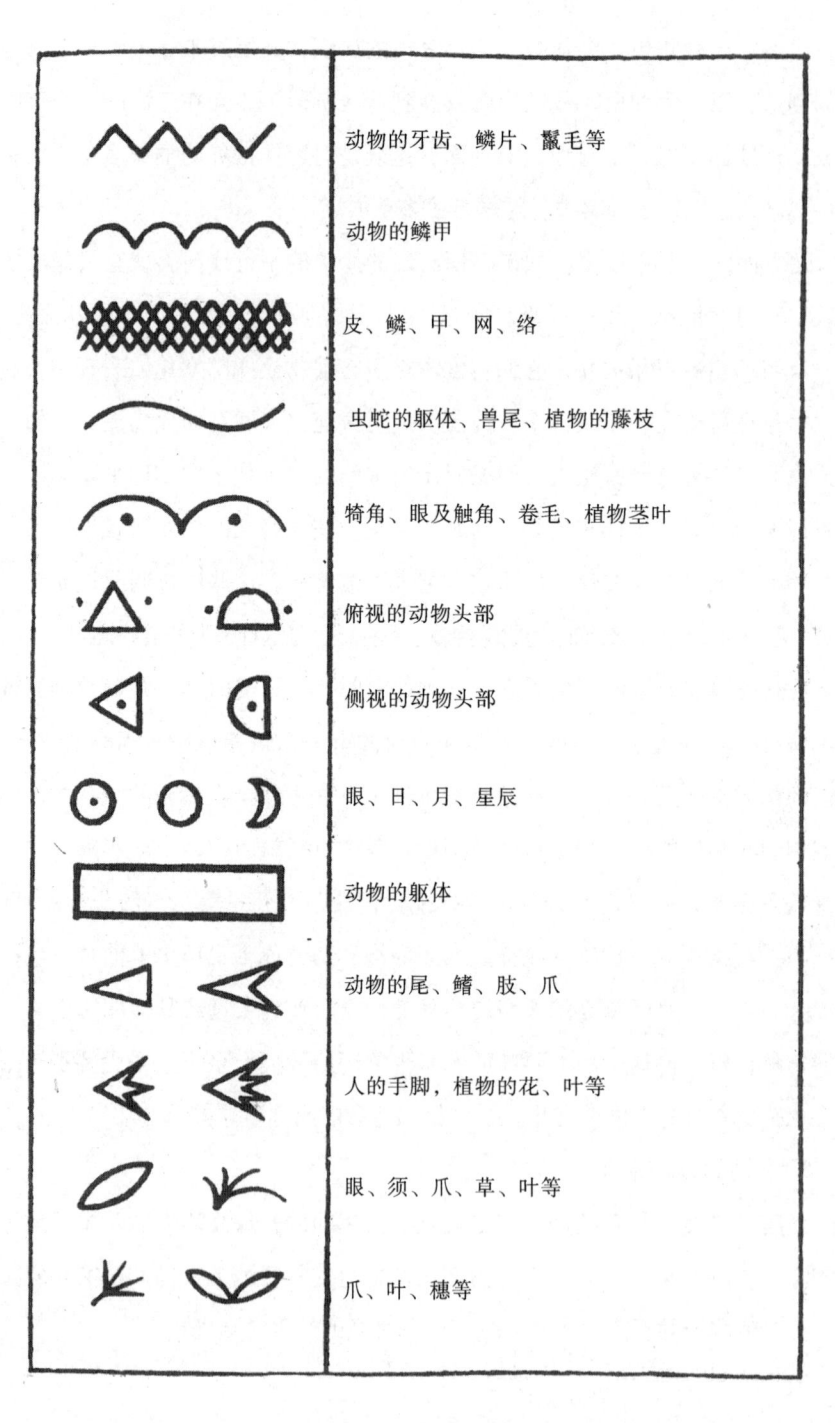

| | |
|---|---|
| 〜〜〜 | 动物的牙齿、鳞片、鬣毛等 |
| ⌢⌢⌢ | 动物的鳞甲 |
| ▨▨▨ | 皮、鳞、甲、网、络 |
| ～ | 虫蛇的躯体、兽尾、植物的藤枝 |
| ⌒·⌒· | 犄角、眼及触角、卷毛、植物茎叶 |
| △ ◗ | 俯视的动物头部 |
| △ ◖ | 侧视的动物头部 |
| ⊙ ○ ☽ | 眼、日、月、星辰 |
| ▭ | 动物的躯体 |
| ◁ ◅ | 动物的尾、鳍、肢、爪 |
| ⋘ ⋘ | 人的手脚，植物的花、叶等 |
| ⬭ ⚘ | 眼、须、爪、草、叶等 |
| ⚘ ⚘ | 爪、叶、穗等 |

▲ 图21 几何纹可能引起的联想举例

它们被称为甘肃仰韶文化，随着考古的不断发现，它们被确定为一种新的文化类型，即马家窑文化中的石岭下类型。后期石岭下类型彩陶纹饰已在构成中出现了强调线条、收缩曲线形、减少平涂块面的趋势：曲边三角形变得细长，定位点变得小而圆，周围还圈以圆环，单位纹样间以曲缓的"S"形线或回转放射状线束相连，以线条组成的网格纹成了最重要的纹样而被广泛用到图案构成及象形纹饰的图案化手法中。

大约从五千一百年前开始，以线条为基本构成的马家窑类型彩陶，展现了自己的独特风格，登上了彩陶艺术的又一高峰，使这个"线的世界"在甘、青地区大约延续了五六百年。

这一时期的彩陶纹样被称为"线的艺术"，是一点也不过分的。虽然这时也出现过精彩的以平涂色块作剪影状造型的各种纹样，如青海大通县上孙家寨出土的舞蹈纹盆等；但从已发掘的一百多个马家窑类型遗址中数以万计的彩陶器物看，几乎全部是以各种线条构成的几何纹饰。即使偶然出现的象形性的纹样，也被各种线条环绕、分割、铺垫或联结，使这些象形纹样成了线条结构整体的局部构成。

由于舍弃块面而选取线条造型，把用线条描绘轮廓线的方式转变为直接用线条构成几何纹样，因此，马家窑类型彩陶在线条的选择和应用上已达到相当高的水平。其用线方法，归结起来，大致有以下几种：

（1）控制线条的粗细和间距，使之平缓流畅。相同粗细的平行线之间的空白宽度也接近线条的宽度，造成了黑白相间的效果，时而产生空白为线的错觉，并给人以和谐舒展的印象。

（2）以曲折、起伏、回转、放射等律动感强的线条，造成一强烈的运动感和节奏感。

（3）以线条的特定组合，造成运动中的谐调感或谐调中的运动感。如利用旋涡纹形成或放射或回转的辐射状纹样，以网纹取代平涂来造成的生动、空灵感觉等。

这一时期，陶器器形变得修长或偏阔，加强了高与宽的对比，精心制作并经压磨的陶质光洁、紧密，陶色更为纯正，这些为线条的广泛应用，提供了有利的条件。这些由线条构成的几何纹样，可能并不表达某种确定的含义，而更注重总体装饰造成的感受情绪与气氛。在器物肩、腹等开阔平缓的表面上，线条细柔、密集且变化较多；而在颈和下腹等较陡峭、较狭窄的表面，线条则较粗率、疏朗，较少起伏。这样，整个器物与纹饰就于视觉中产生了一种均称有序、平稳和谐、流畅而统一的感觉，造成这一时期彩陶艺术的总体风格。

在这些线条纹样的具体构成当中，马家窑类型彩陶最有成效的突破，在于采用了三等分圆周的新定位方式和层层放射铺展、逐渐扩大图案层次的连缀手法。

早期几何纹中的三角形，陶器的三个支足，都表明了人们对三角形性能的认识和应用，但这种认识只是停留在具体对象和具体使用的过程中。对"三"这个观念的理性认识，对由"三"而造成的认识史上的理论飞跃，到了马家窑时代，也许才初步显示出来，否则，很难解释在纹饰构成中的突变，也很难理解后来"三"对中国哲学的重要意义。在图案构成中普遍运用三等分法，是马家窑人所表现的了不起的认识之一。从构成角度来看，圆与三角形的稳定和活泼感是相互为用的：在器物内底的圆形平面上用内接三角形作为定位的构成方式，似乎在用稳定的三角形固定了旋动的圆，又好像是用规矩的圆限制着跳动的三角形。从图案的连缀上看，以偶数为基数的对等划分所造就的画面总是对称而均衡的；相反，以"三"为基数的划分法则易于产生活泼而流畅的运动感；从每一个纹样的设计上看，也多按三等分圆周为基础，或三或六进行分割设计。纹样中心的圆点或圆圈是相对静止的，为了造成它的运动，通常以三束同方向旋转的辐射状线条形成彗尾形或柳叶形起伏，使图案中心仿佛要滚动起来。（图22）

由于绘饰面积扩大，装饰的部位都是器物最引人注目的部位，加之构成纹样又使用极细的线条，因此，单一的色泽、单纯的纹样，单调的手法，显得和大面积装饰不相适应。马家窑类型彩陶采用了层层推进的构成方式，有效地解决了这一矛盾。以往的几何纹饰，常常通过装饰错位或并列的方式来扩大装饰面积。对于以块面构成的纹样装饰来说，这样能造成丰富的变化感；而以相同线条构成的纹样在错位排列时却会适得其反。因此，马家窑时期的彩陶不再继

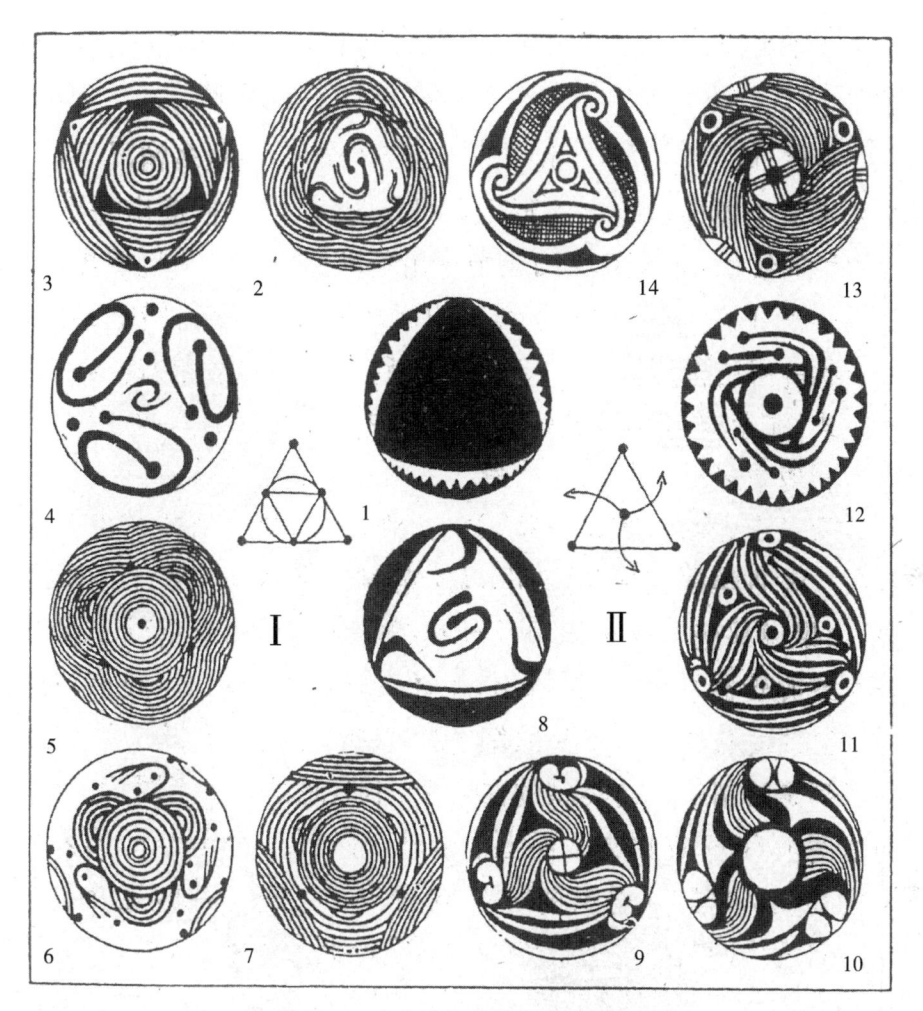

▲ 图22 三点定位与放射状扩展构成示意

Ⅰ 辐射状扩展

    1. 2.甘肃东乡　3. 4.甘肃兰州　5.青海民和　6. 7.甘肃临夏

Ⅱ 旋转状扩展

    8. 12. 14.甘肃东乡　9.青海乐都　10.甘肃兰州　11. 13.甘肃榆中

承这一传统方式，而采用了从纹样中心放射扩展的排列方式。三点定位法使这种排列方式错落有致而更富有变化。在器壁装饰中，利用单位纹样的扩展加大主要装饰带的宽度，并在上下边缘用不同线条组合成辅助装饰带。这种方式通常以平行线束、波形线束、宽带纹、锯齿纹以及由网纹组成的饰带与回转的曲线来展开。它们既能突出了主体纹样，又显示出和谐的多种层次。从中可见，在纹饰构成上马家窑彩陶时代艺术家的匠心。（图23）

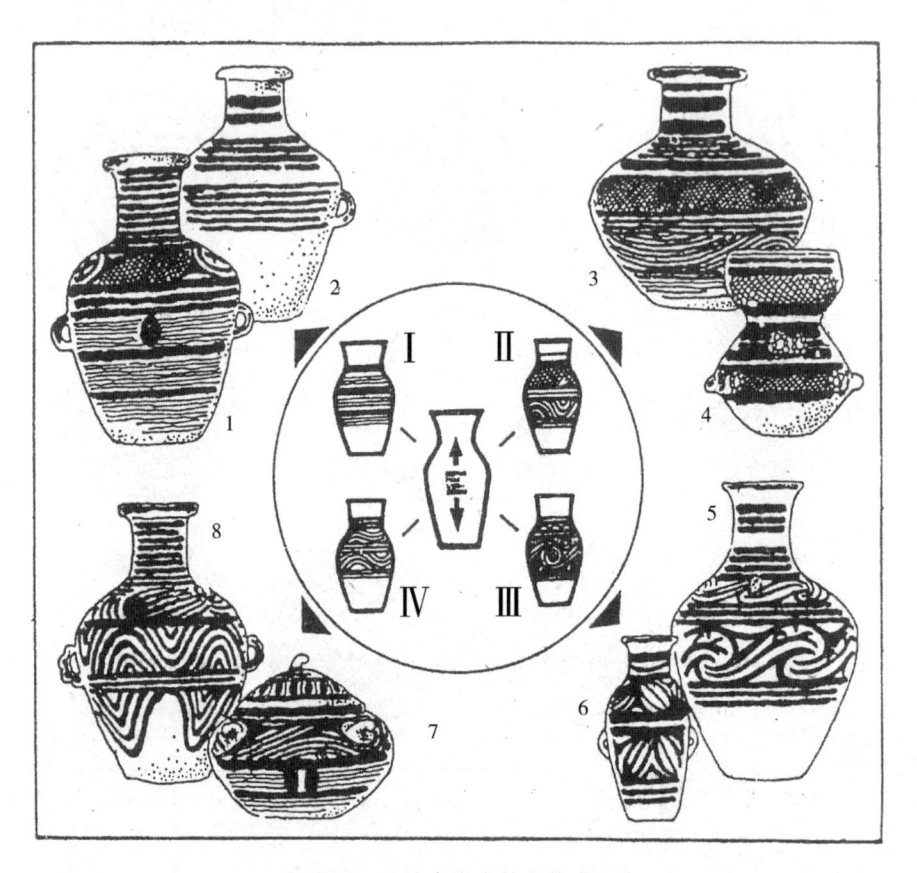

▲ 图23 线纹在器表扩展构成示意

Ⅰ 粗细相间扩展　　Ⅱ 曲直相间扩展

Ⅲ 纹饰相间扩展　　Ⅳ 主次相间扩展

1.甘肃榆中　2.青海尖扎　3.7.甘肃兰州　4.甘肃永登　5.甘肃广河

6.甘肃康乐　8.甘肃舟曲

当然，以上这些手法并不是一成不变的。在很多情况下，原始艺术家会根据器物具体形质作具体处理，或者创造出并不十分对称的纹样，或者也在构成中选用各种偶数分割的规整排列。但不管怎样构成，其纹样中线束的回转流动、线条的错落组合、辐射状的层层排列等基本特征仍明晰可见。正是这些基本的构成方式，才造成并保持了马家窑彩陶中那鲜明的个性，赋予了马家窑彩陶中那欢快流动的生命。

除了奇妙旋转流动的构成方式外，纹饰的绘制技艺也令人赞叹。考古学研究成果表明，马家窑时代仍然处于手工制陶阶段，如果说那些平行于口沿的环状线与波状线尚能借助于盘条技术或旋转器物来完成，那么，主体纹样中的同心圆、线束与联结波纹线就必须完全依赖熟练的技巧和手法才能画出。这些线条又都是绘制在不同类型的曲面上，不但面积大小不同，而且表面曲度也不一，这比在平面上描绘难于控制。但是，当时的艺术家们却能将它们画得粗细匀称、疏密得当，变化相宜，充分显示出他们对纹饰整体的把握能力和用笔的高度技巧。这种技巧、技艺对艺术创作及发展具有的积极的促进作用，对后来中国绘画中的用笔用线也许应当不无启迪吧。

那么，为什么在彩陶发展到这一阶段，原始人类那么热衷于线条构成的纹饰，是不是因为纹饰本身有特别的含义而引起对这种构成方式的偏好呢？有一种说法认为，马家窑彩陶的曲线构成，是蛙、鸟、虫等象形纹样简化或抽象化所致。我认为这种判断的根据不足。包括可见到的残片，真正可称之为蛙纹的象形纹样数量极少，它们既不是精美器物的代表，也不是典型的纹饰，在构图与绘制风格上与其他几何纹饰相同，它们不致引起人们特别的重视。这些所谓可称为蛙纹的图样，实际上只不过是曲线纹样构成过程中个别的偶然出现的样式。我们只要更仔细更多地观察一下这一时期的纹样，就会发现，许多被称作蛙足或蛙头纹样的那类点、线，实际上只是连续饰纹中的某一局部，或者是以线束、点、圈为基础组成的纹样。被称为"鸟头"、"虫头"以及"昂头的狗"这一类图案，也是如此，它们在纹样构成及联结方式上，有着较明显的演变脉络和比较系统的绘制规律。将它们"肢解"开来，当作某些象形纹饰的看法似嫌牵强，至于

遮蔽的文明

由此而推及纹样的含义，就更不足信了。（图24）

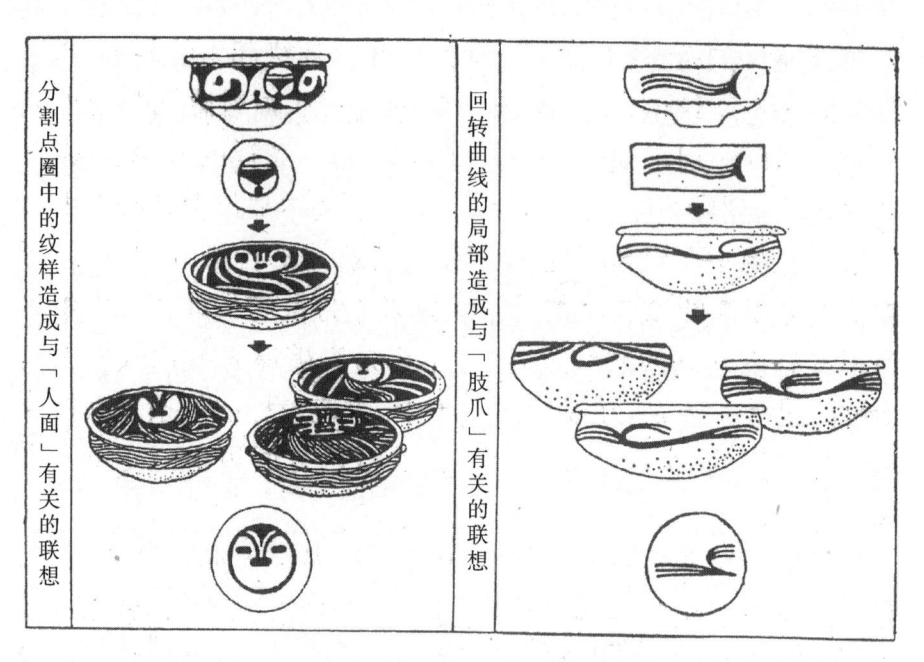

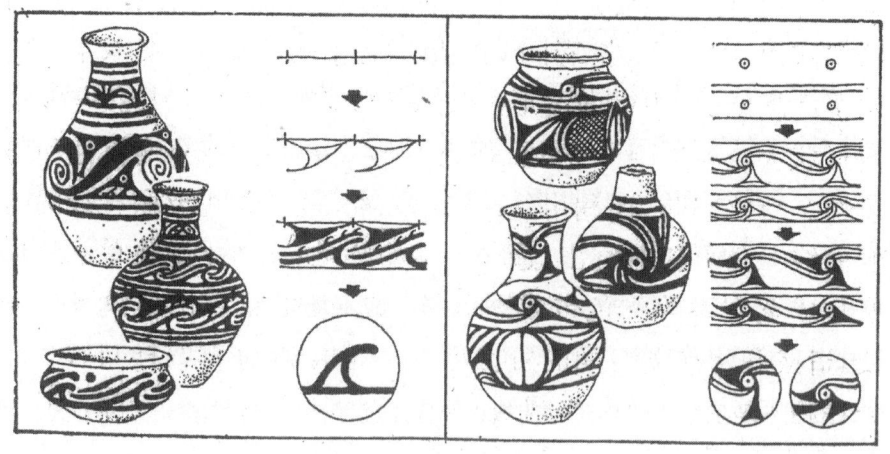

▲ 图24　纹样与构成的关系示意及纹样的形成过程

下图左：联结曲线在构成过程中形成了类似"昂头狗"形的纹样

下图右：分割点在构成纹饰过程中形成了类似"鸟头"形的纹样

马家窑彩陶的曲线纹样及和谐流动的审美基调，向我们展现的是对彼时彼地活生生的感觉记录，它所传达的信息不是对自然物的恐惧和忧患，不是对崇拜物的卑微乞求与消极屈从，它给人的是一种自信的稳定，是一种欢乐的律动，是一种坦达的和谐，一种朴实的包容，体现了多样变化的统一。这种"和谐的行云流水"正是那个特定时代人类美好的心灵写照。

**3. 规矩的倪端**

在考古学上将从距今约四千六百年前开始，经历过五六百年延续发展的甘青地区的半山类型与马厂类型彩陶，划为马家窑文化的后两个类型，但就其艺术风格和基本构成特点来看，它们是原来纹饰所发生的一种新的变革。它们始于分割成独立的纹样，削弱了回旋曲线联结的运动趋势，接着以强烈的色彩与繁缛的修饰强化并稳定了独立纹样，最后以粗犷的笔画与随意的描绘设置了由独立纹样排列而成的纹饰；配合着器物形制的敦实、陶质的粗率以及局部的捏塑和陶衣的使用、创造出一种新的艺术格调，走完了这一地区彩陶发展变化的主要历程。

马家窑类型彩陶，极尽流动、回转、联旋等处理手法，把人们的视觉引向流转排线构成的单独纹样中心。尽管在大部分纹样中，这个旋涡中心只不过是一个被同心圆环绕起来的圆点，或一个不大的十字纹圆圈，但线条的流动感觉和辐射感觉却使得这个位置显得特别稳定和重要。半山马厂彩陶纹样的改观，首先很自然地会集中在改造这个虽重要却又单调的部位上。同时，由于马家窑彩陶中联结纹样之间的那类均衡的平行排线，又已经形成了不易动摇的欣赏习惯，所以，如果不打乱它们线条的密集排列和富有运动感的联结方式，就不容易突破原有的程式而引起新鲜的感受。于是，在纹饰的变革中，改造匀称的线条及其排列规矩是首要的，半山类型纹饰正是从这两方面迈出了变革的步伐。

早期半山彩陶往往将纹饰中心的旋涡扩大成较大的圆圈，并将圆圈边框线与连接线加粗，这样，其余的平行线束就相对变细，主体纹样与主要连接线更加突出。在连接主体纹样时，这时的彩陶也一反马家窑彩陶中常用的辐射形方式，只继承了它的起伏回旋感受，用横向波形曲线连接纹样中心，使连接线与纹样的形状大小都产生了对比，从而纹饰失去了原有的连贯性和整体性。与此同时，还利用空白或涂色的方法，将主要连接线两边的曲线三角形相对突出，造成行进的感觉；或者干脆将单独纹样变化成宽窄不等的色带或黑白相间的色带，饰以网格纹或锯齿纹，造成连接纹样之间的对比和节奏起伏，使主体纹样与联结部分在相互映衬下都突出鲜明。这样一来，纹样中心的空隙逐渐变大，各自成为连续中的突出的装饰重点。

半山早期彩陶的纹样虽然主要连线加宽，但平行线之间的空白也像连接线那样，并与其构成黑白相间的排线，这显然还没有跳出"马家窑"窠臼。晚期的半山型彩陶纹样发生了变化，有一种用细碎笔画密密麻麻地纵向画法。这些毛刺般的笔画，既即使彩绘线条显得枯涩顿滞，又将空白处构成的"线条"搅得支离破碎，它冲淡了线条圆润、流动的感觉，像给器物蒙上了一层半透明的黑纱。这种"毛刺般的短划装饰"是半山类型纹样显著的特征。此外，半山类型彩陶还常将平行波纹线或水平线条构成的流动饰带，变成粗细不等的拱形线纹，以加强图案的稳定性；或者利用不同色彩的间隔、对比，来减弱单色排线那种运动趋势。如多将红色和黑色相互间隔使用，偶尔也用白蓝等色以造成强烈的对比。这些彩色线条排列非常紧密，使它们与空出不多的棕黄色相互辉映。有趣的是由于视觉滞留效应造成的色彩感受上的错觉，使这些纹饰中有时仿佛闪现出蓝色、橙色或绿色的光彩。

除了以上局部处理的手法之外，半山彩陶在纹饰整体布置上，常利用相间色彩层层叠叠的拱形线纹，组成以器口为中心的鲜花般的图案，或者以巨大宽带画出的连旋纹，配合以多彩的线条，线条之间再加以各种毛刺纹、锯齿纹或网纹等，构成极为精密但不纤细的图案。无论正视、侧视或俯视，都可以看到器物上那由鲜艳富丽的色彩与严谨细密的设置所组成的精美纹饰。（图25）

半山型彩陶纹饰以它那鲜明、充实、饱满的风格，取代了昔日流动线条所构成的欢乐与和谐。那装饰得有些琐细冗繁的纹饰与日益粗硕的器形相得益彰。这是丰腴的成熟，也是繁盛的炫耀。

▲ 图25 半山型彩陶纹饰中的基本纹样

在扩展纹样中心与修饰联结部分这两大变革过程中，半山彩陶的纹样与连接部分突出地对立起来了，它们仿佛是彩陶纹样最初构成时的点与线，经过庙底沟奇妙的构成和马家窑高度的和谐之后，在半山彩陶期两者各自为阵地发展开去。接着，又各自强化自己，追求各自的"复归"，终于在马厂时期分道扬镳，在高度定型化的硕大器物上，分别完成了以大圆圈和粗折线为基调的一曲一直两种构成格局。

马厂期彩陶在全部陶器中的比重迅速增加，在有些遗址中多达百分之九十以上。这些陶器器形规整，陶质粗糙，种类单纯，明显是专业化分工下的产品，这意味着彩陶工艺高度程式化的形成。

考古发掘成果表明，马厂类型纹样是一脉相承地由半山类型纹样发展来的。马厂彩陶中流行的圆圈纹就是由强化连旋纹两端的旋孔逐渐形成的，当连旋纹两端的旋孔扩大到两两相切时，用作连接的曲线消失，圆圈纹由于上下平行边框线和圆圈内外的各种装饰填充得严严实实而显得特别稳定，从任何方向观看，都可以看到巨大的圆圈纹样。这种纹饰通常由环绕器腹一周的四个圆圈组成，偶然也有五个甚至六七个的，都习惯称其为"四大圈纹"，其粗率的红黑相间的边框线条给人造成的印象十分强烈，以至人们可以毫不费力地从任何地方都能将它辨认出来。一般说来，圈内图案与纹饰的总体并不相关，甚至在同一件器物上，圈内图案也不必完全相同。圈外空白处的装饰，却往往只有像垂幔似的并行人字纹、个字纹及菱形、叶形等为数不多的几种填充纹样，仿佛这些东西，都是为了突出圆圈的陪衬。如果说"四大圈"纹决定了马厂类型彩陶的总的时代风格，那么，不胜枚举的圈内图案则凝聚着那个时代每一位艺术家独具的匠心，我们几乎可以这样说：有一个作者，就有一个不同的圈内图案。以著名的青海乐都柳湾遗址为例，据统计，不同的圈内纹竟多达414种。几乎所有的纹样上都体现了当时艺术家那熟练的用笔、自由而生动的设置和率意而淋漓的情趣。

另一类引人注目的类型纹样是由粗犷的双色、单色或中空的折线构成的所谓"折肢纹"，它们是通过对纹样连接部分的强化所造成的新纹饰。

当连旋纹中波形曲线收缩而加粗时，又逐渐回复成折线，这时的折线已不是简单的起伏环带，而是一种独立的图案了。折线纹样单独或交叉在器物上作环带装饰时，它所构成的三角形或菱形空白处常常用作其他图案的边框；但是，当平行的几条折线作为单独纹样出现时，线间那些毛刺纹、锯齿纹渐渐显得琐碎，逐渐失去了装饰作用。在马厂早期彩陶中，平行折线间还保留着以毛刺短线作装饰的习惯；随着折线的加宽加精，多条折线平行的纹饰就逐渐并为一条折线的纹饰了。折线上下原先的毛刺短线也转而集中到折线的转折和端点上，这就是马厂晚期的典型的"折肢"纹样。这种折肢纹转折处和端点上的毛刺通常是平行状或扇面状，有三划或四划的，偶尔也有五划以上以至七八划的。有的研究者认为这种折肢纹与蛙或人肢有关。是什么原因促使短划集中转移到这些地方从而形成"折肢纹"呢？是独特的崇拜观念，还是社会共同的祈愿？作为久远的文化遗存，今天我们已很难确知了。但至少有两点可以肯定：其一，线条的转折处与起止处正是人们注意的部位，自然也是审美的着眼点，是人们首先要加以装饰的地方，如同线条围成的平面，人们首先注意其内部然后再注意外部一样，这也是马厂圈纹图案重视圈内纹样而忽视圈外装饰的原因。其二，从对客体世界的认识与联想来看，发芽的树木、开花的茎叶、结果的枝条、动物的肢爪以及人体的手足，这一切与他们的生长、生存、繁衍有密切关系的转折处与端点，都首先引起人们的注意。因此，无论从引起视觉感受及造成观念联想上来看，装饰集中在这些位置及相应装饰手法，都是十分自然的，它们是几何纹饰的构成中对视觉规律发现的必然结果。（图26）

程式化的圈纹与折线纹，是马厂期彩陶的定型格式。这个时期已经不出现象形纹样，这也促进了几何纹样的发展和定型。以圈中纹样的构成为例，千变万化的圈中纹样大致可以分成以下类型：

交叉型结构：多用平行线、波纹线条或点划排列交叉构成十字形、井字形，网格纹等，再加以各种变化、填充，可以演绎出许多类似的纹样来。这种纹样均匀稳定。

并列型结构：以各种带形线或带形纹样平列展开。这种纹样显得流动而舒展。

遮蔽的文明

▲ 图26　圈纹与折肢纹的形成

1.甘肃临洮　　2.甘肃兰州
3.青海民和　　4.8.青海乐都
5.青海西宁　　6.甘肃广河
7.甘肃永登　　9.甘肃临夏

1.甘肃临洮　　2.3.甘肃广河
4.5.8.青海民和
6.甘肃东乡　　7.9.青海乐都

辐射型结构：以圆心为中心，由若干同心圆组成，或采用放射、回旋的环状排列，构成各种纹样。这种纹样显得集中而规整。

变化型结构：这是值得注意的一类纹样，在构成中占极大比例，并且最有特色。它标志着对构成规律的进一步认识。原始艺术家们往往在极规则的二、四等分的圆圈之中，选用不同的纹样，造成特殊的情趣，并有意造成变化，打破规则结构的板滞。这些有趣的纹样充分显示了当时人们对圆圈型纹样创作的热情专注及相当高的水平 (图27)

这种手法还被运用到其他器物其他部位的装饰中。马厂时期的碗和盆的内底上，就有许多精巧的纹样构成，圆圈，正好适合器物上这一特定的部位。 (图28)

有时，圆圈纹和折肢纹这两种基本纹样也相互结合，构成像是人形或蛙形的图案；有时，它们又被分解使用，出现了像卷曲肢体或手掌纹样的图样来。这一切纹样，都是以极粗犷的写意似的笔触描绘出来的。当我们欣赏那些粗细有致、色彩鲜明、大气磅礴的彩陶时，当看到那黑红色的线条、开叉的肢端、随意的转折及奇妙的构图时，我们不能不对这些不知名作者的伟大作品表示惊叹，并为之感染和折服。

马厂型彩陶在圆圈与折线的分别发展中共同完成了纹饰几何构成的程式化历程。古今中外，构成图案的法则是多种多样，而表现图案的基本结构不外乎一方一圆、一曲一直。马厂时代的艺术家将曲线与直线融为一体，创造出直中有曲、曲中有直的构成风格，这正是中国彩陶纹样构成艺术发展的至极，并成为中国最基本的审美规矩之一。

遮蔽的文明

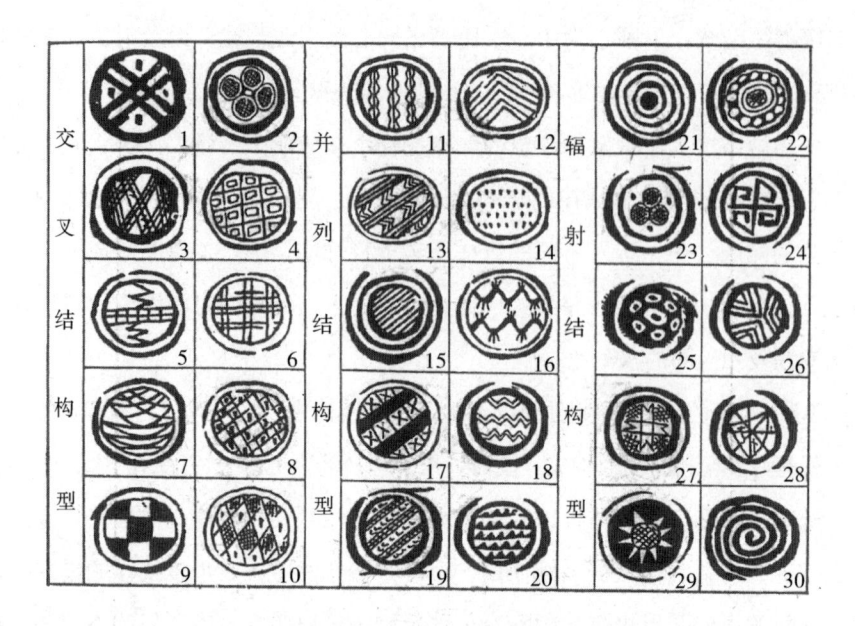

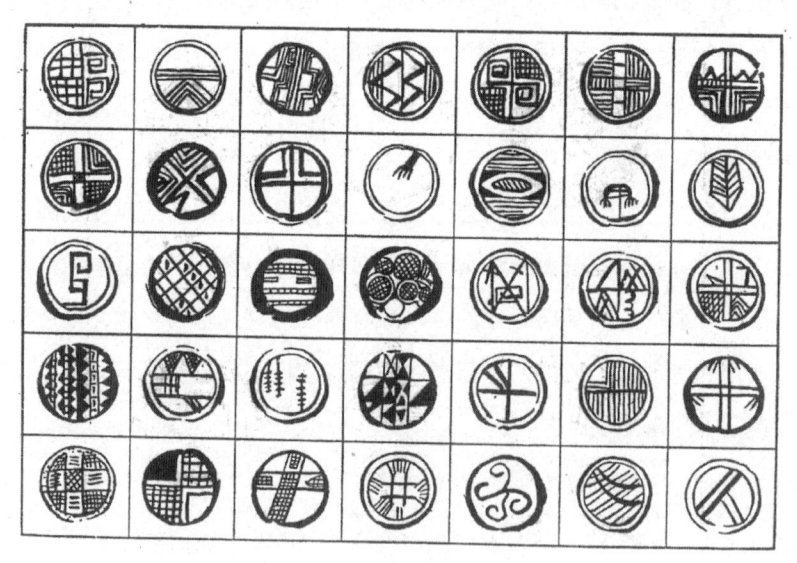

▲ 图27 圆圈纹的构成类型

上图：规则型结构　下图：变化型结构

上图：1.青海民和　2.19.甘肃永靖　8.甘肃兰州　10.甘肃广
　　　和　20.29.甘肃康乐　其余出自青海乐都

下图：均出自青海柳湾

▲ 图28　与圆圈纹样相适合的器物装饰纹样

（均出自青海柳湾）

## 四 文明的曙光

**1. 多层暗示**

彩陶纹饰成为判断原始文化类型的重要标志，这使人想起了中国一句富有哲理的老话："不以规矩不能成方圆。"汉代以来，中国神话中的两大主神伏羲和女娲就已经手持"规"、"矩"来衡量与创造天地万物了。彩陶作为原始文化中"纹"的规矩，使我们不禁要问：这些纹饰反映了与后世文化中哪些重要的理念的关联，审美意识又如何在后世的文化中发展、更新成固有的文化内核并作用于新的社会生活呢。

释家有偈曰："一粒米藏着个大千世界。"其实，在现代人看来，似乎仅仅作为装饰的彩陶纹样，实际上在其中已包含了多种涵义和功能，起着多方面的文化作用。

那些具象性的象形纹饰当然是对客体形象的一定程度和一定观念上的摹拟，是原始人类造型要求和才能的体现。因此，相应的客观对象提供了对它理解和认识的可能性，这一点前面已谈得很多。对于几何纹饰，尤其对于那些分布广泛、延续长久并具有构成线索的单独纹样来说，问题便显得复杂了。它们为什么能成为如此稳定而普遍的纹样？是靠了某一与此相关的客体所具有的功利因素，还是与此相关的审美习惯和需求的作用？抑或是依靠由某种观念来维持这种固有的审美习惯，使之变成某些信念或文化信条？从纹饰构成的发展过程来看，其中体现的审美习惯是顽强的，但任何审美习惯在形成和发展中，都不可避免地与实际功利需要与社会各种观念，以及个体的特定情感等相关，它还作为对以往审美意识的继承和发扬。即使有一类几何纹样是从某些"象形纹样"演化而成的，它也决不必遵循原先某些物象的"规定"，否则，这种"象形纹饰"就没有衍变的必要了。因此，几何纹饰比象形纹饰更多受审美习惯的作用，而涵括有更多重的审美意义。这也许是彩陶中几何纹饰数量较多的而且发展较快的又一个根本原因。

前面已经从对纹饰的构成规律分析过马厂彩陶中"折肢纹"的形成与演化

的原因。但是，它的那些非常像人或蛙的肢体，也像某些岩画中人物躯干的造型，是否确如中国古代人蛇合一、人兽合一等传说那样，表现了某些水生蛙族动物和人的结合呢？我们不仅可以从各个地区、各类文化的彩陶纹饰中找出各种各样的蛙纹形象，而且，还可以从《礼记》、《周易》、《尔雅》、《春秋繁露》、《淮南子》等许多典籍中找出对蛙的崇拜礼赞，可以以汉画中的日精月华的三足鸟和三足蛤蟆来作印证。但这些都不能表示从蛙纹演变成折肢纹是肯定的必然现象，更不能不顾考古的区域地层关系而作想当然推断。这只能说明，蛙作为一种与文化有关的动物，值得引起重视和探索。与此同时，我们照样可以另辟蹊径，将"折肢纹"和植物的穗状果实和花朵联系起来，和从采集经济过渡到农业经济的民族重视花叶的观念联系起来。所谓"华"、"夏"正是对植物、气候的崇拜和对经济繁荣的祈愿。对植物崇拜的现象在世界其他地区上也不少见，典籍中的这类记载也很多。这两种推测中的任何一种既难以完全肯定，也难以一概否定。

　　这里须要回答的问题，为什么在直觉思维领先的原始文化中反而排除了形象的直观性？"折肢纹"的构成与形式特征，和蛙纹、植物花叶纹的出现何者在先？到底是后来的观念受到原始构成纹饰的启示，还是这些纹饰作为某种观念的象征而受到重视？从中华民族特定文化特点来看，它们之间的相互作用可能是并行的。因此，像"折肢纹"这样的几何纹才融汇了更多的观念、审美习惯以及多种意义，才被当时的制作和使用者所肯定并被广泛运用。

　　从圆圈纹样中也可以看出，虽然圈内纹样千变万化，但仍然可以在定型纹样中找到基本结构或有程式性的纹样单位，如井、卐、十、米等。我们甚至可以进一步找出它们的构成途径以及它们与后来某些书写符号的联系。从广泛流传且变化繁多的纹饰，推演成定型的构成符号，很难说是根据某些具体对象以至由于个别形象演变的结果，而更多的可能是某种观念反映的关系被普遍认识后的定型化标记。

　　从几何纹样构成规律来看，它们一般是由相对等的不同部分按平衡、对称、对比、节奏等法则组合而成，因而与其说它们所表述的是某些经过抽象了的具体对象，还不如说是人们自觉或不自觉地对某些形式的或必然关系的表达。当然，我们并不完全排除某些具体形象可能也是这种几何纹饰的契机之一，正是由于人们在起初就不很重视象形纹所表述的实体，而着意于它所引起的那一系列关系，所以随着对这些关系认识的深化，象形性纹样也就渐渐被另一种方式，即更好反映这些关系的几何纹饰所取代。

马家窑彩陶中流行的旋纹既可能是产生于与"风水"直接有关的具体对象，如水流的盘旋，云气的腾回，雨后彩虹的弯曲，雷前闪电的转折等等；也可以由之联想到与水云有关的蛇、虫爬行的蜿蜒扭曲盘旋；山的脉纹、水的波纹；还可以与虹、霓、电、阴晴等自然现象及"蛙鸣天雨、虫出阳生"等情景造成的自然崇拜、神灵等观念联系起来；甚至还可以通过这些现象进一步将人的情绪与自然变化沟通起来。中国上古文字中的雷、电、云、神、阴、亘、没、气、虹等字，大都取象于曲折的波纹线和回形线；而中国上古的主要神灵均有龙蛇般的曲线体态。正因为如此，这一切认识及观念的溯源与古老的原始旋纹的形成与启发不无关系。故而旋纹作基础所衍化派生出来的许多"回纹"、"卐"纹等纹样，在各地的原始文化中，以不同的面貌长期流行着。因此，我们在研究这些固定构成的纹样时，很难说它们源于或受缚于某一具体对象的形象，而更应当注意特定观念造成的审美需求与纹饰结构的相互作用，也不应排除装饰手法进一步发展所造成的新的含义。这些虽然有一定的模糊性，但就分化发展的印迹来看，它也有某种相对确定的可能。例如：在后世的五行观念中，水能克火，故火神名回禄，那么，回禄的"回"字是否与上古水纹的形象有所关联，或者与水的神圣观念有所联系呢？而土能克水，可是土神却名共工，共工即是钻入土中的虫的取象，又怎能说曲纹不受这些观念的暗示呢？木能克土，故土神曰"稷"，这又是农稼之苗木的通称。也许放射形纹样也会受到这类对象的启迪。如此等等。这些有迹可寻的关系也许正是远古纹样中一脉相承的思想或所导致的。虽然几何纹饰起源要早于象形纹饰，但在发展过程中，它们在社会生活与生产劳动中以至审美规律上，都有着与象形纹饰相似的理念含义。从我国远古农业社会的生产和生活实践来看，这些"回纹"、"旋纹"等基本纹样的观念，大概更多的不是图腾崇拜而是与水流、云霞一类与自然、气候直接关联现象的联想或当时所认识的其中某种必然关系的诠释。

原始艺术的混沌性就在于它和原始认识一样，具有模糊的但是多重意义的特点。彩陶纹饰以简单的形象或符号，往往因凝聚了许多原始认识而体现着严肃的多重含义。以为只有一种观念的看法是不全面的。中华民族有讲究"水土"和"风水"的传统，有着重联系、轻本源的习惯，追溯到它最初的原始文化中，可以看到，这实则与由原始生产方式与生存功利所导致的自然崇拜、物候崇拜有关。一切物候动物在人们认识了气象规律之后，便可能退出文化舞台。只有永恒的风、水、火、土，由于作为人和自然的媒介，而越来越深地根植于文化之中。

出于同样的道理，如果说"折肢纹"表现的是蛙的肢体或人的肢体，从纹饰构成原因上看，还不如说它们表达了人们重视转折和端点这一观念。如果说"圈纹"表现的是人的头部；还不妨说它们表达的是对环绕、圆满的希求这一观念。抛开后世衍生的含义，在中国最古老的哲学思想中，所谓的"周"和"易"不正是"圆满"和"转折"所表达的那些观念的内涵吗？

从早期彩陶开始，就发现了许多不同的刻画符号与彩绘并存。发展到后期，已出现了不少各种线条构成的书写符号，仅马厂类型中就有十多种，其中不少是结构相近或相关的派生形式，也有些是相同结构的不同写法。它们一般写在陶器下部，已从整个纹饰中独立出来。它们的标记功用十分明确，一些研究者认为它们是家族徽号或作坊的标志。它们的结构，分别像是由早期直线形几何纹样和晚期彩陶圆圈中那些几何纹样的基本构成法则抽象出来的。人们能从纹样中抽象出一定的符号作"标记"，反映出定型纹样对观念表达的促进和成型作用。（图29）

在我国原始文化中，出现得比文字更早而重要的是"卦象"似的符号，它们就是一种定型而简化了的构成纹样。因此，彩陶纹样除了与绘画及文字的形成有一定关系外，可能在很大程度上与原始卦象有联系。

卦象虽然带有更多的理性色彩，但它的基本构成同样沉积了从许多彩陶纹

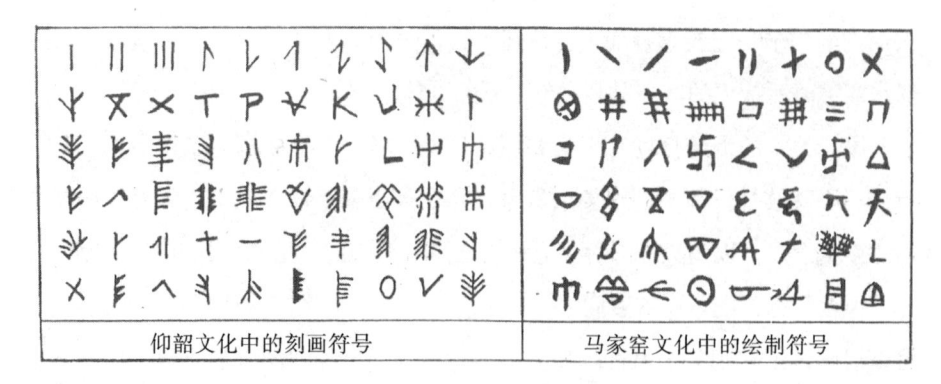

| 仰韶文化中的刻画符号 | 马家窑文化中的绘制符号 |

▲ 图29　刻画符号与绘制符号

饰中形成的基本审美规律，它的基本思想中也反映出许多彩陶纹饰造型表述的基本观念。当我们看到彩陶中那三等分圆周的构图，那被一些人称为"简化了的手指或蛙爪"的三条排线，那回形线中的一波三折，如果我们不联想到"卦象"中乾（☰）坤（☷）等并排的三列短划及最初导致"三生万物"这一哲学思想产生的那种观念力量，我们就很难体会到为什么中国的日精月华是三只足的乌鸦和三条腿的蛤蟆，为什么在后来中国文字中，山是三座山峰（⛰），水是三条水纹（≋），草是三根茎叶（ψ），木是三条根叶（木），雨是三行水滴（雨）等等。

在原始文化中，人们用习见的、定型的理念符号的构成与组合来记录、推断和演绎出某些人们已认识或未认识的规律，以此来阐述人和自然、人和社会、社会和自然的关系，当然是人类认识史上重要的突破。这种早期认识方式随着人类认识的深化会显得幼稚甚至荒唐，但这种认识造成的思维模式会影响整个文化。在只能靠造型艺术记录文明进程的时代，这整个过程都不能脱离形象的创造和应用。仅仅以史籍中某一氏族（如：三苗）中的有关记载来解说美术现象，仅仅用象征和象形来解释纹饰构成以致后来文字的形成而忽略了审美所造就的观念作用，就难以深入了解中国原始文明。

中国原始彩陶以其热烈的情绪和明晰的构成规律，表达了中华民族从七千多年前就已经开始了对世界及自身的理解和认识的记录。彩陶纹饰演变与发展的脉络，正是那艰辛历程中人们那种奋斗或悠闲、困惑或欢乐、思考或向往的

心灵写照。彩陶纹饰的形象本身，也暗示着人们对形象、理念、认识等方面诸多关系的表述。（图30）

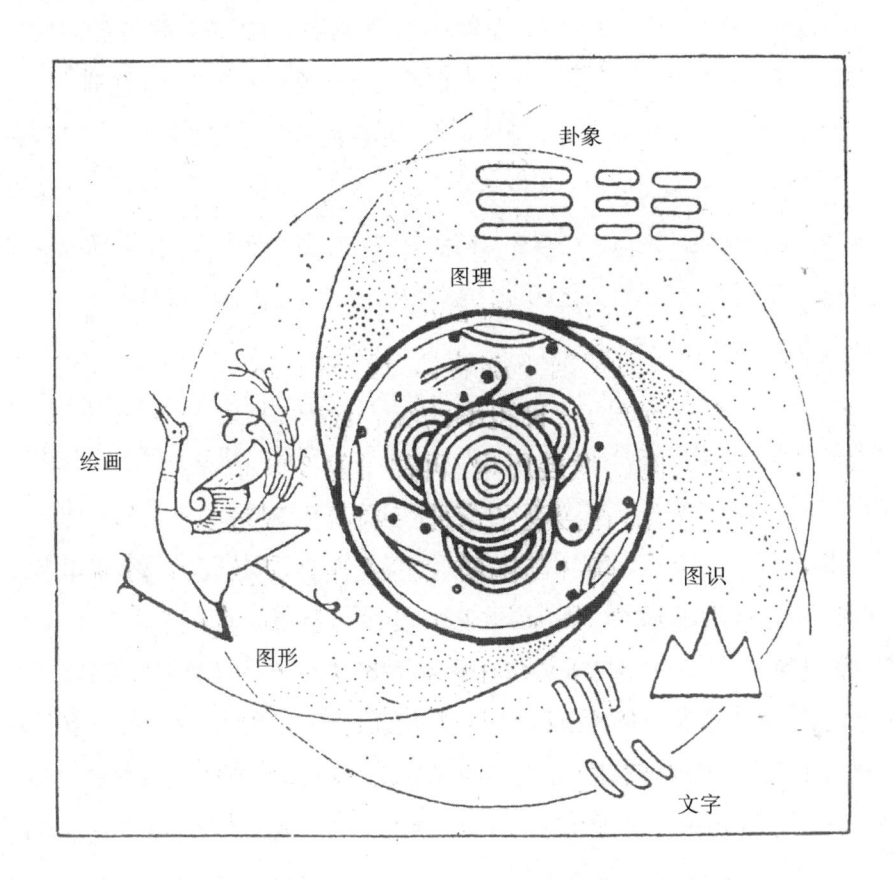

▲ 图30　彩陶纹饰功能内涵示意

一个民族文化的发端是从其对自然及自身的认识开始的。也许，正是中华民族祖先这一种族那"仰观天象、俯察地物"、"近取诸身、远取诸物"的总体把握与直觉认识的特点，才使得在原始美术中就明显地形成了游移于物我之间，认识于心体之间，描绘于形名之间的特点和规矩吧。

### 2. 混沌初开

当甘青地区的彩陶进入马厂类型时，其他地区本来就为数不多的彩陶差不多都销声匿迹了。从中国文化起源和形成的角度来看，发展到马厂类型彩陶，已接近原始艺术发展的尾声。它的发展和分化，暗示了原始艺术中特有的多种功能的相互作用和转化。

考古发掘成果表明，大约五千年前，中原地区的彩陶已有明显的衰落趋势，而黄河下游的鲁、豫、皖地区，大约从四千七百年前的大汶口文化晚期，一种粗率的红点纹样，也结束了这一地区本来就不多的彩陶的发展历程。再往后的三百余年中，只有湖北境内的屈家岭文化，在接受了南北影响下出现过少量彩陶器物，其中精美的陶瓶、小陶杯与陶纺轮的纹样多是绞索纹、放射状线纹或旋纹等几何纹样。屈家岭文化以后，这些地区的彩陶也如游丝般地断绝了。其时间大约在距今四千三百年左右。

到了大约四千年前，马厂类型彩陶也结束了它的发展历程。而这时，在河西走廊以西及新疆以远西部地区，也先后出现了一些风格粗放，明显受马家窑文化影响的彩陶器物，但为数已经不多了。在甘青地区继马厂文化而来的"齐家文化"、"辛店文化"、"唐汪文化"、"卡约文化"、"寺洼文化"等虽出现过一些彩陶器物，但它们或因其彩陶极少统一特征，或因纹饰极其单一，而引不起人们的重视了。齐家文化是其中一种分布较广的文化，从黄渭流域到甘青、内蒙古等地都有发现。目前已发掘出五十多处齐家文化遗址，大部分没有彩陶出现。甘、青地区少数齐家文化遗址中出现的少量彩陶，明显是马家窑文化中单一的网纹或折线纹之粗率延续。在与齐家文化同时或稍晚的辛店文化中，彩陶纹饰的图案化多饰以∽形粗线纹，偶尔伴随着写实性狗纹或太阳纹饰。卡约文化、唐汪文化、寺洼文化，似乎更受地区性局限，彩陶纹样具有单一图案化的风格，特别的器形与弧形图案，使人感到多少有点与西亚文化圈的另一种原始文明交融的痕迹。虽然，有些器物在色质上都相当精美，但它们在工艺上的成就要超过它们在艺术上的探索。总的看来，这时的彩陶已经失去了昔日那种新鲜感和勃勃生气，而此时的中原地区，已进入青铜时代了。

在东南、西南等少数区域性文化中，间或也出现过少量的彩陶器物，但作为文化遗存，它们不足以代表这个时代的艺术水平。

是什么原因促使彩陶文化逐渐趋于衰落呢？

在许多地区，当制陶业发展到后期和末期，彩陶文化就开始衰落了。制陶前期，由于制陶技术与工艺水平较低，特别是陶质和塑造技术的低下，使陶器的成型与非彩绘的其他装饰受到较大的限制，因此，人们只可能在彩绘装饰上付出精力，施展创造才能，使彩陶得以充分的发展。随着制陶工艺的提高，陶质的改善对材质的塑造与处理有了较大突破，因此，产生了对器物种类、形制的兴趣和追求的物质条件。陶器种类、形制发展的结果，使大多数器物造型复杂、多样，增加或加强了器柄、鋬、口、流等附加部分及非彩绘的附加装饰，从而使器表坡度变大、转折增多，这一切为彩绘的发展造成不便。在许多地区，如黄河下游，随彩陶文化衰落和继彩陶文化之后，素陶文化勃兴，出现大量多种多样的器物造型，明显地反映出对陶器形质的追求，这大约是导致彩陶衰落的一个重要原因。

在一些地区，彩陶不绝如缕地延续到了冶铜业出现之后，由于金属材质在许多性能上表现出更优越的特点，人们的注意力与精力可能会随之转移到对新材质的认识和制作上。这样，彩陶以及陶器的位置在许多方面——审美需求及工艺技术等方面便会被新材质的器物所取代。彩陶的发展也导致了自身的停滞和跌落。由于一些地区后期彩陶的高度发展，在纹饰构成、色彩表现等方面，已达到极致，并且也造成了一定的程式，从而已无可进展。当时的艺术家们不得不在另一块土壤上或以另一种途径去表现他们的才能了。这可能是彩陶衰落的又一个重要原因。

更重要的原因是随着文明曙光的即将出现，原始文化中所孕育的各种思想认识和观念，逐渐寻找到了合适的表达方式，彩陶纹样中所蕴涵的多方面功能也随之产生了分化。

在晚期彩陶文化中，纹饰本身的装饰、标记与表达某种观念等功能各自趋于明显。晚期马厂彩陶纹样的随意性，显示出仿佛除了装饰物外并无其他意图；还在制陶早期就出现过的刻画符号，以及后来从基本纹样中演化出来的某些稳定性的符号似有文字或书写的特殊含义；同时还出现了许多局部捏塑或附件堆塑的器物，好像它们分别担起了标记形象和表述观念的职能。辛店文化彩陶常将极其固定的几何形纹样作为主体装饰,而写实性的犬纹则杂错其中,二者缺乏有机联系与统一风格,相互判离,亦不受影响。甘肃玉门火烧沟出土的一些晚期彩陶也有相似的情形。这种绘画性犬纹与装饰性几何纹样的分化,也反映出各类纹样中意蕴的加强及其多种功能的分化。

中原地区晚期彩陶也如此。如河南临汝闫村出土的"鸟鱼石斧罐",其纹样已完全是一幅独立的绘画作品,而大河村、秦王寨等地葬具彩陶缸上的"∽"形与"♪"形纹样,其符号性的职能就十分明显。

与中原地区晚期彩陶并存的还有一种彩绘陶器。在庙底沟晚期遗址中,曾发现在灰陶杯上用朱色绘彩的痕迹。这类彩绘是陶器烧好后再用色彩绘制的,很容易脱落,不像彩陶器物上的纹饰那样牢固。它们一般不易经常移动,实用性能较差。但其色彩较多且可任意把握,更能主动地按不同要求制作,因而它们可能是侧重于审美功能的又一种彩绘装饰形式。有人认为这种彩绘陶器可能更多地具有礼器性质,这种推测是有一定道理的。山西襄汾陶寺遗址发现的一件"蟠龙"纹朱绘陶盘可作这类原始彩绘陶器的典型器物。它是在烧成后用朱红色绘制的,纹样中的"龙"身如虫、蛇之状,有鳞、大耳、锯齿,口衔一禾状物,造型严谨而形象神秘。特别值得指出的是,这件陶盘上的纹样与商代青铜器上的蟠龙纹造型有许多共同之处,这可以作为从彩陶纹样向青铜纹样过渡中的形象。中原地区的彩绘陶器可能就是这种过渡的形式之一。

随着物质性需求和精神性需求最基本的分化,精神方面的各种需求也发生着分化,这导致了原始制陶出现不同侧重的追求及器物表面纹饰功能的分化。这使后期的彩陶艺术因此发生了重大变化,它那盛极显赫的地位逐渐让位于对三维造型的追求或对新材质处理上,而且就整体彩陶而言尽管当时不乏十分精致的作品,它表现出的协调与不统一格调往往使人感到缺少了什么,这大概是因为在彩陶艺术趋于衰落时,那特定时代赋予它的各种功能、内涵已经或即将分离的缘故。虽然,人类文化中各学科、各门类的真正分化要在后来很长时间内才可能完成,但是像彩陶那样具有多种文化职能与实用功能、内涵极为丰富的原始艺术形式的分化,也只有在文明始近时的特定时代才能发生。从这个意义上说，彩陶艺术多种功能和无限丰富的含义是后来所有艺术门类不能比拟和取代的。也正因为这样，彩陶的艺术成就才长远地影响着中华文明，它那基本的色彩观念，形质感觉，纹饰结构与形象描绘的手法所造就的审美追求和习惯，在后世的青铜工艺、绘画装饰以及文字等艺术中长久地保存下来，成为构成中华民族文化艺术的一支血脉。

1983—1987 年

# 面具与农业文明

　　人类对自身头面的处理方式问题，是饶有兴趣而被普遍关注的问题。我们发现，对于人类自身头部装饰的重视，几乎是一切民族的重要习俗之一。但对于颜面的装饰，特别是以各种定型化的描画、割刺、涂抹、穿缀等手段装饰脸部（即脸谱），或者以制作假面（面具）为手段来装饰颜面的进程却并非遍布于一切民族的发展历史之中。即使在以假面或脸谱装饰颜面的民族之中，我们亦不难发现，不但其装饰材料、色彩与手法不同，而且更主要的是，各自的装饰部位与装饰方式也大相异趣。这种与种族、地域、习俗相联系的差别，通常只显示空间上的较大差异，而似乎与时间的推移关系较小，特别是在近现代文明尚未出现之前的漫长岁月中，它们似乎将时间上的推移置而不顾地压缩在一个个风格突出的面具与脸谱中。因而我们不得不作出这样的判断，这些面具和脸谱，除开它们与宗教、祭典等社会文化观念极强而又迁延不断且不断更替的使用功能相联系外，在它们那基本构成的形、色、质中必定潜藏着某种与种族、地域等天设地造条件相关的文化符号；并由此不断散发出与人的情绪基调、感受模式相关的信息基因，造就出不断强化的习尚、风俗。以致后来，那种最原始的信息基因被实在的社会功利所掩盖，其后又被审美的形式存在所混淆。

　　近一百年来在全球史前文化与原始民族现存文化的研究与比较中，关于面具与脸谱的研究已取得了一定的进展，但基本上仍未涉及以上所提出的推测。归结起来，以往的研究成果大致体现在以下几个方面：西方的研究者们，曾将主要精力放在非洲、美洲与澳洲土著文化及部分考古学中所发现的历代面具的研究上，大多的脸谱装扮式样只被放在习俗与礼仪活动的行为之中予以考察，他们的研究重点与研究方法多采用西方古典科学的实证方式，表现为收集、著录、整理、分类，寻找类别的典型特征及其相互之间的关系。一般来讲，其结论多以面具的使用场合，将其区别成战争面具、狩猎面具、成年式面具、祭祀面具、祈雨面具及戏乐面具等等；或以题材分别成人面面具、动物面具、神祇面具、鬼魂面具等等。并着重对被称为"面具文化圈"的非洲和埃塞俄比亚的热带多雨地区的面具功能与目的作了划分，指出了由于使用目的的不同，面具形态的通常式样可划分为威吓性面具与模仿性面具。并发现在这一地区之中，最重要的面具只属于关于成年仪式的面具、关于农耕的面具和关于政治刑法或恐怖行为的面具这三种类型。①

东方的学者，一般在这样的基础上更重视太平洋文化圈中的面具研究，并尝试着从更广的层面上去研究原始文化中与假面相关的规律性问题。他们不约而同地将假面与原始农业联系起来，提出了某些前所未有的研究范畴；指出了面具是原始农耕民族的特征，研究面具发展过程中向各种场合与各种族间渗透的情形；讨论了面具与人类文化观念与人类普遍感受方式的某些联系，这与东方学者们所重视的传统史文哲学导致的研究方法相一致。②

以往的学者，在这个大问题的研究中大多由于条件限制而忽视了中华民族面具、脸谱的研究。毫无疑问，中华民族是世界上最古老的农业民族之一，中国是唯一的以特有的农业生产方式与统一的文化迁延至今的广大区域，其面具与脸谱的种类、数量、使用之广泛、历史之长久以及历代的传世实物与文献史料之丰富，均是举世无双的。对中华民族面具与脸谱的研究困难在于：首先是必须摆脱以往因袭的分类方法与一般实证式的推理演绎方式，而要以中华文明

---

① 这方面研究较有代表性的著作，可参阅贝德安的《面具》（Bdeouin，J—L:Les Masgues, 1961），列维—斯特劳斯的《面具之道》（Levy—Strauss，C：la voiedes Masgues，1975）等。

② 这方面研究成果可以下列著作为例：日本木村重信的《民族艺术学》（日本广播出版协会，1986年版）、《农耕民族的艺术与狩猎、畜牧民族的艺术比较类型论之研究》（大阪大学印，1979年第1-13页），以及拙著《中国的龙》（漓江出版社，1987年版）、《中国美术史·原始卷》第二、三章（齐鲁书社，1989年版）。

特有的记志方式与感觉习惯来重新认识面具、脸谱中特殊的符号性含义与中华文化中一脉相承的统一方法；其次是必须借助积淀和隐藏在汉字为主的书写符号（这类符号还包括各种符箓、卦爻、图绘等）以及大量文献资料来弄清面具脸谱从史前到当今的发展变化的重要阶段及其序列；再其次是必须通过大量现存面具脸谱的式样，寻找到其中形式结构规律与社会活动规律之间那种由最基本的人的情理所能把握领会的文化联系及各联系方式之间的演绎规则。

许多当代研究者在他们的著述中已将丰富的第一手资料以及大量的研究结论作了详尽的阐述。这有利于我们撇开这许多具体而琐碎但又必不可少的前提，而直接认识中华农业文明与面具脸谱那种必然的直接关联。

我们来考虑这样一个至关重要的问题：为什么面具会与农业文明有必然的因果对应。在回答这个问题之前，我们首先来澄清一下我们叙述中所使用的概念。本来，面具与脸谱是两个不同的概念，但从民俗学与历史学的研究成果不难发现，它们都是颜面装饰的产物。最初，头面装饰属于文身的组成部分，由于头面的特殊性，例如五官位置的相对恒定，头面作为一个整体不可能像肢体一样产生较大的动态，五官作为主要感觉器官而必须经常裸露等等，因而文身便产生了"身首分离"的变化。原始的头面装饰在装饰符号基本定型化之后，丰富的面部表情即可转化成较规则的"情绪符号"，强化了的强烈的情绪符号在特定场合与形体姿势规则一道组成了"头面装饰"所要表述的"语言"。它既非时时要说，而在特定场合下又不能不说，于是，规范的以表现规则符号为目的的面具便产生了。我们不难从世界范围的研究中看到，面具是所有原始农业民族颜面装饰最初定型化的产物。它以刻板而又有特殊意义的形色状貌，取代了人类表情最丰富的脸面，将在平常生活状态下的人面与要在特殊场合下叙述一定观念的人面最大限度的区别开来。一般来讲，面具的社会功能随着社会的进步与文明的发展，特别是礼仪规则的发展与文字的出现而会产生变化。大量的表述原有意义的形式渐渐地成了一种特殊条件下的例行活动而更多具有了娱乐性的含义，这时，面具中的特有符号又回到活生生的人所需要的情境中间。每一个面具所表现的特定颜面，又在娱乐中转化成了活动的人面，它们只需要基本的形色所表现的简单观念，而更丰富的脸部表现才有利于情绪与情节的表达。因而，面具又回归到最初的方式，直接在人面上绘制，这种画在活人面上的定型化面具，便是我们所谓的脸谱。在中国，脸谱是与"戏剧"紧紧连在一起的，仅仅"戏""剧"两个字，已揭示出了面具脸谱化的根由与其形式特征了。如果我们稍加留心便不难发现，世界上所有民族中的原始戏剧形式以及最初形成的戏剧模式，只要其中具有颜面装饰的成分，它们无一例外是以面具的形式，甚至以整个套在头上的面具形式来完成其表演的。在中国不少地区尚被民间习俗活动保存着的戏剧，如西南地区的地戏、师公戏以及各地的民间傩戏傩舞中，都仍保留着面具装饰的特点。中国古籍中大量关于古代傩仪式的文献也证实了这一点。而在更多普遍出现于唐宋之后的完善了的高级形态的中国戏曲中，面具已逐渐被脸谱所取代，只有在极少场合中才出现个别面具，仿佛是对古老面具的残存记忆。总结起来，我们所谓的面具和脸谱，它们在发展阶段中大致经历了由头面装饰到面具，再到脸谱这三个大阶段。它们与人类文明发展相对应的阶段是：一切原始人类都可能具有各自种族与区域的头面装饰之习俗与方式，面具则是原始农业文明特有的文化形态，脸谱只产生于面具所涉足的活动完全变成了程式化或习俗化的娱乐游艺活动而丧失了其原有的功利目的，并且这些活动仍然被作为社会认可的最广泛最基本文化活动保存的文明社会中。每一种后来的形态会可能同时包容其前面的各种形态，但在我们所认知的世界范围之内，这样的阶段性划分是毫无例外的。当然，并不是每一个种族或任何一个地区的文明都经历过以上的变化阶段，农牧民族的交混、狩猎民族的介入及各种文化的交往，使得不同的文明有不同的发展途径。有不少土著民族至今尚停留在原始的头面装饰阶段，也有些高度发展的文明在极早进入了面具阶段之后将社会的基本文化活动转向了不以面具参与的那些形态之中，而始终未能出现脸谱之类"语汇"。如古希腊文明即是一例。也还有一些文明由于长期保留着面具特有的社会功利功能，或者虽然将面具活动转化成游艺活动，但却没有广泛发展并保存这种活动方式所造成的文化效应，因而至今未能产生出新的脸谱艺术范畴来。例如东南亚地区的大多数宗教活动，日本的"伎"、"能"中的表演面具及中国许多少数民族地区的面具活动即是如此。而中华文明中较广大的区域内，由于具备了以上的那些基本条件，因而从整个面具脸谱的发展来看，不但极为完整有序，而且其脉络清晰、过程典型，参照的实证亦丰富。这些有待于进一步的研究发掘。在明白了这个大线索的前提下，对于"头面装饰"、"面具"与"脸谱"的广义与狭义之称谓自然不言而喻了。当然，在一定的情况下，我们可将面具的绘制当成一种并不直接绘在人面上的脸谱，是一种较单纯而原始的脸谱体系。前后的丰富形态是自然与文化的发展所致。因而，我们现在讨论的关键问题是，为什么只有在农业文明的前提下，头面装饰才会演化发展成面具的。

以人类共同的观点来看，动物的进化使其主要感官集中于头部，进而集中于颜面上。所有的高等动物都具有保护头部的本能，鸵鸟将头埋在沙中，猿类在遭遇意外时首先抱住头部等都是极典型的例证。中国的成语"抱头鼠窜"已一语中的地指出了这种现象。许多高等动物的眼睛、耳朵和嘴的动态，已明确地传达有特定含义的内容，它们是头面基本表情的组成词汇，特别猿类动物，已具有了颜面的表情。因而，当人类能对自身进行自觉地装饰时，头面必然会成为其重要而特殊的部位受到重视。世界范围内的人类学和考古学研究已证实了这样一个不容置疑的事实。

现在，我们再从人类种群的原始生活习性来看对于头面表情的不同侧重。

民族学的研究，历来就将原始的生活方式分成狩猎、畜牧与农耕。西方的学者曾一度使"狩猎→畜牧→农耕"这种三阶段发展说风靡世界，但近代的研究已否定了这种学说。大量新的学说将畜牧的发展当成问题的核心，而将农耕与狩猎当成不同的文明源头。近代学者特别重视了畜牧民族研究的条理化与系统化，有些学者并重视了畜牧与农耕，以及畜牧与狩猎之间必然关联的研究。[①]但是，我以为现在值得注意的是，中国历史文献中有最完整的农耕民族研究成果，有对人类史前文化的最早追述，并有一种定型后的农业文明对自身文明起

---

[①] 这方面不同观点的著作可以梅棹忠夫《狩猎与游牧的世界》（日本讲谈社，1976年版）与今西锦司《人类的历史》（日本河边书房，1968年版）为例。

源的认识与假说。面具的形成，应当追溯至此前。因而，我们不得不注意更古老的人类生存方式如何引导人类进入后来的农耕或畜牧之中。我以为，与农耕或畜牧相比，原始的采集活动与原始渔猎活动是造成原始民族分化的原因。它们更早也许是由于种族所造就的素食习性与荤食习性而产生了不同的选择。我曾在不止一本著作中反复从各个角度比较了原始采集活动与原始渔猎活动对人的不同造就。总的来讲：原始渔猎活动那种流血的杀戮、猎获的捕斗，食物易腐而不能长期贮存，带来了生命突然死亡的悲哀和实在获得的及时享受，造就了原始渔猎种族对于武器、体魄的依赖与对生命丧失或获得的崇拜，而且造就出对于这些依赖与崇拜的表达方式，更多体现在实物或者实体偶像的直接感受中。他们对自然的变化比较冷漠，对自身的情绪比较难于把握，往往处于静和动、生和死的极端状态之中；他们的联想多与现实生命的存在、产生与活动有关，更多重视具体对象体量、运动的把握；他们较相信偶然的机遇或自身个体的能力，有一种强有力的个性表现与虔诚的迷茫意识。这样的原始心态导致出其原始信仰易于以生殖崇拜、图腾崇拜、偶像崇拜等实体崇拜的方式表达出来；内容多是如成丁礼、出猎礼等与生命得失有关的活动；并且也多以装扮成实体形象的模拟活动来表达。原始采集活动则不然，找寻、选择、采集、收藏的过程使得从事这种活动的原始种族既没有极大收获的喜悦，也很少突然死亡的危险。缺少与其他动物的激烈搏斗，也不能随心所欲地攫取。他们必须以平缓的心境来等待植物漫长的生长周期，必须以贮存的籽实来度过没有果实可采集的日子。因此，他们不热衷于暂时的享乐，也很少长期挨饿。他们对自然的变化十分重视，与自然的关系密切而融洽，并从对自然的依赖中产生出了对自然变化规律的认识和联想。他们对自身的情绪较能把握，通常也较为缓和，常常处于较缓慢的有规则的变化和微小的起伏波动状态之中。他们更相信自然对人的控制，与人对自然的顺从，有一种宽容的忍耐性格及心理状态。因此，他们的原始信仰更偏重于对自然的崇拜与对贮存器物的重视，并将这种崇拜反映成一种观念的联想而与情绪、感受联系起来，最终统一成一种与自然变化规律合拍的自身节律；形成一种思维模式，将自然崇拜寄托在气象、环境、自然物的变化等等内容之中，形成众多与节气、时令、气候、水土有关的习俗活动、迷信观念、自然精灵等，并通过祭祀、祝祷、纪念、敬仰等活动方式来表达。

由于这种差别，原始采集民族与原始渔猎民族对自身头面的装饰会有不同的侧重。我们现在已找寻不到以单一的生活形态而存在的原始部族作为例证，但对于不同场合、不同地区的头面装饰，我们尚可归纳出其不同的特征。一般来讲，原始渔猎民族在头面装饰上更重视对实体对象的模仿，其装饰部位多是头上的犄角、唇边的獠牙，这些都是在狩猎中属于猎物"武器"，或许亦曾被原始人类假作"武器"的部位。再有就是突出鼻子的装饰，这是在狩猎中较眼睛更有用的能发现隐藏猎物的感官。而原始采集民族在头面装饰上则忽视以上部位，他们更多重视面部的装饰，重视眼睛和腮嘴的装饰，这其中有重视选择过程中重要器官的因素，也隐藏着对食物和贮存器重视所造就的观念之作用。从中华民族一脉相承的文化中我们可以轻易地了解这一点：由于贮存对生存的作用，也由于采集的选择过程中对表象与实质联系的判断，因而产生了对容器的重视与对表象形色构成的偏好。中华民族史前那举世无双的众多容器造型与彩陶文化之繁荣，正是这种观念所造成的文化现象之一。如果我们再深入思考一下汉语词汇中"容貌"、"容颜"、"宽容"等词汇中"容"的本意以及其导致的审美特征，特别是"容颜"一词与"面子"之间看似偶然但实则必然的内在联系，我们就不难明白这正是由于原始采集活动所引起的观念积淀造就的结果。从目前发现的原始时代仰韶文化遗存物中，我们可见到从陕西临潼到宝鸡之间东西相距约二百公里范围中发现的绘制在彩陶器物上的十二件人面纹样，这些生动又有一定程式的人面纹样正说明了中华民族头面装饰的基本定型，反映出那种定型化特征来。从现在所知的这十多个人面纹来看，基本装饰部位与手法一致：头部挽高髻或饰以羽毛、草穗之类冠戴，前额和腮旁颜面上涂以不同色彩，鬓旁插以缨穗等饰物，口角与下颌涂色或饰以胡须。这些部位与迄今尚流传在该地区的民俗活动中颜面装饰部位相吻合，也被历来我国颜面装饰与中国戏曲中脸谱与面具所强调的化妆部位所采纳。我们进而注意一下汉语中有关"须"、"眉"、"鬓"、"冠"、"顶"等汉字及其组成的词语，不难发现它们大都含有审美情感甚至伦理意义，这正是远古颜面装饰对头顶、鬓角、须口重视所造就的审美习惯与准则在文化中的遗迹。与此相似，几乎每一个后来形成的民族对头面装饰的喜好，都是其古代原始种族面饰心理的遗传和延续。以欧洲古代的面具为例，其着重部分无一例外的是头上的角饰与鼻子的装饰。至今大多欧洲语言中，在嘲笑无能无耻时所说的"不要鼻子"正好与汉语中"不要脸"、"丢面子"等词汇形成了对照。使我们不得不重视颜面装饰在文化中不同的趋势造成的倾向，并因而产生恒稳文化作用的现象。

　　正是由于原始采集经济的活动方式，使得由此而进入农业社会的原始种族在头面的装饰中趋同于颜面的重视，这才为农耕社会中面具的产生创造了可能的前提。那么，为什么在同样趋同的狩猎种族之头面装饰方面没有产生面具呢？在这里，我们再着重讨论农业社会中对定型化颜面装饰的进一步促进作用以及中华民族特殊条件下所形成的颜面装饰习惯。相对于原始采集活动来讲，原始农业的发展更为顺理成章。实际上，最初的原始农业几乎可看成是一种"守株待兔"似的定点采集活动。相比之下，唯一的不同点就是相对稳定的活动场所而渐渐导致了定居的产生。近代东西方学者在民族学的研究中，对农业的发生作了深入的研究，根据美洲、澳洲和非洲地区的栽培植物史的研究，将原始农业分成以块茎、根、叶、枝条插入土中繁殖（所谓"营养繁殖"，例如番薯、芋头、马铃薯等作物的繁殖）为表率的"旧栽培文化"和使用籽实繁殖（即用果实种子播种繁殖，例如水稻、小麦、黍、稷等作物的繁殖）的"新栽培文化"。一般认为，由于"新栽培文化"的出现，人类才能利用贮存的种子将农业的范围扩大到原来并不适宜原始人生存的那些稍微寒冷与干燥的地区。我认为，在旧栽培文化中，采集未尽的块茎周期性生长促进了人们集居。其繁殖方法与贮存方法很容易找到自然而统一的方式。种下的块茎在一般条件下虽不必定居管理，但块茎植物只生长在四季温暖且雨季和旱季明显的区域，这又促使人们去迁徙寻找。因而，旧栽培文化仅仅是一种半定居性质的采集活动过渡到农业活动的混合文明。在全球范围中出现的旧栽培文化地区可根据古气象的成果准确预测。原始采集民族随食物的多寡增减而迁徙，植物的生长随气候周而复始的变化而变化，加之人的生存离不开水，因而所有的原始迁徙，自然沿着河流两岸进行，这就是世界上所有的古文明必出现在大河流域的原因。南北流向的或接近南北流向的河流，其流向与地球自转方向有明显交角，沿河的气候无论在季节、温度、湿度等决定作物生长条件的各个方面均有明显差异，其沿河的植被在不同时期均不相同。当原始民族们沿河迁徙时，也正是随着不同时期中不同植被进行采集的生存需要所必需的过程。因此，在大多数这样的热带地区，其原始的定居出现较晚，其对农业所赖以的土地与气候并未能同时形成某种特定的崇拜观念与宗教意识，而是更重视迁徙所带来的实在利益，相对稳定地选择固定采集点，组成较小的家族式集居群落。大部分这类民族都有类似于中亚民谚中所说的"故乡非生地，乃是满足处"，"与其等雨来，不如向雨去"的那种心理状态。因此，其固定的农耕活动普遍出现得更晚。

值得我们注意的是，从全球人类古文明发源地来看，只有中华民族的发源地处于温带地区两条东西流向的河流区域，这是世界上唯一的与地球自转同向的大河流域区域。它造就了基本相同的气候带，使整个区域处于四季分明、雨旱分明且时序上一致、季节上相同的统一气候之中。以素食为主的种族在与气候带平行走向的大河流域中，其迁徙活动似乎是"无路可走"了，无论迁徙到哪里，都是一样的地（有植被或无植被），一样的天（气候与节令）。因而，他们必须依靠脚下的地、头上的天与天地间的自身去闯出一条活路来，他们必须停下来，躲过熬过寒冷的冬季，必须想法在定居下来的某一个地方多采集一些食物贮藏起来，这样就必须找到农耕，必须靠能贮藏的干燥的籽实来迁延自身的性命与创造来年更多的采集对象，而不能靠多汁的、在浅土中能冻坏的块茎。于是，他们便跨越了旧栽培文化时代而更早地进入统一的定居农耕文明之中。因此，在中华民族农业的发展过程中，从来不存在着"旧栽培文化"时期，而是极早、极统一地全面进入种子栽培的、定居的农业文明时期。没有什么会比农耕与土地的联系那么强固，没有什么会比在四季分明而又较为干旱寒冷的地方农耕与季节时令的联系那么重要。明白了这个道理，我们便不难明白中华民族那种顽强的乡土观念与无所不包的天道观念。这正是地造天设的中华文明之症结。

定居的农作，带给人的是平和的交往，在长期采集经济中形成的固有感觉经验与思维模式强化成一种统一的认知方式，而进一步的社会发展需要将这些统一的认知方式迁延下去。这时候，语言与行为的交往已不够用，因为它们只能通过实在的人的个体传达，而不能在更广大的时空中进行广泛的交流并通过可超越个体生命时空局限的方式迁延扩展。这样，有意识创造的原始美术形态便发生发展起来。人类史上几乎所有的非崇拜意义的造型艺术，都毫无例外地出现在定居或半定居的农业及畜牧业社会中。这时的艺术，其职能产生了新的发展，逐渐成为某种固定了的心态、物态或者观念、规则的记志。艺术形式元素的独立，实际上是某种"语言"中"词汇"的形成。我们从中华彩陶中大量定型化的纹样，不难推测这是表达某种观念的"形式元素"。那么，对于头面装饰当然更不例外。因而那种头面装饰中的犄角、獠牙渐渐成了御敌、驱邪的符号，而那种颜面上的喜怒哀乐之形色则渐渐成了交往、祈示的语汇了。农耕那种日作夜息的生产方式，既宁静又较安全，规律的生活与规则的交往使得某些颜面语汇集中而强化，成了定型化的颜面装饰形式。从前面列举的仰韶文化彩陶中的人面纹中可见到人面装饰已基本定型，如果我们注意比较一下这些颜面的形状与口、眼的描绘，眼部与口部的表情丰富，有睁有闭，有叫有呼，似乎并未被面具覆盖，但所有颜面基本上均作圆形，涂绘与饰物均在固定的范围与处所，又仿佛是某种定型化的面具样式。我们推测，这正是原始人类在某种特定场合下颜面装饰语言，额部与下颌的装饰，可能与天象、与土地有关，这是农耕民最重视的对象，他们力图在一切记志中表述它们。后来的中华文化，在汉字书写中将天的观念表达成"⌒"、"∩"、"冖"等符号；将土地表达成"一"符号，与这些颜面装饰中相同部位的形式似乎依然有某种联系。在汉语词语中将额颌称为"天庭"、"地廓"，可证明是一脉相承观念下的产物。正是在农业活动中，大量的重大事件只与自然变化之大范围相关，而这些重大事件的影响对聚居的所有原始人都相同，因而，共同的对某些规律的认识和对某类事件的共同行为方式便很容易成为文化积淀下来。这时候人们便要寻找一种不同于平常生活中的状态来记志与表述这些特定条件下的状态。举迁延至今的"社"活动为例，汉语中"社会"一词，便指出了"社"的集会本质，而"社"字的创造，又阐释了"社"源于一种祭祀土地的活动。"示"通常可解释成祭祀，但它古音"其"，原指"地神"；实际在汉字的创造中，它的原义正是指地下（"一"）的诸现象（"川"）（按：三道乃为"垂象"、"现象"之意）。然而，作为"社"活动的原始形态，便成为一种祈地的群体活动，加上中华民族四季分明的气候，因而"社"的时间亦相近或相同。这种恒稳的活动目的、活动时间与活动方式，自然要形成"人"与"地"交往的特定行为、表情和语言，"社日"的装扮被选择确定下来，用于"社"的颜面装饰也不例外地被确定下来，具有了"社会"的文明观念与特殊的统一职能。与单纯而强烈的颜面装饰相比，任何活生生的脸部表情都显得多余而纷繁，它们的动态与变化，不能恒稳固定地准确传达出特定的需要；而在与天地"商讨"那些关于未来的"收成"的时候，这种恒稳的准确比任何言语行为的祈祷都更重要、更直接。久而久之，在定居而又统一的气候带中，所有的交往都造就了同一的感受，形成同一的观念，代代相传的面部装饰便会被更恒定的面具所取代。当然，在这个漫长的过程中，我们不应当忽视"巫神"的作用，他们正是"社会"活动中的关键人物，他们对面具的定型，对面具所做的一切解说，都对颜面装饰面具化的文化过程起了很大的作用。或者可以这样说，这是人类社会中最初的礼仪规则之制定，而"巫神"正是这一规则的制定者。这些在许多有关艺术发生发展的研究著作中已有详论，在此便不多赘。

中华民族自身用文字记录了这样大体经历的过程。在传说的原始时代中，中华民族称之为"尧"舜"禹"的三皇时代，明确地记志着这个漫长的原始农业文明形成的基本发展阶段，我们来看汉字在构成中如何表达了这些观念。"尧"字写作"𡗗"，是由当中的一画"一"与上面的"𡉀"及下面的"八"构成；上面的"𡉀"是表示众多的作物生长（"𡈼"是地上长出苗来的记志符号，三个符号表示这种情况的"记名"）。① 当中一道是地，"八"是表示在地面之下挖竖穴而定居，这是中华民族

---

① 这方面的详细解说我将在另一部专著《三生相》中论述，该书将由江苏人民美术出版社出版。

上古最初集居的定居方式中最普遍的构筑方式。"尧"字正是记录了一个"在筑穴定居的大地上生长着作物"的原始农业社会，这是中华民族将原始农业与定居的土地联系在一起的社会，是以土地为中心的农业文明的肇端。

当人们掌握了土地与农业的关系并以定居方式解决了这一矛盾时，天气便成了决定收成的主要因素，气象的变化成了人们生存的关键。定居的共同生产、生活方式与统一的情绪观念，产生了共同的对天象、实际亦是指原始时代气象的祈愿。社会观念所认同的所谓原始巫术、原始宗教等活动、亦由此产生，"舜"字所记志的正是这样一种现象。"舜"字写作"舜"，是由当中的一画"一"与上面的"爪"及下面的"舛"构成的。上面的"爪"是表示众多的天气现象，即所谓的"天垂象"（"一"是天空，"爪"是表示天空中各种现象的"记名符号"）；下面的"舛"是巫字的原始表述，是记志原始祈祷中"相对而舞"这一主要活动的"记名符号"。这样"舜"字的本意便是：人们对某种特定天象的可否与人们特定的社会活动之间产生了一定关联。这不正是那个定居后农业生产发展到一定水平而可能出现的自发的原始祈祷天象进而逐渐产生原始"巫术"的社会吗？这不正是将农业生产进而与"天道"联系起来的观念之记载吗？

"天"、"地"对农业的促进，也促进了人类的自身，人类的自觉正是从认识自身的"不自觉'而开始的。解脱"不自觉"而造就出更多共同的规则而达到了新的自觉，是人类文化重要的、甚至唯一的职责。在天地之间而又必须赖天地而生存的中华先民，终于在靠地、求天之后自觉地找到了对天时地利的把握。"禹"的时代使这个原始文明跨入了新的认识领域。著名史学家顾颉刚先生曾详细考证而作出了"禹"是"一条虫"的论述，并曾因此遭人讥讽。然而，他却正是以这种详证精考向我们揭示出了"禹"的时代本质："禹"字写作"禹"，是由"冂"与"虫"构成。"虫"的确是"虫"，而"冂"正是虫蛇蛰居的土窟，"禹"字是虫从隆起的地穴中惊蛰而出的记名符号，它象征在原始农业社会中，以虫记历的古老之"物候历法"的出现，人类可利用特有的记志方式来传达对天地的认识，并遵循这一认识来顺应自然，是农业文明最关键的一步。这一步在华夏民族的"天时地利"中，化成了统一的历法，书写出了新的"历"史。周易中所谓"见龙在田，天下文明"，正是隐藏着这一重大的认识，正是记志着这一重大的前进。农业文明，终于在特定的物态形式中找到了统一的对规律的记志，统一的形式记志所反映的又是与农业至关紧密的"天象"，从中我们便不难品味着特定形色式样给农业文明中人类文化至关重要的造就。由此及彼，对于农业社会中原始颜面装饰的定型化而导致面具在农业社会中的产生，对于面具在原始农业活动中那种原始认识方式引导下所决定的社会功利，当然是不难理解的。

因而，从广义上讲，面具是原始农业社会中定居条件下人类原始思维逻辑定型化后的文化产物。它们表面上是人类颜面装饰，实际上是人类对自身恒定思维的始祖记录形式之一。它赖于人类生存活动的交往在自然规律的恒稳周期中的共振而得以产生，赖于人类进化中颜面所承担的特殊重要的表情作用而得以形成。这便是农业社会带给人类的产物。

面具形成之后，在相当长的时间内作为人类最重要的文化形式被发展扩大，形成了众多与此相关的文化式样。在中华文明中，它们同时造就出或者衍化发展成各种"面"上装饰的"相"，出现了灿烂的彩陶时代与青铜时代的纹饰，成了文字作为主要记志方式之前的最主要的文化形态。后来，由于中华文明长期稳定而统一的农业社会，更导致了脸谱艺术的再生，这些都将是一脉相承的领域中更新的研究课题。

1989 年冬于北京

# 玩具的文化性散论

玩具的文化意义经常被人忽略,也许是因为它们太普通、太平常又太微不足道了。然而,玩具是不可能被遗忘的,只要世界上还有孩子和像孩子似的大人。

我们来仔细看看这样几个平常的关系:玩具是大人做的,做给孩子玩,孩子玩给自己开心,给大人省心,也就是说,在很大程度上,玩具也是为了代替大人和孩子玩。中国人爱将大人称之为"成人",而孩子则是"未成"的"人"。让"成人"所制作的"玩艺儿"代替成人去与那些有了人的全部遗传因子而未成为人的"人"交往,其目的不是让他们从中学会或适应"成人"通过玩具传达的某种信息又是什么?

这些信息便是"文化"。

为什么这样说呢?我们先从两个方面来看看文化的通常含义。近代的学者们对文化下了成百上千个定义。在肯定了文化是人类特有现象的前提下,归结起来,可从两方面来理解有关文化的看法。一方面是从人类社会中人的行为心性之规范模式来理解和量度"文化",西方学者几乎无一例外地倾向于这类文化定义,即文化是人类种群表现出来的共同行为模式,主要是生产模式、交往模式与御敌模式。另一方面,可以从人类社会中物的识知理解之记志推演来规定和限制"文化",中华民族则更偏重于这样对文化的把握,即文化是人类种群认识的理念记录,主要是文字记录、图符记录与形象记录。虽然还有一些其他方式的关于文化的定义,但其中的基本含义莫不被这两种角度的定义方式所涵盖。玩具所要反映的信息,正是这两个方面中人类社会基本模式的一种淀积方式与精炼结果。我们也从玩具的两个方面相应地来考察这个问题。

我们首先考虑人类赋予玩具怎样的形态，以及这样的形态之中传达出什么样的记录。我们应该看到，玩具的品种、题材与不同地区、不同民族的文化有关，它们大多数是该地区民族文化中最典型的文化母题之简约反映。一般来讲，玩具的题材除了现实存在的人和物之缩影之外，大部分都是由民族文化中所造就而又长期存在的善与恶、丑与美、真与假之典型题材，而且是最普通最直观的题材。中国玩具中的虎、猴、狗、大阿福等，西方玩具中的锡兵、公主、圣诞树等，都是这样的题材。在这样的题材中，所传达出来的观念当然是民族文化中那些最本质的社会标定之善恶观与美丑观，每个民族一定会在自己创造的文化形态中多方阐释这种题材。我们很难想象只有布老虎这类玩具没有虎头鞋、虎头围兜这类衣饰，没有"虎头虎脑""虎虎生气""虎毒不食子""为虎作伥"这类成语，没有"武松打虎""送鞋报恩"这类故事、戏曲；我们也不可能只看到锡兵而不去读"堂·吉诃德"，不去听《锡兵进行曲》。更有趣的是，对于玩具中题材所反映的观念，各自的文化会有不同的解释。对西方不同题材的玩偶，中国人则一言以蔽之曰"洋娃娃"；同样的鞋子题材，西方人多半会认为是"圣诞老人的礼品篮子"，而中国人多半会认为是"鞋子"而取其"和谐""谐老"之谐音含义。此外，玩具的造型与选材亦同样因不同地区、不同民族的文化而各具特色。在中华民族中，玩具主要是以土、木、纸、布为原材料制作的，这些材质中的纸和布可以看是中华民族的发明创造物，因为中国人发明了造纸和养蚕，而土、木又是一切原始农业文明那赖以形成的基本元素中最重要的材质，是人类定居社会最初形成的物质基础。想一想"土"、"木"在汉字中的泛指含义，直到现在我们还将人类最宏伟的创造物——建筑称为"土木工程"，我们便不难明白这种选材中所反映的文化继承。在许多游牧民族中，玩具多取材于皮革、兽骨。俄罗斯人爱用木材做玩具，欧洲人在近数百年爱以金属、玻璃等人造材料做玩具。等等现象并非只是取材容易的缘故，这里面一直蕴涵着一种由于文化所导致的选材趋向。在玩具的造型和色泽选择上，这种特征就更加明显了。玩具是民族文化中风格最统一、最突出而又最恒稳的一类造型艺术品。这种说法并不过分，近代许多民族学者与民俗学者，已经注意了这种特征。他们在民族史、民俗源流等专题的研究中，已经重视了不同民族、不同地区玩具造型与色彩的比较研究，并以此为依据作出了不少有说服力的推断和新的发现。如果我们比较一下黄河流域民间玩具中以动物为题材的玩具造型的基本式样与它们的色泽使用方式，我们大致上就可以归纳出这样的特征：在造型式样上多数较浑圆、丰满，很少有各种棱角处理。在运动部分着重于神态与形象的精细刻画，而在非运动部分则着重于审美的修饰与布置。仍以各种布老虎、泥老虎为例。它们大体上制成短粗的枕头形，几乎没有张牙舞爪的突出部分。一般在眼睛、耳朵、嘴牙、胡须、尾巴这些活动部位作较为写实的细致处理，甚至加上毛皮、绒线、玻璃纽扣等来突出实物的体量感和质地感，而在身体上则处理成各种形式的花纹、图案，甚至可以不画条纹而画满了花卉纹样。类似的处理方式在动物题材或者人物题材的玩具中也很多见。以往的许多研究者大多将这种造型归结到"以免伤害儿童"，"以免吓坏孩子"等现实活动的功利目的上。这有其合理的成分，但是如果从更深的角度去考察，我们不难发现，大部分威武的造型，应该说都具有恫吓的成分，为什么民间玩具在强调"虎威"的同时（例如，突出嘴和牙的具体描绘，夸大嘴和尾的处理）反而不怕"吓着孩子"呢？另一方面，在老百姓日常生活中，用"老虎"来吓唬孩子的事比比皆是。孩子哭闹时，父母常用"再哭，老虎来了"、"老虎把你叼了去"等语言来吓唬孩子，大人与孩子玩耍时会用手掰着嘴和眼作个"老虎"来吓唬孩子。我以为这些游戏和玩具造型的处理方式一样，其主要目的并不是培养孩子"怕不怕"老虎。而是要孩子熟悉老虎，也并不是熟悉实在的老虎，而是要熟悉中国文化中那些对虎的认识，那个被作为百兽之王、四灵之一的，那个文采斑斓、生猛威武的老虎。在这些形容（注意形容二字的本意）词中已大致总结出了这种所要传达给孩子们的认识。我们反过来再看看，玩具老虎和大人做"老虎"鬼脸时的造型相比，除了大人还学着老虎吼叫之外，其余的突出部分都一样。那些精细处理部分无一不是在表达一种生猛威武的感觉，并要让孩子们明白这种形象与式样同这种感觉中的直接且必然的联系。我们再想想汉语中生动、生活、生长、生命等与生有关的词汇，便不难明白，玩具老虎正是从"动"的部分、"活"的一样这两个方面来造就孩子们对"生"

的认识的。在这些部分中,就连虎身上的斑纹也按"斑纹"的式样处理,虎尾都处理成环节状斑纹,虎额则处理成一个"王"字式纹样,它们在造型中又传达出了那个"百兽之王"的观念来。另一方面,在玩具虎身上所做的大量装饰处理,也是在制造一种对"文""采""斑""斓"的感觉。一般来讲,在民间美术中,包括在玩具造型中,对于玩具动物身躯的装饰,有这样几种形式:对兽毛的描绘并不如实做细微的表现,而是将其刻画成"梳齿纹"、"旋涡纹"、"卐字纹"等"纹样"。这类手法大多用于牛、羊等纯色动物,而对虎、豹等动物,则将身上的斑纹作规则化处理,刻画成"月牙纹""金钱纹""梅花纹"等"纹样"。这些纹样的本身,不但传达出了民族文化中对"纹"的结构与样式的基本认识,也表现了对纹样本身的安排、使用与对情绪、感受方面的审美规则,同样是有条纹的虎和猫,虎身上的斑纹多做"月牙纹"处理,而猫则做"梳齿纹"处理,不但是形式上的区别,而且在这两种处理方式中,一刚烈而干净,一柔软而顺和,一种只可远观而获得,一种须在触摸中才可感觉,等等不同的感受都表达得合情合理,入丝入扣。大部分民间玩具的描绘,都有异曲同工之妙。

第二种是描绘躯体的功能。最常见的处理方式是,猫身躯内以老鼠纹样来装饰,老虎身躯内以人的纹样来装饰,或横或竖,既有看头,又传达出"猫吃老鼠"、"老虎吃人"这种观念来,再有就是大兽躯体内以小兽作装饰,仿佛是母兽孕育着小兽。这些描绘在"体内"的未生小兽或已被吃掉的动物,其形态处理极为丰富,充满了一种对生的希望和对死的无畏。这样的描绘可以说是一种极简单的基本观念的图解,但这样的描绘,却是一种非常了不起的超常的艺术,它在审美上可以自由地选取贯穿于人生不同时期中所喜好的感受到的形色,它可以由此及彼地引起人丰富的联想,它本身也是一种对生命过程中最重要的生与死之联想创造。

第三种则是以纹样装饰躯体,这是最广泛使用的,作为民间美术,尤其是民间玩具中最重要的方式之一,它才最充分体现出中华民族文化中那些对"造型"的基本观念和要求。因此,它教给孩子的,是让孩子在潜移默化之中感觉到这些装饰的结构模式与布置格局,体察到这种模式与格局后的某种感觉规律,这种规律在不自觉中悟化成了一种精神，有助于孩子们从一个生物个体自如地过渡成文化个体，而对社会产生一种适从。这种装饰本身与其说在装饰玩具动物的躯体部分，倒不如说是借这一部分作为载体，来表现民族文化中不同的纹样构成方式与不同纹样结构中串联着的各种文化观念。就其纹样选题来看，为了要借助"花""纹"在汉字汉语中的多重含义，几乎都选择了各种花卉题材，加上蔓草、云气与各类有相对固定形式与含义的特定纹样，如福寿、如意、方胜等纹样，而几乎没有选择人物、山水等题材，这样，可以一言以蔽之曰"花猫""花猴""花老虎"，与童谣中所说的"花喜鹊""身穿花花衣"一样，真是妙不可言。

　　孩子们在这种花样的启示中，学会的正是一种文化对世界的解译模式，是一种以特殊表达方式组成的秩序。对此适应的过程，便是孩子们逐渐被"纹"所"化"的过程。如果我们将玩具的这类装饰方法与民间老百姓中儿童们的穿戴物相比，我们发现儿童穿戴及饰品大多具有玩具似的装饰意向与效果。孩子们天生是不愿穿衣服的，衣服是社会文化加在人身上的标志之一，大人们往往在对孩子说："穿花花衣，真好看"、"穿美美衣，真漂亮"之类的语言（也是一种声音的文化符号）时，让他们适应了这种人类的文化活动，那么，玩具的造型功能我们也不难举一反三了。

　　同样，在玩具造型之色泽的使用上也离不开这样的目的与总原则。我们通常爱用"鲜亮""明快""对比强烈"等词语来形容中国民间玩具的色泽，这其中也反映出色泽使用上的文化特征来。自古以来，中华民族形成了对色彩浓度与纯度的追求，原始"五行"观念中已将"五色"当成了宇宙诸方"色相"之源，在中国各地的泥玩具中，几乎无一例外地以白粉打底、以墨线勾勒，而使用红、绿、黄三色为主作装饰，最后以漆或油作光泽处理，这正是一个民族的眼光对色泽的基本解说所导致的。

　　总之，玩具的形态本身已经包含了几乎永恒的那些特定的文化信息。前面例子中列举的那些中国民间玩具的基本造型样式与装饰方法，我们大多可以在新石器时代原始遗存的美术品中找到其始祖形态，在中华民族造型艺术发展史上寻找到其演变遗迹。例如许多定型化的旋纹、梳齿纹、网纹、花瓣纹、卐字纹等，在黄河流域彩陶纹饰中已广为出现，那种在动物身上画花样作装饰的手法，在陕西宝鸡北首岭出土的一只虫鸟纹彩陶壶中绘的鸟身体上与浙江余姚河姆渡出土的一只猪纹黑色陶钵中刻画的猪文身上，已展示得再充分再明显不过了。联系起来，我不由想起了汉语中最特殊的"量词"。所有学汉语的外国人总弄不懂这种量词的用法，他们常将"一头牛"说成"一只牛"，将"一尾鱼"说成是"一头鱼"。实际上，在鸟、兽、虫、鱼这种中国人的分类中，兽类可用"头"称，鸟类可用"只"称，鱼类可用"尾"称，虫类可用"条"称。究其汉字的本意，这些量词正是人们观察、把握这四类动物身体上最有活动特征或表情特征的部位。而中国的龙便是集兽头、鸟爪、虫躯、鱼尾于一体的万物之灵。当然由于文化的发展，中国的量词会产生许多新的派生用法，如以布束牲口供坐骑而导致了"匹"，以虫记历而导致了"条"的泛称，等等。但以上的基本用法都始终体现在对儿童玩具的造型与装饰上，体现在不同种类题材中对相应部位的侧重上，这种特定的文化方式便在这种造型中成为了一种隐藏的信息，耳濡目染了孩子们，使他们在语言上有了形象的参照，使他们自然而然的成了一个文化的个体。我们从中不难理解到玩具本身形、色、质所具有的文化信息。

现在，我们再来考虑玩具在使用过程中是如何引导孩子们的行为心性，使孩子们成为一种受社会文化规范模式限定的"人"。

许多前代和当代学者不遗余力地研究过"游戏"，提出过各种"游戏"的理论。我们不一一列述和专门探讨这些理论，但有两种理论值得重视，一种是艺术起源于游戏的学说，一种是动物游戏即学习生存本领的学说。前者在近代曾风行，后者是当代动物行为学与动物社会学中颇有影响的权威性学说之一。此外，还有学者认为艺术起于巫术，而戏剧亦源于巫术。现在我们来看看汉语词汇中的"戏"字，它本来就是既指"游戏"的"戏"，也指"戏剧"的"戏"，它们在中华民族的认识中，从来就是统一的，似乎本来就是一回事。中国有着"人生即戏"的传统认识，巫术也好，乐舞也好，游戏也好，演出也好，在中国皆可一言以蔽之曰"戏"。那么说穿了，起源于学习生存本领的需要仍然是起源于"戏"。仅仅一个"戏"字，已不言而喻地道出了"游戏"的文化本质。玩具是孩子们游戏的用品，孩子们在游戏中对玩具的依赖如同大人们对社会的依赖。不管弗洛伊德给了世界怎样多的关于心性的暗示与解释，归根结底还是告诉了我们人类个体心性行为与社会规定之间的本质矛盾以及这种矛盾在孩提时代的形成与潜藏过程。那说不完的如"姑娘爱花，小子爱炮"之类俗语与"女人梦见棍子，男人梦见空房"之类统计并没有更多本质上的不同。在世界范围内的孩子们，大概有两种永不会消失的游戏，那就是女孩子们的"过家家"之类的游戏与男孩子们的"捉强盗"之类的游戏。关于游戏的统计也表明，女孩子在玩其他积木之类游戏时，总是先建造一个稳固的外部场景或环境，然后才专一地在其中摆弄各种玩具，从事"假家"的游戏；而男孩子则在玩同样的积木游戏时，则总是一再专一地搭有危险性或可能倾倒的高塔或危墙，并且为了事后来破坏这些东西。所有这些游戏中反映出来的现象，正是在游戏中所形成并被制约的：它们成为人类社会的基本文化因素，恐怕是毋庸置疑的。卡西尔曾着重提出"人是符号动物"之观点，认为人的本性乃是其文化的趋向和可能，如果我们不排斥其他对人之本性的认识而仅从这一方面来看，玩具正是以其自身的符号性与它们在使用过程中的社会性来完成其文化信息之功能的。

　　我常常想，民族的文化水准在相当程度上反映在玩具里，没有玩具是不幸的。我甚至以为，人类社会最初的进化是由"玩具"这样的文化转移所导致的。在动物社会中，雄兽是没有"玩具"的，而雌兽则在与幼兽游戏的过程中将幼兽当成了"玩具"，因而，在人类进化之初，那些掌握了作为"玩具"的后代的母亲们自然是文化的主人，这才是母系氏族社会得以存在的根本原因。到了后来，男人们以自己的能力创造出了许多"文化的产品"，于是，他们也有了自己的"玩具"，他们并用这些"玩具"将后代从女人那里"夺"了过来，于是，女人不得不沦为掌握了文化的男人之附庸，恐怕这才是母系氏族社会的解体之谜吧！

　　当代对于民族文化的破坏是世界上最严重的污染之一，玩具已成了一种唯利是图的商品而大受青睐，那种以为靠新奇的感受就可获得孩子们的想法实际上正在失掉人类的孩子。那种以冷漠的材料、机械的制作、功能的运动之玩具来取代世界各民族都曾有过的特殊的材质、精巧的制作、天真的参与之玩具的做法，是人类面临的危机之一。大人们发疯地花亿万美元去收藏各种书画与各种人类创造的珍品，孩子们却发疯似的花大人们的钱去获得那种冷漠而单调的商品，真是使人担心得很。在人类进入文明社会以前，大人们的玩具是孩子，孩子的玩具是自己，在有了文化以后，大人的玩具是"文物"（广义的文化创造物），孩子们才有了玩具。当我们常说文物是大人"玩具"的同时，我们为什么不理解玩具是孩子的"文物"这个普通道理。愿孩子的玩具永远具有与大人"文物"同等重要的魅力。

1990年夏于北京

# 民间美术三论

## 一

美术的特性，首先体现在它的民族性上。时代性只是民族性在一定阶段上的表现；而个性也不过是民族性在某一方面的升华。因而，离开了民族性来讨论美术，那无论如何是不易得其要领的。

美术的民族性并不抽象，它以各种方式存在于民族生活之中，特别是那些有别于普通日常生活的特有的民族活动，更集中地体现了这一点。例如：民族节日、民族宗教、民族仪式等等。在这些活动中，那些平常的民族服饰、民族饮食、民族器具等都在集中的对比中被升华成了最典型的形式，具有了空前的审美功能。它们陶冶并造就了民族的审美意识，决定并产生了民族的特殊气质。这便是我们所谓的民族性。由于它能集中地体现民族最基本的审美情趣并直接影响到民族审美意识的发展，同时也因为它脱离了直接使用等现实功利而较少受到生产方式与生活环境改变的影响，所以它在一定阶段上较少发生突变而保持了较稳定的特征，这些特征决定了民族美术的发展道路。

民间美术是民族美术最广泛、最普通的存在形式。虽然在美术分类上，它有别于所谓的宫廷美术、文人美术，也有文野之分、雅俗之分和其他特点。但是，就美术的民族性这一点来说，它们则是共同的。实际上，民间美术、宫廷美术、文人美术只不过是民族美术在不同场合中的表现形式，它们的优劣各因其特点而客观存在，在民族美术的发展中，它们是瑕玉互现，相互辉映的。

将民间美术与宫廷艺术、文人艺术对立起来是不妥的，它忽略了民族艺术中那种最本质的特征和联系。特别是对于民族美术的研究，更不应如此。在我国漫长的艺术发展史中，它们之间也有着相互影响、融合甚至统一的主流。洛阳出土的汉墓中"二桃杀三士"等壁画，敦煌壁画中供养人的生动形象，嘉峪关北朝墓中那些劳动生产场景描绘的砖画，恐怕该算作"民间美术"的作品，但它们与文人画家顾恺之那些传世作品何其相似，同是文人画中"传神"理论的最好实证。现在，已没有一本中国绘画史中不肯定它们在民族绘画发展中的地位了。明代最飘逸的文人画家陈老莲，恐怕对民间木版画的影响与贡献都非同一般。不少宫廷艺术家直接来自民间，齐白石也出身于民间工匠，这已是人所共知的了。近年来，许多民族绘画或工艺的创新，其根本方法之一是取道民间。所以，对它们厚此薄彼的方法是不利于民族绘画的认识和发展的。

由于民间美术具有更广泛、更普及、更有生命力这些特点，因而它更能体现并保持住最根本最朴质的民族特征。从培养民族感情、造就民族意识上来看，民间美术那种广泛的耳濡目染、手触身临并必然导致心领神会的成效，也是其他美术种类所不能企及的。正因为如此，许多更高级的美术特点的产生，都与民间美术有着渊源关系。例如文人画中那种略于形色、注重表现的"写意"特点，与民间美术中造型设色的最普通手法同出一辙；宫廷艺术中那种工巧的技艺与辉煌的色彩，也与民间美术中那种刻画细微、对比强烈的手法有着联系。几乎每一个新流派与风格的出现和产生，都从民间美术中找到了借鉴和营养。因而我们说民间美术是一切民族美术的基础，这话恐怕不为过分。研究和重视民间美术的必要性也在于此。

## 二

对于民间美术的杀戮，并非始自今日，其手段与方式，也并非今世之发明。痛惜是应该的，担心则大可不必，我们应该做些于民间美术的发展真正有利而力所能及的工作。

民间美术犹如离离原上草，它的特点之一就是植根于民间，自生自灭，自枯自荣，但只要有人民，它就不会消灭。由于民间美术本身材料、使用等方面的特点，例如原材料一般粗劣不易保存，流行又有一定区域性和时令性等。因而要长期保存民间美术品是困难的。它们的生产和制作方式也不能依赖工业化来取代。所以，对于某些历史上的民间美术品种，它们被取代、被淘汰而灭绝，也不是什么了不起的现象，正是美术发展过程中的必然。希望依靠搜集、发掘它们来加以保存，或指望着依靠行政命令恢复和发展它们，那只是一种善良愿望，实际上并不太行得通。民间美术失去了它们产生的民间土壤和赖以生存的民间生活习俗，是不可能放在博物馆的玻璃柜中永远保存下去的。

我并不热衷于鼓吹什么官办的有组织有领导的将民间美术请到城市办公大楼的象牙之塔或研究所里之类的做法。也许有时候这种行政人员多于民间美术家的机构在扼杀民间美术时比劈了几块明板木刻会起更坏的作用。如果我们禁止一切"二月二"、"三月三"之类的民间活动，取消一切如"讨情嫁女"之类的民间习俗；将一切"灶王门神"之类的民间喜爱的人物都视为"迷信"而打倒，将一切民间游乐活动都指斥为"封建活动"而取缔，那么，什么样的长官命令和专家努力都不能挽救民间美术的灭亡。没有端午节，就不会有与香袋和龙舟有关的一系列民间美术；没有元宵节，那与花灯有关的所有民间美术也将不复存在。这样的事例并不罕见。古代与"寒食节"有关的民间美术已不再见到了，与"重阳节"有关的民间美术也几乎销声匿迹了。在十年浩劫那些年月里成长的孩子们，不是连香袋和风筝都没玩过吗？仅仅重视民间美术而不造就它们产生、发展、流传的条件，甚至取消这些条件，那座"民间美术博物馆"也只能是座"博物馆"而已。

当然，我希望热爱民间美术的同志们能得到更好的工作条件，为他们搜集、整理、发掘、鼓吹民间美术创造条件，为他们相互学习、平等交流、写作出版创造条件。在这个基础上联络成立关于民间美术"自然保护研究"的组织，应该是当前重要的任务之一。

民间美术是在民间自由飞来飞去的美丽鸟，打杀鸟儿们固然是可恶的，但将它捕捉起来关在金丝笼里或售之于市，甚至像《庄子》中取笑的那个捉到海鸟的皇帝，用山珍海味来款待它并请乐人奏乐给它听而将鸟儿吓死的做法，对于民间美术这只鸟儿也是愚蠢的和不可不防的。

　　提倡重视、保护和发展民间美术，犹如自然保护一样，要因势利导地保护它们生存繁衍的条件。对于代表我们民族文化风貌之一的民间美术这只美丽鸟，愿中华民族的每一个人都成为一个它的"自然保护者"。

## 三

　　我们当中许多人，特别是中青年人，对于民间美术的理解和热爱，经历了一条漫长的路。原因之一是我们所受的教育和熏陶中有许多与民间美术相悖的东西。在新旧交替的历史阶段，我们还来不及产生既适应现实情况又符合于民族传统审美观念的理论体系、实践手段及教学体制。现在，我们不少人已逐步认识到这一点：要建立与现代化相适应的精神文明，美育是不可缺少的；而学习、研究和普及民间美术，是美育的基础。

　　不了解民间美术的基本情趣，就不会理解它们的美。民间美术作为基础，与民族美术中其他美术并无根本的矛盾。相反，它可能在某些基本特征上更加强烈、更加突出。从不同方面去探讨民间美术的特点，有利于它的发展。我对民间美术的创作特点有些不成熟的看法：

　　一曰"想当然耳"：刘三姐斥带着歌书的三秀才歌曰："不懂唱歌你莫来，看你也是一蠢材，山歌都是心中出，哪有船装水载来。"好一个"山歌都是心中出"！民间美术亦如此。人们从生活中寻找生动的感受，然后利用人类文明社会中产生的"概念"作依附，创造出实用并具有审美价值的作品，这便是民间美术创作的根本。因而，这些作品的"形、色"等造型方式，已离开了实体形象，更多地具有形象所表达作者想象的成分。民间老艺人一言以蔽之："真的东西有什么好看呐！我是想着怎么好看就怎么画。"如果我们以某些理论的"理"来限制想象，那就没理解民间美术"想当然耳"的特征。这个"想当然耳"不是胡思乱想，正是民间最纯朴的理解、想象和认识，也正能体现最基本的审美原则。作品名称和概念一样，已下降到只有名称的作用。河南的"泥泥狗"仿佛是海豹，山东的布老虎则更像猫。如果我们不懂得民间美术中创造形象出自人民的内心，而仅用"变形""夸张"等说法将它们与"实体"联系起来，那是不易领会这些艺术品的精髓的。

其二曰"得意忘形"：当然的想象是有依据的，这依据并非现实生活，而是人在现实生活中所得到的感受，也就是所谓"意"。"意心音也。"这恐怕不是什么巧合。人们在任何现实中都会有更高的向往，都会发出他们的心声，附诸以形色，表现于美术作品中形成民间美术。因而"形"是"意"之表现，民间美术常常用最直观、最朴素的方法，就是为了要将"意"表达得更直率、更真诚。一双虎头鞋不只为了给孩子御寒，一只泥哨子也不只为了给孩子们吹响。民间美术在"形"和"意"的选取上，更直接地趋向于"意"。当二者不可得兼或因其他原因不能兼顾时，"得意忘形"是最根本的。我们常感觉到民间艺术有一种亲切感，就是因为它在创造中有了作者的向往。只有理解了对孩子健壮、威武的希望，才可能赋予布老虎那样的"不像"之"形"，也才不会指责这种"造型"。这一切，不是美术院校中"素描"和"理论教学"能回答的。

其三曰"通情达理"：民间美术的"理"在哪里？我以为，理在"通情"之中，舍弃了自然地摹制，抛却了客观的形色，从"想"出发，从"意"出发，达到"通情"而使你心服的地步，这就是民间美术的"理"，也正是它了不起的魅力之所在。艺术的可贵之处，不在于说教，而在于形象。形象也可以各种特点来影响观众。民间美术那种想象而带有意味的形象，直接产生的不是"概念的还原"，也不是"现实的联想"，而更为突出的是"情感的激发"。我们每一个热爱民间美术的人都会有这个体会：民间美术往往不是由于题材的选择与技巧的高超使人赞叹，而是那种天然的情趣使人折服。为什么民间艺术在民俗活动中会造成那么浓烈的气氛，会形成这些活动最主要的特色，原因之一就是它们有着特殊的"抒情"功能。人的情感并非永远可以理喻的，在许多奇妙场合（审美即是这种场合之一）下，情感的触发才能导致理性的产生。民间美术正是把握了人类这一心理特征，以通情的手段来达到审美教育，这正是它的高明之处。

总之，这些特征决定了民族美术重表现、重形式、重感情的艺术特征，这些特征在其他民族艺术中可能表现得更曲折、更隐晦,而在民间美术中则如一个光屁股娃娃般的明朗质朴。我们对这些的学习了解,将有助于我们对更高级发展阶段的其他民族美术的认识。

1983 年夏于贵阳

# 祥云·卷草·如意
## ——佛教纹饰的中国化历程

## 引子:"纹饰"也是"文实"

佛教是对中华文化影响最大的外来宗教;中华文化又是对佛教产生了最大作用的异邦文化。

宗教是一种文化现象。它的迁延性与累积性虽不如以物为主要认识对象的自然科学,但却又往往强于以我为主要产生条件的文学艺术。它的限制性与规定性虽比不上靠政权维系的体制法典,但却又常常超越靠道德制约的个体行为。它对政治、经济、科学、文化等诸方面的影响是综合且全能的,因而,它对文化心理的影响也是巨大而深远的。宗教以它的自觉性与规定性并举、陶熔性与限制性同重,引导性与排他性互补、功利性与超脱性共存,适应于从时代最高统治者到最下层贱民的不同选择。而在这些适应之中,宗教的本质也衍化成了一种时代的人的需求。所以,从研究宗教的积极意义上来看,不也正是研究人类自身的历程吗?

在人类社会的发展过程中,宗教传播是最主要的文化交流形式之一。中国有"武功文治"的老话,实际上,任何武力的入侵征服,任何政权的变更交替,其后总伴随着更长久广泛的文化兼并。民族力量最终还是在文化力量上显现出来。宗教变化是文化兼并的最主要的表现形式之一。历史上所有的宗教起落,当然不能背离政治功利的根本,但宗教本身所包含的那些非功利性因素,总会在这些过程中反复深入,最终以一种新的面貌出现,完成了自己变革的历史使命,造就出新的宗教文化来。

总的来讲，作为狭义信仰范畴的宗教，都包含着宗教思想与宗教行为两个方面，也就是人们常说的教义与教仪。它们之间相辅相成，常常有一种互为因果的关系。它们物化成宗教的文化形式，记录在经典、戒律等经籍内，体现在寺观、佛堂等构筑中，贯串在庆典、法事等活动里。进而化成了传说故事、服饰歌舞、图书造像，以至于民俗游艺、集市庙会。强有力的文化吸收改造了宗教，由此而改变了自身的文化面貌与文化观念；强有力的宗教创造发展了文化，由此而扩展了宗教使命与宗教作用。

教义的传播是宗教传播的根本。教义的本质虽然都是对现实人生苦难的暂时解脱，但对不同历史阶段中的不同区域，对不同种族中的不同阶层，对不同环境中的不同个体，其人生苦难的存在形式总是千差万别的。

在最初布教的感觉中，由视听造成的感觉是最基本的，也是最重要的。我常常想，"观音菩萨"的名号，译得何等奇妙，"观音"二字，"视听"俱入，真有点大彻大悟，大慈大悲的意思。要制造布教感觉，宗教场所的装修乃是宗教的第一件大事。纹饰，是装饰表面的基本构成元件，也是能通过非宗教角度施以最广泛的视觉影响，改变人们"眼界"的基本工具。

中华文化从产生开始就认识到并强调着纹饰的作用，早在史前时代就创造出了举世无双的彩陶文化，殷商时代出现的青铜纹饰，已是明确地认识到"铸鼎象物，使民知神奸"的纹饰作用的产物。春秋至秦汉的大量典籍文物，都表明了中华文化对纹饰的主动认识与把握。在对中华文化影响最大的儒家经典著作中，《礼》的主要内容就是纹饰的基本要求、规则和法度。我们可以毫不夸张地说，中华文化中的"文"，正是由定型化的"纹"上升而来的理念记录。我们细察"文"、"理"、"道"这些汉字，它们或指纹路、或指纵横交错的纹路，或指画刻出来的纹路，由此而产生的认识记录，正是中华文化最初的记录形态。我们再看看"天文"、"地理"、"文采"、"文章"、"道理"这类词汇，它们无一不是源于对纹饰的纪念。我们如果再深究一下，为什么在全世界的石器文明中，只有中华文明出现了玉器；在全世界的制陶文明中，只有中华文明创造了瓷；在全世界的早期农业文明中，只有中华文明找到并训化出了吐出"线条"的蚕，织出了纹饰载体的丝绸；后来又率先发明了人造的纹饰载体——纸；发明了处理平面纹饰构成的印刷术。我以为这一切现象并非偶然，它们未必不是由于那玉石中的美丽纹理、那龟甲兽骨上的刻画纹路所表现出的相似文化理念，影响导致了有意的实体追求结果。只有这样理解，我们才明白汉字的构成为什么也是一种"纹"。在文字尚未规范、纸张尚未出现的春秋时代，孔夫子就感叹那周代对纹饰礼仪的重视，"郁郁乎文哉，吾从周。"并发表过"文质彬彬，而后君子"与"其人无文，其行不远"的见解，这个"文"自然已包含了表面纹饰，并包含了由此而造就的文化作用这诸多方面含义了。

因此，透过"纹饰"的装饰现象，我们可以窥见一种文化实质的表现。"纹饰"也是一定意义上最初的、最本质的"文实"，于中华文化尤其如此。

因此，对于宗教的传播、文化的融汇来讲，纹饰当然是首当其冲的阵地。在某种意义上讲，佛教传播的成功，应当归结于纹饰改造的成功。"文化"者，"纹化"也，当一种宗教的外在形式被化成了另一种"纹"而被广泛接受时，宗教的教义也就不径而行了。

中国老百姓有句幽默而深邃的俗话："佛要金装，人要衣装。"那么，中华文明如何从自己的"衣装"中去把握和创造佛的"金装"呢？如何从那些"胡服"与"曹衣出水"中化出了"唐装"和"吴带当风"来呢？这些由图形中所反映的历程，正是文化发展交融的历史，也体现了宗教扩展变化中那些文化本质。

## 一 恒河沙数与中华风物

大约在公元前五至六世纪之际，印度释迦族净饭王太子悉达多·乔答摩（约公元前565~前485年）创立了佛教。据中国佛经记载，幼年无忧无虑的释迦太子在接触了国内种种现象之后，产生了"世界即苦"的认识。为了摆脱苦境，二十九岁的太子抛妻别子，出家往摩揭陀王国寻师访道，经过六年的独身刻苦修行仍无所获，乃知苦行并不能解脱苦难。当他三十五岁时，静坐于菩提树下而悟真谛，大觉大悟后传教四十年，收下了包括著名的十大弟子在内的五百弟子，奠定了佛教教义，组成了传教的僧团。太子去世后，佛徒们尊称他为"佛陀"，简称为"佛"，意译为"觉悟了真理的智者"，又称为释迦牟尼，意思是"释迦族的圣人"。到了公元前三世纪至二世纪之际的孔雀王朝阿育王时代，阿育王用武力扩大了版图，用屠杀来镇压被征服的臣民，并随之以佛教作为"文治"的主要手段。贵霜王朝的迦腻色迦王亦效法阿育王，以佛教立国；在定都犍陀罗之后，广建寺庙佛塔，大肆雕刻佛像，开创了对后世影响巨大的佛雕艺术，形成了后来所谓的"健陀罗风格"艺术。经过这数百年的发展，佛教便成了印度半岛上最重要的宗教，它像恒河流沙一样，奠定并孕育了南亚大陆上一个举世闻名的古老文化。

当释迦牟尼在菩提树下悟道时，孔老夫子也已经在山东泰山脚下广收学生、讲经传道了。当佛教在印度经过了五百来年的繁荣发展之后传入中国时，孔老夫子的学说也早已成了经国治世之至宝，被"罢黜百家，独尊儒术"的大汉天子捧上朝纲已有近两百年了。随着高祖至武帝那马背上的英武开拓，儒家文化在步入皇家殿堂之后便成了中华正统文化之表率。儒学中那积极的、入世的、现实的、功利的基本思想与理论，配合着大汉王朝的兴盛，相得益彰地造就了一个亚洲最古老的强大帝国，展示出波及世界的中华风物。

佛学与儒学，这产生于亚洲的两种最古老的学说，其产生、发展与受到重视的时间与遭际有着惊人的相似之处，也许，这本身就是人类文化中谜一样的本质规律之一吧。

用一句话来概括佛教在中国的演化，可说成是从独尊儒术到三教一家。在文化的发展交流中，正统的政治，民间的方术，外来的宗教，终于融合成了一种新的文化。如今，作为文化现象，我们对佛教已非常熟悉了，汉语中许多基本语汇，例如前面提到的"觉悟"，还有"光明"、"原因"、"缘故"、"真谛"等等，都来自佛教，许多成语如"天花乱坠"、"三生有幸"等等也源于佛教，连"苦海无边，回头是岸"与"放下屠刀，立地成佛"这些佛教教义的词语也成了中国老百姓的口头禅，"阿弥陀佛"也成了"老天爷有眼"和"上帝保佑"的代用语了。

佛教传入中国大约可以追溯到西汉时期，西汉哀帝元年（公元前6年），佛教作为宫廷贵族所供奉的御用品便已传入我国。到了东汉明帝时代，传说汉明帝夜梦顶放白色霞光的金甲神人在殿中飞来飞去，面带笑容，频频颔首。明帝早朝时问于群臣，傅毅说这是佛显圣托梦于君，乃是国家昌隆之征兆。明帝大喜，遂遣人出使印度求佛，继而出现了汉译的佛经和传教的沙门。

汉本重神仙方术，于是，佛在汉代文人的笔下，也成了身长丈六、色如黄金、中佩日月之光且变化无穷、无所不入的神仙。尽管如此，佛教在最初传入中国的两百多年内影响并不大。虽然这段时期是佛教在印度正处于由小乘到大乘的更高发展繁荣阶段，但作为宗教的文化，并不足以对强大而具有旺盛活力的中华文化产生举足轻重的影响。两种都处于旺盛时期的古老文化之交往是相互排斥而缓慢的。虽然皇帝提倡，但有许多人反对佛教，就连佛教徒本身，也只是削发而不受戒，所有的佛堂建筑，都沿用朝廷的官署寺衙，所有的斋供礼仪，也完全按中国固有的祈祷方式进行。

汉末的动乱，加深了人的自我认识，魏晋玄学开拓了理性的探索。以易老之说比附佛教教义也成了一代学风，佛家与儒道，在这种自身的动荡中，在对人生的现实讨论中达成了统一。佛和儒的双方已可能在文化上产生新的互相适应。在这样的条件下，佛教才有可能作为一种外来的文化现象。

## 二 找到了症结

魏嘉平二年（公元250年），中国才开始有了官方确立的佛制，建立了处理教徒团体事务的机构，也开始有了正式剃度的沙门。加上佛经的大量翻译，使得佛教在中国进入了一个新的发展阶段。两晋时期，佛教在中国已逐渐形成了南北不同的学风与流派，北重戒仪，南重佛理；北尚苦修，南尚玄悟。这是佛教真正中国化的开始，是中国文化流派对佛教不同解释的结果。南北朝时期是中国佛教发展的重要时期，发展了的寺院经济与巩固的佛教组织成了佛教发展的基础。中国化的佛教独立流派也开始出现。这时，寺庙与石窟在中国广为出现，佛教那开始中国化的教义，必须在新的环境中找到最普及、最适合的外在形式，造型艺术受到了一次新的冲击与考验。

南北朝画家张僧繇被尊为我国画家四祖之一。他不但能"画龙点睛"，也善画佛像。他曾在江陵天皇寺内将孔子像与佛像及十弟子像画在一起。梁明帝奇怪地问他："释门内如何画孔圣？"张僧繇回答："后当赖此耳。"好一个"后当赖此"！窄而言之，这话道出了画家对当时美术形势的敏锐感觉与潜在规律的预测；广而言之，这话揭示的正是文化交流发展的本质。我国称为画家四祖的顾恺之、陆探微、张僧繇、吴道子四人，均是佛教起于中国时期的画家，他们均以画佛像著名，他们四位的成就正与佛教艺术中国化有直接关系。最早的陆探微以善画"七佛图"成名，"七佛"本是印度佛教基本题材，绘画程式亦基本源自印度，东晋时期的顾恺之则以画"维摩居士"而"名满建康"。选取佛教中居家修行的居士为主要题材，附之以"清羸示病之容、隐几忘言之状"的谈玄形象，已是中国文化对佛教题材的选择与把握了。南北朝的张僧繇画孔子与佛并立，不但体现了文化的冲击，也反映对峙起覆的艺术交流，他赖以成名的"凹凸法"是印度佛画技巧的接受与运用探索。初唐的吴道子以画观音闻名，他那"吴带当风"的创造则是民族文化的创造了。佛教文化已经在从题材到手法上都成了中华文化的幌子。所以说"后当赖此"的回答，正说明一个基本问题，佛教文化只有在中华文化认同的基础之上才能被接受和流传。

那么，作为佛教图案的装饰艺术，如何才能引起最直接、最普通的感觉效果而导致对佛教的普遍认同与接受，便成了问题的所在。

佛教的艺术题材当然离不开佛教的崇拜。佛像，是佛教崇拜的偶像，也是佛教所崇拜的核心与本源。佛教是多神的主神宗教，其崇拜的神祇众多。总的来讲可分成两大类：一类是印度古代神话中原有的神灵被佛徒转借成佛国的装点，如天王、天女、韦驮等等。另一类是佛教创造的神灵，他们中除了如释迦牟尼、阿难、迦叶、十八罗汉和一些宗派祖师等少数历史上确有其人的教主教徒之外，大部分是后来信徒想象创造的偶像。他们又可分成三个等级。最高等的神称之为"佛"或"如来"。小乘佛教中讲"佛"一般只限于对释迦牟尼的尊称；大乘佛教除了指释迦牟尼之外，还泛指经过佛法修行而达到了"自觉"、"觉他"、"觉行"这所谓"三义圆满"的"觉者"。不同的时空有不同的佛，如过去的七佛、燃灯佛，未来的弥勒佛；东方有药师佛，西方有阿弥陀佛等等。在不同功用中还有不同形象的"佛身"，如能显法力的"法身佛"，展示修习而获佛果之身的"报身佛"，超度世间众生的"应身佛"等等。第二等级的神称为"菩萨"，又称"大士"，是尚未成佛但超脱生死的神，常见的有大势至菩萨，观世音菩萨，地藏菩萨等等。一般寺院佛像中，大势至菩萨居右，观世音菩萨居左，他们与佛共称为"西方三圣"，是西方极乐世界地位最高的三尊神。第三等级的神称为"罗汉"，也称"阿罗汉"或"尊者"，是"永生不灭"的神，他们既无烦恼，又无轮回，且受天人供养。在佛经中，他们多被说成佛的前生弟子。由于许多著名佛教徒死后均被尊为罗汉，故而他们数量众多，许多寺庙中有五百甚至八百罗汉的"罗汉堂"。他们更具有世俗性质，也许他们正是某个特定时代，特定社会中佛教徒的"众生相"吧！

围绕偶像崇拜，当然会派生出佛行与佛法。各个偶像的经历、法力、功德等等，会衍化出各种佛传故事或佛法效应的故事来。

围绕偶像崇拜，还会造就出圣地与圣物的崇拜。摩尼珠、法轮、经幢等法宝，菩提树、莲花池等环境，五色鹿、孔雀与猿猴之类动物，还有力士金刚、天女伎乐、妖魔鬼怪、罗刹夜叉、刀山火海等等，编排出一个有声有色的佛的世界或反佛的世界来。

佛教图案，正是围绕以上这些对象，为这些形象作装饰的。它们可按不同的方法分成各种类别，如按功用分成佛像衣饰、寺庙环境装饰，佛物法宝装饰；按纹样种类分成动物纹样装饰、植物纹样装饰、人物故事纹样装饰等。还可按材料、手法等等方式进行分类。但作为佛教装饰艺术来讲，如何在形、色、质上归纳出共同的感受特征去进行新的探索，那才是最重要的。

既然佛教艺术中的题材，其对象本来都是印度特定区域、特定文化之产物，那么，在佛教中国化过程中。第一步要改造的只能是对这些特定题材重新装点，然后才是它们的重新创造。

至佛教传入中国之前的汉代，中华装饰艺术的总体风格是明显的。商周文化总结并规范了装饰工艺的基本要求，《考工记》中许多明文规定不但形成了中华装饰纹样的体制，而且影响到纹样的题材、形状、色彩、质地等诸多方面的要求，秦权汉制更积极地促进了这些的确立。汉代装饰的基本艺术风格是铺陈而流动的，汉代艺术品中随处可见的"祥云纹饰"正代表了这种装饰风格的基本典型面貌。祥云纹样，它既可反映出对神仙方术境界的追求，又可体现出对人间天上的联想；它既可作纵横交错的铺陈，又能够随心所欲地流转飘逸；它既有确定的对象，又有自由的形态；它既不失单一色泽的对比和谐，又不排斥五彩斑斓的光怪陆离。它那流动的曲线与回转交错的结构所造就的感觉模式，可以说是汉代纹饰最基本的审美的特征，也是最主要的特征之一。我们不难从许多传至今日的汉画纹样中体味出祥云作为汉代装饰的表率作用。

如果外来佛教纹样的基本风格与此相去甚远，那么其流传效果必不显著。中华艺术家们经过于数百年的探索，终于寻找到了佛教装饰纹样的改造关键：以流动的回转曲线作为纹样的基本构成，将外来的题材融化到中华民族固有的审美观念之中。

对佛像进行这种改造是困难的，偶像造像的各种规定如同《礼记》中许多限制一样。因而最初便只能选择造像中某些易于改造的特定局部或环境来进行。从汉末到南北朝的佛教艺术中，明显地反映出这种趋向来，例如：较少重视面貌、发式、手足的改造而重视衣纹、背光、座台的变化描绘，重视环境和法器的选择描绘，重视天象、天人的描绘。这一切选择中很难摆脱对"祥云"所造就的审美情趣影响的适应。例如：早期佛像背光的描绘多选择火焰纹，早期法器的选择多描绘喷吐火焰的摩尼珠，早期天人的描绘多重视转折的躯体与飘摇的衣饰，早期天象的描绘多有云气日月，早期环境的描绘多选择汉画中常见的马、兔、狐之类动物等等。这些现象并非偶然，它们恰恰说明，在文化的吸收和改造过程中，审美规律是首要的。

自南北朝开始普遍使用、广泛变化的所谓"卷草纹饰"是佛教纹饰改造中最有典型意义的代表纹样。众多的直接取材于佛教的植物与饰物，如莲花、忍冬、菩提、蕉叶以及华盖、法轮、璎珞等等，它们的具体形状与中国固有的造型习惯以及审美要求并不合拍;后来被称为"卷草纹"的那种基本纹样,很难说是取材于哪一种具体对象。实际上,卷草纹的创造,正是中华文化对佛教接受与改造的产物,也是佛教发展的关键。卷草纹既抛弃了此前中华固有的造型题材对象,又舍弃了印度佛教中具体肯定的对象题材。它不是缭绕在佛龛上的祥云雾气,也不是佛像周围装点的菩提款冬与缨络饰带。它以那旋绕盘曲的似是而非的花枝叶蔓,得祥云之神气,取佛物之情态,成了中国佛教装饰中最普遍而又最有特色的纹样。它既把握了曲线盘旋的空虚,保持了回转流动的韵律,又选择了婉柔敦厚的静谧,是中华民族对外来宗教的具体而普遍的"纹"化。

卷草纹的出现,可以说是解决了纹饰发展的"症结",它象征着佛教在中国被重新造就的极盛时期的到来。

## 三 文化的贡献

隋唐时期的佛教是在我国发展的极盛时期。这时印度佛教正处于衰落时期,统一王朝的分裂与战争使得宗教的文化性下降,佛教与其他宗教和民间巫咒混合,产生了以高度组织化的咒术、礼仪、民俗信仰为特征的佛教新形式:密教。而唐代的统一与繁荣又促进了佛教文化性的上升,寺院林立,教派风起,使中国一变成为佛教传播研究的中心,影响波及东南亚各国及日本。就在整个佛教史上,这也是一个重要阶段。

虽然在政治与经济斗争的旋涡中,也曾多次出现过兴佛灭佛的斗争与佛教的起落。但由于宗教已不再停留在某些外在形态之上,而是深入到文化之中,所以,无论对它的倡导或反对,都是一种对佛教文化认识的深化。寺有兴废、僧有戒俗、教有止行,但宗教活动、宗教思想所造就的对人的影响,变成了一种文化上的认识方式与审美心理,直接影响到文化的发展。因此,经过隋唐佛教的发展,中国佛教纹饰已有了本质上的改观,也形成了如卷草纹那类型的定型化格局或模式。

反过来，中华民族固有的文化也必定会将佛教当成重要的认识对象，去对它作文化上的剖析和创造。一般来讲，外来宗教、尤其是宗教艺术的手法与题材，最初总是以新奇见长的。佛教中大量常见的八宝、莲花、狮子、各类佛像、菩萨尊者像及诸多异方的奇货珍宝、花草禽兽，都是中华罕见的题材；佛教中雕塑与绘画以至建筑工艺等诸多方面的造型方式，也是中华未曾探索过的手法。在政权大力倡导之下，它们的推行是可想而知的。随着对它们的熟悉，随着新的艺术程式的出现，由于新奇所造就的审美热情终究会衰落下去，人们会发现，程式化的固有题材与造型方式，如果不在文化观念中争取一席立足之地，不对它们作新的深入的文化诠释，佛教纹饰要长期使用与接受是困难的，佛教文化要成为中华文化的组成部分也是不可能的。

唐代形成的各个中国佛教宗派、尤其是对后世产生广泛影响的禅宗、天台宗、华严宗、净土宗等宗派，率先对佛教的理、义、行、仪、界作了文化探索与理论改造。如果说佛教教义中的"苦"能与任何时代、任何区域的人生中之不足相联系的话，那么，佛教固有理论中的"空"以及"涅槃"对于重本体、重关系、重现实人生的中华固有哲学来说，则产生了明显的相悖。因而，几乎每一个重要宗派都提出了对"空"的理论的重新解释。例如天台宗提出了"心实"的观点，天上人间地下的"三千世界"乃是心中"一念"的产物。用"空、假、中"的"三谛融道"来确立"定慧双修"的原则，提出了"空"乃是"不安"，它既非实在，又不等于不存在，故而称之为"妙有"，并且将"空"与"假"统一于"中道"。这样，天台宗的"空"的理论自然与儒家的入世、老庄的玄妙产生了本质联系。其他如禅宗，也提出了"本性是佛"的主张，华严宗、净土宗也有关于"心"、"性"的论述。

以"心"、"性"取代了"空"是佛教本质的改造之一。"心乃思之官"，"性为民之本"，任何一个中国人的心性，只能悟出靠中华文化阐释的道理。因此，靠"心"和"性"来悟佛理，实际上是强调了"中华文化理解的佛教"这个侧面。它正如釜底抽薪、偷梁换柱似的将佛教的基本理义，拴在了中华文化前进的马车之上了。

随之，佛教主要的律、行、仪、法等等也选择了中国自己的方式，走上了中国文化的道路。例如天台宗的"无情有性"，华严宗的"当世成佛"，禅宗的"顿悟成佛"，净土宗的"念佛成佛"。华严宗提出"理事无碍法界"，"事事无碍法界"，宣扬佛性和现实世界相互包容又互不相碍，一切事物之间都相互包容、圆通和谐。禅宗则反对成佛的烦琐做法，他们不读经、不坐禅，俨然一副清淡闲散面貌。这样一来，那些"放下屠刀、立地成佛"，"苦海无边，回头是岸"，以至于"酒肉穿肠过，佛祖心头坐"等等，都成了最有中国特色的佛教方式。而且，游方成了寄情山水，说法成了辩理谈玄，法事成了娱生乐死，就连重要的宗教节日也成了老百姓集市贸易、文化交往的所谓"庙会"了。明白了中国文人普遍爱居士，中国老百姓普遍喜欢酒肉和尚的道理，也就明白了中国佛教的文化本质。

虽然自晚唐开始，作为宗教的佛教已走向衰微，儒道释三教合流不但成了政治经济上的需要，成了统治者的国策，也成了文化思想上的趋势，受到一般士人百姓的认同。明清以降，"以儒治国、以佛治心、以道治身"这种"三教归一"的思想，使得佛教完成了中国化的历程，作为文化的佛教，便在中华民族的"文"中"化"成了新的面貌。

从寺庙到佛像、从法器到饰物，几乎一切造型题材都中国化了。塔成了楼阁式建筑，寺庙成了朝堂式建筑，"天下名山僧占多"的诗句也道出了宗教环境的变革。就连佛爷中也出现了那将笑口常开的弥勒佛附会到布袋和尚身上的典故，出现了"济公活佛"这类典型。菩萨与罗汉则更可男可女、万象千形，甚至连地道的门神爷、灶王爷、土地爷、龙王爷这些中国"爷儿们"也被换上了菩萨的雅称，仿佛新的无穷多的"文化偶像"。如此等等，至于装饰这些题材的纹饰，也上升到了一个新的水平，最表面的佛教的"纹"也化成了文化之"质"，产生了新的飞跃。

举最典型的荷花纹样为例。莲花作为佛教的主要题材，莲池作为佛国的主要环境，其寓意象征着人死后于莲池中化生。莲花作为"涅槃成佛"的含义，当然成了佛座的基本造型、也成了一切佛地的重要纹样之一。但莲花作为中国化后的纹样题材，不但有了最常见的假"莲"为"联"和"连"，假"藕"为"偶"的谐声取义，有了"江南可采莲"的民歌，更有了像周敦颐《爱莲说》中那种象征文化的含义。莲的"出污泥而不染"、"中通外直、不蔓不枝、香远益清、亭亭净植"等性状，也化成了"可远观而不可亵玩"的品格表率，成了花中君子，充满了中国文化特征的标记。这样，莲花就在"比、兴、赋"的传统手法中，在以物喻人的固有习惯中，在重品标格的评判标准中被赋予了新的文化生命。就连莲花化生的故事在俗文学中也衍变成了哪吒由他师傅太乙真人（名字太妙，亦儒亦道）以气还魂的故事。因而，莲花作为文化的母题便被中华民族认同并长期广泛使用。而在某些民族文化中，比如日本，由于没有这种文化上的创造，莲花题材在佛教衰微之后便只能作为"死亡"的象征而遭到忌讳。

当然，纹饰的发展不只表现在对莲花的认识上。宋元之后，几乎所有的程式化了的佛教纹饰，都有了文化诠释或理性的阐述。众多的纹样被普遍归纳到中华俗文化中所喜爱的"福"、"禄"、"寿"、"禧"等象征含义之中，或者进一步构成了雅俗共赏的所谓"同心"、"万字"、"方胜"、"连理"等结构格局，成了特殊的构成性象征纹样。我认为值得特别一提的、最有典型意义的当推被称为"如意"的那类纹样。"如意纹样"在中国是相当宽泛的一类纹样，它们最典型的实物形象乃是明清大量涌现的被直接称为"如意"的玩物。它的基本形状是一大一小的两个云头曲线形，中间用一条有停顿转折的圆滑波线形联结起来。除此之外，还有许多具有一定构成规则的线性纹样亦被称作"如意"，如"如意结"、"如意巾"等等。实际上，从唐代开始，大量与佛教有关的纹样图案经过程式化处理，形成了许多基本纹样结构，它们的外形作为平面图形，被称为"云头形"、"宫扇形"、"宝瓶形"等等，用在画幅、屏类与建筑门窗等造型中，它们的内部结构，便成了"万字"、"心"、"福寿纹"、"如意纹"等固定的构成方式，保留在后世装饰图案的连缀中。

这些纹样的代表便是如意。仔细剖析一下实物如意的形状，不难发现它正是"祥云"与"卷草"的合璧。那如云头形的上、中、下三个停顿与如卷草状的一波三折的曲线，构成了如意形的全部。它从审美特征上充分体现了中华民族对曲折、空灵、回转、停顿等性状的追求。而作为"如意"的名称则更耐人寻味，它本身就完全体现出一种有趣的心理追求，并且指出这是一种满足审美功能、符合文化需要的非功利追求。如果说从汉纹饰的"祥云"过渡到唐纹饰的"卷草"是一种惶惑的文化交换与被动的接近，那么从"卷草纹"发展到"如意纹"则是一种清醒的文化改造与主动地深入。汉代之前的中华文化，在主体客体的认知与把握上，在观念与功利的选取上，造就出一种总体平衡。在"祥云"纹中，"祥"是一种主体愿望中的意念，而"云"是客体实象中的意象，这种纹饰上的统一，表现出了哲学上的和谐完善。在外来的宗教文化中，新观念的冲击必然先以新的形式展示出来，新形式的展示最易于从"物理"的角度打破原有的物我之平衡，"卷草"便是这一过程的普遍反映。"草"是实体的观念，而"卷"却是形象的模式，纹饰总体风格的变化趋向于对外物的剖析，反映了文化思潮的推移。隋唐之后的中华文化，又在主体更高的认识层次上达到了新的统一，"如意"正是这种变化在纹饰上的反映。从"祥云"的"心物合一"吸取了"卷草"的"物态格局"，从而上升到"如意"那"心态显现"，这不是民族文化在发展过程中的纹饰变化吗！这不是文化实质发展的表现形态之一吗？

实际上，纹饰的发展变化也与中国哲学思想及艺术思想的发展合拍，宋元以后，"文人画"理论中强调的"不以形似"、"求无人态"、"神韵逸气"等等，都是对文化心态的进一步揭示，也是佛教中一些基本教义在中国人身心中被吸收改造而创化的文化产物。

"如意"格局的出现，象征着新的文化阶段的到来。从文化史上讲，当民族文化在发展中以定型化的更高级的新面貌出现之时，外来文化中的固有因素必然会被排斥和扬弃。从这个原因上看，唐代之后佛教的衰落乃是一种必然趋势，是佛教以另一种文化形式出现的开始，是文化发展的必由之途。文化的贡献在于完成了这种改造最后最高的形式，使得此后的佛教文化很难从中华文化中分离出去，使得任何佛教的历史，都离不开中华文化的身影。纹饰当然也不例外，明清以来至今的几乎一切佛教装饰纹样与图案中，都可以联系到"如意"的形式和哲理之中，便是明显的例证。

## 小结：顶礼 中国菩萨

佛当然是印度的创造，但是要说到在世界范围内产生了造型影响的美的佛教偶像，还该首推中国菩萨。

杰克·伦敦等西方世界中著名的文人们常爱在他们的著作中用这样一个比喻："像中国菩萨那样美丽善良。"我想，在西方文化的认识中，倘若佛祖相当于上帝的话，那么，中国菩萨便正是那美丽善良的圣母。

与西方文化中的宗教概念相比较，中国的宗教并不"够格"，与其说它是一种对神灵的希望，还不如说它更多的是对人生、社会与自然中某种未知关系的宽泛的、人文的解说，以便从文化形式上成为人生的寄托。如果说严格意义上的宗教是以狂热的信仰、神秘的崇拜来抚慰人生的话，那么中国的宗教更多地偏向于以清醒的认识、混沌的自在与无可奈何的态度来娱乐心性，解脱人生。中国宗教明显的文化性特征即在于此，中国文化的人文性特征也在于此，中国文化的包容性特征还在于此。中国菩萨的创造正是这种特征在文化史上最典型反映的例证。

中国菩萨的创造，是最广泛的对外来文化吸收与消化的结果，没有那"洛阳家家学胡乐"的吸收，没有那"南朝四百八十寺"的普及，没有那西天取经的玄奘、法显等人之热诚执着，没有那将狮子当成中国宫殿守护神的气魄胸襟，恐怕要创造出中国菩萨便不可能。

中国菩萨的创造，更是最坚定、最深入的对民族文化的认识与发展的结果。唐代佛教中曾有著名的法相宗，它的创始人就是有名的陈玄奘法师，他对佛学源流可谓极精，地位、名望、资历决无可非之处。然而也许由于多年印度留学，其基本理论颇多天竺文化气息，论证烦琐而风行不久便败落。

中国菩萨的形象是完美而永恒的，她代表了一个时代中一个民族的文化精神，也就是人们的现实状态心灵追求。当偶像没有神性时，人们便不会信奉它了；而当偶像没有人性时，人们又何必信奉它呢！中国菩萨于宗教于文化于人生，其意义与启迪均无穷无尽。

1988 年秋于京沪间

# 中华建筑艺术与中华文化论纲

  经典的西方文化体系从根本上讲，很难理解和接受中华民族的建筑理论；西方文化造就的生活习性和审美眼光，也很难适应中华建筑的结体构筑与布局装饰方式。建筑史的事实是：西方建筑理论体系在数理科学方面的高度完善与西方建筑流派的频繁更新，这两个相悖的现象之间寻不到本质的解释。经典建筑理论中解决材质性状与构架方式等物理的研究决不能取代非功利性的建筑艺术之实质探索。而在中国，数千年恒稳的建筑风格与举世无双的建筑遗存却又缺乏系统而使人信服的现代解说。理论建树与实践活动的长期分离使中国建筑的研究难以深入。在中华文化的固有观念中，理论往往不应包含"趣"和"法"这些范畴，更多偏重于"形而上"的"道"，是关于"天行"、"人际"的"常"。而建筑活动的实践性方式决定了它们在中国文化中"坐而论道"的不可行性。所以，我们现在能读到的被中华文化所承认的关于"建筑之道"的著作几乎绝迹，仅有一些以"法"和"式"，以"礼"和"仪"，或者以"史"和"迹"方式描述"建筑之器"的著作。实际上，这样的著作在每一个时代中都有很多，而且还有更多的行业中各自师承的口授心传。

  因而，对中国建筑作现代认识的探索是必要的。现代认识是用现代文化的成果去对历史、现状与未来作出假说来。鉴于建筑的特征与现代艺术的发展，使得几乎所有的人都可能对建筑艺术作见仁见智的论述，在这个前提认识下，我的一得管见或许可作为砖瓦抛出。

## 一 心性与构筑

木材和构架,是中华建筑的本质特征,相对于西方建筑中的石质和垒砌来讲,它们这些选择的后面,绝不只是材质与构筑方式的问题,更重要的是由不同文化、不同理念导致的结果,是不同心性在建筑中的普遍反映。

西方以狩猎方式为主的原始经济,造就出一种重物的原始心态。因而,对实体的物理性状与数量定度成了其原始哲学的基础。西方建筑理论便建立在数理逻辑的哲学基础上。建筑作为与人关系最密切的、最恒稳的构筑物体,当然是数理哲学最先重视的对象之一。非生命的建筑材质与静态的构架形式,又是最容易量度、剖析与实验的对象。因此,建筑作为西方文明中最初研究的重点,作为西方文化理论最完善的领域之一是理所当然的。

但是,如果我们进一步去质疑一下这些貌似完善的古典建筑理论及其文化背景,我们不难发现,这乃是一种以物性为主要标准,以定量为主要特征的封闭式文化的产物。事物的封闭性表现在这样一些特征之中:首先,由于封闭必须精确而肯定地确定范围与界限,因此,它必须表现出局部性与肯定性特征;其次,肯定了的局部易于导致体系内部性状的量度与量数结果之间关系的探求,因此,它的可量度性、可计算性,并以计量性取代其变化的演绎也成了其特征之一;再次,由于数理特征加强了对体系运动的理念制约,使得封闭的体系从理论上能独立完善出来,因此,它在处理与其他事物或其他体系之间的关系时表现出排他性特征,在它自身独立运动和发展时则以进击的方式出现。最初的封闭体系的各自建立,其表现是科学的、合理的,它使纷繁的对象很快地分类成一种有序的理论框架。但是,每一个体系赖以建立的公理,却通常建立在一种实际上并不可能的绝对理论之假说上。因此,它的相悖是普遍而不可调和的,它的极端性特征也是十分明显的。它使人类的认识要么屈从于这种不存在的公理去改造自身而适应体系内的演绎结果;要么彻底否证这一绝对公理而开拓体系外的领域。西方建筑理论便是如此。为了要适应于数字演绎,其整个理论必须建立在材质的刚体假说与结构的线性假说之上;为了要适从于这种绝不可能存在的假说，当然必须寻找最接近于这种假说的对象。在早期建筑所可能使用的材质中，石头是无可改变的选择结果。在测量科学与运算科学都不甚发达的古代，石头是最接近刚体以至与刚体运算完全吻合的天然材质，而垒砌又是最适合于石头构筑的基础方式之一。于是，对石头的肯定促进了建筑理论的数理化历程，数理理论又对石头的构筑功能进一步首肯，它们形成了无懈可击的封闭而肯定的自我演绎。其后所出现的一切与此相悖的实际都要被排出、被抛弃，或者被一种可变的、不被理论所证明的所谓"系数"或"经验常数"来作变通的解释。因此，人在这种逻辑体系之中形成了以相信数理属性而忽视感觉的异化倾向，仿佛那个被中国人耻笑的只相信尺码而不相信脚的"买履郑人"一般。实际上，具有最优测量与运算属性的石质，在建筑中与生物的亲和性是所有自然材质中最恶劣的。它们的刚性、不透气性、无吸附性，以及它们的力学特征、热力学特征、电学特征等方面都是自然状态下的生命所感不适的。坚硬、冷漠、不透气的石质，使得在自然界所有能筑巢穴的动物中，除了由于环境造就的材质选择局限或利用天然石洞居住的动物外，还没有一种温血动物在可供选择的情况下选择石材作巢穴的建筑材料。万物之灵的人，为了屈从理念的运筹而误入了违反生命基本亲和要求的材质选择歧途，不能说不是封闭性文化对人生的背叛。我们在面对建筑时不禁要问：难道建筑的目的只是为了寻找和使用某些按一定"尺码"要求能拼装起来而供人居住的巢穴？谁都不会否认建筑物是供人居住的事实，但是谁也不能否认这事实的本质仍等于动物巢穴。一切结构理论，一切材质选择，一切停留在工料上的运筹拼装过程，如果不从这个看似公理的建筑根本功利目的中跳出来，不在理论认识上将供人被动居住的建筑上升到主动造就人的范畴之中，建筑艺术赖以生存的土壤就只能让位给物理属性的……充斥。人的审美感受也只能被束缚于物的机械属性之中。

  中华建筑则不然。对于中华文明中其他艺术门类来讲，中国历史上并没有层次较高的系统完善的建筑理论。然而，对于建筑艺术性本质的实践与认识，对于建筑艺术的文化理解，却并不可能脱离中华文化所造就的人的认识与思维方式，也并不乏深刻而高明的过人之处。

在世界范围内的原始建筑中，以木棍作支架而覆以草泥的窝棚式建筑方式与垒石土以至冰块作墙而覆以顶盖的建筑方式是广泛同时存在的。中国的上古建筑也不例外。但是，原始建筑中的选材与构筑方式朝那个方向发展，更主要是由文化发展所造成的，是由比自然因素重要得多的审美心理、礼仪规范、社会观念等因素造成的。中华民族以原始农业为主的经济方式，造就了原始文明中重选择、重采集、重储存的活动方式，形成了重关系、重性状、重本体的社会心态。因此，在对外物的把握上，也偏重于总体的性状分类，偏重于它们性状的归纳与它们性状与人或其他对象之间的关系。对建筑材质与构筑方式的选择也不外乎如此。将木材选作中华民族的基本建材，正是重视了它与生命这亲和关系，重视了它的性状与人生的关系之结果。在可供建筑的材质中，木材是最优的材质，木材的弹性、柔性、韧性、透气性、亲和性、吸附性以及热学、电学、化学、生物学等诸方面的特征，对于人来讲是最佳的．除了永恒性较差外，它几乎没有任何有害的地方。中国古代将木材的性状描述成性柔、性中、性和，这既是木材在建筑中所显露的特质，也与中国古典哲学中对人的心性要求相吻合。实际上，在新石器时代，中华民族就已懂得了垫灰、夯土、垒砌等用于石材建筑的基本技能，拱券技术也被大量运用于秦汉之墓室墓道建筑中，隋代赵州桥的起拱技术至今犹使人惊叹。这些石质构筑的基本技能对于中华匠师们乃是"非不能也，是不为也"罢了。甚至可以说，对木材的选择是由于更重视建筑的艺术性特征所致。艺术就其本质而言，其感情作用与形式特征是不可忽略的。感情当然是指对人的文化性之陶冶，而不是对人的兽性之无能满足与对人的神性之万能适应；形式主要是指一定模式的构筑方式。对于木材的选择正是更重视它与人的共处关系，重视它对人的感觉关系与由此而及的对人性的陶化作用。在《周易》中就有"木道乃行"的认识，木性上升成理性观念与中华文明中所推崇的人品道德有许多相同之处，都不是一种巧合。而且，由于木材所能造就的构筑方式要远比石材巧妙丰富得多，建筑的形式就可能产生更深广的文化适应，建筑的艺术性特征才有可能更充分地表现出来。所以，虽然中国传统哲学及古代帝王思想都追求千秋万代的永存，但对于建筑物却并没有存在过这种希求。他们不指望这些人造"器物"的长存，而只希望这些器物构筑中所反映的"道"的永恒。他们只求生的玩味与死后永存，故而维系了地上建筑的木构选择，而将石材留给了地下殿堂与实用性更强而又不必供人朝夕相处的桥、城、阙、台等处所了。

以往的理论常将中华建筑的构架性特征归结到木材的张力、曲力、弹力较优且拼装容易等物理属性之上，认为斗拱、梁柱等框架承重与横向联结亦是木材物性所致。这也是将西洋石材由于自重、耐压而少张力、弹力而只能垒砌之理论搬过来的认识。……不可否认其有着物理上的合理解释。但北欧人自古就用圆木垒砌建筑，而中国就是建筑石牌坊也要凿榫卯而架起来。恐怕就不只是一种简单的材质使用习惯能解释的了。实际上，这种构架方式的选择与被固定，除了材质因素之外，更有着一定文化上的追求因素。在原始"二气"、"五行"、"八卦"等理论中反映出了中华民族特有认识方式的文化演进历程。如果说"二气"是关于"本源"的学说，"五行"是关于"本体"的学说，那么"八卦"则是关于"本质"的学说。中国将世界建立在统一的对立依存之关系上，建立在相克相生的实体变化中，建立在可认识的循环往复之发展里。这种认识的结论形成一种理念，触类旁通，运用到音响、色泽、方位、味道、质地等一切实际范畴和感觉范围中，产生了一种固定的选择方式和解释格局。在这种固定的关系里并不排斥"人"这个对象，也不把这个对象单纯地当成"物"或"我"来对待，而是将"人"这一种群认识所反射出来的感觉模式，上升成概念来把握物我的关系；以特定的刻画或书写之构成符号(图符、文字、卦象等)来记录这些概念并演绎它们之间的关系和发展变化规律。反过来，再靠每一个"人"的个体对这些符号的学习、使用、适应等文化训练来掌握和深化由此而导致的感觉模式和理论思维。因而，中国人更重视构架的形式。在某种意义上讲，中华文化中对理念的理解便是一种"线条之构架"。中国字就是一种构架。中国书法中最早的结体理论，间架结构理论仿佛像在谈建筑。这当然影射出了一种文化心理的深层结构。所以说，中华文化对建筑的认识，开始的立足点就不停留在物理属性的制约中而驻足于文化属性的构架之上。中国建筑重构架的特征恐怕更多乃得力于此吧。

现代的认识已经证明：无论是对木材的选择还是对构架的追求，其在建筑艺术的发展中都是棋高一着而且较为恒常的。至今还没有任何一种天然或人造材质在建筑对人的总体性能上比木材更适合，也没有任何一种构筑方式能比构架更具有威力。实际上，现代建筑中室内的装修粉饰，都是在追求着与人相适应的类似木材的性质。在钢筋混凝土这类材质尚未出现之前，西方建筑理论对构架几乎并未触及，而现代桁梁桩柱等建筑物的出现，其基本形式还是构架原理之迁延。

由此可见，中华建筑较早地重视了人的感觉选择和物的形式创造，重视了建筑对人的心性之作用。这正是建筑艺术的本质特征之一。因此，中华建筑并不以它的体积、工程等物理属性炫耀于一时的人世，而以其精美、巧妙的对环境的造就和对文化的促进保持住它们永恒的艺术价值。

## 二 观念与造型

建筑的功用在人类社会中必须与文化观念建立起必然的联系。简单地谈建筑的实用性并无多大意义，建筑的栖息功能其本质意义并未有别于动物之巢穴。因此，认识到建筑对人类文化性的能动造就作用，是对建筑艺术主动把握的标志之一。在中华民族上古流传的典籍中，已有这方面的明确认识了。《周易》中便有"居贞吉"的卦辞，《左传》中也有"居者为社稷之守"的论述。这里已将"居住"功能放在与吉凶祸福相关或与社会安定相连的范畴之中了。在《礼记》、《论语》等古代经籍中，"居"已常常被作为道德准则或礼仪规范来讨论。《礼记》中多次有"居处有礼"、"居乡以齿"、"居处不庄非孝也"等论述，《论语》中也将"居处恭"、"居敬而行简"、"食无求饱，居无求安"等当成了"君子之德"。如果说这些"居"还包含了广义的居住过程，那么，有关建筑本身居住作用对人生造就过程的认识，当首推孟子在《尽心篇》中那明晰而深刻的论述了。孟子曰："居移气，养移体。"将建筑对人的气质之造就作用与营养对人的体格造就作用并提，强调身心造就的共重，明显地指出建筑的精神作用，堪称中华文明中对建筑的纲领性认识。试分析一下作为中国建筑中最有代表性的物种类，在我们通常说的亭、台、楼、阁、寺、庙、殿、堂、廊、厅、馆、阙、陵、园、塔、宇、桥、舍、门、墙等等建筑中，专为居住使用的门类实在不多。它们大部分是作为人们游览、驻足、交际、娱乐、宣教、修读之场所。换句话说，都是为了人的文化教养而设的建筑。像中国建筑中最有特色的亭、台、塔、阙、牌坊、山门、园林、殿堂、寺庙、回廊等等，都是以其非居住性特征而成为特有建筑类型的。比较中外建筑中，这类建筑类型在中国不但出现早，建制早，而且种类极多。至今为止，这类以独立审美特征而成为建筑式样保存的建筑门类仍以中华民族首屈一指。这正是强调建筑对人造就的艺术功能所导致的，这正是"居移气"这一理论的实物脚注。以古典西洋建筑理论而妄断中国建筑非艺术性特征的人，实在是不懂建筑艺术性本质，而且也将艺术的人生置于机械定度之中的缘故。

因而，中国建筑格外重视造型的文化作用，重视造型的观念形象，并易于将一切物理影响与造就的造型模式靠文化观念恒持下去。在甲骨文中，已有十多个关系各种建筑名称的文字。这时的"巢"、"穴"两字，它们在功用上与理念认识上并无异于动物居处之处。随着地面建筑的出现，形成了有屋顶、有门窗的人的住房，甲骨文中称之为"宫"。"宫"这一概念的形成将人类的建筑与巢穴从根本上分离开来。"宫"在上古泛指人类的居住建筑。它以屋顶和门窗这些基本造型特征，构成了人类建筑特有的既封闭而又可自由开合的通道。造就出人类主动与自然沟通以至以自然为审美对象的自信与自强之象征。在汉代之前的文字中，以象征屋顶的宝盖"宀"作部首的字已达183个，加上"广"、"户"等其他有建筑意义的部首的字，总数在三百个以上，占当时全部文字的三十分之一。而且，许多这类文字成了后来与审美标准及道德规范有密切关系的词。如：富、实、安、定、空、宓、宣、害、窈、窕、邃、密、室、塞等等。可见中国人从远古开始，就以自己特有的文明观念重视对建筑艺术的探求。建筑的形制也随着文化、政治等因素的发展而被肯定并巩固下去。

中国建筑在造型方面至少有下列基本特征，强调屋顶的构造与装饰；强调屋基台础之建筑；门窗设于坡面屋顶之方向上的正面墙上；并重视该墙面及门窗装饰。布局上注重单体建筑与附属建筑的组织联结，通常取左右对称之中轴线长方形平面布局而层层扩展。否则便强调依势变化的完全自由结构的平面布局。院落重穿插，即使规整的平面也要以曲径回廊影壁重门作布置而使其剔透空灵。

如此长期而恒稳并且又有迹可寻的造型特点，必然是一种文化观念的载体或反射。它们更多地与远古形成的中华文明中特有的农业文化心态及自然崇拜观念有关。中华文明是世界上最古老的农业文明之一。东西走向的河流与四季分明的同一气候带的地理位置有别于世界上任何一处原始农业文明区域。相同的气候条件趋向于使原始文明的统一因素得以滋生；对土地与气候的依赖又使这种统一因素实现于对天地的自然崇拜之中。因此，从太古开始，对天地的认识与崇拜，成为中华社会的基本特征被保留和发展，对天地的许多重要认识被当成社会意识的基本柱石与文化的基本观念被推崇，使天地成了人的精神与实质之统一寄托。因此，屋顶与台基也很自然具有了象征天地的含意。举屋顶为例，中国古代常将天空称为"苍穹"，中国人在创造"宇宙"这两个字和词时也选用了"屋顶"的结构，这些都是将"天"当作一个"大屋顶"来对待的例证。考古研究与文献材料证明：对于屋顶的重视，至迟始自殷代。这个时代正是中国天文历法开始形成的时代，而到了周代，已将屋顶建筑的规则形制渐渐作为礼仪的象征与天地之德配合起来了，在《易》中即出现了"坏庙之道，易檐可矣！"的系辞了。因此，中国人在记录房屋这一建筑概念时便选择了一个屋顶的象形符号"∩"，并尽善尽美地发挥了木材构架的特长，创造出众多的屋顶构架形式与处理方式，且结构精巧合理，象征含义亦自然顺理成章。

整体造型上的比例选择，正面墙的确立与对门窗的重视，也与中华远古农业文化造就的审美眼光有关。中华民族原始采集经济为主的生活方式，造就出一种重视选择的心理与重比较的视觉习惯。这使中华民族擅长于用双眼注视静止对象，偏重于注意水平视向上的变化与环形视场中的对比。而西方大多数原始文明中以原始狩猎经济为主的生活方式则造就出重捕捉的心理与重追踪的视觉习惯，使这些民族愿意用单眼跟踪运动对象。这样，静止的对象便只能在上下打量中才易作出判断来。正唯其如此，中华建筑无论在单体形制比例上，还是在注目的正面装饰墙面上，都接近人的双眼睁开之视场范围所决定的较扁长的矩形，并多取横向连接的群体结构。屋顶与台基的平行并重又将视觉的运动相对控制在易向水平方向扩展的正面墙之范围之中。而西方建筑则选择了那与人单眼视场适应的山墙作正立面和主装饰面，并以高耸的屋顶、敦实的墙柱将上下打量的视觉习惯牵制在纵向位移之中。作为建筑整体的造型处理，中华建筑重空灵，重与自然沟通，重形态的观念含义，这样更适合造就与自然交融的人生，这正是自然崇拜的文化精髓。西方建筑更重凝重、重人造环境的封闭，重对人体生理顺应的形态，这与西方生命崇拜的文化实质也是统一的。

　　对建筑的平面布局也不例外。将"四合院"似的方形建筑平面指斥为"封闭型"平面，甚至以此来断言中华文化的封闭性是错误的。中华文化具有典型的开放性特征。事物的开放性特征首先表现在它界限的模糊性上与观念的相对性本质身上，由于界限模糊与观念交触，它们的定度性与测量性便会因为难能而不受重视；继之而来，对它们的性状则更多依靠特定的关系规律来把握。关系规律的把握在不以测量结果为前提的数理逻辑演绎之外，最有利的做法便是依靠变化过程中的史迹与理念认识上的经验来获得。于是，开放性特征的文化呈现出这样的面貌：不重视数量间所显示的分析而重视感觉模式造就的直觉把握；不重视极端的对立而更重视总体的统一；不重视概念演绎得到的逻辑而重视文化、历史记录现象中归纳的概率；不重视形体、数量之间物理关系的破坏、改造而重视自然、人际心理关系的控制和平衡。它的混沌性认识、文史性理念、中庸性方式、关系性本源等哲学特征是显而易见的与始终如一的。它的开放性表现在总体包容性上而不是在某一局部的进取性上。它对任何新的对象的认识都要经过反复的"文"而"化"之的过程，都要在实体对象变成某种文化观念之后，才又以原有文化的模式接受下来。中华文化的基本特征正是如此。以建筑平面的方圆来判断思想的开放和封闭不是太滑稽了吗！中华建筑中那些具有特殊功能之宫殿、宗祠、寺庙等建筑平面格局的形成，更多与礼仪政教的规范有关，它们当是建筑艺术独立的一个侧面。这种中轴对称的方形布局格式，至少在周代已确立，秦汉已被广泛应用在许多建筑门类之中。但同时对这种格局的改造与扬弃亦从秦汉开始，到了魏晋之际，另一类完全依势而充分布局的建筑也形成了对中华建筑艺术相辅相成的局面。从苑囿到园林，从宅院到寺塔，都以自由创作的精神开拓着另一个布局方式的领域。而且，无论哪种布局，都较主动地提到为了"移"人的文化气质，为了造成一种氛围而使人能产生某种感情。中轴对称式扩展造成的宽广稳定感，与《周易》中的"宽以居之"，"广大配天地"等认识是统一的，与《周礼》等典籍中的"宽以济猛"、"大者壮也"、"广博易良而不奢"这些特有的感觉模式是一致的，也与正直、中和、崇高、稳定等人之品格要求合拍。而在自由的布局中所普遍追求的曲折、宁静、深沉、空灵也与中国文化的普遍审美要求相一致。只要品味一下"曲径通幽处"的诗句与无处不有的曲桥回廊凉亭等斗折蛇行似的平面布局，也就明白了这类布局的精神内涵了。正是这种严格规范和自由创造的双重要求，把握住了建筑艺术平面布局的精髓。一切艺术规律都只能在程式与创造之二级中徘徊，中华建筑之衡稳特点亦有赖于此。

总之，中华建筑以它独特的造型既主动改造着人们的文化气质，又与社会文化观念产生了适应。当我们发现建筑的"礼仪"观念时，也正是建筑那非居住功能在文化上确立之际。从空间到平面的建筑造型，都寄托了诸如宗法、政教、佛道、风水、习俗等各种思想精神。同时，也反映了中国文词书画、音乐舞蹈等艺术旨趣在另一个领域中不同层次的追求。

## 三 文采与装饰

中华建筑另一个引人注目之处是它那特有的装饰方式与装饰手法。特有而完善的建筑装饰体系最后完成了色泽方面的润色，使建筑物完成了质、形、色的统一之审美要求。

广义的建筑装饰至少包括建筑装修与环境装饰。中国建筑对于环境装饰有多方面的要求，不但有专门作空间分割的照壁、屏风、曲栏回廊、女墙、花窗等多种构筑，也有众多的花草树木泉石装饰方法，不但有专门《石谱》之类著作，有"瘦、皱、透、漏、丑"这类选石审美准则，也有"宁可食无肉，不可居无竹"与"前庭不种桑、后园不插柳"之类的规则。在中国所有建筑法式中，环境装饰均被提到重要位置上，其手法之多、规则之众、要求之全，也是世所罕见的。

对于建筑物本身内外装饰的重视，是中国建筑装饰的另一特长。由于木构中强调构件的组合，使得每一个最细微的建筑部件都可作独立的装饰对象。装饰部位主要集中在结构的框架部位与联结部位；集中在内外空间的沟通部位或拟沟通部位；集中在带有一定观念的特殊造型部位。这都与造型过程中的构筑观念相吻合，也与整个建筑造型中的重点部位相一致。因此，它们在文化上的作用是统一的。

大部分建筑装饰不是因为材质与构筑需要而产生的。尤其是中华建筑中最有特色的雕镂与彩绘装饰，从数理角度来看，不但烦琐多余而且有害于材质与构筑。那么，在中华民族建筑发展过程中，它们如何会成为恒稳的特征之一呢？以彩绘为例，在墙壁上彩绘的遗迹以不久前在甘肃大地湾仰韶文化遗址中发现的"地画"，已可算完整而相当有水平的彩绘装饰了。其后这类记载与实物不绝于文献典籍。可见从原始文化开始，中国就有重视建筑物表面装饰的传统。这也是由中华原始文化的特征所导致的。原始采集经济与种族因素造成的重选择重储藏心理，导致了中国人有重视视觉表现规律的传统。中国人善于从视觉结果中归纳出抽象的构成关系规律，并借这些符号体察和揭示对象的本质与发展。因此，那些对象表象中的可视性符号特别受到重视并成为人们认识过程中最早的理念母题。它们正是最初的"纹"。在石器时代，只有中华民族重视了石材中的纹理，把它视之为"石之美者"而导致了"玉"的出现，并将此上升成"君子有德如玉"、"宁为玉碎，不为瓦全"以及"抛砖引玉"之类的文化结论。在陶器时代，又只有中华民族重视陶的表象之色泽，创造了举世无双的彩陶文化，并进而发展成表面釉饰的瓷。在文明时代，还是只有中华民族重视文理规律，创造了世界上唯一的以平面纹样构架来记录理念的文字。因此，中华文化的基础与表象中人的主体介入后那些形象格局紧密相连。不但那玉石中的绚烂纹路是"文"，那天象中的斗转星移与云蒸霞蔚也是"文"；不但那龟甲兽骨中的烧凿刻画是"文"，那图符典章中的书画卦形还是"文"。"纹饰"中最原始最本质的含义也正是体现着一种深层文化结构的表象之文采。实际上，远在文字尚未统一形成之前，中国已将纹饰的形制、题材、色质、手法等等规定作为"礼仪"的基本内容，使纹饰成为特殊的文化规范。也许，中华文明的统一性强大生命，除了由于文字造就的理念恒久之外，更多的有赖于由纹饰格局塑造的感觉模式所导致恒稳的文化心理所致。因而，建筑装饰和纹饰传统也和衣履、车马、器用等装饰一样，成为人们衣食住行中不可缺少的文化准则，受到"非礼勿视，非礼勿行"的文化制约。

正唯其如此，纹饰题材并不依手法或材质所限定，而是相对独立地发展。建筑装饰不但在不同的部位与手法中题材相似，构成相近；而且与同时代中其他门类艺术相比，也有着相似的题材与结构原则。传统的文化对色彩的观念作用之重视当然也会体现在建筑装饰中，它们广泛起了文化普及与审美陶育的作用。

总之，建筑装饰在各个方面都怀有民族文化不同层次、不同程度的联系。它虽是一种"匠作"，但却适应着各种文化层次的人之要求；它虽不能离开工巧，但却具有各种程度的文化要求。它是最广泛而普遍的具有中华文化真正含义的"文采"之一。

文化的本质是为了造就人或者说是安慰人生的。只要有这样价值的对象，注定要被历史的发展记忆起来，发掘出来。我相信，中国建筑艺术亦是如此。短暂人生造出的短暂建筑却能在数千年的迁延中、在如此辽阔的区域内，作为一种造型艺术而保持并发展其恒定的特色，它的文化特征是不言而喻的。这现象更不是能通过"封闭"或"保守"便能做到的。因为，文化毕竟是一种人生的选择，是每一个人都在始终进行的人生过程。

对中华建筑的当代论述是不足的。当一种文化作用被另一种文化造就的方法去认识时,它也就失去了自身的形态,丧失了原有的属性和特征。如果说对建筑艺术的研究还存在这一弊端的话,我希望在文化交流的基础上,我们能进一步从自身文化中"化"出认识中华建筑风采的"文"来。也许这要更多人作艰苦而默默无闻的努力。

1989 年春于北京

# 近大远小·以大观小·变时化空

——中国画透视刍议

由于多方面的历史原因,国画透视问题的研究在历史上并没有系统开展。虽然不少画论中对这些问题时有提及,大量作品也为这些理论提供了实物依据,但无论从深度广度与发展规律方面来说,离系统理论的要求都差得很远。近年来多以"散点透视"将国画透视一言以蔽之,这与国画丰富的透视方法不相符,也不能准确地揭示国画透视的根本。本文就此谈些粗浅的看法。

塑造形象,必须首先依赖于画者的视觉感受。所以造型方法的首要因素,乃是取决于观察世界的方式方法,即视觉的方式方法。因而,在绘画上所谓的"透视",毫无疑问的是指那些与绘画造型要求有关的视觉规律,并且是为了说明和揭示在绘画创作及欣赏艺术活动中的感觉规律而产生和发展的。

透视问题被归结成一个"感觉规律问题"来研究,那是因为在绘画中,它归根结底要解决的问题并不是"自然界是如何存在的"问题,也不是究其自然界各个存在之间精密的数量关系和相对位置的状况关系。它所要回答的基本问题是:在人们的视觉中,客观对象的空间位置关系是如何被观察和感受的?这种观察感受的结果与艺术表现有哪些联系?如何将这些联系用绘画手段表现出来而引起人们产生新的视觉感受?这个过程用一个简化的公式可写成:"物体的空间关系→视觉形象→平面的绘画造型→观众视觉中还原的描绘对象。"在这个公式中,每一个箭头所涉及的透视方面的问题如下:第一个箭头是画家视觉对外物的感受规律;第二个箭头是画家视觉与艺术表现手法之间的规律;第三个箭头是艺术形象与观众视觉感受之间的规律。这些问题从根本上说更依赖于人们的视觉感受。因而我认为将透视问题侧重在感觉规律中来讨论，较易于接触到它的实质。针对着"形"和"色"的不同视觉感受，它被分成了形体透视和空气透视两大范畴；针对造型规律的认识来说，形体透视显得更为关系密切一些。

"透视"一词虽然并非源于我国，但中国画仍然有着自己特殊的透视发展规律，形成了指导国画造型的透视法则，有自己的透视理论。它不但接受了中华民族特殊的哲学思想、审美观念及心理因素等方面的影响，也与国画中"形"、"色"方面的技法要求相吻合。

人们很早就发现了一种视觉上最普通也最重要的感觉现象，那就是"近大远小"。这是人们在自然状况下最能体会和理解的视觉规则。几乎所有的绘画，由于它们最初目的都是为了记录客观事物的视觉形象，所以，它们在处理透视问题时，都遵循这一条所谓的视觉规则，将平面上感觉不到的空间距离转化成为平面上可视的大小不同形状。西洋绘画如此，中国绘画也毫不例外。

随着西方自然科学的发展，西方从光学、几何学、物理学、数学等方面来研究这条原则，从接受物体反射光线的人眼可看成是光线一个集中消失点这一根本事实出发，用各种自然科学原理去从性和量的方面论证说明这些光线的路径与绘画平面和造型之间的关系，探讨客观对象在人眼视网膜上的成像原理等等，从而创造了完善的"焦点透视"理论。这个理论使得在绘画中所获得的形象与人眼所看到的自然形象相类似。它精确地去说明和论证"近大远小"这一视觉现象，使它成了毋容怀疑的唯一正确原则。这样，焦点透视就以它的科学性和系统性，绝对地统治了十九世纪之前的西方绘画，直到近现代，它才被形形色色的西方近现代绘画使用的透视方法所冲击。当然，这一切现象有多方面的产生原因，这已不是本文详究的范围。但是，这种焦点透视理论，长期以来还以它那"科学性"、"客观性"的论证来影响着中国画，甚至有人强调以它们来改造中国画透视。其实我们真的看一下客观世界，就不难发现这透视所反映的也并不是客观世界的本来情形。客观物体的大小，决不会因距离的远近而产生丝毫变化。"近大远小"的原则，竟与科学事实有着如此严重的矛盾。殊不知焦点透视赖以建筑的原始"公理",竟也是建立在那么不合"科学"的感觉现象之上哩!

中国透视就不是这样,它虽然一开始也同样尊重"近大远小"的原则,但它只将这作为一种感觉现象来处理;它懂得大小不同的平面造型可直接反映出物体空间位置的关系,但它并不机械地量度这种联系;它没有特别深究眼睛的成像原理,但它强调了视觉是"人"的感受活动,因而它在发展中也不排斥除此之外的其他的视觉现象。中国透视就是在这样的认识基础上发展起来的。

至少在公元五世纪的南朝时期,我国已从绘画理论上提出了有关形体透视和空气透视的认识,指出了"迫目以寸,则其形莫睹;迥以数里,则可围于寸眸;诚由去之稍阔,则其见弥小。"（宗炳《画山水序》）以及"衣服彩色殊鲜微（按:鲜,少也;微,不明也;殊鲜微:特别少而轻淡）,此正盖山高而人远耳"（顾恺之《画云台山记》）。这些都是对"近大远小"这个视觉原则的认识。后来,在国画理论上或实践中都不断提及和运用这一原则。可是,就是在遵循和使用它时,国画透视也没有从数量、比例等物理属性上去加深这种认识,也没有处理成焦点透视的样子,因而也与西方透视不同。它虽以人眼在某一固定位置上获得的视觉形象为造型标准,但又不严格遵守光线有一定灭点的规则,而是或多或少凭借着一定的经验和感觉去作大略处理。为区别于焦点透视,不妨称之为"定点透视"吧。循定点透视的方法去处理绘画造型。

随着国画的发展,国画透视并没有被"定点透视"所禁锢。同时,人们对绘画的某些要求,往往又与这一现象发生矛盾。例如要画一张桌子及桌后端坐的人时,按这个原则来画,人势必要显得很小而不重要;可是在绘画上人都应该占主要位置,只有将他画大些才能看清楚。这些艺术发展中出现的矛盾,迫使人们去寻找新的解决办法。古典的西洋绘画中是以取景、特写等表现方法来解决的,而古老的中国画里却是首先以观察方法来解决。因为在桌子后面距离太远而看不清,你走到跟前去看,他不就显得大起来了,也看得清楚了吗!不要小看这一走动,正是它导致国画透视迈出了新的一步。

这种"走到跟前去看"的观察方法不但可解决视觉上的矛盾,也与最初所强调的国画的政教功能相适应。强调"成教化、助人伦"的政教功能，使国画开始时就具有较强的故事性和情节性，并对文学作品有一定的依附关系。因而绘画表现的题材并非是某一瞬间的事情，而是经过一段时间过程中的事件。这时，画家们常选取数个瞬间的形象来组合成画面，形成了长卷式的构图。这种作品在敦煌壁画中及古代石刻中屡见不鲜。人们在绘制和观赏它们时，目光就不可能从某一固定角度去观看，而是随着情节的发展、随着不同的瞬间形象来变换自己的观看位置和角度。人们移动着视点，从最有利的绘画角度去观察不同对象，如同走到桌子后面去看那坐着的人一样。这样，人们采取了"走着瞧"的办法来看待事物和艺术，形成了新的视觉境地——"动点透视"了。

"动点透视"过程中，人们不难发现，因为要通过反复观看和从不同位置上的连续观看，所得到的物体形象已不同于定点透视那样了。它们不再是那个在一定位置上以一只眼去看所得到的"具体形象"，而是经过了一定的比较和分析后才在头脑中留下的"综合形象"了。例如：在实践中人们发现，一定的人物神情只有在一定的观察角度才易于体现。不将视点放低，人物低眉俯首的温顺表情就看不到；仰天长啸的姿态如果在头顶上看来，那只是一种可笑的局促表情。按定点透视的要求，就不可能对同一画面中不同人物的不同神态作最传神的描绘，而动点透视却能指导解决这个问题。在《洛神赋图卷》这幅画中，曹子建见到洛神时凝视惊喜的神情与侍从们无所视听的木然神情，就是通过视点的移动而在画中同时表现的，它使得这些形象相得益彰而更便于加强人们对作品的理解。还有，在神仙故事、人物故事等题材的描绘中，由于人神之别、人的地位之别，他们之间的客观位置距离往往有如天壤。焦点透视对于这种情形的描绘有困难，有时甚至是不可能的，而动点透视却较容易处理了，它往往将视点移动的距离在画面上留下一定空间来就解决了。试看古代石刻中《荆轲刺秦王》的经过处理以及《洛神赋图卷》中曹子建与洛神仙凡之隔的描绘，就不难明白动点透视在绘画上的作用了。

"动点透视"指导下所描绘的形象，有时竟会违背了"近大远小"的原则。如现在能看到的古画中，桌子、床榻、屏风及一些人物的描绘即如此。因为他们明白，绘画的目的不是要让人知道谁大谁小，谁远谁近，而是要让人明白在画面上谁更重要。为了将人们的眼光引向重要之处，违背了近大远小的原则也顾不得了。就这样，国画透视已在"近大、远小"的原则上与西方透视分道扬镳，寻找着自己的造型方法，东晋顾恺之在《画云台山记》中的造型设计、宋代关于"高远、深远、平远"的理论，都是对动点透视的总结之一。

在"动点透视"的基础上，随着国画发展的要求，更新的视觉要求又出现了。国画的"写意"、"写胸中逸气"等理论的提出，要求绘画造型能体现出作者主观的情操、人品和气质。这样，原来一些不为人注意的视觉现象便受到了重视；人们又注意到在实际观察物体时，为了要看清某一部分，他会将目光和思想都集中在这部分上"聚焦"，使这一部分相对其他部分来讲，仿佛变大了、变清楚了、变重要了，而其他部分则变小了、变模糊了、变次要了，好像同一物体竟是处在不同的视觉范畴中。人们在观看时，甚至调动了头脑中的各种以往的经验去想一想，才能看得更清楚。这时候的视觉，不再是停留在"看"字之上，而是有了"审视"、"眼界"、"眼光"等一定主观因素的视觉境界。不再局限于具体的"眼睛"了，它还借助于有一定艺术修养的思维能力，化成了无形的"眼光"和"眼界"了。这时候所得的视觉形象，不再是定点透视中的"具体形象"或动点透视中的"综合形象"，而成了所谓的"思维形象"。观察者可以详究或忽视某些部分，将它们放大缩小、变化夸张、折叠扭曲、钻入其中、化于物内、亦物亦我，甚至将时间和空间压缩或拉伸。视觉不再立足于"眼点"之上，它成了散开的点、铺开的面，甚至环绕着的体了。所以我称它为"变点透视"。宋代沈括提出的"以大观小"，赵昌将花草置于深坑中俯其上绕而观之，都是国画史上众所周知的记载，也是"变点透视"的认识和说明。许多大写意绘画的造型，齐白石将草虫放在放大镜下展示而将同一幅画中的花草放在朦胧模糊的焦距下展示，仿佛用慢镜头摄下高速动态、又以快镜头摄下缓慢变化那样。这一切造型的透视原理，都离不开"变点透视"。"变点透视"扩展了视觉天地，将客观空间和时间都按感觉的规律作了新的处理，调动了视觉中的各种因素来为绘画造型服务，因而也给绘画造型的发展起了推动作用。

过去焦点透视的理论，往往借助了平面镜、照相机这些机械器具来证实和探讨其光学成像原理及规律，以为视觉现象只是一种机械的成像现象，使我们排斥了此外的许多视觉现象及规律的研究。但是，国画透视从来就不是这样，它一开始就把握住了视觉的感觉特征，注意了它的社会特征、心理特征等方面的要求，重视了艺术对它的要求。因而国画能沿着自己民族绘画的发展需要来探索视觉规律及它们与造型艺术的联系。实际上，随着科学技术的发展，随着心理学、生理学等学科上认识的加深，国画透视正在越来越多地被证实是符合于艺术发展规律的。平面镜、照相机的制作，能反映和揭示出焦点透视的认识；那么，凹面镜、曲面镜、长焦镜头、广角镜头、立体镜头等等东西的出现，不正在移动着、改变着人们的视野、变化着人们的视点吗？它们记录、改变、压缩和扩展人类视觉的试验和探索，不也是反映着"定点透视——动点透视——变点透视"这样一条人类视觉的发展道路吗？民族审美意识造就了民族绘画形式，绘画又陶冶了民族审美意识并锻炼了人们的眼光。透视正是在这种往复中不断地上升完善，并成了其中重要的一环。它已不同于那种最原始的直观视觉现象，而是有了艺术上的新要求了，中国透视深知这一切的重要，这也是国画透视的真谛之所在。

1981 年冬于桂林

# 写死·写真·写生

现在，人们常将到户外进行面对自然实物作描绘的过程称为"写生"。这一含义，最初是从近几十年所引进的西洋绘画教学中的"写生课"那儿沿用过来的。写生一词，乃是 Paint from life 的意译（直译为"对景作画"）。写生被西洋美术院校作为基础课程之一而受到重视，乃是总结了印象派及其后一些画家们实践经验的结果。本来，以客观对象为模特儿作实地描绘，是文艺复兴时期就总结形成的西洋画学习中颇有成效的学习训练方式，达·芬奇画蛋的故事就是人们熟知的例子之一。印象派的画家们将画具搬到了户外，捕捉"真正真实"的大自然的瞬间动态，描绘对象给眼睛的瞬间感受，他们将这种做法称之为"对景作画"。当然，这种方法并不是印象派的发明，早在十七世纪时，法国风景画家克劳德·洛朗就这样做过。巴比松画派对此更是习以为常。但他们只注意了自然状况下整体形态的记录，大量仔细的加工，仍然要在画室中进行。因此，他们的尝试并不引起震动。经过了印象派画家们全力地实践和倡导，对景作画的方法才在西洋绘画中得到发展，受到重视，渐渐总结成了新的绘画基础训练方式。这种方式介绍到我国美术教育中时，就被翻译成所谓的"写生"而沿用至今了。

那么，在国画发展史上，写生这一概念又包涵着哪些具体内容，它是否也有过类似西洋画中对景作画那样的做法呢？在中国画中，写生一词并不陌生，它不仅有类似于西洋画中对景作画那样的内容，还有着更广泛深入的含义。了解它在中国画中的发展情形，能使我们对现在的写生有更进一步的认识。

绘画最初都是从描绘现实物体形状开始，以记录物体形状为主要目的的，中国画也不例外。早在石器时代，我们的祖先就能捕捉对象的形态，创造出使人一看就能区分出各自特征的艺术形象。那些彩陶器皿上描绘的鱼、鸟、云、水，直到现在看来还那么动人。春秋战国时代，不但能将描绘对象运动状态作为绘画的常用手法，同时还提出了狗马难画、鬼魅易画的理论，认为"犬马旦暮罄于前，不可类之，故难"。正因为要将"旦暮罄于前"的对象画得像，人们一定会在绘画实践中找到面对实物作如实描绘的方法，这就是模特儿最初出现的原因。至少在公元六世纪的南北朝时期，我国已从理论上认识到对照实物作画的重要性，并有文字著述。南朝谢赫的绘画六法中就有"传移"一法，并且认为传移法是依靠"模写"来进行的，我认为这里提到的"模写"就是指面对实物作如实描绘。① 南朝姚最在评论谢赫绘画时指出他是"写貌人物，不俟对照，所须一览，便归操笔，点刷精研，意存形似"。将不用对照着画作为谢赫的特殊成就提出，可见当时一般人在描绘人物时是采取了"俟对照"的方法的。这种面对真人作画的方式及画出的肖像，最初被称为"写真"。这里的"真"，是指画家面对并描绘的真实活人。这个过程与西洋画中采用人体模特儿有些相类似。东晋王羲之就有过《临镜自写真图》传世，这可能是最早记载的自画像了。北朝颜之推也有过这样的记载："武烈太子偏能写真，座中宾客随宜点染即成数人，以问童孺皆知姓名。"这大概是世界美术史上有关写生的最早记载。可见在我国，很早就在理论上和实践中认识到面对实物作如实描绘的重要性和必要性了。

正因为如此，一旦在山水画出现之后，关于户外对景作画的要求，便必然会受到重视，并不断提出新的要求。五代山水画家荆浩，在强调对景作画的同时，进一步提出了关于写真的要求，这里的"真"，已不再是前面所指的人像模特儿，而是对景作画中的艺术要求了。荆浩指出"真"和"似"是不同的："似者得其形，

---

① 模写：即照着画。与"模拓"不同。模写是传移（将客观对象画下来）的重要手段，故"六法"中有"六曰传移（法），模写是也"之说。也就是指面对实物描绘的作画方法。此处对"六法"的断句解释与通常不同，详细讨论可参阅《六法辨析》。

真者气质俱盛。"所谓"质"是指对象形体之根本,而"气"是对象生命之所在;"气质俱盛"就是指不但要画出对象的形质状态,还要表现出它们生机勃勃的神情。要达到这一写真的要求,并非只靠面对实物作一两次模写就行了,而要经过多次反复地观察领会和实地描摹,才能使画出来的对象在数量的变化上体现出质的提高,才能达到"真"的艺术境界。所以,荆浩在描绘太行山松树时,才有"因惊其异,遍而赏之,明日携笔复就写之,凡数万本,方如其真"[①]的深刻体会。既要"因惊其异"(第一眼感受不平常),也要"遍而赏之"(仔细全面地观察),又要"复就写之"(重新靠近作实地描绘),还要"凡数万本"(从众多的描绘中总结出造型规律),这些都是在对景作画中新提出的具体要求。它们并不同于西洋画中那种以捕捉瞬间视觉感受为目的的对景作画的要求。正由于有了这些要求,山水画才既没有向如实描绘风景的方面单纯发展,也没有脱离真山真水的情趣,而是以新的手法和面貌出现,发展成独立而有影响的画种。中国式的对景作画的方法和要求也在绘画发展的实践中得到充实和提高。

从五代到宋朝,国画中各个画种已基本形成,"十三科"也各具眉目。对景作画的方法被广泛运用到各个画科之中。有关这方面的记载比比皆是:五代时蜀国宫廷画家黄筌,常以国外进贡来的珍禽异兽作蓝本,反复地观察描绘;另一个五代画家徐熙,也常常伏在芦花水草丛中观察野生水禽的生活,并将其生态描画出来。因而他们二人的画风不同,被后人称为"黄家富贵、徐氏野逸",成了我国花鸟画史中最有影响的流派。宋代赵昌善画花卉草虫,他常挖一深坑,将花卉草虫置于其中,反复从各个角度、各种气候和不同光线的条件下去观察临摹,因而他的作品能尽物之生态,被时人称之为"写生赵昌"。这样,"写生"这一词汇才正式在我国绘画史上出现。宋代绘画在写生风气的推动下取得了很大成就,据画史记载,此期画家们已能注意早、午、晚不同光线下花瓣色彩的不同,并将其描绘出来。从现藏故宫博物院的《海棠蛱蝶图》、《出水芙蓉图》、

---

[①] 此段引文摘自《笔法记》。《笔法记》传为五代荆浩所撰,虽有争论及不同意见,但我个人认为此文当为宋代以前之画论著作,故从所传。

《枯柳双鸦图》等宋人作品来看，那风中飘舞的海棠，带露含羞的粉荷以及萧瑟经霜的弱柳，无不掬尽生态，都足以证明当时写生的成就。至于易元吉只身入万守山十数日不归，嬉戏于山野猿猱之中，细观猴群生态以便画出其天然情趣，这不但是绘画史上罕见创举，就是在世界整个科学艺术界中，也是前所未有的。这些写生活动，不但造就了许多不朽的艺术品，也加深了人们对绘画规律的认识。这时期提出的两个重要理论，就与写生活动有着直接的联系。它们是苏东坡提到的画竹要"胸有成竹"的理论和要画出对象在自然状况中"无人态"来的理论。强调要"胸有成竹"即是强调了在反复观察中全面认识和理解对象；强调"无人态"的描绘，就是强调了表现对象自身的自然生动情态。这两方面的要求，正是对以往对景作画中"气"和"质"两方面描绘的进一步总结。

本来，长期以来国画中对山水花鸟等自然物的描绘，都带有"人化了的自然"的倾向。这也并非仅仅是国画的特点，而是整个中国文艺思想的根本之一。《国风》中即有"比"、"兴"手法；《楚辞》中亦常以芳草比君子而以荆棘喻小人；菊花成了陶潜性格的化身；莲花又因周敦颐的《爱莲说》而成君子。这些思想的影响，加之在绘画中最初产生于人物画的"传神"理论的延续，使得在绘画中对于自然物的描绘便很容易与人的精神性格联系起来而具有了"人格"的标准。宋代在"写生"中强调了对对象的理解，自然也就强调了画家的认识水平及品格气质。就是强调自然状况下形态的描绘，除了重视客观形态以外，实际上也与封建文人那种疏脱放达的气质相吻合。正因为画家们在这两个方面都有所开拓，才会出现宋画那种工细精巧又生动如实的描绘，也同时产生了那种不以形色酷似作为唯一优劣标准的描绘，萌发了后世所谓"写意"的新思想。

从元代开始，水墨山水画大盛，"尚意"的画风兴起，绘画更多地强调了作者个人胸臆的表现。虽然如此，但由于画家们并没有背离长期以来形成的写生的优良传统，所以他们所尚的意并没有出现荒诞离奇的面貌，而是呈现出一种从自然山水中实地描绘创造出来的艺术形象。史称"元四大家"的四位画家并无一例外：黄公望隐居富春山，每携纸笔入山对奇境而写之；王蒙隐居黄鹤山，喜攀山中古树奇石，自号黄鹤山樵；而吴镇居钱塘临江作画，倪瓒游太湖舟中摹景的故事，多年来已在民间广为流传了。他们就在这种对景作画的写生活动中，一方面更加注意了对象典型形态与绘画造型的联系，创造出众多的皴、擦、点、染等技巧；另一方面也更加注意搜求自然状态下客观对象最能触发主观感受，引起情绪波动及造成感情升华的众多因素，使造型更能表现自己的感情和气质。黄公望在《写山水诀》中写道："皮袋中置描笔在内，或于好景处，见树有怪异，便当模写记之，分外有发生之意。登楼望空阔处气韵，看云彩，即是山头景物。"他详究了这样的过程：模写、记忆、联想并产生创作灵感。这正是整个对景作画的过程中所要注意的。因而，我们能从他们的作品中看出"闲逸"、"淡泊"、"宽容"等等人才可能具有的个性来。也正因为如此，客观对象的形态并没有限制住他们如实描绘，反而通过他们这种写生方式而给以他们更多艺术上的自由。

明清以来，一方面出现了将前人各种绘画方式及技法作归纳总结，使它们完善、成熟和程式化，另一方面又开始了写生的更新探索。董其昌总结出"读万卷书，行万里路"的理论，加深了对写生的要求，指出画家要从理论和实际两个方面提高自己，强调了提高画家主观认识在写生中的重要作用，强调了在不脱离客观对象前提下的艺术创造。王履提出了"吾师心，心师目，目师华山"的主张，郑板桥提出了"胸无成竹"的艺术要求，石涛提出了"搜尽奇峰打草稿"的创作方法，如此等等，都能不断地在现实对象的描绘中有所开拓。王履留下了写生的《华山图册》，石涛、梅清、弘仁等人都长期以黄山作蓝本进行创作，郑板桥多年来亲手种竹画竹，齐白石、黄宾虹、潘天寿等人遍游名山大川和养鱼虾虫鸟而写照的事实，已是众所周知的美谈了。

从以上概述我们可以看到，重视对实物的描绘而创造出绘画形象的做法，是国画中最重要的创作方法之一，也是国画对写生要求的核心。虽然长期以来，写生二字在中国画史上主要指花卉草虫这类绘画作品及画法而言，这是沿用了宋代的习惯称谓，但是在近现代的概念中，写生已成了从面对现实对象的实地描绘中创造出绘画作品的过程之泛称了。所以，在我们现今的写生实践及写生课教学中，不应该只停留在从西洋翻译过来的字义理解上和移植过来的那些方法上，也不应该仅仅局限在古代某一绘画发展阶段中对写生的认识和要求上。

那种将物体按人为的意志摆布再三而使其失去了生态的"摄影"方式,那种无视自然的美好情态而只看见画框平面中那块小天地形色的"割裂"方式,那种不注意思考、理解和记忆而只将对象依样画葫芦描摹下来的"记录"方式,我觉得是不宜多取的。即使作为某方面技法和能力的基础训练,也不能作为唯一的练习方法。因为在国画中,写生绝非仅指面对实物作如实描绘的过程,它还包含了观察对象的生态,从中获得感受并捕捉这些感受的过程;它还包括了通过对观察结果的理解和记忆来增进画家主观感受能力的过程;它还包括了将观察结果和感受融合而还原成不脱离实际对象的艺术造型而表达出来的过程。正因为国画很早就从理论上较系统地、自觉地认识到了写生的这些过程及要求,并且在长期发展中不断沿着这些方面去开拓和加深认识,才使得中国画形成了既非纯客观写实又非凭空想臆造的"似与不似之间"的造型特征,长期保持着自成一格的特殊面貌。如果仅以西洋画教学中的写生方式来进行国画写生,那是很难体会到国画的造型方式,也不易理解到民族的造型规律的。而且人们对造型的要求和判断,最易受到绘画方法的直接影响,一旦形成了某种固定程式并习惯于此,要发展和改变它们就很困难了。

  在现在的国画学习和创作中,写生已成了重要的学习途径和实践活动之一。那么,在写生中应注意哪些方面呢?我觉得,在写生中,除了要重视那个代表国画中用笔技巧总称的"写"字之外,更应该注意那个"生"字。在国画理论中,从最初提到的"传神"、"览之若面"到"气韵生动";从"写真"、"写生"到"发生之意"等要求,无一不重视这一个"生"字。这个"生",既是对象生动的神情、典型的姿态等客观造型上更高的艺术要求,又是作者活生生的个性气质及艺术风格。忽略了这些而只重形色上的酷似,只能是将生动的对象描绘成呆板的死物,失去生的效果,变成了名副其实的"写死"而已。我们常说画家要有生活,要深入生活,生活一词,创造得何等奇妙!"生"的、"活"的,联在一起就构成了"生活",这多么发人深省!难道我们的写生不应该是"生"的与"活"的吗?当然,对于处在不同绘画阶段上的不同个人,写生的手法、方式和目的应有不同的侧重,但对于处在学习和成长过程中的人来说,能自觉注意到以下几个方面,将会在写生中较易于获得更大的收益。

　　首先，应该将所学习到的或积累到的传统技法及描绘经验放到真实的、生动的对象面前去使用、检验和巩固。传统技法既是古人从现实描绘中提炼和巩固而成，它们不可能不或多或少地融进了彼时彼地的思想感情与作者的个性气质，也不可能不受到古人认识的局限。王蒙那莽莽苍苍的点苔，不会出现在倪瓒那宛如折带般的浅山秀水之中；梁楷枯柴似的减笔衣纹描法，也不会用在李公麟那高古游丝的线条上。我们学习了各种皴法、点法、树法、石法，掌握了各种色彩的比例调合及构图程式，但要理解和应用它们，还应该要在写生中去追寻它们与现实生活的源流关系，去从描绘现实对象中体会它们的功用，比较其优劣和成败得失。这个过程是任何离开自然的室内教学和训练都不能代替的。只有这样，才能将传统技法和描绘经验变成自己的囊中之物，才可能在掌握和使用它们的基础上将其进一步上升成为理性认识。当然，通过这种训练去培养捕捉描绘形象的能力或为艺术创作积累素材，也是不应当忽视的任务。

　　其次，还应该通过对现实对象的观察描绘，去发现新手法和找寻新技巧，描绘出更新的对象。现在，没有一个国画家不知道折带皴了，但是如果面对太湖山水，恐怕很少会有画家像倪瓒那样，非用折带皴来描绘它们不可。任何已经过去的技巧，都不能最完美地表现现在。先哲有语："世界上没有两片完全相同的树叶。"何况是两个时代！当我们追求表现"现在"时，"现在"又已经过去，其中表现得成功的、有特色的地方，就成了后来所谓的"传统手法"。艺术正是这样的发展前进，传统正是这样的继承创新。通过写生来找到表达"现在"的最好手段，汇成国画更新的"传统"，这不是"写生"最有意义的地方之一吗？更何况现在有着无数前人未曾描绘过的东西，纵然我们不能一下子领略大自然沧海桑田的变迁，但是，我们无论如何不可能在古人的图画中找出汽车和飞机的画法来。宋人画中的水车，我们现在看来高古得很了，但它们对于《清明上河图》中那些人们来说，其时髦程度恐怕不亚于现在的汽车飞机吧。探求这些新对象的表现方法，找出它们在民族艺术中的造型方式，正是写生中义不容辞的责任。

最后，应该通过写生来培养锻炼观察能力和造型能力（注意：是"造"形，不是"模"形），有意识地发现自己的艺术气质，提高自己的修养，找到与之相适应的艺术风格。许多人在谈到写生时爱引用印象派大师们的话："画你眼睛所看到的真实。"可是，同一对象在不同的观察者眼中，会引起不同的反映。塞尚能从快死的女人脸上看到平静的灰调子，莫奈能看见红色的伦敦雾，看来真实并不在眼中。艺术家虽和常人一样，用感官去感知世界，用大脑去分析这些感觉，但他们是依靠在长期锻炼中获得了特殊能力的感觉器官去感觉的，是依赖长期艺术活动中具有了艺术思维的大脑去理解的。所以国画家们能从五彩缤纷的世界中看到了黑色的"干湿浓淡焦"而创造了一个墨的艺术天地，敢于从现实中使人厌恶的蛤蟆、黄蜂身上开拓一个艺术表现的天地。所谓"外师造化，中得心源"，也包含了这一层道理。写生活动，正是直接锻炼这种感觉能力的提高，这种思维能力的重要实践。而我们现在常说的艺术感觉，其含义恐怕主要也是指的这些。另外，艺术与其他方面的科学相比，它更倾向于具有个人的特色。艺术品的民族性和时代性，都要通过那个时代和民族中最有代表性和艺术家个人的艺术特色才能反映出来。艺术风格又直接受到艺术家个人气质与修养的影响。我国自古就有"文如其人"的说法。因而，艺术家个人气质的锤炼和修养的提高，才成了影响艺术成就的重要因素。写生当然也应该成为铸造艺术风格和提高艺术修养的途径才对。

总的来说，这几个方面的要求不可能截然分开，在不同的场合下也应该有所侧重。但长期偏重于某一方面，特别是一外出写生就只注重现场不移的如实描绘，那就易造成有所偏废而影响到艺术成就了。

写生并不局限于一个短暂的学习过程。任何一个画家，甚至于卓有成就的画家，只要他还愿意在艺术上有所开拓，他就离不开写生活动。概而言之，写生是国画中一项多看、多思、多画、多学的实践活动，哪一个希望在艺术上有所造就的人，不应该孜孜不倦地从这四个方面去努力提高呢？国画家们是有着长期形成的这种优良传统的。郑板桥写过一首小诗："四十年来写竹枝，日间挥洒夜间思。冗繁削尽留清瘦，画到生时是熟时。"好一个"画到生时是熟时"！

正因为他四十年的写生活动，正因为他日画夜想，正因为了不断革新，才有这"入木三分"的体会。他所谓的"生"，不正是竹子生气勃勃的生长姿态吗？不正是他自己生趣盎然的情怀吗？不正是前人未曾使用过的生疏的艺术手法吗？生乎？不生！这是技巧上的成熟，这是品格上的成熟，这是艺术上的成熟！

1981 年冬于桂林

# 素描的"素描"

素描及素描教学问题，是近半个世纪来我国美术界争论较多又较激烈的问题，这说明关心它和接触它的人越来越多，越来越普遍。

我想就这个问题发表一些自己的看法。

## 一

素描一词并不源于我国，而是近代美术家们根据 sketch 这一词汇意译的一个词，但是这个词译得这么准确、精练，以至现在已没有一个稍具绘画常识的人不知道"素描"这个词了。一个外来词能在我国产生如此广泛深远的影响，这是有它一定道理的。这使我想起了我国明代科学家徐光启所译的古希腊数学家欧几里得的著作中的一词"几何"，从他译出此词后，"几何"一词沿用至今，甚至失去了它原来的中文意思而成了一个单独的科学名词，人们并没有把我国古代刘徽的割圆术及商高的勾股定理排斥在几何之外，也没有把后来在这一方面的许多新发现排斥在几何之外，因为"几何"这个词极其准确地高度概括了这一部门的科学，而且对它们过去的总结和未来的发展都作了明确的解说。

我认为"素描"一词，就是一个在造型艺术领域中类似于"几何"这样的一个外来词。

早在六七百年前，从乔托、马萨丘等人相继开始追求西方绘画中质感与空间感的表现，在北欧早期绘画中，往往以单色描出轮廓和明暗底子，再罩上透明的颜色，这种追求空间感和质感的表现手法及最初所画的单色明暗草图，就被称为"素描"。后来，这种绘画形式经过了达·芬奇等文艺复兴时期的艺术大师们的提炼和总结而日益上升成熟，形成了一整套用单色明暗描绘物体的程式，并将这种程式运用到绘画教学中。这样一来，在外文中本来还有略叙及草稿等含义的"素描"一词就成绘画上专指这种绘画形式及教学程序的专门词汇了。由于素描是在总结欧洲前人绘画的成败、并在当时高度发达的哲学思想与科学思想的基础上对绘画作出的较详细而科学的分析和总结，所以，它能作为较系统的理论指导绘画实践，帮助学习者尽快而准确地完成造型的基础训练。这样，素描便获得了普遍的承认并流传到许多国家和地区，推动了绘画艺术的发展。后来，由于在原来的历史条件下产生的那些固定程式渐渐脱离生活现实，明暗法开始走下坡路而成了一种纯技术训练，并形成了一些僵死的教条，这引起了许多先进的艺术家们的不满，他们不断地根据自己民族和区域的绘画特点，并加上各自对绘画艺术的研究和理解来改造素描。例如：素描传入俄国之后，在维涅兹阿诺夫等人的努力和提倡下，加入了画石膏几何块体的教学过程，并写下了不少有关素描的著作，从而奠定了俄罗斯素描体系的基础。经过一些类似如此的补充和发展，素描这种绘画手段及教学程度越来越丰富起来，并且随着造型艺术中各部门艺术之间在功用上和艺术上的分工而出现了许多不同程度和面貌的各种类别和流派。

虽然"素描"这一概念的提出才不过数百年，但是素描却是最初出现的人类绘画的表现形式，这是由于它那单一的色彩和工具最易于被人们发现和采用，现在对美术史的研究已证明了这一点。无论在埃及法老的古墓葬中、在半坡村古代居民生活的遗址中，在西班牙山谷中人类生活的洞穴墙壁上或是在中国西北广漠中的石崖上，那些人类留下的最早期的画迹或早期人类使用器皿上的饰纹，几乎毫无例外地使用单一色彩，甚至只以简单线条来刻画出来。那时候，除了这种原始的"素描"之外，很难找到其他的绘画形式。随着人们对绘画认识的加深与绘画材料和工具的丰富，绘画逐渐发展，素描才渐渐地作为一种相对于绘画较简单而朴素的程度和方式被分离出来，产生了与绘画不同的分工，成为造型艺术中关于造型基本训练、基本工具使用的训练、基本观察方法的训练及作为草图使用等等作用的一门艺术分支了。而且，素描一旦分离出来，它就不断地接受各种新思想、新风格、新流派的挑战，不断地适应发展着的造型艺术的需要而朝着更广泛、更严密、更科学的方向发展。我们比较拉斐尔、伦勃朗等人的素描作品可以发现它们与原始人洞窟中那些土红色野牛的绘画是多么的不同，我们再看看莫奈、凡·高的素描，也不难找出它们与安格尔、鲁本斯等人之素描的不同之处，至于毕加索和马蒂斯那些所谓"怪模怪样"的素描，我们则一眼就可觉察到它们与早期素描大师们的作品之区别。尽管这些素描其面貌各别，但要把它们其中的哪一部分排斥在"素描"这一概念之外，恐怕是不应该的，也是不可能的吧。因此，正是这些东西，不管它们是产生于"素描"这一概念形成之前或是在其形成之后，它们都以其自身的存在揭示着素描的必然产生、必然分离、必然发展的过程并展现着素描的最根本的那些规律。

所以，当我们现在提到"素描"这一概念时，它决不应再是它最初产生时那个样子，它也不再是某一个流派最初创立或提出的那些唯一的方法和过程，而是一个有着丰富的内容，又有着自己发展道路及给定范畴的科学概念了。同时，它还要继续发展下去，要更加系统化和科学化，并把在它提出之前的一切属于它给定范畴的内容及未来发展中按其规律应该属于它给定范畴的那些内容统统包罗在其中，这就是素描有着永久研究价值及作用的根本原因。

## 二

素描的目的在于使用较简单的工具，将对象作朴素的描绘，力求按给定的目的，较概括、准确、生动而又深刻地表现对象；而在达到这种目的的训练过程中，它又能使受训者能按一定的方式较好地完成手、眼、脑的合作。

既然如此，素描便不应该仅仅只受到区域、民族和历史的制约，只要在原则上与素描的基本性质不相抵触的一切绘画形式及其训练方式，都不应该排斥在素描及素描教学之外。例如：我们不可能只把米开朗琪罗的某些习作称之为素描而排斥了马蒂斯的素描作品，我们也不应该只把契斯恰柯夫的所谓"三大面、五大调"的素描原则推崇为"最科学的教学体系"而将我们祖宗古训的"石分三面，墨分五色"的绘画原则当成了"粗浅的、直观的原始结论"，我们更不应该只懂得达·芬奇画蛋的故事而忘却了荆浩写太行山松树"凡数万本，方如其真"的记载。

诚然，中国古代并没有"素描"一词，但并非说中国古代没有应该属于"素描"范畴的绘画形式。早在魏晋南北朝时期，我国的画家就开始了探索以明暗法表现对象的尝试，画史上记载的张僧繇的"凹凸法"及留传至今的一些当时壁画和漆画的实物都不难证明这一点，而用单色描出物体明暗后再罩以透明色彩的绘画手段，在唐宋间的花鸟画上早已普遍使用并被沿用至今。中国古代把用单色线勾底称之为"线描"、"白描"或"双钩"，把草图称为"粉本"或"素稿"，将用木炭条多次打稿再定稿称为"九朽（柳木炭条）一罢"等等。这些东西，不管其称谓如何，就其本质和功能来看，都应该属于素描的范畴。"素"字在我国古代是指没有染过色的丝绢，也含有"单色"的意思，而"绘"则指彩色或布色的过程，早在《礼记·考工记》和《论语·八佾》中提到的"绘事后素"理论，不就是指出了"布色的绘画过程必须在素描底稿打好后才能进行"吗？我们至今还常将线描称为"白描"或"素稿"，也是同样的道理。

从现在尚存的我国古代画迹来看，在敦煌、新疆等地的石窟壁画中或甘肃、河南等地出土的墓葬壁画中，我们可以清楚地看到，画工们在作画前先要用土红线或墨线来打稿，有些未完成的画幅中还可以看到这种残存的素稿，甚至只留下这些作为中国画的造型基础手段的"素"描，它们至今仍然常被许多国画家作为学习的借鉴或是作为造型训练的方式和手段而加以采用。同时，中国线描也同样在发展过程中形成下许多自己的表现程式，产生了不少和绘画艺术的发展相适应的合理的科学方法，从最初的不分粗细浓淡的游丝线描发展到了皴擦点染的各种手法；在中国画发展的历史上，出现过如顾恺之、吴道子、李公麟、陈洪绶等不同时期的"素"描大师，他们的手法及许多不朽的素描作品，不但是我们民族的骄傲，也越来越多地被世界各国的艺术家作为素描艺术探求上的借鉴和榜样而被引用到素描研究和教学中。无疑的，这些作品已获得了世界的公认并成为世界素描艺术中的瑰宝。

当然，中国线描的各方面都有待于进一步地总结，但无论从其目的上，从其功用上，从其进行的方式和程序上，还是从其产生的效果和影响上来看，它们对于中国绘画的创作和发展，都与西洋素描对于西洋绘画一样，起到了完全相同的作用，把它们归结到"素描"这一科学的概念中去，不但是完全合理的，也是必要的和可能的。

总之，要认真地研究素描和素描教学，必须认真搞清楚"素描"这一概念现今所指的科学的范畴。仅仅将历史上某一时期、某一区域或者某一流派的素描方式作为唯一的、甚至作为唯一正确的方式来认识素描而将其他的素描方式排斥在外，那就必然会歪曲这一概念的科学含义。

## 三

既然古今中外的绘画都与素描有着如此密切的联系，那么，对素描作一定的分门别类当是不无裨益的。不少前人作过这一项工作，他们的成果对于我们今天研究素描有不少的帮助。

有的人根据素描的功能将其分为研究性素描（教学素描等）、使用性素描（速写、慢写等）以及绘画性素描（某些习作及素描作品等）。

另外有些人根据各种不同专业的需要，例如：雕塑专业、工艺装潢专业、建筑专业、花鸟画专业等等的不同需要，将其分成各种专业的素描类别。

还有些人则根据素描过程中用线或者用多调子的明暗面等表现手法来区分素描的种类，也有些人按不同的时期、不同的区域、民族、流派等等将素描作一定类别的划分。

如此等等。

这些分类方法在其使用与研究的范围内，都促进了对素描的进一步认识。但是，究其素描的本质及其发展至今的现状来说，舍弃了不同的手段、不同的流派之间的技法、功能及教学过程等方面的因素，在古今中外众多的素描中，又有哪些质的联系和区别，又该如何更好地将其分门别类呢？

我们是生活在时空这个四维空间中的人类，我们的绘画首先就是将空间的物体用某些抽象的手段在平面上表现出来，然后才谈得上通过这种表现进一步地表现了我们自己的思想、感情、时代等等。素描作为造型艺术的基础、作为绘画的最初手段，它必定是最初解决如何把空间物体抽象成人们能感觉出来的平面图像的一种程式。因此，素描必须建立在一定的观察空间物体的特定方法之基础上。

观察对象不能离开人的眼睛和大脑（即中国古代作为"思之官"的所谓"心"），任何一个人类社会中的正常人，其感觉都是同时借助了思维来分析和辨别的。人们用眼睛来观察物体，用心去思考观察的结果，用素描来作为心的思考结果的最初表现。有了一定的观察目的，才能产生一定的观察方法；为了一定的表达目的，才会选取一定的观察目的；为了作出一定的表达，才会选取一定的表现过程。因此，从这几方面来研求各种素描之间的联系和区别，从这些根本条件出发对素描进行一种新的分类，比较易于接近素描的实质。

观察对象时，我们通常采用各种所谓的"透视法"，本文并非专门讨论透视法，但为了进一步讨论素描的分类，必须谈一些关于透视的看法。用肉眼观察对象，必须站在一定的空间位置上，这个位置我们通常称为视点。当我们选取一个固定的视点来观察对象的透视法，便是平常所谓的焦点透视法，因为它在观察过程中只有一个唯一的不动的视点，所以我们还称它为定点透视法。在用定点透视法观察物体时，例如我们只用一只眼睛观察对象或是离对象很远两眼可以看成一点时，虽然社会生活常识和经验还会告诉我们，对象是一个空间立体，但在眼睛的实际感觉上，对象却的的确确只呈现出是一个由若干不同色调组成的平面图形，因此，它最容易直观地得到便于在平面上表现的物体形象。如果我们在观察过程中根据需要不停地改变视点的位置，甚至于将视点扩展成一个视面（即我国古代绘画理论中所谓的"以大观小"），那么，物体在我们眼中的形状也会不停地变化，我们并不容易感到它是一个平面上固定的图形，我们反而易于观察到它空间的许多特征，这些特征在定点透视中往往不易观察到。这种透视法通常被称为散点透视。但我认为,因为其视点的运动和变化,称其为变点透视法更为恰当。以上两种透视法带有较多的客观成分,它们主要强调客观对象在感官中的成像过程,而并不强调这个"象"所引起的思维运动。如果在观察的过程中,较多地强调并加入了观察者的自我想象和生活经历的联想,这时候,不管有无固定的视点,对象在观察者的心目中,便成了并非单纯游离的身外之物,它的某些特征、某些性状,已经触动观察者心目中原来蕴藏着的某些形象,而对象所具有的这些特征和性状,也由于观察者心目中形象的激励而在观察者眼中产生了某种共振,使其变得夸张、变形、滑稽甚至荒诞起来。由于这种观察法较多地加入了观察者主观心灵的意愿,我便将它称为心点透视了。心点透视虽然也与前两种透视一样,必须依赖于客观物体在感官中的成像,但它显然与前两种透视法较不相同,在它进行的整个过程中,主观的成分起着相当大的作用。

现在,在绘画上常采用的就是这几种透视法,有时也兼而取之。打一个较为形象的比喻:定点透视法好像一个平面镜一样地照出物体来;变点透视法则像一个运动着的可拉长或缩短镜头的摄影机;而心点透视法则像是一面面匠心独具的哈哈镜那样了。

这样一来,我们就可以根据素描所采取的透视方法,素描所要求达到的基本目的以及它们的进行过程将它们分成古典素描、东方素描及现代素描三大类。

古典素描通常采用焦点透视法去观察对象。由于这样最接近于人的视觉经验和直观感觉,所以古典素描被采用较早、较普遍、也较易于被人们接受,因此它也总结得比较完善,许多早期绘画大师们都采用了这一类素描方式。十九世纪以前世界各国的美术院校都采用这种素描法作为唯一的素描教学方式,至今为止,它仍然是许多国家,也包括我国在内的大多数美术院校教学中所采取的主要素描方式。古典素描以画得和人的肉眼观察到的结果完全一样为目的,所以它常常强调在一定的条件下对物体作长时间的观察描绘,甚至连一点微小的光源也不允许改变,以免观察结果发生变化。同时,它还强调对固定不动的实体作摹写,并要求在摹写过程中不断与观察相对照,以求画出来的结果与看到的完全一样。由于古典素描具有以上特征,在绘画被作为直接记录形象的唯一手段的时候，它必然会占主导的统治地位，但在近一两个世纪以来，由于科学技术的发展，摄影、录像等记录形象的手段不断涌现并渐渐取代了绘画在这一方面的功能，这时，古典素描的地位也受到了一定的冲击并在一些部门的艺术中被别种方式的素描所取代了。

东方素描则以变点透视为基础，它的目的在于画出对象必要的那些特征。不管这些特征在定点透视法观察时是否能被肉眼所看到，只要这些特征在描绘中是必要的和美的，它们都应该通过变点透视法来观察到并应该在素描过程中被表现出来。许多古代东方国家的绘画、特别是许多我国和日本的白描，都采用了这种素描方式。由于这种素描法所画出来的图像与人们用肉眼直接观察到的对象不完全相同，因此，它并不酷似人所看到的实物，但是，由于它采取了较为详细而全面的观察方式，它有时反而更能表现出对象某些更典型的特征，从而更能体现出对象的某些精神实质。为了达到上述目的，东方素描在进行过程中要求较详尽、较全面地观察对象，并且不一定要强调在特定的或固定的环境中来观察，有时甚至需要故意在不同的各种环境中来观察，以求进一步了解对象的特质，同时还要求对观察结果有较深刻的记忆，才能充分地理解其特点。所以，东方素描并非一定要面对实物来作长时间的详尽描绘，而常常是依赖着长时间的观察、记忆、默写等过程的反复来加以完成的。由于东方素描能冲破了"酷似肉眼看到的"这个绘画要求，因此它往往能更多地揭示对象的内在实质并能更多地考虑绘画美学中的一些课题而达到"不似之似"的效果，虽然对它的研究和总结还远不如古典素描那样完善和周详，但它在造型艺术中的地位也越来越显得重要起来。

现代素描相比之下产生较晚，它是随着日益发展的社会科学和自然科学的某些研究成果而出现的，它也正在被越来越多地理解和采用。凡·高、马蒂斯、毕加索等近现代绘画大师们多次地采用过这种素描方式，中国明、清及近代也有一些画家如陈洪绶、徐青藤、朱耷等人常用这种方式作素描，一些青年美术家出于探索、许多实用美术家们出于特定的工艺目的也更多地倾向于这种素描方式。随着时代的进步，这些艺术家们已经对绘画有了许多新的理解，他们把自己的思想感情更主观、更集中，并且抱着更大的信赖去寄托在对外物的观察和描绘上。这时候，他们追求的不再是用自己的方法去表现别人所观察到的形象，更不想表现得和冷静的肉眼中所看到的表象一样，他们常常在自己所看到的形象中寻找自己心灵中的某些寄托。因此，他们采用了心点透视法去观察对象，并以刻画对象在自己心灵中的感受同时企图唤起别人对这种感受的共鸣为其素描目的。为了表现自己对形象中某些部分的强烈感受，为了引人注目，他们常常采用了故意夸大或歪曲对象的某些特征的手法，以期表现得与众人不同。有时，他们也以削弱甚至取消对象中某些可视的特征以达到同样的目的。这样做的结果，使得他们的素描就往往会带上一种变形的夸张，荒诞的曲解的面孔，因而不像前两类素描那样易于被较普遍地接受和喜爱，并且也较难理解。但是，也正因为他们蕴含着较多的主观感情，并为此采用了一些新的艺术手法，对形象作了较大胆的艺术处理，因而在他们的素描中往往带有较强烈的感情色彩而特别易于引起观众的注目，或者含有一些较深的哲理而易于引起观众的思考，所以有时候这些作品反而更能引起共鸣而给人以更新鲜、更深刻和更长久的感受。现代素描至今总结认识得很少，甚至还受到了不少的非难和指责，也常常被人们遗忘或曲解，但至今的艺术实践和社会实践，不但证明了这类素描的存在和影响，也证明了它必定会有自己的规律可循，同时还证明了它正在不断地发展和完善。

诚然，每一类素描又都有着为数众多的流派和风格，都有着各自的程序和方法。有些流派已作出了较完整、较科学的归纳和总结，有些流派则至今还不易被人们普遍理解和接受；有些风格已成为了绘画发展史上的陈迹被保留起来，而也有些风格却正在方兴未艾。有关这每一种现象及其中深刻内容的研究，对于美术事业的发展来说，都是极其有意义的。

## 四

现在，素描无论是作为一种绘画方式、作为某些实用艺术的基础训练、作为造型艺术的基本学习方式或是艺术创作的构思过程和手段，其功能已经无人怀疑了。正为其如此，素描教学在艺术院校和许多职业院校（例如建筑院校、染织院校、园艺院校等等）中都成了一门重要的基础课程。然而，素描课绝不仅仅只是一种造型能力训练的课程，素描教学的意义远比这大得多，也远比这重要得多。

各种类型的素描，常常被作为造型艺术中最基础的科学，被看成了造型艺术中的"基本粒子理论"，它们常被作为绘画学习的初级阶段中的学习内容。因此，它很容易以"先入为主"的方式去引导学生对造型艺术的认识，这对他们未来整个艺术观的形成及艺术成就的取得往往起着决定性的第一步。而且，无论是哪一种流派的素描教学，都有着自己较严密的方法及一定的科学道理。同时在其进行过程中又必定伴随着大量的技术性教学、基本方法训练及基础理论的剖析。这样，在素描教学的过程中，学生的审美能力、艺术趣味以至于思维方法和世界观，都必定会受到这样或那样的影响，这种影响常常会产生对事业的终身影响。

长期以来，我国美术界对素描教学展开了不少讨论，进行过许多争辩，也作过一些改革和新尝试，这也正说明了素描教学的重要。因为一旦现行的素描教学与日益发展的造型艺术之间产生了脱节，人们便要对素描教学提出新的要求和新的希望，这是毫不足怪的。

目前，我国的素描教学一般还是指的某些已成体系的西洋素描教学流派。近几十年来，我国已经较完整、较系统地引进并使用了一些西洋素描的教学体系：早在本世纪初，意大利文艺复兴后期的巴洛克风格的素描以及其后法国古典学院派素描就对我国产生了不少影响，这种影响一直保持到本世纪五十年代，后来，由于苏联素描教学的引进和推广，突出地强调了契斯恰柯夫的素描体系，俄罗斯素描学派便在我国素描教学中占据了主导地位；再其后，由于东欧一些国家的专家讲学以及一些回国留学生们的倡导，一些有别于俄罗斯学派的教学方法和流派，例如罗马尼亚乌琴·博巴教授的教学法及东德的一些教学法等等，都在我国产生过一定范围的影响。

不可否认，这些流派各自在素描发展中都有一定的地位和成就，它们都有自己的独到之处，但也不可避免地存在一些缺点和不足。由于篇幅有限，本文不详细讨论它们的特点及优劣,但是我们只要认真地了解一下这些教学流派,再纵观西洋美术史及产生这些流派的原因,就不难发现,各个流派的素描教学,都是为其特定的绘画形式和绘画风格服务的。虽然它们都是造型基础的训练,但绝非是适用于一切的基础造型。同时它们本身所赖以建立的基础,也被特定的绘画形式和风格中起决定作用的那些美学原则所指导、所局限。没有乔托、达·芬奇等画家们的艺术实践,就不会产生古典的学院派素描;没有列宾、苏里柯夫等人的创作活动,俄罗斯素描体系也会像无源之水一样地干涸。反过来,这些素描教学也正为这些风格的形成和发展壮大造就了许多继承者。如果我们的素描教学仅仅以罗马或者莫斯科的美术院校教材作为唯一的经典或科学体系,难道我们是为了将学生培养成乔托或列宾的继承人?试想想,假若谁希望通过那些在机械唯物主义思潮泛滥的欧洲地区或者是在资产阶级民主思想影响下的俄罗斯大地上产生的教学程序及教学原则,不作根本改变地当成经典来教育学生,而要希望这些现代的中国学生们从中悟出辩证唯物主义的道理,从中踏出民族绘画的道路,那不是无外乎缘木求鱼吗?还是石涛说得有理:"师古人之迹而不师古人之心,宜其不能一出头地也,冤哉!"

所以我觉得,要科学地对待素描教学,并非是要我们将素描教学当成"纯科学"来对待,并非为此而忽视了艺术教学区别于"纯科学"教学的那些显得特别重要的个性教学任务,而这些又恰是在艺术教学中特别突出和困难的。我认为这"科学地"三个字首先是指的现代的科学眼光,是现代科学思想及先进的哲学思想对艺术规律认识的综合、分析和总结,而不是用以往的、历史上的一些曾经实用过的规矩来对现在绳之以墨。我们必须站在现今的高度上去纵观横察素描之经纬,才能更好地利用素描而不是去被素描利用。所以,我们应该引导学生们一开始就从现代的角度来认识和接受前人留下的素描遗产,应该研究中外素描发展的历史及决定这种发展的美学原则,总结一些主要流派的渊源及轮廓,以现代的科学观及美学观去评定其优劣、选取其合乎现代艺术及民族艺术发展之需要的精华,把这些作为素描教学的主要内容教授给学生,还要因材施教地选择其继续学习的道路,并且在这个过程中总结出规律性的东西来。

当然，要从理论上引经据典地提出、考证、阐述并解答一些素描教学中有关艺术哲学或者绘画中辩证关系的问题，诸如现象与本质的关系、形体与结构的关系、空间与质地的关系、细微与整体的关系、写形与传神的关系等等问题，这并非十分困难，但要紧的不是向学生叙述这些，而是必须在整个素描教学的过程中将这些问题的解答付诸以形象、付诸以技术训练的程式、付诸以指导这些程式的思想方法。因而，具体的教学才是一个复杂而细致的问题，特别是对有了数百年教学历史的素描这样一门艺术课程的教学更是如此。虽然"大匠诲人以规矩，不能使人巧"，但艺术的规矩却总是因时因地而不断地改变着、发展着和建立着，这才需要每一个素描教师和美术工作者都必须不断地以探求精神去进行艰苦的劳动。

## 五

如前所说，现在我国的素描教学主要仍是指西洋素描教学而言，因此才存在素描民族化的问题；同时，我国现在美术事业的发展和需要，也要求我们建立自己的素描教学体系，确立与我国造型艺术的特征相适应的素描教学原则。

并非当我们以中国模特儿代替了西洋模特儿，或者以宣纸代替绘图纸、以毛笔和墨汁线描代替了铅笔明暗面之后，民族化素描就完成了；也并不等于我们将中国画中的线描发展史中的各种手法加以概括和总结，那便成就了中国素描教学体系了。手段、材料和工具固然是艺术流派中的重要因素，但并不是唯一的决定性因素，实际上，我们看看门采尔等人的素描，其中并不乏用毛笔及墨汁勾画而成的作品；而齐白石老先生最喜欢用"西洋红"颜料画花，那已是尽人皆知的事情了。

诚然，对材料性能及工具使用的掌握，是教学中极重要的根本内容之一。学习国画的学生在教学过程中偏重于对毛笔和墨的使用，这当然是应该的和无可非议的，但是否就可以因此而完全排斥并贬谪某些西洋素描法在美术教学中的积极作用呢？我认为是不可以的，也是不应该的。也许有人会说："在没有西洋素描之前，我们民族不也照样出了许多举世闻名的大画家吗？"这种观点是狭隘和无知的，要知道，中国画自己所引以为基础的基础之线描所以发展至今，也是在历史上不断地学习、融会其他国家、地区和民族的艺术长处中渐渐形成的。我国画史上常说的所谓"曹衣出水"的画法，历来都有两种记载，一说是三国时东吴画家曹不兴首创，而另一说是南北朝时北齐画家曹仲达所创造。据画史记载："昔竺乾有康僧会者，初入吴，设像行道，时曹不兴见西国佛画仪范写之，故天下盛传曹也。"（《图画见闻志》转引蜀僧仁显《广画新集》）而曹仲达父子本曹国人（曹国乃西域国名，故地在今乌兹别克共和国撒马尔罕东北方一带），"最推工画梵像"。可见，无论是哪种说法，都是因为我们的先辈画家能别开生面地学习或采用了外国的一些画法，才创造了中华民族引以为自豪的"曹衣出水"这种画法。画圣吴道子使用的所谓"吴带当风"的笔法虽说是描绘褒衣博带的"唐装"，但与唐代盛传的佛画、胡乐、胡舞等来自外国的艺术，很难说没有一点关联。我国古代推之为画家四祖的"顾（恺之）、陆（探微）、张（僧繇）、吴（道子）"，全部生活在中西交流、民族交流最频繁、最解放的时代，他们又都画过来自外国的"佛画"甚至以画此成名或著称，这恐怕也不是一种偶然的巧合。至于清代画家虚谷所喜欢用的特殊笔，则更易于看出他是从西洋的水彩画笔法中获得了不少借鉴。历史上的这些都被我们作为中国绘画的优秀传统保留并使用至今。它们在中国自己的"素描"发展中起了不可低估的重要作用，而现在，在那有着几百年历史、出过不少第一流巨匠和不朽作品的欧洲绘画被较系统地、较科学地总结并介绍到中国来的今天，在科学技术不断进步、思想交流日益扩展、文化往来空前频繁的现实之中，我们又有什么理由去反对对于西洋素描的学习和借鉴呢？我们不赞成那种"只此一家，别无分店"的素描教学，也不赞成那种"拟古不化"的素描教学，在形成中华民族自己的素描体系及素描教学体系的探索道路上也应该遵循"百花齐放、百家争鸣"和"古为今用、洋为中用"的原则。现在看来，不但素描是个发展着的概念，就连国画也是在不断地创新发展着，广采博征、集思广益、兼收并蓄，这些正是中华民族文化发展中最优秀的传统做法。不看到现在我国美术的发展，不看到艺术交流对民族文化形成的影响和作用，说中国画不需要素描，学国画可以完全不学素描等等，也和说中国画不科学、中国画不讲究素描关系等等一样，是狭隘的、片面的和武断的。

当然，在具体教学过程中如何学习，在什么阶段上学习适宜，采取什么样的方式学习，达到什么样的目的等等问题，如同我国美术院校里西洋绘画科系的学习中必须结合中国传统绘画学习所遇到的此类问题一样，必须在教学实践中不停地加以比较、总结和改进。

素描的发展与素描教学总是相辅相成的，从近现代国画的发展历史来看，我们有许多有影响的国画家，如高剑父、徐悲鸿、吴作人、林风眠等人，他们是从学习西洋素描开始学习绘画的，也有许多有影响的国画家，如李可染、李苦禅等人，他们在学习途中或是成名之后反过来学习钻研过西洋素描。他们的成就是举世公认的。从他们的学习和创作实践中我们可以看到，在国画传统的发展长河里又添进了不少新的水流，他们的作品，他们的经验、体会和感受，对形成中华民族的素描及素描教学体系是非常重要和宝贵的。

民族艺术的面貌不可能靠某一个人或某一种技法来决定，它是民族文化的长期积累，是整个民族思想情操和智慧的结晶，是民族历史发展的结果。只有充分地认识了这一点，才能在不断地努力中完成中华民族的素描及素描教学体系的创建这一迫切而困难的任务。

素描是发展的，正为其如此，我们才去总结这发展着的素描，任何总结总是应当意味着崭新的开始，才不会失去它的价值，我这篇关于素描的管观蠡测的拙劣文章，其目的自然也在于此。

1979 年初稿　1981 年修改

# 朝闻先生美术史观之我见

八三年初，遵嘱于蔡若虹先生，随王朝闻先生编撰国家重点科研项目十四卷本学术专著《中国美术史》。斗换星移，人世沧桑；磨难五载，始得一卷附梓。其中甘苦非个中人所难味，其中毁誉亦非个中人所莫详。丁卯冬雪，把卷辗索，雪霁静谧，金镜临窗。三端静而一念生，万籁交而百感集。一介书生，半个文士，偷闲打油，凑成无题：

　　好个长岁月，莫怪短人生。[①]
　　霜鬓秋容老，绿眉青眼昏。
　　蠹鱼晦气重，沙虫官运亨。
　　穷愁通达变，文章方可论。

　　　　　　　　（其一）

　　三千故国老，无意华年飞。
　　通情小彻悟，出神大道归。
　　非是是非是，是非非是非。
　　夜寂明月在，寒光上窗帷。

　　　　　　　　（其二）

自度年逾不惑，黄卷青灯，了空亦了空空，知无尚知无无。虽知变与不变之观，却又忘不了"论是非莫论得失，论顺逆莫论成败，论万世莫论一生"的"丈夫

---

[①] 编委张明坦、谭树桐二先生已作古，思之凄然。

之道"。于是在若即若离之中，在似懂非懂之际，在可实可虚之境里，仿佛悟出了一些先生的文道与人道来。卯去辰归，所喜又有数卷将成。先生治学六十载矣，无以为辞，乃以先生点化之道而为文，以应"秀才人情一纸书"的世故。虽明知求诗之法乃失其诗之法、索道为文反离其文之道的至理，也懂得佛言不可说与子曰如之何那些圣贤佛祖的高明之处。然时至今日，地处当空；万貌更新，心象亦然。也只好"话不说不明"了。

《赞》曰：生梦梦生，何幻何真？文化化文，亦混亦沌；已言言己，可行可止；学史史学，有苦有乐！

戊辰冬月自志于京华得一堂

## 一 史论之争

> 夜半由来非半夜，
> 分明出现眉毛下。
>
> ——王船山《渔家傲·译梦》

当西方那深邃的名言"一切历史都是当代史"渐渐成为时髦观念的时候，我们近百年来那些从西洋古典科学理论中拾来的牙慧却还在蛊惑着一些当世学子。居然还有不少学者兴致勃勃地纠缠"史"与"论"谁决定谁的可笑问题，并且津津乐道地要写出"纯客观的美术史"来。这就像我们研究一个走路的人，非要讨论他是"左脚决定右脚"而要拢出"纯左脚的步履"来一样。我总担心这个"纯客观"恰恰是"纯主体"的产物，"千真万确"毕竟成了"时过境迁"，应着了那句"过犹不及"的中国老话。

因此，尽管要"冒天下之大不韪"或者被人指斥为"往死人脸上贴金的老生常谈"，我还是要认为："中国是治史的老祖宗。"

那么，不知道什么是史，如何治史呢？不知道史学的真正价值，又如何将当代人生的价值，化而为史学的文字呢？

　　史学在中国是人生哲理的基本环节，是中华哲理构成的基础，是对人生经历之认识记录。从大体上极而言之，西方传统文化多以外现的形、色、体为认识对象，将这些"物"的"理"通过测量运营而归纳出"数"的"律"来，由体"物"、状"性"而术"数"明"哲"。而中华民族则偏重于将内在的质、性、气作为主要把握范畴，将这些"历"的"史"通过比较升华而记录出"文"的"化"来，由经"历"、感"觉"而察"文"悟"道"。与西方"数理哲学"相对，中华走的是"文史哲学"之途。因而，中国"治史"的重视较西方"运物"之重视有过之而无不及。

　　那么，在中华对"史学"之诸多认识中，如何揭示出"史"的基本内核呢？现代汉语爱将"历史"二字作一词并称。实际上，"历"字在中国尚未有"史"的含义，但只从"历"字来看，也足见中国治"史"是离不开"历"的。从道理上讲，"历"字的出现当比"史"字早得多。甲骨文中已出现基本统一定型的"历"字，均写作 ▨ 或 ▨。这完全足以说明中国人对"历"的文化观念。中华民族从上古开始便是一个以农耕、采集为主要生产生活方式的民族，"历"字的出现正是对这一方式认识的最根本之记录。上面的 ▨ 或 ▨ 不言而喻，指的是庄稼草木之类植物，而下面的 ▨ 或 ▨ 乃是"迹象"或"履迹"之类的含义。人们以自然界中植物的生长步履来记录、把握、观察、推测时空的推移，这便是"历"的本质含义，这便是中华民族从原始时代就形成的对"时空运动"认识把握的参照体系。它展示了中华民族偏重的认识方式与认识对象：将自身置于自然参照系中，对体系作总体把握，重视其关系与变化的规律而不深究每一具体实体之剖析。这种方式导致了认识结果的简约、混沌、宏观与包容，也导致了接受这种认识方式训练的个体产生一种相应的心理，还导致了产生记录这种认识结果的特有符号与特殊方式。它不能完全依从于实体对象的剖析罗列来推论，也不能完全借助于具有较恒定准确概念的语言来叙述，更不便用测定结果的数量营运来演绎。它更多要反映成一种具有理念含义而又能反映出一定运动关系的，既能瞬时把握使用又能长久体味接受的符号记录。于是，便产生形成了中华文明所特有的、最早完善而自成体系的平面视觉信息系统——从结绳记事、刻画卦契到书写文字的图籍体系。这样，以视觉形象为纲纪的一切图籍，便成了对"历"的认识记录，这便是中国自古以来特定意义上的"史"。孟子曰："其文则史。"此乃深得史学三昧之精辟论述。自然，将"志文"之人称之为"史"也成了中国职官制的传统。最早的图籍，一般包括按地域、识天象、录法典之图、象、符、文等。故殷商以守疆之职为"史"，周礼以持法之令为"史"，"动则左史书之，言则右史书之"（《礼·王藻》）的规定与将"司图"位列"三公"的做法，正是中华民族重"史"之一贯反映之一。因此，将那位发明汉字的先哲称之为"史皇"便不是难以理解的无稽附会传闻，而正是民族文化对自身的恰当解说。"史"字（叓）本身的创造，不正表明它是"手执图籍"的复合符号吗。

明白了这些道理，我们便不难明白，数千年来，中国虽有其正史野史之谓、有其传志表记之别、有其"太史公曰"或"异史氏曰"之分，却委实找不到什么所谓"历史本来面目"之类史学观，也从未发现过"纯客观的历史"或"空议论的历史"这类"子虚乌有"之物。因为中国史学的根本正在于强调"史"是一定时空中，一定层次上的文化个体对经历着或未经历着的时空运动过程里那些人物事件的认识记录，强调史乃是一种认识结果，强调"史"的文化特征。从这个意义上说，不正是"一切历史都是当代史"的最好诠释吗？如果我们只将别人的认识记录汇集起来便当成"当代认识"的所谓"史学著述"，当然会起着更多"词书"、"类书"之类的价值，但恐怕失去的更多的却是当代史学的价值。因为人们不能从这样的著作中寻找一个新的立足点去观察历史的"相"，后人亦不能从这样的著作中寻找一个新的"相"来判定我们这个时代的"认识框架"。而一切真正的史学著作，其根本价值就在于提供这样一个特殊的"观相角度"与联绵的"认识环节"，并以这些展示时代的自身。忽略了这点，正是忽略了中华民族一贯的史学精神，也正是忽略了当代史学的文化精神。

我以为，朝闻先生正是在这一点上强调了"史论结合"的。也是在这样的意义上对近代美术史学界普遍可见的，以简单或者全面罗列现成资料、转录或者套用现成观点等编撰方法取代美术史研究的倾向提出了异议和批评。

"五四"运动以来,美术史在西学分科思想指导下渐成相对独立的学科之一。由于时代历史局限,一些学者未能精研西方定量定性等数理演绎归纳与试验方式,亦未能适应数理逻辑特有的思维方式与实证方式。便只能接受西方近代考古学的成果,脱胎于乾嘉学派之遗风,涉猎于书画博古之中。采撷、梳理、发掘、辨证、归纳中华古籍中有关美术方面的资料,著录、选择、整理、发现史载的或近世发现的美术考古方面的材料,或略加点评,或依序罗列,或详证精考,或真伪并存。其中俞剑华、郑午昌等诸多先贤即在史料学中做出了功德无量之开创性工作,确立了相对独立的美术史学之史料范畴。虽在分类归纳上沿用西方艺术学之门径,难免有削足适履之处,而抉择判断又常据西方考古学之路数,难免有信尺疑足之嫌。若其后学子泥此未化,以为折尽枝头鲜花、树梢桑叶便可尽获甜蜜柔丝,反而失却蜂技蚕功,既恐非先贤本意,亦失却当代史学之道。

也还有一些学者希望以现实中对某些问题的普遍认识模式或以他们所处时代的时髦之哲学观点去统领分析历史上留下的美术史料。或以唯心唯物判之、或以现实主义浪漫主义分之、或以人民性反人民性论之、或以糟粕精华评之,诸如此类,不一而足。或簇三聚五,先形势,次资料,后评传,起承转合、四平八稳;或定派立宗,决取舍、论得失,定褒贬,削斫断斲,万事一挥。企图从治史中反映出当代史学意识与水平来,希望从点评中透露出历史的规律来。李浴、郭因等先生当属偏重于此之史家。其本意虽不可谓不良苦,但在失却国学文化深厚功底、缺少西学科学之自发习惯的大历史背景与时代条件下,多数人难免缺乏高瞻远瞩之气识智略,易流于某些时弊之中,常被某些时髦的运动所运动。当时髦终成随波逐流之物而被后来的时髦所批判或取代时,连时过境迁的自己也不免感到陌生可笑,方悟出"岁岁年年人不同"的平常道理来。

相比之下,资料型著述不但在范畴、体例上较为完善,且更能具有较久长的查阅价值而多为人所注目,人们反而不易见其弊端,以为资料越新越奇越多越全越好,以为材料本身便是历史规律,以为对资料的汇集整理便是当代史学的全部,转注析引,旁涉广猎,人为史用,忘记了这些资料乃是古人治史中的认识记录,或以点代面,或以偏概全,以为这些资料便是"历史的本来面目",

忽视了中国优良的史学学风。因此，恐怕会造成"师古人之迹而不师古人之心，宜其不能高人头地"的结果。而理论型著述往往却"理不直气不壮"，忘记了理论乃是认识的结果，错在没有认识而非错在论理的本身。正如石涛所言的"乃为法障"，只要"了法"则终会"识理"，万不可"因噎废食"而当"见贤思齐"。

但无论如何，这些虽是历史时代所限，却也是某种文化规律的必然反映之一。诸家治史先贤们的努力，虽各有得失利弊，但却在史学上为当代中国美术史的研究作了开创性的准备。见其贤者，其贤可待矣！

朝闻先生作为一位著名的美术家、理论家、美学家，其暮年治史，敢取诸家之长而不避时讳、不伤时弊。他正是在这一意义上强调"史论结合"的。他指出必须"以论带史"而不是"以论代史"，强调"寓论于史"而不是"史料罗列"。我以为这个"史论结合"中的所谓"论"，应当是当代认识的理论、当代认识的评论，当代认识的结论，而所谓的"史"也并不存在"纯资料性"的问题，它正是对任何一件遗物、文字等史料在当代认识下的选择、使用、判断、排列的结果。因而，这种所谓的"结合"便只能是当代认识指导下的研究结果，也是当代知识统领下的把握结果，也是当代科学方法运用下的分析结果。朝闻先生正是在基于这一认识前提下，尊重与对待所谓"还历史本来面目"之提法的，因此，在"史""论"关系的把握中，那些"论从史出"的固有提法，已渗进了新的含义了，已有别于以往的"史""论"了。既然"这鸭头不是那丫头"了，那么"头上哪来桂花油"呢？

希望以现代科学的认识作一次治中国美术史的当代尝试。朝闻先生这一治史的基本要求，其重要意义正源于此，其高明之处当基于此，其困难之处亦在于此。

## 二 审美历史

> 敲锣卖糖，各干一行。
>
> ——民谚

由于中华先进而久长的治史传统，加之文史哲学方式与正统史学观的制约，反而使当代所谓"美术史"的这一史学范畴处于从属地位，易于呈现出"美术史只是正统史学中的美术现象"这样的面貌来。西方将"美术史"作为一种单一的"纯学科"对待，由于美术作品本身非语言文字之特征与延绵存在的现象，它更易于被作为认识文化史的纯"物体"似的研究对象。因而，西方传统的"美术史"亦通常会在西方数理哲学之"文"里"化"成一种"人类创造物中之美的对象的数理解释"这样的面孔。这些，似乎都与中国人自己治的当代美术史的要求有距离。

美术史既然是美术自身存在发展的历史，它当然会有别于人类其他学科中对美术现象的阐述与论证。因而，就美术本身最普遍的特质作特殊的研究判断，抓住美术史有别于其他学科的主线统领研究过程与判定研究成果，这些正是朝闻先生在治史过程中反复强调的最重要的原则。先生认为：美术史编撰根本上是一种研究工作。这个研究不能被别的研究成果所取代，它自身特殊存在的价值，正决定了美术史特殊的存在价值。不容讳言，美术史在近代研究中带有一定的考古学性质，正如同它在不同的区域与历史上不同时期曾带有一定的"著录学"、"考据学"等学科的性质一样。尽管这些学科之间有相互依赖的一面，但它们相互之间亦有不能相互替代的一面。如果以这些学科的研究思想与研究主线指导美术史的研究，或者以它们的研究成果与研究方式取代对美术史的研究，那么，美术史被著录、考据甚至考古发掘报告成就所取代的危险便在所难免。这不但没有完成美术史研究的特殊任务，也不会对考古学、考据学、著录学等学科起到积极作用。

同样，在纷繁的当代认识中，许多原有学科与新兴学科的研究成果与研究方法，例如历史学、史料学、心理学以至人类学等学科的研究成果与研究方法，对美术史的专题研究都有帮助，但它们也同样不可以起越俎代庖的作用。实际上往往出现这样的现象，这些学科中并不重要的研究对象或研究侧面，对于美术史而言却是非常值得珍视的。例如我们在研究过程中常常碰到这样的情形：某件有记年题记的石刻，当然可以成为考古学断代的准尺，但这件石刻的创作手法、题材以至艺术风格，却未必能作为题记时代的典型而成为艺术史上判断美术发展履迹的准绳，甚至它并不具备最通常意义上的欣赏价值，因而它对于美术史的意义是微不足道的，甚至它可以并不成为美术史的研究对象。但是，对它不能成其为美术史研究对象这一判断的研究过程却是必不可少的，在某种意义上讲，对它的微不足道的美术性之深入研究所引发的结论，也许会对考古学科或历史学科的普遍研究工作起到促进作用，会对它们就某个具体问题做出更为合理的判断、解释起到意想不到的帮助。

反之也一样，其他学科的成就是值得尊重的。它们的精辟结论给美术史的研究提供了许许多多不同标准的尺码。但是，这种尊重也正是在对自己认识尊重的基础上才能真正而完善地显示出来。一个美术史家，它所具备的对审美的敏感与判断，无疑地应当正是其他专家们所不及的。一切其他的尺度标准在科学的审美判断尺度面前的参考作用，当然不可能取代美术史家对审美规律做出研究后的判定作用。美术史家毫无疑问地不应当成为只相信尺码而不相信自己的脚的那种买履郑人。

因而，在美术史的撰写中，朝闻先生提出以审美关系为主线，以便统率研究过程，以便在纷繁的研究对象中找到自己的立足之地。当然，审美关系的历史也不是单一的，正相反，艺术风格的多样性及艺术作品的差异性常常是审美关系丰富性的一种反映。但同时，这种审美关系的发生发展也并非随机紊乱的或变化莫测的，民族美术中较为恒稳的特征，各艺术门类与品种相对的独立且有较稳定的发展脉络，正是这种审美关系规律性的体现之一。因此，以审美关系的历史具体性为依据，重视其发生发展过程的研究，并将艺术风格的多样性及差异性作为研究对象的主要方面，这才可能做出较为符合历史规律的判断，揭示出美术自身发展的普遍规律，使创造性和科学性完善地统一起来。

要抓住审美关系这一主线，不可能不对研究对象本身做出审美判断来。朝闻先生一再强调：确切、中肯的审美判断，应当是美术史著的科学性的表现，也应当是它的创造性的表现。审美判断也是中华民族历史上美术史著的重要特征之一，很难想象一部不能对美术作品做出审美评判的史著会揭示出美术发生发展的规律来。审美判断的重要依据之一，便是对作为历史上存在过的美术品自身所具备的审美特征、审美价值作具体而深入的研究。美术品作为一种人类社会的精神产品，其作用和意义是涉及许多范畴的，但过去时代的作品，即使是专为旌表功臣孝子、义夫烈妇的作品，除了它们限定的题材与宣扬的观念之外，其本身不能不具有较为独立而有价值的审美功能，不能不体现一定的审美标准和审美理想。它们正是这种特有的功能与历史发生长久而广泛的联系，与不同时代的不同主体发生不能被其他关系所取代的审美牵连。也许由于历史的错综复杂，这种审美关系会变得或隐或现地复杂起来，但无论如何，这种关系中必然展示着时代的、区域的具体审美现象的发生、发展、联系与转换。因此，它们可能构成美术史著各自不同的研究个性与研究范畴。

另一方面，如果说每一具体的美术现象体现了美术特定的个性，那么，审美关系则应当是这些个性总体中最重要的共性之一。同时，审美关系也正是一切美术现象所能产生的最本质原因，是一切美术作品赖以和其他对象产生联系的本质条件，也是其他范畴的认识赖以和美术发生联系的本质因素。因而，审美关系的把握与论述应当成为美术史有别于其他门类史学著述的基本特征之一，成为贯穿美术史著的主线。

以往的美术史家，不是忽略了这点，就是有意回避这点，或以其他关系来取代对审美关系的研究。朝闻先生特别指出这一关键，要以这一关键作为他所主编的《中国美术史》之主线，这不仅仅因为他是一个有远见卓识的美学家，也在于他自己本身就是一个美术家，是一个集创作、理论、评论及其他美术活动于一身的学者。他基于一个美术家的思考，希望将他主编的美术史在相当意义上当成一种艺术美学史来对待。这要求并不是无根之木与无源之水，更不是危言耸听地发表其实不着边际的所谓美学见解以图一鸣惊人,而是中华民族治史的优良传统在当代美术实际需要下的时代任务与时代认识的要求。

朝闻先生的美学著述一贯以平易近人见长,它常常寓深意于浅近之中,言主旨于众象之内,看似信手拈来,处处不见斧凿,实则字斟句酌,时时铿然有声。理义从美之奥窍中引发,自然要返于纯朴之美术意象之中。故而先生平素最恨陈词滥调,常为那类"栩栩如生"之类评述感到脸红。他觉得在美术史中出现对审美判断的错误、粗率与审美描述的贫乏、陈腐是难以容忍的。

我一直认为,作为审美关系来讲,本身就存在着原来的文化基点与后来的变化适应问题。一切过去时代的美术品不但可以对其后不同时期的不同趣味产生审美适应,甚至在一定程度上和一定条件中还会造就或激发出新的审美要求,揭示更深程度的审美规律。反之,一切审美主体不但可以从对过去时代作品的研究中获得审美特征发展迁延的履迹,甚至也会从对作品的接受中发掘出更多前所未有的审美因素,锻铸更高层次的审美能力。美术史应当在这些范畴中促进时代的审美眼光与文化水平。

因而,美术史只有抓住了审美关系这一主线,它才可能在众多的主客体之间把握住治美术史的多样统一,它才会在人类创造的诸多学科之中占据自己特定的一席而不被其他学科所取代。《易》中就出现过"天行健,君子以自强不息"的道理,《画语录》中亦有过"我自有我在,纵使触着某家,乃某家就我也,非我就某家也"的箴言。对于今天治史的中国学者们与对于今天中国学者所修的中国美术史来讲,这些至理名言仍足以发人深省。

## 三　了解对象

> 鱼戏莲叶东，鱼戏莲叶西，
> 鱼戏莲叶南，鱼戏莲叶北。
> ——乐府《江南可采莲》

审美关系并不是一个简单的问题。

西方学人常说："有一百个美学家，就有一百种美的定义。"但后来的一切美学家仍孜孜不倦地寻求一种定义去对美作完善解释，以便找出审美关系来。然而，在中国历史上，特有的认知方式与把握特征却并不希望用"一言以蔽之"的某种恒定不移的概念去定义尚未恒定的对象。因为就定义的本质来讲，一切概念的恒定都只有相对于概念发生与接受双方主体的统一文化特征来讨论时才有其可规之范围与可定之内涵。定义的本质是概念之规定而不是对象之规律。重"道"的中国人更重视的，当然是规律而不是规定了。因而，一定时代中约定俗成的或者有迹可寻的典型审美活动中那些审美关系之规律，恰恰被当成对美的规定之最直接而有效的参照体系。老子就有过"天下皆知美之为美，斯恶矣"的观点。这当然不是一种莫名其妙之含混，正相反，我以为这至少是指出了审美关系对美的直接规定这一特征的真知灼见。

当然，美术史不同于美术原理或美术评论，美术史更着重于美术的发展过程之研究，因而它更应当着重于研究处于特定历史链条中那些相互连续着的诸多环节。但是，我们也不能忽略，在这每一个环节之中，又有许多被记录下来的这个时代中对其他环节或自身环节的认识。中国有史可稽的历代美术史著述中，常常包含着现在所谓的美术原理与美术评论的性质。我们如果抛开对这些对象作不具体深入的研究，而只满足于将其当成"资料"罗列，我们就不可能抓住治美术史的审美主线，也就会失去治史的灵魂。

还有，作为具体时期中的审美现象，它既有对美术方面的特殊存在与特殊意义，又同时具有在其他艺术门类、其他学科以至社会生活的各个范畴之中的普遍意义。有些审美关系在美术上展示得较明确充分，但也有一些却在其他相应的范畴中才能得到更好的体现。有些审美关系与美术活动较为统一，但也有一些审美关系与一般意义上的美术活动关系不大，甚至有些从表面看来似乎可作为基本审美特征对待的东西，却在很大程度上隐藏着对基本审美特征的反动。因此，不从更广阔的背景中去对照，不从更广的综合认识与更深入的比较认识中去进行研究，我们便不易从中找出有别于前人的当代结论来。

我觉得，中华历史上对现在所谓"美学"范畴的认识与研究较西方古典文化对"美学"学科的研究有着一些不同的特征。一般来讲，中国更重视审美关系与审美过程的总结而较少偏重于美的实质与本源之探讨；中国更重视审美主体之经历、状态、感受的纪录、描述与把握而较少偏重于审美对象之性状、规格、条件的判定、测量与分析；中国更重视审美活动与社会文化、心理气质、人格秉性之间联系的讨论而较少偏重于审美格局与理性模式、科学特征、造就方法之间规则的寻求。因而我们可以这样认为：中国对美学范畴的研究更偏重于审美主体的文化造就，通过这一造就而把握新的审美关系，因人及物地完成审美的迁延。西方古典美学则更偏重于审美对象的性数判测，通过这一判测而归纳新的审美原则，以律限人地完成审美的迁延。随着它们各自极而言之地完成自身体系的完善之后，自觉不自觉地必然走向对方的某些方阵之中，便成为了我们时代美学研究的一大特征。

我认为朝闻先生的美学体系，正是继承了中华民族的特色而又吸取了某些西方的研究成果与方法，在"关系"、"主体"、"接受"、"情性"等诸多方面别有所长的。因而，在治美术史的要求中，他反复强调了研究对象与研究方法这两个不同范畴、又有重要联系的方面。朝闻先生要求以研究对象的多元性与多层次性来体现审美活动的多样性与差异性，而有别于单一的美学理论演释或资料罗列汇集。要求以提出问题、综合考察、比较研究、重新判断等方法来对待丰富的对象，而有别于隔靴搔痒的泛泛而谈或所谓"述而不作"的"文抄公"学风。

关于研究对象，朝闻先生一再指出，由于对象本身的模糊性和不确定性而增加了对它认识的复杂性。就美术现象这一对象而言,它与非美术现象的区别是相对的;就某一美术门类来说,它与其他美术门类的不同是相对的;就某一时代中某一美术品种以至具体美术作品来说,它与其他时代中的同一品种、与其他具体作品的距离也是相对的。为了要认识美术的一般规律,恰恰在研究过程中不能排除这种模糊性和不确定性的进一步认识。就审美现象这一对象而言,它不但包括了美术活动中的审美现象,它还应当包括其他门类艺术以至别的学科中的审美现象,以及一定时代社会生活中审美时尚所导致的各种非审美现象。特别是这一切现象中与造型有关的审美现象更不应当忽略。而且,审美活动既是整个文化活动中重要而基础的部分,那么,绝对地决然地将审美活动与其他文化活动甚或社会活动分离或者对立,也容易使我们的认识孤立起来。

朝闻先生一再要我们尽可能地扩大研究对象的范畴,当然不仅仅因为他是个兴趣广泛而在多方面有所造诣的学者,也因为要对美术史做出具有当代水平的研究非此不能。他指出不但要研究历史上的美术史迹、美术活动与美术著述,也要研究近现代中外学者们对这些对象的研究成果与研究方法;不但要研究与美术史相关的历代的文论、哲理、诗论、乐论以至伎乐百戏等有关著述,同时也要研究现状中对科学、技术以至宗教、心理等学科中的当代方法与结论。他经常鼓励每一个撰写者做力所能及的广泛研究,他说:"研究它们不是美术史家不务正业。"当然,对这些对象的研究并不单纯是为了了解它们自身,或者是在美术史中泛泛罗列论及它们以作卖弄,更重要的是通过它们在审美关系中的位置、影响以及造成这些的因果关系来研究美术自身的历史规律,来丰富提高美术史家的认识而进一步揭示审美的演化历程。在这方面,美术史家既是主动的,又是单一的。他们不能取代其他学科对美术的各自认识,也不能代替某个特定美术门类或特定时代美术现象的专题史研究任务。正是他们那丰富而非庞杂、单纯而非简单的把握,才能造就新的美术史著,使之成为也不被这些学科以及专史所能取代的成果。

因此,我觉得那种以套用经典理论中关于美术现象的论述以取代自己特殊的研究任务之做法,那种以装腔作势、借以吓人的态度将普遍真瑾的认识和应用当作解释一切美术现象之结论的做法，实际上是缺乏探索真理的勇气和兴趣的。它本身就只能造成对真理的曲解，造成对前人正确认识和判断的误会。它正是学术研究中最可怕的敌人。

在许多具体问题研究中，朝闻先生还强调了许多现代方法的运用。我体会最深的，是在原始卷编撰过程中先生对于研究对象的广泛与模糊性特征而反复强调的比较研究方法。从西方现代哲学与现代科学观来看，比较是"本体哲学"与"模糊数学"新兴后的重要方法，众所周知的"筛法"、"对应法"等都是比较研究的具体法式。从中华哲学的源流来看，比较是判断关系的基本方法，是建立在某种特定的判断之基础上的研究活动。在美术史的研究中，同门类美术的列比，不同门类美术的排比以至更广泛的对比都是非常重要的。对于中外美术的比较，对于美术门类与其他艺术门类的比较也是必不可少的。这些都是一个反复认识的艰苦劳动过程。在原始卷的编撰过程中，先生不下十次地要求过我重点地将美术与其他艺术门类及原始社会中其他社会生活作比较，亦要求所有参加撰写的人员各自有所侧重地做出各种比较研究。先生多次与我们数十天数十天地共同研究，对结论反复推敲。我深感从中获益匪浅。这其中的苦乐，常使我有"书到用时方恨少，事非经过不知难"的慨叹。

推己及人，大概要做到有当代的研究特征与研究个性，不经过当代要求与当代认识的磨炼检验，不从研究主体的自身改造做起是不行的。

## 四 创造自己

> 我见青山多妩媚，
> 料青山见我应如是。
>
> ——辛弃疾《贺新郎》

作为朝闻先生治史观中还有一个最重要而从未被其他史家提及的要求，那就是在治史过程中，自始至终强调创造美术史家自身。

在集体编撰的著作中，通常会出现两种情形：一是按照某种特定的要求、体制、定例去"奉命作文"后汇集成编；另一种是按照不同拟定者的各自特长与研究方式来按总体规划分担任务，完成后由一些人负责润饰后拼装起来，成为"拼盘"似的著作。这两种情形都自有其得失成败之处，其中亦不乏高超精妙之著作。

但是，朝闻先生在组织编撰中国美术史的过程中，他不主张采取这两种较容易达到的组织方式。他既尊重自己作为主编的一个学者研究的心得，更重视每一个美术史家研究个性的差异，他不愿意事前用某些规定将个性抹杀，也不愿在新的研究工作中使研究个性得不到正常发挥而影响成果的取得。他希望将包括他自己在内的这种差异转化成更高层次上的统一因素，他重视了史家自身的学习变化与深入研究过程的关系，他更重视了主动而愉快的自我创造过程与撰写高于已有水平的美术史著之间的必然联系。五年多的撰写实践证明了他这一要求的科学性与合理性。我个人也在这样的要求下获得不少教益。

中国古代的先哲们早就提出过"见仁见智"的观点。这在实质上正是强调不同主体在认识过程中不同的能动作用与认识结果。也是强调认识主体与认识对象之间不断相互激发、相互转化的深入关系。虽然在一个拟定集体中，每一个卓有成就的美术史家都有其独特的个性并因此而学有所成，但不可否认，任何专门家的群体中，也存在着素养水平与文化修养的差异，存在着研究个性相互排斥、相互抵消或者相互支持、相互协作的可能。既要尊重这种差异，又要展示出群体统一的意志与水平，每个研究个体当然不是要取消自己的特长，而是要通过研究过程发挥自己原有特长的某些方面，将原有特长提高到一个新的水平，以达到在共同研究目的下群体的统一。朝闻先生用了一个通俗的比喻，他将这样的研究群体比喻成一个围猎的群体，协调一致而不埋没每个个体的特长。在这种群体中，集体研究并不是相互迁就，而是每一个个体扬长避短地最大限度发挥。群体中互相塑造的作用是通过研究工作来完成的，是在对自身与对研究对象的反复"摩擦"中才能做到的。

朝闻先生还对美术史家提出了更高的要求，他认为美术史家应当既是美术历史发展过程的研究者，又是历代美术品的欣赏主体和批评主体。虽然这种集研究、欣赏、批评于一体的要求在每个人身上并不平衡，但每一个研究者对于欣赏与批评不能不应当具有独到的理解和认识。当然，离开了对美术品的继往开来的认识，即使是富于独创性的鉴赏也远没有完成美术史家的特殊任务。反之，如果美术史家对他研究的对象之美丑缺乏独特的审美感受与判断，不能说出它们美丑的具体特征及其相互关系，不能说出特殊的风格与特殊情感之间的内在联系，只用一些人云亦云的断语来取代恰如其分的分析，也不能被认为是已经完成了以美术为对象的治史任务。这一要求对于每一个已往的美术史家，都是一个可以进一步发挥的新天地，都是一个能在原有个性上进一步创造的新途径，除非你自己囿于故步自封而拒绝进一步认识自我。

自我否证是创造自己的重要环节，这种否证的需要往往来源于对某种事业的执著追求与对真理的热情探索，而且它往往要在有新见解的相互交流切磋之中与自我反复揣摩之中才能逐渐完成。古往今来，治学者不乏"独上高楼，望尽天涯路"之气概者，亦不乏"衣带渐宽终不悔"之坚定者，但如若没有对自身的"蓦然回首"那一望，也许对自身的发现只能永远停滞在"为赋新诗强说愁"的高楼之中，或者在那"寻章摘句老雕虫"的故纸堆里。同样，自我肯定也是创造自己不可少的要素。相互迁就的所谓尊重与谦虚，有时实际上也会成为一种极不尊重、极不谦虚的表现方式。它在某些人际关系上会成为交流的难以逾越的屏障，成为既不能同心协力，又难以独自发挥的掣肘力量。而在学术研究中，它更从根本上失去了研究的可能。没有了研究过程，所有的合作、统一都难免流于庸俗的表面上的一团和气，这不单是一种可恶的世故与圆滑，还是一种妨碍自我创造的最大障碍。很明显，这里所说的自我肯定并非是违背实事求是原则的刚愎自用与一意孤行，而是在否证中的肯定，而是协调中的统一，而是在上升中的新的和谐。

强调自我创造亦是中华民族治学中一贯的优秀传统，是一种自信自强的治学思想之反映。从"吾日三省吾身"的古训到"其责己也重以周，其待人也轻以约"的"新文"，不都在强调着一条"君子自强"、"行成于思"的亘古真理吗？

朝闻先生不但将美术史的研究实践当成一种严肃的工作，也同时将它们当成一种富有创造性的审美活动。先生希望每一个美术史家既能成为美术知识与审美教育普及者，同时也是美育活动的接受者。他认为这是学习的一个重要方面，这对美术史家个性的形成绝不是可有可无的，也不是相互排斥的。在这种共同的审美探索中，多方联系各人所掌握的社会学、哲学、民俗学等方面的知识与心得，加强自身的学习与相互学习，对加速美术史家的成长完善非常有益。

　　说来也凑巧，朝闻先生与我个人真正的交往，恰恰始自我对他这个主编发牢骚之时。六七年前，他虽是我的老师，但在具体问题的研究讨论与个人交往中，只是学生对老师的尊重。记得六年前一次筹备编撰《中国美术史》的讨论会上，我正为放下了手头的研究专题而借题对先生发牢骚说："王老，您是主编，您要是光主而不编，我这个撰写人就只撰而不写。"他后来说我将了他一军，将得好。后来的编撰过程中，证明了先生对他自己的要求是身体力行的。他在学术上决不迁就凑合，几乎每一个主要观点都与我们一同反复推敲，甚至在关键文字段落中连字句都反复斟酌，给每一点成绩做出肯定，对不足之处坚持高水平严要求。同样，他自己对治史的要求也反过来时时体现在他的治学之中。他在主编美术史过程中完成的雕塑美学专著命名为《雕塑雕塑》，他这时期的散文集则提名为《会见自己》。在随先生多次共同考察的途中，一篇应约而写的千字短文，八十高龄的先生也要修改至三五遍，我记得在山西运城时，先生曾有篇短文修改七遍之多，后来又推倒重写。他常常在路途上为了一个不太熟的典故或者年久遗忘的古诗词句子不耻下问于我，也常常从他接触的每一个人那儿吸收营养；民俗、民谚、俚语、故事等都成了他文章中常新的例子，成了他那"寓庄于谐"的文风之组成部分。先生是我从童年时代起就仰慕尊重而深受其影响的学者，后来有幸作为学生而亲聆教诲，更有幸作为他领导的科研集体中的成员，成为他的助手之一受到他的直接影响。我对先生的认识也经历过不同的阶段与过程。先生之治学态度与方法，先生那"夕不甘死"的"闻道"精神，对于我都像一件古朴的奇珍，初看朴质，再看不平常，三看是最不平常中之平常，使人有常看常新之叹。我相信这种影响虽来源于撰写美术史的实践，但它必然会作用于我的整个研究工作，作用于我对自己的创造，作用于我的整个人生。

先生治学六十年矣！我却仍在刚刚明白了"人生悲雾"根底的"不惑"之后。瞻前观后，愿以人生融于文化之中，虽不敢望其载道，然也愿学先生"朝闻道，夕不甘死"的精神，做一个"夕死可矣"的打发人生的"螺蠃与螟蛉"吧！《乱》曰："悠悠绵长，人生悲雾，化而为文，非史何哉！"

1988 年初冬于京华一画书屋

# 新文人画论

> 一口将先天祖气咀来嚼去
> 
> 吞进肚里 放出光明
> 
> 两手把大地山川捏扁搓圆
> 
> 撒向空中 全无色相
> 
> ——旧联

新文人画是当代中华美术的现实，是中国画发展至现在的表象之一。现在是不须定义的，我自然不会在古人或洋人玩过的概念圈子中去给您下出"新文人画"的精辟定义。以定义说明概念，只会导致出更多在当代必须重新加以定义的其他概念，还有那些貌似无懈可击，实则子虚乌有的所谓逻辑演绎等种种规定。它们不是把简单问题复杂化，就是用更多新的不须说明的糊涂来代替一个需要暂时说明的糊涂。它们织成的网络漏掉了溶化在生命溶液中的情欲感怀，却又缚住了升华于生命历程中的想望觉悟。于是，我们全变成了守株待兔、刻舟求剑之徒，掩耳盗铃、画蛇添足之辈；成了只相信尺码而不相信自己的脚的蠢货。还画什么画，还论什么文，还谈什么新，还做什么人！

当然，您也千万别以为听了我的就会悟到些什么"捞什子"而能画出众望所归的画来。文化的创造绝不是简单的靠个人的历、识、性、遇便能定夺的。那从非人到人的整个进化历程中所沉积的基因，那从蒙昧至今的全部创造过程中所蕴蓄的信息，都会在冥冥中变化出玄而又玄的妙门，使得当今的人和事都既简单又复杂起来，如同我这本书的编撰一样。

老实讲，这本书所编撰的作品，也并非全是我所认定的"新文人画"。但无论如何，我不想说的可以不说，更何况我认为这些画可算是这十年中画得较好的作品。虽然其中少不了碍于面皮和关系的，但也不乏靠了我"一口反万众"搜求来的。这些作品纵不是"挂一漏万"、也只能算"略见一斑"了。加上"文之乱矣，余贤在野"，这十年之中，除了许多去国离乡而"乘桴浮于海"的仁智之士外，恐怕亦有不少如黄秋园、陈子庄等老于蒿莱之中而到达另一个世界的贤德之人。吾之无能，察也不详；吾之无德，求也不得。但我会继续做下去的：吾也有志，上下求索；吾也有心，鬼神共鉴！

## 一 劫后大悟

身后有余忘缩手

眼前无路想回头

——曹雪芹

中国的先圣先哲先师们是"子不语力怪乱神的"，后来的文人们便跃跃欲试地语起"子不语"来；再后来的士子们便专语"子不语"；再后来，便到了我们这个众所周知的专行"子不语"的"文革"时代。我们现在还以为那不过是一场天降的偶然灾难，我们忘记了"天下兴亡，匹夫有责"的古训与"天行有常，不为尧存，不为桀亡"的"新文"。如今，连那有名的杀人不眨眼(曾曰"革命不手软")的"王关戚"们的主将又连篇累牍地接受小报记者们的"采访"，大谈其苦心难境好意回肠而邀功请赏起来，有些人又可以将"文化"或"革命"当成"替罪羊"而大唱"你我都是好东西，携手一堂来吸雪茄烟"了。然而，我们却逃脱不了历史的惩罚，我们必须活着忍受现实的报应。

回首当年，在一个数亿人都相信"知识越多越反动"、"人有多大胆，地有多大产"的现实里，在一种以为砸了百姓家铁锅铁锁就可拿来炼出"超英赶美"的千万吨钢并且一夜之间就能进入共产主义的思潮中，在一片举国上下能在同一天爬上房顶赶麻雀的行为后，在一派可以吹捧出"亩产稻谷十三万斤"的谎言后，如果不出现一场瘟疫，那才是不可思议的怪事。

君文子曰："道不足以治则有法，法不足以治则用术，术不足以治则用权，权不足以治则用势。"经过了以令毁文、以权养术、以法乱道的捣鼓折腾，人性中那邪曲、自私、鄙薄、粗俗、冷漠、狠毒、残忍的一面被诱发、被引导、被肯定、被提倡、被赞颂，于是，那场"史无前例的无产阶级文化大革命"便成了"必行之势"。在这大历史背景中和大趋势前提下，我们这些过来人哪个是覆巢下的好蛋！反省一下我们的言行相貌举止心地，妄负薪救火、叹杯水车薪、望洁身自好、作壁上之观，还称什么明智，还赞什么劳苦，还道什么德行！我窃敬许多巴金、高晓声们的自责，这是中华文人的品格，我也盛赞更多人的奋进，这是中华文化的精神。可惜在许多心灵上，还希望抹去那一片不快的阴影，企求于忘却的法宝。流水十年之后，当我们向儿辈们叙述不及万一的经历时，他们往往极认真地嗤笑我们"瞎说"，这不免使我又担忧又高兴起来。担忧的是他们认定了某些"真亦假"的瞎说之后反过来会轻信那些"假作真"的蛊惑；高兴的是他们在廿年中终于长出了正常的人的判断，或许可望在不相信非人的荒唐事实之中隐藏着善性的催萌。于是，我又在想，这场势在必行的浩劫，未必不是一具"革命运动"的"回旋加速器"，未必不是一贴穿溃败疡的催化剂，未必不是一服发聋震聩的醒脑汤。

劫后的破败是必然的，劫后的艰难是必然的，劫后的无所适从也是必然的。然而，人类文化的规律却告诉我们，这一切"必然"最终总会在人生自省的觉悟探索中被解脱，那劫后大悟也将成为一种必然。否则，还谈什么新，还学什么文，还画什么画，还作什么人！

美术界在大画特画飞机大炮"红领巾"、炼钢种田"放卫星"之后，只能画葵花红旗领袖太阳了。它们那劫后大悟的冲撞是沉着的。那是1979年的早春，北京那短暂的、乍暖还寒的春天，城内一片姹紫嫣红，那些从玻璃房子中靠暖气栽培出来的决不结果的似锦繁花正起劲地装点着劫后升平之春光；而那山野之中被春日黄风吹落了瘦小花冠的杏桃们，却正在为北京孕育着秋天的果实。

对于中华民族来讲，尤其对劫难最重的文化界来讲，这真是一个不平凡的春天。到处是几乎公开的"参考电影"和"内部录像"，片名从《魂断蓝桥》到《女人比男人更凶残》；各省市地县的五花八门的戏曲歌舞一涌进京，北京剧团也忙着翻祖宗的陈年老本和算文革与知青的新账，剧目从《铡美案》到《玉堂春》，从《谎祸》到《假若我是真的》；新诗自不必说，"伤痕文学"也正闹得欢；从斯图加特到华盛顿的古典芭蕾与现代芭蕾，从老怀特剧团的莎翁名剧到希腊国家剧院的古典悲剧都相争在首都舞台上交辉，卡拉扬与小泽征尔的乐团演奏着贝多芬与斯特拉文斯基的力作；甚至大街小巷已偶尔出现了邓丽君的歌声与迪斯科音乐……然而，美术界却并不热闹，唯一能使人耳目一新的，只是那大街上越来越多的广告牌。当然，那时还没有人去敢画出浴的美人，也不知道画带激光枪的英雄，美术家们只好用色块分割着画面，再加上洋文、拼音文、汉字及产品外形图样，以造成有别于以往的宣传画和标语牌那四平八稳的呆板效果。这些东西在当时也够得上耳目一新了。也许是长期过分强调美术宣教作用所造成的桎梏，也许是历史中重视美术文化品位所引起的驻足，总之，如音乐舞蹈戏剧中那些靠外国人带来的东西，在最直观最易为的美术界中都似乎更曲折、更困难，它们只能由中国美术家们去完成。就在这一年四月，黄永玉先生在中国美术馆举行的画展引起了极大的关注，虽然更多观众注目于他那因此而遭祸的睁只眼闭只眼的猫头鹰，但已有不少年轻的朋友，以欣喜或不满的态度表示出对他作品中有关绘画观念与绘画语汇探索的重视。据传在展览会上有人不客气地问黄先生："你画的是中国画吗？"永玉回答得好笑："我也没说它们是中国画呀！"我至今仍为此捧腹。那种只重视以往固有形态而不知应该有当代存在的人又如何得知，在我们感到好笑的事情后面，往往隐藏着我们暂时觉察不到的深刻悲哀呢！

　　我曾戏谑地想过：中国美术界的时髦，竟与中国社会给人的总体感觉如此合拍。当"新年画"风行时，中国社会颇有些"光、鲜、亮"的喜气面貌；当大家都重视版画时，人们仿佛木刻一般；当宣传画席卷大地时，我们自己也端着那种宣传架势；当"小人书"和漫画空前普遍时，人心自然也有了"小人"

和"漫画"的味道。如今，在搞木刻的永玉先生身上发生了"国画是非"的疑问，莫非正预示着木刻灵魂的动撼。果然，觉悟中那种应该最初出现的横向比较出现了。当黄永玉先生在探索国画的当代形态时，大多数美术展览也开始偏重于对当代西方绘画的介绍，或运用西方现代某些艺术形态作中国题材之反射。在这里应当提到的是以《自然·社会·人》为题的《四月影展》以及"四月影会"的摄影艺术家。仿佛莫奈、德加、马奈等人从现实的深入观察中走上了背离西方传统的现实之道那样，"四月影会"的艺术家们从取景器和诗歌中发动了对那种以"样板造型姿态"和情节描述为造型艺术模式的假革命现实主义之抨击。到了1979年隆冬，"星星画会"的青年们以他们那些挂在街头的作品、在美术馆旁向洋人的募捐、与警察辩论和对观众讲演而并不是以美术的力量来引起了轰动。最后，他们终于在北海公园画舫斋争到了短期的一席展出之地。展览开始后，展室内几乎与北京上下班公共汽车中拥挤的情形相似，这也算是这一年中美术界之外的美术家们引起的、对中国美术界来说有轰动效应的头等大事。谁也不能否认，他们展出的作品中除了对逝去年代的不分青红皂白的强烈批判诅咒之外，也充满着对西方美术的不管好歹高下的模仿与渴求。这种狂热的勇气与新奇的激情鼓舞也蛊惑了许多人，连星星画会中不少的青年艺术家们也飘然起来。他们不知道，年头年尾的遥相呼应，从摄影术到现代西方绘画的尝试探索，正是这场觉悟所反映出来的最初的状态与必然途径。

但是，时代毕竟造就着时代的人，每年一回的三次《四月影展》，三次《星星画展》，在艺术探索上虽不能说是每况愈下，但随着热情的淡泊，随着越来越多的西方与古代原作的展出与观众心性的分化，渐渐也会有相形见绌的冷落与忘却，恐怕连他们自己也不愿再搞第四次了。但他们的展览带来的觉悟是不会被轻易淡忘的，我们很难说中国当今对现代艺术的追求探索之中，甚至开放改革国策的推广实行之中，没有沉积着他们的精灵。他们之中还有不少人至今仍在对人生与文化进行着孜孜不倦的深入追求，或往西方、或往民间、或隐或现、或成绩斐然、或……

相比之下，美术界对国画的探讨没有这么轰动，成名的画家们反而缩手缩脚起来。最初的展览多是在齐、黄、吴、任等人身上打主意，或者抬出在五十年代已成为定式定法的傅抱石先生等人。与"现代形式探索"的时髦背景相比，这些作品似乎再好也有点"不够味儿"。但是到了《星星画展》开幕之际，两个活人的国画展不得不使人刮目，两位老先生在文化革命中的变化告诉人们，任何禁锢也阻止不了人对文化的追求探索。他们是石鲁和崔子范。他们有着相似的追求及艺术经历，也有着各自形成的艺术面貌及创作道路。展览前言中说：他们都曾是革命队伍中的"齿轮和螺丝钉"。长期由于"革命工作的需要"而"并未专致于绘画创作"，也许这正使他们没沾染积习而有探索的可能。然而，十年对人对物的磨难之中，他们在筋骨之劳、体肤之困、心志之苦后似乎"增益其所不能"而有如"大彻大悟""大任斯人"之概。如今，石鲁先生英才薄命，令人扼腕，子范先生宝刀待磨，令人翘首。他们也许更能从容进退地代表着整个时代。

继后，如周韶华等人举行的《湖北十人国画展》之类的各种国画展已不胜枚举，如《南北十人山水画展》、《半截子美展》等都有一定的成就与影响。各省市地画院的作品中，也出现了一些佳作。不少老画家在艺术探索上显出惊人的勇气，如吴冠中、潘絜兹、张仃等先生们便是如此，他们相继都举办过个展并引起了激烈的讨论，他们对国画发展中有见地的创作与理论阐述，都产生了一定的回响。但更多的是一大批曾先后引起过不同程度关注的中年画家，例如王维宝、郭怡琮、彭培泉、王迎春、杨力舟、石呈虎、王晋元、张广、王子武、鲁风、张步、李世南、江文湛、霍春阳、卢沉、尚涛、范曾、王培东、张仁芝、郭石夫、张立辰、杨燕屏、王乃壮、李华生、杨延文、徐希、鲁慕迅、汤文选、康淑贞、赵秀焕、徐义生、姜宝林等等，他们或举办过个展联展，或成为各地画院美院晋京画展的主力或佼佼者而引人注目。他们都画得很好，由于各种原因，其中许多人的作品我未收入本集子之中或放在这套系列图书的其他范围中讨论。但他们在各自具有一定风貌的创作中都体现出了一种质疑与追求，那是对一种文化里某些固有形态的抛弃与某些高层次的历史遗存之企求。他们将这些追求用一种尚未成熟而变化着的形色表现成一种时代的骚动，指向由己及人的人生。不可否认的是，在这几年的光阴中，中国也向世界美术界敞开了大门，闻听未闻、见所未见的国外美术作品在半个世纪封锁后真真实实地展示在中国每一个画家和普通老百姓面前。它们着重冲击着国画那相对恒稳的材质与手法。加上那劫后之悟只能由器入道、由表及中、借人阅己、以术问理的必由规律，因此，这个时期国画探索的"创新"之途大致表现为三种倾向、一个模式。它们一是索法于西方，二是求助于俗艺，三是问路于祖先；总的模式则体现出重法重趣而轻理轻文。有一次刘占江兄征求我对一个联展的"中肯意见"时，我曾秉笔直书曰：小巧太多伤大道，常理不究误新法。这看法在当时并非是言不由衷的。然而，也许正是这样，这段时期的探索才超越了"什么画"或"画什么"的讨论而进入到"如何画"或"怎么画"的层次之中。这种停留于法、趣甚至触及到意的觉悟过程太长且磨人，但如果不冲破"法之所障"，直指"画是什么"，"我是什么"和"为什么画画"、"画怎样才好"的精义，一切法式必定会时过境迁，一切意趣也会与世推移，在当代社会之速率中尤其如此。于是，在不堪困扰之中，在难耐寂寞之下，有人具有"穷途末路"之感，这也成为一种必然，这些正是在国画发展淘汰过程中的各种"仁智之见"与"无力之吟"。

但问题并不如此，在"山重水复"的"疑无路"里，纵然不都是"柳暗花明又一村"，却难免不会出现"曲径通幽"的在所和"眼前无路想回头"的"反思"。到了"85、86新潮美术"以浩荡之势鼓吹着他们心目中的西方现代艺术时，那相对安宁的国画界中却杀出了两个死人来。他们是陈子庄（石壶）和黄秋园（大觉）。其实，早在八十年代初，石壶的作品便引起了一些人关注，但只有到了此时，他们才会引起社会的惊叹。黄秋园和陈子庄都在穷秋潦倒的凄惨一生中刚刚死去，他们所料定的啸傲千古便如此迅速地到来。他们的穷愁是自觉清醒的，是自信自强的，这并不同于一种无奈的将就，而是一种"穷到无边却自豪"的勇敢选择。几年之间，两个一无后台关系、二无丰功伟绩、三无地位名望、四无大起大落的平常死人，以自己一生的绘画探索震撼着神州大地。出版社争着为他们出画集，理论家给他们写传评，美术学院追认他们为教授，展览部门为他们办个展，大有趋之若鹜的势头。在他们的面前，有指斥谩诟，也有无言叹息，但更多地却是赞誉和思索。也许这些盛赞中隐藏着某种莫名的悔悟，也许这些指斥中包含着某种难言的嫉怨,但两个死人的"灵堂"能被如此多活人当成了"凄惶"来"借",这本身便也是一种奇妙的彻悟。

我不想过多评说黄秋园的不积不滞、园厚清新与亦苦亦悟、雄沉茂荣;我也不想论证陈子庄的灵秀疏淡而饱含激情与松脱雅致却充满生机。他们的确也还存在着自己的不足。在大文化与求生存的背景环境下,他们只能与同时代其他许多大画家一样,不可能从真正的"传统文化专业"的"文士"当中产生,正如张朋从蒙童教师中出现、崔子范与石鲁从行政干部中改行那样,黄秋园与陈子庄也只能从银行职员与画扇匠作那儿脱颖而出,完成了对绘画的探索与升华,其绘画中"文气"的欠缺当时有所见。他们更不可能从对世界同期的认识与文化交流中通过学习与吸取来改造创化,他们甚至在活着之际尚不能在中华大地上见到一幅这类绘画之原作。因而,他们那对绘画中传统语汇之偏颇也是一种必然。这与某些新探索中偏重于西方绘画语汇一样,同是一种时代之特色。他们那种看似"保守"的"陈旧",实则是一种勇气、一种见地。要知道,能在一个举国若狂的摧毁文化、残暴人生的浪潮中数十年以至一生地去"保守"住人人都知道的一种文化精髓,要保守住这种精髓所展示的个个都看得到且要"批臭砸烂"尚不肯善罢甘休的那种"陈旧"形态,坚信它的意义和价值,体味它的道理与精神,这对于一个活生生的具七情六欲之生命,对于一个实在在的有父母妻儿之社会个体,无大勇大智大忠大义是办不到的。况且,这还有别于瞬间冲动的激情,这是一种难于"千刀万剐"似的牺牲,是将生命当成墨来磨、当成烛来烧的献身。能坐在荡荡乾坤中看热闹的家伙们只能凭他们的眼界心地随口封他们为"活古人"与"活死人",我震惊而感安慰的也正是这个"活"字,如同对某些人指斥的"假洋人"中的"假"字那样。没有这些"活古人"与"假洋人"的探索,哪来后世人眼中的"真古人"与外国人眼中的"真洋人"!我又想起了臧克家先生的诗句:"有的人活着,他已经死了;有的人死了,他还活着。"这个"活"不就是生命吗?"古人"、"死人"在我看来,正是他们宁静、淡泊之态的一种称赞,正是"置之死地而后生"的一种手段,只要"活",便是艺术生命之价值。

不能不说对这两位死人的推崇标志着一种觉悟的转折，它们在文化上象征着已由纬入经地产生了总体的新的自觉，在绘画中促进了由表及里的自我气质的发掘。一切觉悟的终极都必指向人生并作用于自己，文化的觉悟也是如此。如今，它们以文化浩劫后的特有形式在整个中国社会中普遍挣扎出来：美元与古董的升值，霹雳舞与武术的泛滥，流行歌曲与特异功能的风靡，科学与气功的合流，利润效率的追求与太极八卦的学说的并重，弗洛伊德与麻衣相法的兴趣，如此如此，在美术上才会映衬出对西方手法的偏挚摹仿与对中国民俗工艺的狂热搜求，对穷途末路的诅咒与对石涛八大的吹捧。我们可以指斥这些东西的参差不齐与普遍低下，但它们却是一种沉重苦难的真诚自省，是一种探求中的迷茫，清醒后的失落，狂乱里的挚爱，宁静下的深刻。这种觉悟必将在各个领域、各个层次上幻化成两种模式：

开放与改革。

开放与改革谈何容易，要在比较中肯定自己甚至比否定自己更难。但是，中华哲学中赖以立本的关系判断，正是靠了辩证的比较科学；现代科学所提倡的基本方法，也正是重分析中多项类比原则。不作纵横之观，哪来经纬之则；不通晓古今中外，哪知道什么是非曲直；不了解不同的空间和时间之情形，妄谈什么"开放改革"！也许我们都还保留着那种被批判成"崇洋媚外"与"厚古薄今"的"余悸"，也许别人还有那种"一朝被蛇咬，十年怕井绳"的偏挚。但终于有人以他们的"笃行"，叩开了"崇洋"与"厚古"的禁区。

崇洋为什么一定媚外，厚古也并非一定会薄今。在"狄夷之有君，不如诸夏之亡也"的时代，"崇洋"则更能"固本"；在"人心焦离"之际，"薄今"又岂止是叹息"世风不古"这一种形式呢！《易》之先圣们尚且懂得用"君子以自强不息"之道来应和"天行健"之律，难道我们只能坐着怪天怪地怪古人怪洋人怪历史怪文化，让人别有用心地将莫须有的"媚外"、"非今"之罪枷套在我们头上永不悔悟而驻足不前。

大悟才通大道，当中国绘画在劫后大悟之中重视着洋人古人之际，我们对当今自己的发现才会成为可能的现实。于是，我们应当注意我们自己的本原。

## 二 地造天设

> 山上有棵小树
> 山下有棵大树，
> 我不知道，我不知道，
> 哪个更大，哪个更高……
> ——《雪城》主题歌词

那么，远在中华文明尚没有创造出中国画之前，地造天设了一些怎样的中国人呢？这个想来可笑的问题其实未必可笑，在人与文化同步相互创化过程中，我们常常弄不清楚的却是我们自身。

如今，已经到了"省市忙出国"的当儿，五大洲四大洋的"老外"也早不是"星外来客"，日本电视冰箱与美国果珍可乐已进入乡镇百姓们的家庭。但是我们仍然常常搞不清楚最平常而普通的道理，我们常常爱将那些根本错误的认识结论当作"公理"，并由此作出对整个世界的错误推断来，致使许多荒唐得可以的认识及理论颇有市场。比如说：中国封建社会几千年的超稳定结构是因为它腐朽；中国文化能迁延数千年是因为它的教育制度教育方法既落后保守又不科学；中国文字用了七千年并写成了世界上最多的文献是因为它们难学难用。在这里，腐朽成了超稳定结构的缘由，不懂教育成了文化迁延的科学方法，不好用成了长期使用的道理，还有什么理论比这些更荒谬绝伦，更不管青红皂白。对于我们那些作古而开不了口的祖先，他们英武的开拓、舍身的探索、精研博览且身体力行的成就，在这种流习之下成了我们现在所诅咒的万恶之源。真不了解什么是因为所以。因而，在这种影响下，我们在谈到中华文明之前，我们难免不会搬出那些所谓现代文明的标尺来量我们自己，在谈论我们的先人时，也常常以为他们与希腊罗马是同一个祖宗，中国人也与耶和华和肋骨或者是机器和猿猴有关，便又是一个错误的公理。

黄皮肤、黑头发黑眼睛的龙的传人，当然不是唯一的对中国人的描述。我们已无从解说黄皮肤、黑头发、黑眼睛之谜，也许可以将它们看成是黄色大地与玄色天空的适从或认同选择，但从"龙的传人"之说中，我们可以追溯出中华原始农业文明的本质。那么，在肤发之躯与目精之神里，农业文化又给中华民族带来了哪些地造天设的有别于其他种族的人的特征呢？

现有的史料不难证明：中华民族是一个以素食为主的，从以采集经济为主而进入农业经济的原始种族。这样的原始生存方式，造就出从本质上有别于西方文明中那些以狩猎活动为主而进入农牧社会的原始种族。一般来讲，最初的意识活动与感觉模式直接相关，对于原始人类来讲，其基本感觉模式的形成又与原始种群的生存方式紧密相连。因而，在原始生存那些最基本的必要活动中，人的基本感官对生存活动的适从，创化出了最初的不同感觉与不同认识。

举与绘画关系最密切的视觉为例来讨论。在原始狩猎活动中，远处动物的发现、追踪、瞄准是最主要的视过程，这一系列视活动造就出单眼水平追踪的主要视方式，造就了瞬时对方位、距离、外形的判断能力，造就出愿意将活物当成死物来把握的"觉"之心理愿望。视对象的运动，迫使视主体选择自身不动的姿态，形成固定的，整个移动的不变视角，因而，其整个视形象多偏重于创造一种假设的单眼平面视场，其结果多偏重于瞬间表面形态的接受，以利于作出准确的瞬时空间位置之把握而射杀猎物。而在捕杀之后的剖割、分获等活动又造就出对物的剖析、对量的判定，对各个具体部位的把握认识等能力，它们又反过来促进了重视实体、重视个体、重视量度、重视分割、重视量比等等种群视判断习惯的强化，这些综合起来影响了视觉模式的形成，造就出一种最初由视觉模式导致的文化判断，成为这类视行为必然依从的数理哲学产生的最初根源。

而在原始采集活动中，对近旁的静物之观察、比较、选择是基本的视过程，他们选择了双眼上下地反复打量的视方式，造就出了由表及里的判别，并愿意将物当成自身来体察的能力与愿望。视对象的恒常，容许视主体自身的推移，更易于造成长时间对性质、特征的比较，甚至容许从容地用以往的经验来进行推断、预测，容许触摸、掰弄、尝试等其他感觉方式对视觉的涉及参与，容许不同的视主体在视过程中作出的不同之结合，其视结果偏重于对象形色质所具有的观念特征之判定，以利于作出有效的长期经历下的较优抉择。而在采取的分选、储藏、种植活动中又造就了对类的把握、对性的比较、对总体外观状貌与实际质能关系的推断等一系列能力的重视，它们导致了重观念、重关系、重表象性状等视判断之心理趋向，使得种群的经历、经验在视判断中有举足轻重的作用，使得特殊的表象类型所归纳出来的理念解说或类型符号容易成为这种判断的依据。因而，这样的视方式更能接受史文哲学的引导并促使史文哲学的极早发生。

渐渐地，这两种不同的原始生存方式导致出本质不同的视觉模式，造就了原始文化中最本质的差异。我们不难从后来文化履迹中发现多得不可胜数的这两种视模式造就的一脉相承的不同表现，以及它们各自形成的文化解释。例如：在从狩猎转入农牧的欧洲文明中，那些神灵们通常都是一只眼的"独眼巨人"或"荷兰鬼"；而在从采集转入农牧的中华文明中，神灵们便常常是多目的，或者是多了一只"法眼"、"天目"的祖师，或者是千眼千手的观音，甚至是以乳为目或手中长眼的天神。又例如在建筑物单体正立面形状上、在绘画通常选择的画幅平面上，欧洲文化均选择了单眼视场所定夺的矩形平面，并以数量规定附会出所谓的"黄金分割"来；而中华文明则选取了双眼视场所把握的矩形平面，并从曲折转折中派生出安排心象模式的"如意形状"来。还有在色彩的认识使用中，西方文化更重视色彩的实体属性，多用复色与混合色，于色相色度上都强调瞬时捕捉的感觉，直到物理分光仪发明之后才揭示出红、黄、蓝之"三色原理"；而中华文明却更重视色彩类比的观念属性，在敷彩中重视其"随类"的作用，强调单色、原色的纯正与色相色度的饱和，以利其明确的标志作用及对比中的判定，因而极早提出了从黑到白的"五色原理"。甚至在文字的书写上，西方自然地采取了捕获猎物时右眼瞄准中那种最易把握的从左至右的横向书写方式；而中国却选择了判断区分自然界中最常见的对称物体之"上下打量"式的直行书写方式。这类例子无一不映射出原始视觉模式的印痕。

因此，进一步来看，长期形成的视模式造就了不同侧重的"见地"与不同范畴的"眼界"。极而言之，瞬间单眼平面视觉更重"感"而理想多眼空间视觉更重"觉"；前者强调"视"而后者强调"见"，前者所"感"的是瞬时之"状貌"；后者要"觉"的是长期视经验所反复验证的表象与实质之"关联"。前者所"视"的是特定具体时空中具体对象的特定角度之"实象"；后者所重的"见"则是长期经历中所形成的那些较恒稳的"心相"与对象观念之间的"异同"。前者所"把握"的通常是实际存在的"瞬间个体"或具体出现的"典型个体"之"一面观"；后者所"析别"的则更多体现出视对象那种"名存实亡"的类别特征或上升成为视主体种群认识的"观念形象"的"面面观"。一重"师目"，一重"师心"；一所见皆属"实体"，一所见半为"意表"；一认定实物之特定属性，一游移名实关系往复之符号。于是，出现了不同的视心态，于是，有了不同目光的人，有了不同见识的理。这当然不是那种生物个体中所谓"人同此心，心同此理"的"理"，而只能是那种文化群落认可的"仁者见仁，智者见智"的"理"。

　　除了视觉之外，其他各种感知方式亦莫不如是。这些不同感觉模式造成的差异顽固地沉积在一切文化之中，使得不同文化中那些声、色、气、行都显示出独有的特征。再举一些有趣的例子：西方人在化妆时特别重视鼻子的处理，"不要鼻子"以及直译成"船鼻子（船头）"等语言也说明了"鼻子"的文化作用；而中国人却在化妆时重视面颊，并在"不要面子"、"容貌"、"容颜"这些词汇中突出了"容"和"面"的文化特征。其实，这也正是那种狩猎活动中嗅器官受重视与选择活动中表面形象受重视以及贮存中容器受重视等原始状态下某些感觉特征的文化迁延。这类论述还可以写许许多多，我已在另一本《文化与视觉模式》的专著中详细论证它们。总之，各种不同的感觉模式与原始生存活动方式相互强化，派生出不同体系的原始文化。这是以往学者所未曾重视与论及的，也是我们今天的认识所不容忽视的。

　　进一步来看，原始文化中造就的认识方式的差异与人的气质秉性差异也不无关联。在狩猎为主要生活方式的原始种族中，流血的杀戮、猎获的实用、食物的易腐造成的不能贮存、生命的突然死亡和实在的及时享受，造就了那种在弱肉强食中对武器的依赖、对体魄的追求与对生命的崇拜。他们是现实的极端功利者，他们这种崇拜与依赖的表达方式，往往更多体现在具体形式的实物或偶像的直接感受之中，他们的联想多与现实生命的存在、产生与活动有关。他们对自然的变化比较冷漠，对自身的情绪比较难于把握，往往处于静和动、生和死的极端状态。这样，其原始信仰就易于以生殖崇拜、图腾崇拜、偶像崇拜等实体崇拜方式表达出来；其巫术与宗教仪式也多是如成丁礼、出猎礼等与生命获得有关的活动，并且多以装扮成实体的模拟活动来表达。这一切当然成为后来文明的基石，如果我们仔细思考一下后来欧洲文明中美术活动中那些最基本的核心理论，如写实理论、空间透视理论、人体语汇理论等等，其本质的文化内涵正是与这些方面的认识方式相吻合的。而以采集为主的原始种族则不然。他们与自然的关系密切而融洽，他们没有极大收获的喜悦，也很少有突然死亡的危险；缺少与其他动物的激烈搏斗，也很少能随心所欲地攫取。他们必须以平和的心境来等待植物漫长的生长周期，不热衷于暂时的享乐；他们也很少长期挨饿，因为他们懂得贮存。他们从对自然的依赖中产生了对自然规律的认识和联想，因而更多地崇拜自然并产生对自然的集团的和谐适应。而且，这些崇拜往往反映成我化的精神状态，将观念与联想、情感联系起来。这样，使得他们颇具一种宽容的忍耐性格及心理状态，群体的运动把握及认识方式。他们对自然的变化较为敏感，自身的情绪也较为缓和，常常处于较少变化的微小波动状态中。他们的原始信仰更偏重于以自然崇拜、气象崇拜、环境崇拜来表达，并易于将崇拜方式与自然律统一成一种集团的思维模式，形成了众多与节气、时令、气候、水土、风水有关的习俗活动、迷信观念、自然精灵等，并通过有关的祭祀、祝祷、纪念、敬仰等仪式来实施。后来中华文化的基本特征以至中国美术中的基础理论，其渊源自然也不外乎如此。

更必须指出的是，在全世界所有已知的史前文明中，只有中华文明发生在两条与地球自转方向完全相同流向的河流之间，它们在北半球温带中形成四季分明的与气候带相吻合的恒稳区域，这是世界上唯一的与太阳在天空运行走向相同的古文明区域。于是，在这个区域中产生了相同的天地时令，有着大同小异的天象地理，易于产生一种趋同认识的倾向。中华民族便孕育在这样特殊的环境之中。采集经济在四季分明的同一天地中必须一张一弛、有劳有逸、春种秋收、昼作夜伏，这样的种族中个体的渺小远不是狩猎部族中强壮的能主宰生命的个体可比拟的，但他们那坚韧的种群生命却在趋同的天地之间与自然规律统一协调成一种联络纽带，产生出一种举世无双的群体生命节律，他们那同一的生命方式在一致的天地之间造就出一致的对物与我认识的振荡。于是，这样的种族心态在趋同的天时地利中相互结合，互相促进而创化出极顽强的特殊文明基石，造就了一种最能与自然相适应、最重视自身精神活动的远古文化，使得他们那群体的坚韧顽强为任何种族所不及。人在地造天设的混沌中以相互协调的方式，变成了阴阳、气血、风水、神形等诸多统一的一统观念，形成了从人的经历中来又作用于人的经历之认识过程，完善而肯定了地造天设的器官与心态，创立了民族文化的"至理"，"人和"于"天时地利"之同一中而与天地永存。

深究下去，一定的"理"都是文化前提中不同的"识"所造就的结果，一切"理"的选择都是文化的"人"的选择。这在人类后来的文明中更明显而充分地展示出来，中国绘画当然更不例外。

## 三 选文择画

一道三划　大卦乾坤双无语
万象千形　小技物我两相辉
——自撰题画联

至今的研究者们，往往从绘画的存在形态出发而去归纳出文人画的源流特征，但究其至理而言，中国绘画中特有的中国"文"性与中国"人"性那些根本的属性，恐怕确实与天设地造的中华民族大有"与生俱来"之概。

由于中庸性的群体性认识特征，由于统一性的一统性宇宙观念，每个个体实则又在自我的认识之中包含着更多总体文化的全面基因，每种认识的结果实则又在物象的识志中展现出更多与文化性相关的特征。在打制"第一件"石器的一击中,那一"点"印痕所受到的关注已明确地表示出中国人的主体意识。古汉字中的"主"字,便是这样的一"点"。汉语词汇中"点拨"、"点化"、"点透"、"点评"、"点判",以至于"点心"、"钟点"等等常用的词汇,也曲折地透露出中华文化对这种人类第一次"撞击"而创造出来的"有意味的形式"所具有的文化性符号特征与其中的文化热情。并且也显示出,即使在最初的认识活动中,中华民族也从未暂时地将主体搁置或将理性忽视的文化特征。到了磨制石器时所留下的那一道印痕里,已被汉语直称为"一画"或者"一道",它真正地产生了颇有哲学意味的含义,成了中华文化的根本始祖。

科学研究已经证明,虽然一些灵长类动物也可以水平挥动双手在地上或物体表面上有意地涂出水平或倾斜的纹路,但只有人类才能有意识地在平面或物体表面上描出或画出一条竖的"道道"来。无独有偶,汉语将竖道称之为"经",而将横道称之为"纬",经纬相称不但可以造就出"文质彬彬"的总体认识,而且,纵横交错的道道,也正是汉语中"理"字的最初含义。从中我们不难体味,这一笔一画如何将人类最初的理念变成了另一种更重要的"有意味的形式"。而这种形式本身又如何以其特有的文化性特征将原始的蒙昧划到了中华民族的身后,进而构筑成一种文明之"道"来。

中国人将有别于蒙昧之举称之为"文明"是饶有兴味的。它正是天设地造的心性在认识过程中对自己认识的"道理"的顽强阐述与形式表征。重总体、重关系、重过程的感觉方式一旦化成为一种普遍的认识特征被运用在人的经历之总结时,人们便极易注意到形象(感受到的与创造出的)与反映心态、反映认识结论的某种必然联系,人们便会利用记录形象的符号去演释论证"象"后的规律。来自原始采集活动中由选择所造就的"类归"方式与"种群"性认识特征使中华先民没有注重"数"而重视了"文",他们没有坚持以"数"量"物"的做法而选取了以"文"志"象"的原则。当全世界的文明都在使用石器时,中华文明却更重视了石中之纹,以"纹"来判断对石头的预测,选择出有特殊"纹"的石头,并赋予其文化特征,于是出现了中华文明中特有的"石之美者"——玉。当玉的纹样以审美等特有的文化方式积淀并影响到人类的思维时,那么,

"纹"的本身便具有了强大的文化能动作用，于是，人们在龟甲兽骨上砸出或烧炸的裂痕也会被当成一种纹样，成为一种演释、注释和推断的理念符号，渐渐地，那种有排布规律或交错结构的定型"纹"样——"爻"也会出现。至今，我们所谓的"道"、"理"，不仍是指的中华民族所选择的理念符号中那些定型化的"纹路"特征吗。于是，我们应当联想起以一道一道之"纹"排列而成的"卦象"，我们应当联想起一道一道之"划"构架而成的"文字"；于是，我们还应当联想起蚕的驯养，纸的发明、印刷术的创造，我们从中找得到一条重视"文"，记录"文"，处理"文"的线索。

　　中华的"文"反映的是一种"象"，就本质意义上讲，是人们对"象"的记录、断定、演释、推测，也就是人们对世界的能动把握。汉字是狭义的"纹"，是最单纯、最本质的"纹之元素"以规范构成而造就的"视象"，是记录认识结果的平面书写理念符号。从"仰观天象、俯察地物、近睹鸟兽之迹"的过程中，从"四个眼睛"的仓颉那里，我们看到的也正是"多眼空间视场"对"性状经历判断"的方式；那直书的习惯，还保留着上下打量的目光；那"六义"的精粹，还体现着全方位选择比较的精神。将汉字称之为"象形"字，远不如将其称之为形"象"纹，是按一种民族文化的准则，用纹去形容"象"的记志符号。从这个角度出发，中国画又是一种广义的"字"。从远古对"纹"的重视中，使蒙昧的人找到了以"文"而"明"之举。于是，追求表象中的"文"，重视以"文"布置表象，便成了文明前进之途。于天则有"天文"，于地则有"地理"，那彩陶上千变万化的"纹"样，那青铜上"使民知神奸"的"铸鼎象物"，那夏礼周礼中有关纹饰形色的典章制度，直至孔老夫子那"郁郁乎文哉，吾从周"的感叹，也应当是一脉相承的"文章千古事"的思想写照。那么，这些"纹饰"又何尝不是一种"纹彰"呢！从这点来看，书画同源的提法也是千真万确的。

　　"文"的创造、掌握和使用，促进了人的变化，中国人有了自己认识过去未来的特有结论，于是，许多相同的对象之表象便具有了更强的文化色彩，使得不同文化中的人的差别更有甚于其他方面的一切差别。当"葛天氏执牛尾而舞"时，西方人总认为他是在跳着一种巫婆似的舞蹈。但从中华文明的发展来看，我想这神话应当是中华先民执着可画纹样的、类似后来毛笔那样的东西来挥舞着记录人类认识的情形之写照，是关于原始的"舞文弄墨"的神话。图画的画字，在甲骨文中正是表示成一只执笔（也许正是一支干后的畜尾）的手在画道道（ ）。因此，中国绘画中与"文"相通的秉性又怎么会被人所忽视呢？从远古的时候开始，一切形象的描绘都带上了理念的色彩，一切理念的记录，又都离不开形象所诱发的感觉模式的制约，它们统一在笔画纹路之中，状物如此，志识如此，图理也如此。虽然后来的文明使它们分化成不同侧重的门类与不同范畴的各个层次，产生了诸如卦象、文字、纹样、绘画、图符等不同的"文"，但其为"文"之理当是"其道一以贯之"的。其中被作为文化表率的书画之道更是如此。中国的字是"看"的，中国画是"看"的，中国的道也有许多"看"的成分，不然，就不会有"问道于盲"的成语，长期以来，中国人在选文择化中看到了书画中的道，这不但使这些艺文门类产生了升华，也使中国的道产生了升华。那么，我们又如何能用西方文化的道理，来对国画作削足适履之解呢？

举例来看，对于国画中"石分三面、墨分五色"的理论，现代的斤斤于法、汲汲于物的理论家们多以"三大面、五大调"释之，或作"左、中、右"与"干、湿、浓、淡、焦"之注释，其实，所谓"三面"、"五色"是中国文化中极通俗的词汇，在绘画进入了高度自觉之后，形、色独立成一种唤起感觉的符号，成为反映主体观念，实现主体自我的工具。这时，文人画中出现"石分三面，墨分五色"理论，正是指石头作为题材不但在画中要有"阴阳"（实是万物之相）二面，而且还要"别开生面"，达到超平面、超时空之境界；墨也会作为"青黄赤白黑"这五彩（实是万物之色）之符号而展现出万方色相来。如果我们误会了中国形色之文化观念，那不误人子弟、误己眼界吗！其实，许多当前的绘画理论，诸如以"象形变形"取代"造象"理论，以"线点面"理论偷换"笔墨纸"理论等等，多有相类之悖理，那么，又何敢对"文人画"有更新的理解呢。

正为其如此，"新文人画"的提出才是一种必须。中国画从发生之日起就被选择成一种文化的表率、人生之寄托，"文人画"的出现就必然是中国画发展的高层次形态，是中国画精神的理想归宿。就绘画而论，有人认为"文人画"就是指文人士大夫阶层的绘画；有人认为"文人画"甚至"国画"就该指水墨大写意画；也有人认为"文人画"应当是指文化人中的非专业性绘画；还有人认为"文人画"即是所谓的"逸品"绘画。从理论研究来看，有些人从绘画题材中对象征性、寓意性与恒稳性的强调来论述"文人画"；有些人从绘画手法的随意性、书写性、偶然性来讨论"文人画"；也有些人从绘画功能的自愉性、游戏性、悦情性来限定"文人画"；还有人从绘画风格的闲适性、放达性、疏淡性来认识"文人画"。尽管见仁见智，众说纷纭，但一般都指出"文人画"在中国绘画发展中举足轻重的地位及作用，并且通常将它们与"宫廷绘画"、"匠作绘画"、"民间绘画"等作为不同的类比范畴而进行研究和比较。多数学者承认，"文人画"是中国绘画中特有的现象，它们在不同的发展阶段甚至在同一发展阶段的不同区域、不同画家之中都有不同的面貌，但从总体上来讲，它们更重视艺术语言的特殊性与艺术形式的个性，重视绘画作为文化修养品格陶冶方面的更高层次要求，重视对艺术规律性认识的进一步揭示与对绘画语言的进一步发掘。相对而言，它们不斤斤计较于已有的技巧趣味；不强调一般意义上的形色、尺度、比例相似等状物特征，不过多沿用固有的法式甚至鄙薄巧、作、技、能、拘、泥而重在重新寻找和体现艺术表达的文化精神，展示特定时代艺术对人生文化本质的抚慰包容。因而，我们很难将"文人画"看成某种特定风格或流派的产物，也很难说出它们代表着某类作者或某些作品所表达出来的那些具体艺术追求。它们实质上是一种文化的诸多基因在一定时代的认识条件下所表现出来的在绘画艺术上的继承，是一种民族绘画语言中那些较高层次的与较有个性的对文化理解与认识结论在不同时代中的发展与阐述。传统"文人画"中的这些文化精神、民族精神、进取精神与时代精神，长期以来在反文化的衰微国运中被歪曲、被误解、被批判、被践踏，这些不但造成了文化的空前低俗，也导致了国家民族的厄运，否则，我们还不至于在世界上成了众目所侧的"大陆仔"，也不至于在国内只能倡导"谢谢、对不起"等"四句话"的"文明教育"。

正因为"文人画"具有强烈的"文"、"人"与"画"的民族特征，因而，它广泛包容了民族文化中最基础的形态所反映的那些特征，又集中体现了民族文化中最精华的思想所追求的那些希望。它们以此与社会建立最广泛的交融而又极独立地强调着自身，以"孤芳共赏"而实现了积极的文化作用，只要注意一下扬州盐商们如何重视"八怪"的作品和清代民间青花瓷器中如何广泛接受"八大"的笔法形制，就不难明白"文人画"的进步作用。在中国绘画史中，一般将宋元之际当成"文人画"之时代。当然，仅从相对于"民间绘画"、"工匠绘画"等范畴而言，"文人画"出现最晚，它不但有待于绘画艺术本身的自觉，还必须有赖于绘画对文化的广泛造就。也就是说，它必须有赖于"文士"阶层的产生以及他们对绘画的参与、改造，有赖于社会对这种文士阶层审美趣味的认可与崇尚。因而，一般至多将"文人画"的发生追溯到"文士阶层"独立与"卷轴画独立"的魏晋之际也是无可非议的。但是，也正因为"文人画"是中国绘画发展的高级形态，它的实践和理论都集中体现了中华文化中对绘画规律甚至是艺术规律的深入揭示，并且反过来影响着中华民族的其他艺术门类、哲学以至民族的心性与人生。所以，实际上从更远古开始的那些基础绘画实践与理论中，便已经蕴含着后来"文人画"的基本精神，战国至秦汉的"解衣盘薄"、"君形"、"谨毛失貌"理论，实际上已反映出一种艺术创作与艺术形式的独特认识；魏晋的"得意忘形"、"传神悟对"理论几乎可说是奠定了后来"文人画"理论的骨骸；唐至五代的"心源"说、"写真"说，也给后来"文人画"理论框架增添了砖石；宋元开始，相继提出的"不以形似"、"求无人态"、"胸有成竹"、"写生写气""逸笔草草"、"书画同源"等理论与绘画要求，使绘画实践与理论精道完善起来，在宋画的精致之后，元画的"写意"被一致肯定为"文人画"脱颖而出的标志。以至明清以来的大画家们，无一不以"直溯元人胸臆"为准则，后来的董其昌、沈周、徐渭、恽寿平、八大、石涛、吴昌硕等许多画家，虽各有自身风格与时代特征，但无一不重视文化修养，无一不重视人品道德，无一不重视绘画语言，这正是"文人画"的基本特征。相继提出的"读万卷书、行万里路"、"人品高画品亦高"、"笔墨当随时代"、"胸无成竹"、"法无定法"、"师心为上"、"文章第一"等理论，成了"文人画"最本质的理论核心。这些，也正是中国画与中华艺术精神的核心。因而，从总体上讲："文人画"在绘画观念上强调的主体自觉、主体升华，将主、客体统一在"文"的观念与要求中，使得绘画的文化性特征上升到前所未有的地步，恒稳地保持了绘画的文化面貌，突出了绘画对人生的造就与抚慰。这是迄今为止对绘画观念的最高认识与开拓，也是"中国画"被作为以"国家"（实则是文化区域）命名的唯一画种之原因。"文人画"在绘画语言上强调时代特征、独创性、重视语汇所揭示的艺术规律、文化面貌与个性特点，轻视现成法式而重在特定时代文化个性理念、意趣之独特表达。在个性的偶然中遵循着文化发展之必然，讲究"无法之法"与"自有我法"，于艺术语言的纯化上颇下工夫，显示出创作个体那种看似容易而要求极高的秉性、人格、才情、手法来。并能融汇民族文化中其他艺术或造型艺术中其他门类之精神特长，最大限度地寻求表现的手法，达到"兼容并茂、以少胜多"的境界。这些直至今日，仍是人类对绘画语言探索的最高认识。

可惜的是，作为艺术精神载体和作为造就文化性个体手段的"文人画"，其上述本质特征在特定的历史变革条件下被忽略，被歪曲，急功近利的政客们又对绘画的非文化性功能太强调、太注目。"文人画"便在国运衰微之际与政治风云突变中屡屡被当成首当其冲的替罪羔羊。辛亥鼎革，"一旦科举废，妄读十年书"，作为政治机构成员后备队的极广大的高文化阶层，中国特有的"文士"阶层遭至灭顶之变，发生了至魏晋以来"文人学士"最大的"集团失落"。"五四"那实质性的"文化革命"以及随后的各种动荡变幻，只能使"文化"在每况愈下越来越远离文化的精神本质而屈从于社会功利，"文人画"成了一种罪孽。这些在本质上与后来所批判的"建筑工程师不会盖猪圈"、"学机械的不懂开车床"等等源于一辙。夸大的社会直接功利负荷更导致了国画对文化性人生造就作用之加倍无能，一次次文化革命中民族自身文化的羸弱又使得我们只能作出低能低层选择，于是，在近数十年的闭关自守中，无论是民族文化与世界文化，都只能作"日以待毙"之挣扎或东张西望之惶惑。到了五十年代，山水画、花鸟画已公开成了众矢之的，许多国画家只好改行画连环画，不愿改的李苦禅等老先生只能到食堂去卖饭票或闲居。1957年花鸟画家只好画弹弓铁笼麻雀老鼠来表现"除四害"成果；山水画家只能画红旗飘扬的人如蚁蛭的"山村炼钢"。

德高望重的老画家潘天寿先生也不得不画"小篷船，装粪来"的"跃进即景"。然而绘画毕竟打不出粮食。当然，后来便又会有人出来断言国画不能作用于"生产斗争、阶级斗争与科学实验"的实践，实在该枪毙了。但我总想，好在国画和文化毕竟不同于个体的生命，它们不但有着优秀文化个体那种生命停止、思想长存的能耐，而且它们的生命远比想枪毙和枪毙过它们的那些人命长，它们继续生存发展是必然的。不然，秦始皇烧掉的书就不会流传至今并要永远流传下去；不然，韩愈那"蚍蜉撼大树，可笑不自量"的箴言就等于白说而不会流传至今，并要永远流传下去。

我曾在五十年代末的农村中亲见一个被强迫在"密植试验田"中撒种的朴质农民边撒种边仰天大哭道："老天爷呀！原谅我糟蹋粮食呀！你要雷劈火烧可要认准人呀！"现在，这个农民还活着而且成了孵化专业万元户。他说起这件事还深深自责而苦痛。我不敢断言，我们的"知识分子"们当时或现在是否曾有过这种暗自害怕"天谴地责"之情，但我觉得，这种自责正是一种自觉的"忧患意识"，是一种顺应自然规律的文化之情，也是一种不负"天设地造"的民族之情。如果我们的"文人"们连这点"天地良心"都丧失将尽，还画什么画，还论什么文，还谈什么新，还做什么人！然而可喜的正是：文人画选择的就是这样一种从"天地良心"中以"文"化"画"的路。如今，更多画家们无畏地走上了这条艰难之途。他们之中许多人我并不认识，但我知道他们绘画中所反映出来的各自不同探索：李少文在闹市中闭门悟道、调息认性；卢辅圣在纷琐繁忙之余抽丝理线、炼己熔外；陈大龙躲在远郊一隅深居简出、运笔磨墨；刘克训流寓塞外挥毫图理、运气修文；董欣宾行色匆匆之中修灵促敏、省视返听；王镛由运笔而透画理；龙瑞从察肌理而求表征；贾又福在融众法中而守一画；了卢在作一画中识禅机；还有陈玉圃、王孟奇、周华君、季酉辰等越来越多的"不惑"之辈中，已开始自觉地认定这条道路，获取着这种精神，颇多地重视了文化之气质。

更有那宝刀不老的陆俨少、朱纪瞻等老先生们，他们在人生苦海之中沉浮如是、进退亦如是，凭其学、识、历、性在有生之涯作无尽的别有意义的自觉探索，于"笔"之造就、于"色"之摆布均有傲视古人之处。他们将一种民族文化的精神注释在自己的笔画之中，将一种时代的理念化成了审美形态独树在自己的色泽之内，这对当代国画中"文气"的解说，当是有一定代表性的"一家之言"。更使人欣慰的是，转瞬之际，更新的、更年轻一代的画家们在自己的受想行识中将对中华文化的当代认识与探索当作己任，他们有了更广泛的知欲与更全面的行为，他们的作品更具有一种明显而清醒的文化追求与精神表征。朱新建、陈平、陈向迅、赵卫、边平山、徐乐乐、闵学林、李学明、卢禹舜等等画家，在寻找国画的当代语汇和个人语汇方面都作出了一定的努力。以朱新建为例，他把那种从时代新潮文学与美术运动中所获得的感受与自己的禀赋、天分融汇起来，自信地向明、清以降以至更远古的中华民间俗文化展开了全面求索，从这些以往罕为人注重的市井俗气中吸取全部文化精神，并将我们时代对俗习重视与文化低落而造就的那些审美趣味与之结合，引导到民族文化的精髓之中。他对"学究气"的鄙薄与对"脂粉气"的默许，只不过是对穷酸迂腐、轻薄浮华的"假文人气"的深恶与对质朴真率、大笑大哭的俗文化中那种"真情真性"的肯定，是从"文化气"的角度对"俗气"的升华。他不是一般地搜求模仿，而是用自己全部身心与特有才能去全面深入地对中国俗文化的各个领域作了一次前所未有的"会心"探求。那些只看到"性解放"色彩的鉴赏者们与那些只注重"小脚女人"的评论家们是不知道他的苦涩的，他的执着的苦涩正是他对自己整个身心与他所处的整个时代的一种深刻剖析后的唯一选择。他是成功的，他寻找到了源于民间剪刻中的劲利笔法，正是对"硬笔书法"影响下的潜移默化与对毛笔书法普遍失落后的一种照应；他那颇有民间粗鄙色彩的题材、布局、造型与色彩都从当代审美特征中化出而又有文采、有一种深刻的审视精神。他的字、文、印，以至他的气息都是在精研而步入化境中信手拈来。我虽与他无半面之谋，却常常会为他的作品所感动得"哭之笑之"起来。以往的"文人画家"们，或许也有过类似的猎奇，但我尚未见到一个过去的画家，在对中国俗文化的"文化性"追求上达到过如此的成功。其他的许多青年画家们，也多能从自身的选择出发，较自觉地开始了更深入地悟性追求，他们在许多方面对中华文化的全面重视已在画外能渐被感知。他们那些纵然有许多明显"出处"或"程式化"形式的作品，也越来越多地被当代人士所接受、所看重，他们初步形成的"路数"也渐渐受到理论界的肯定和称颂。也许，将这些统称之为"新文人画"只是一种当代符号对他们那种探索内涵的表白。但"新文人画"的提出，也是为了对他们那种艺术上高层次探索的肯定，对那种传统"文人画"在当代体现方式尝试的赞同，对那种将民族绘画作为当代文化的一种载体的特殊形态之找寻的称道。这些当然是现代文化在艺术上的一种反映，它们是国画探索的重要组成部分，它本身也正是一种"现代化"的历程。

在老一代的文化人中，在许多老干部中，对于已有历史定论的高格调艺术式样也越来越多地受到喜爱，这绝不是能以"附庸风雅"的观点去概括的，而即使是"附庸风雅"的本身，也比"侮辱斯文"要强得多。更何况有许多在各自领域中卓有成就的学者专家，以其自身的学识禀赋，在对国画的兼爱中创作了不少作品，构成了对当代国画认识的一个侧面。例如著名红学家冯其庸先生，著名导演凌子风先生，著名肝科中医关幼波教授，原子光学工程师陈维，其书画造诣均不薄。在更多的文史博物工作者们当中，也许有希望再有当年的黄宾虹先生出现。

如今，也许还有人热衷于相互逆忤，同党伐异，进行"文说岳飞假，武骂秦侩奸"的指斥。或说阿Q而忘了鲁迅，或言魔鬼却无视安拉。但这毕竟已不同于以往的"革文化命"了，更多的人只是一种自觉中的自信或是觉悟中的自强了。在十年择画的过程中，人们亦如历史上的选择一样被画所择，一种文化的苏醒，一代文士的崛起也渐渐展示出来。他们不再是只在"仕文"间徘徊的"忠臣雅士"；也不是那种"肩不能挑、手不能提；四体不勤，五谷不分"的"书呆子"；更不是"经铺又经盖、经扯又经踹、经洗又经晒"的"大白布"。他们应如能写洋文而"醉草吓蛮书"的李太白，能交往利玛赛而译《几何原本》的徐光启。他们能以己之生活与生命，步入当代中华民族对古今中外认识的探索中。

中华文明在"文"与"化"的选择中，造就了世界上唯一特有的"文士"阶层，"文士阶层"又发展丰富了中华文化。谏死也好，归隐也好，中国的文人是入世的；兼治也好，独善也好，中国的文人是积极的；先忧也罢，后乐也罢，中国的文人是崇高的；恣纵也罢，淡泊也罢，中国的文人是生活的。有了这样的文人，不创造出人生的文化才怪呢！有了这样的文人，中华文明不灿烂辉煌才怪呢！当"师"被与"天地君亲"放在一起作为中国人民的"自然社会人"被供在祖宗牌位上时，当"师"被与"牛鬼蛇神"放在一起作为中国大地上的"残渣余孽"被踩在群氓们脚下时，中华民族的命运不正如斯吗！如今，当我们认真看看亚洲"四小龙"腾飞之经历，未必不应当高瞻远瞩地提到"无士不国"、"无文不人"、"无教不化"的切肤之论。

　　那么，"新文人画"该如何如何呢？我不得而知了。甚至在选编这本画册时，小偷偷走了我的原稿已给我作了暗示，我也三番五次地搬来弄去，设想着那些"新文人画的外延和内涵如何"之盘诘与那"这些就是新文人画吗"的嘲弄嘴脸。其实，无论是新"文人画"还是"新文人"画，或者"新文人画"甚至"新""文""人""画"，实在都一样，因为我们祖宗除了给我们创造了汉字之外，还创造了"言不尽意"、"得意忘言"的思想，并留下了"见仁见智"的认识。

　　中国的历史太长太长，而中国发明的纸又太薄太薄，我只能"言不尽意"了。好在那些"心有灵犀一'点'通"的画家们，睁开眼睛闭上眼睛都知道他们追求的是什么。

　　只有在我絮絮叨叨地说完时，我才敢写下我一开始就想引用的一联：

　　　　　　佛言不可说不可说
　　　　　　子曰如之何如之何

　　　　　　　　　　　　——袁箨庵自嘲联

　　　　　　　　　　　1987年冬初稿于桂林
　　　　　　　　　　　1988年春末三稿于北京

# 今存顾恺之画论的辩名

顾恺之是我国美术史上早期最重要的画家和美术理论家。他的画论著作，仅仅依赖唐代张彦远在《历代名画记》中的抄录而保存下了比较完整的三篇，它们是世所公认的我国古代最重要的早期画论文章。

这三篇画论，张彦远在抄录时依次订名为《论画》、《魏晋胜流画赞》及《画云台山记》。对于这样的订名，俞剑华先生有不同的见解，他在有关这些画论的研究文章中写道：

> 这三篇的题目，有两篇张彦远自己就弄错了。他先说："著《魏晋名臣画赞》，评量甚多。又有《论画》一篇，皆模写要法。"等到记录文章的时候，把两篇的题目颠倒了。把《魏晋名臣画赞》定为《论画》，把模写要法的《论画》定为《魏晋名臣画赞》；并把名臣二字改成胜流，以致文不对题。现在我们依照他（按：俞之原文如此，观其语意当作"它"或"它们"）的内容和《历代名画记》的第一种说法给他更正过来。①

对于俞先生的观点，唐兰先生表示过异议。他在《试论顾恺之绘画》②一文中认为张彦远在抄录这些画论时篇名未错。《魏晋胜流画赞》乃是顾恺之自己所画的魏晋胜流的赞，有关模写要法的文章系顾恺之画赞中谈画法的文字。后来，

---

① 见《顾恺之研究资料》（俞剑华、罗尗子、温肇桐编著，人民美术出版社 1962 年版）第 18 页。
② 文载《文物》1961 年第 6 期。

唐兰先生又将此看法当面与俞先生交换过意见,并且不主张变更篇名。他说:"张彦远要是错了,由他张彦远自己负责,我们不要替他改。"① 俞先生对此作了反驳,他说:

"'凡画:人最难'这一篇所品评的画家都是魏晋之际的大画家。确乎是'评量甚多'。我们就认为系《魏晋胜流(名臣)画赞》了。并且张彦远既然在传中说明'著有魏晋名臣画赞,评量甚多',到后边忽又录了一篇为《魏晋胜流画赞》而实与《魏晋胜流画赞》无关的模拓要法,就太不可解了。因此对于唐先生的说法,还未能十分心服。"②

"《历代名画记》明明又说:'又有论画一篇,皆模写要法'(卷五)《历代名画记》所录模写要法的一篇又定名为《魏晋胜流画赞》。……无论如何是文不对题。唐兰先生认为系画赞中谈画法的文字,是如何模写古人肖像的。这一点是很难令人信服的。由于以上原因,我暂时还不能放弃我原来的看法,等待以后的研究。"③

"任意改动古书确乎是一种不好的习惯。我们必须慎重;但是古人真正有错误,我们却有改正的必要,不能一误再误。……尤其在研究性质的文字中,就不能再将错就错,不加辨明了。"④

也许是唐先生同意了俞先生的观点,也许是没有更充足的理由进一步阐述自己的见解,自那以后,再未见到过不同的意见。所以,俞先生在其所有著作中每逢碰见这个问题时就依此观点将这些画论的篇名改了过来。此后,几乎一切文章及资料中论及这三篇画论时,都依俞先生的意见,将这三篇画论依次订名为《魏晋胜流画赞》、《论画》和《画云台山记》。

我赞同俞先生提出的对古籍中错误必须订正的见解。但他对此三篇画论的

---

① ② ③ ④ 见《顾恺之研究资料》第52—54页。

订名，我认为搞错了两篇。唐兰先生的意见也有错处。这样命名，既非这些文章本来的篇名，也与文章内容名实不符，确有重新订正的必要。本文想就此问题谈谈个人意见。

因为这几篇文章均赖《历代名画记》抄录而得以保存流传，此外再无别本可见。所以，对于第一个重视并抄录这些文章的张彦远所引用的资料，特别是对于那些他不止一次引用的资料，我们应当特别重视。

《历代名画记》卷五中卫协传下有这样一段文字：

> 抱朴子云卫协张墨并为画圣孙畅之述画云上林苑图协之迹最妙又七佛图人物不敢点睛顾恺之论画云七佛图与大列女皆协之迹伟而有情势毛诗北风图亦协手巧密于情思

细审此段文字，不难明白，张彦远是在引用前人著作中有关卫协评论的材料来替卫协作传，这是他此书传记中最主要的手法。在这段文字中，"论画"二字在文中与"抱朴子"和"述画"相并列，文中又同时提到了孙畅之和顾恺之。我们知道，这段文字中"七佛图"、"北风诗图"等都是卫协有名的作品；"抱朴子"是现在尚存的晋代葛洪所著一书之名，也是葛洪之号；"述画"乃后魏孙畅之所著之疏名。全书虽已逸，但张彦远在《历代名画记》中引用此书的内容有十多处之多。就此看来，"论画"也应该是顾恺之的著作，它是张彦远用以引出评论的书名或篇名之一。所以这段文字应标点如下：

> 《抱朴子》云："卫协、张墨并为画圣。"孙畅之《述画》云："《上林苑图》，协之迹，最妙；又《七佛图》人物不敢点睛。"顾恺之《论画》云："《七佛图》与《大列女》皆协之迹，伟而有情势；《毛诗北风图》亦协手，巧密于情思。"

接着往下，还有一段话说得更明白："彦远以卫协品第在顾生之上，初恐未安。及览《顾生集》有《论画》一篇，叹服卫画《北风》、《列女图》。……"这里再次提到了《论画》这篇文章，从这两段引文中我们可以作出如此的判断：顾恺之确实作过一篇名为《论画》的文章，其内容是评论绘画作品的；文中还评论过卫协所画的《七佛图》、《北风诗图》和《列女图》。这些评论被张彦远在卫协传中引用过；这篇文章已收录在顾恺之的文集中，其篇名亦是文集中所原用，并非张彦远所订。这本文集，唐代尚未逸，张彦远详细读过它；由于张彦远在抄录顾的文章时提到了"未得妙本勘校"，所以他在著《历代名画记》时其中的许多引文，很可能就是从这一本文集中抄录出来的。

现在，我们再来对照对照张彦远所抄录的第一篇顾恺之的文章吧，这篇文章一开始就是"凡画：人最难，次山水，次狗马……"开门见山地谈画，一直到结束，共列举了二十来幅绘画作品，逐一加以评论，指出其构图、色彩等方面的优劣。其中评论了卫协的作品，评论文字是：

《七佛》及《夏殷与大列女》：二皆卫协手，伟而有情势；《北风诗》：亦协手，巧密于精思。名作。然未离南中……

这里所引的三幅作品及其评论文字与前面卫协传中的引文几乎一字不差，同时，张彦远在抄录此文时，前面亦有"顾恺之论画曰"六字。这样一对照，我们可以得知，这篇文章就是前边提到的顾恺之《论画》一文。张彦远在抄录之前说明的六个字中，"论画"就是指的篇名。它当作"评论绘画作品"解释，这种解释直到今天还是我们惯常用的。《论画》是张彦远在写《历代名画记》时多次查阅并引用的一篇文章。他是不会搞错篇名的，事实上他在文中提到有关此文之处，篇名、文字等方面都没有矛盾和纰漏。详览此文，我们不难明白，它是一篇名副其实的"论画"，不应该将张彦远抄录时的正确篇名《论画》再作什么改动。

俞先生将此文改订名的《魏晋胜流画赞》其主要依据是《历代名画记》中有"顾恺之著《魏晋名臣画赞》，评量甚多"的记载，便认为"此篇中所品评的画家都是魏晋之际的大画家。确乎是'评量甚多'了。"其次，俞先生还引用了《世说新语》中夏侯太初条下的注"见顾恺之书赞",他觉得"可见顾恺之不但有画赞,而且有书赞。书赞既系赞别人的书,不是赞自己的书;那么画赞也可以赞别人的画,不一定赞自己的画,这对于我的看法也是一个旁证。"[①]

俞先生所依据的理由是站不住脚的。

首先,在《魏晋胜流画赞》一名中,"流"者,品级,流别也。"魏晋胜流"是指魏晋时期的一批优秀人物,并非专指优秀画家。就是指画家而言,也是指一批画家。这篇文章也并非是对魏晋之际的一批大画家加以品评,而只是对一些作品加以评论。在所评的二十来幅画中只用了"皆卫手"、"亦卫手"和"并戴手"几个字。顺便指出了其中几幅画的作者是卫协和戴逵,并且仅指出了他们两人。这就如同我们现在评论绘画作品时顺便提到"这是某某人画的"是一样的意思,根本不是对画家的品评,更谈不上"评量甚多"了。而且,在所提到的两个画家中,卫协是在顾恺之出生之前(顾生于公元344年)就被葛洪(葛卒于公元341年)尊为"画圣"的;可是另一个画家戴逵却比顾恺之小十来岁,顾恺之在瓦官寺画维摩诘像出名之后,十岁的戴逵才在瓦官寺学壁画[②]。虽然戴逵比顾恺之早逝,但在《晋书》的记载中,顾恺之列入《文苑传》内,而戴逵列入《隐逸传》内,可见在顾恺之生活之当世,戴逵还并没有以画名孚众。顾恺之未必会将他当成"魏晋胜流"看待,从文中对戴逵作品评论中常常指出一些不足之处,也可看出这一点。因此,把这样两个人作为"魏晋胜流",不仅在当时是不可能的,就是现在看来,只将两个画家称为"胜流"也是不妥当的。

其次,从这篇文章的文体和内容来看,根本不是"赞",更不是"画赞"。刘勰在《文心雕龙·颂赞篇》中指出"赞者,明也,助也。""然本其为义,事生奖叹,所以古来篇体,促而不广:必结言于四字之句,盘桓乎数韵之辞;约举以尽情,昭灼以送文,此其体也。"可见"赞"是一种产生于歌人颂词的四字一句的短文,它有一定的韵,但又不同于诗。魏晋之际,"赞"体文盛行,风

---

① 见《顾恺之研究资料》第 52—54 页。
② 见《世说新语·识鉴篇》戴逵条。

靡一时，这与绘画的发展有直接关系。所谓"美终而诔发，图象而赞兴"①，就是说"赞"是随着绘画而兴盛起来的文体。自从葛洪图注《尔雅》后，"赞"的范围扩大到替动植物作赞，也可以"义兼美恶"了，但"赞"还是主要被用来对文中所写或图中所画的人或物加以概略称道的。现在还保留的一些古刻本的图注书籍中，图画旁往往还可见一些四言数句的短文，那就是所谓的"图赞"或"画赞"。一般来说，物体图称为图赞，人物画称为画赞。试举几例以观之：

《尔雅图赞》·《蝉》——郭璞
　　虫之清洁，可贵为蝉；潜蜕弃秽，饮露恒鲜；万物皆化，人胡不然！
《山海经图赞》·《华山》——郭璞
　　华岳灵峻，削成四方；爰有神女，是挹玉浆；其谁游之？龙驾云裳。
《东方朔画赞》（部分）——夏侯湛
　　矫矫先生，肥遯居贞；退不终否，进亦避荣；临世濯足，希古振缨。……

顾恺之自己也写过"画赞"和其他的"赞"，我们现在只能见到他写的"赞"中部分残句：
《王衍画赞》
　　岩岩清峙，壁立千仞。（《晋书·王衍传》）
《水赞》
　　湛湛若凝，开神以质。乘风擅澜，妙齐得一。（《艺文类聚·八》）
在以上的引文中，《东方朔画赞》决非赞东方朔的画，而是赞画上的东方朔。《尔雅图赞》与《山海经图赞》也是赞图中所画的东西。郭璞与夏侯湛都是晋人，生活时代与顾恺之先后相差不过几十年。从他们所作的"赞"中，可窥见当时"赞"体文之一斑。由此可见所谓"画赞"非是赞画，而是借"赞"这种文体称

---

① 萧统《文选·序》。

道画中的人或物。顾恺之的《王衍画赞》是用来赞画上王衍的品格,他的《魏晋胜流画赞》或《魏晋名臣画赞》自然也是赞他自己画中所画的"胜流"或"名臣"了。他在当时被称作"才绝",所写赞,当合乎于"促而广,必结言于四字之句,盘桓乎数韵之辞"的规则的。至于根据顾恺之有书赞,就推断"书赞既可赞别人的书,那么画赞也可以赞别人的画",也是没有理由的。顾恺之的书赞已佚。但看看《世说新语.方正篇》这段引文的全文:"见顾恺之《书赞》。《语林》曰:'太初从魏帝拜陵,陪列于松柏下,时暴雨霹雳,正中所立之树,冠冕焦坏。左右睹之皆伏,太初颜色不改。'"《画赞》和《语林》都作为夏侯太初记载的注被同时转引的。从这里可以看出,顾恺之的《书赞》所写的是与《语林》中所记的这件事一样,并非是赞书,而是赞写字的夏侯太初之品行的。

对照顾恺之第一篇论画文章的文体和内容来看:行文节奏自由,各句字数不拘,也不押韵,没有半点"赞"的痕迹;内容也是就画论画,根本没涉及画中所画的人或物的评定。因此,它只能是一篇侃侃而谈的"论画",完全不应该将它改称为"画赞"。

俞先生将此文订名为《魏晋胜流画赞》是错误的。造成他错误的原因有两条:一是张彦远在抄录顾恺之有关模写要法的文章时,错将篇名写成了《魏晋胜流画赞》;二是俞先生对《历代名画记》中一段话的理解错了。俞先生是按照他所谓的《历代名画记》中的"第一种说法"来订正这两篇画论的篇名的。他将这段文字作了如下的断句:

(顾恺之)又画中兴帝相列像,妙极一时。著《魏晋名臣画赞》,评量甚多,又有《论画》一篇,皆模写要法。义熙初为散骑常侍,……①

在这段文字中,俞先生搞错了两个地方:一是把顾恺之"著《魏晋名臣画赞》"

---

① 见俞剑华校注《历代名画记》,上海人民美术出版社 1964 年版,第 98 页。

看成与他"画中兴帝相列像"毫不相关的另一码事情了;二是将文中应作为"谈论绘画方法"解释的"论画"二字,当成了篇名了。这样,他就认为张彦远搞错了篇名的那篇关于模写要法的文章应该名为《论画》,而把张彦远没搞错篇名的《论画》一文勉强地放在《魏晋胜流画赞》的名下。

实际上,上面那段文章应该作以下断句:

顾恺之又画中兴帝相列像,妙极一时,著《魏晋名臣画赞》,评量甚多。又有论画一篇,皆模写要法。义熙初为散骑常侍⋯⋯

这段话记录的是有关顾恺之的两件事,而不是俞先生认为的三件事。第一个句号前是顾恺之所作的一件事:既画了"帝相列像",又画得"妙极一时",自然会给画上的"名臣"们各写一段"画赞"来称道他们;因为是"列像",当然就会"评量甚多"了,这种做法是当时常有的现象。稍先于顾恺之的画家王廙就为了鼓励随他学书画的侄儿王羲之而画了孔子十弟子的像,也作了一篇"赞"。而且,稍后于顾恺之的刘义庆曾说:"恺之历画古贤,皆为之赞。"① 也可证明这一点。所以说这段文字就是指的这样一件事。这里的"评量甚多",并非是对画或画家评量甚多,而是评量了甚多"帝相列象"画中的"名臣";这里的"名臣"是指画上那些中兴时期著名的臣子,也并非指"胜流画家"。俞先生认为"名臣"二字乃"胜流"之误,也是没有根据的。后面一段意思是说顾恺之还有一篇谈论如何画画的文章,其中谈的都是模写的重要方法。这段话中并没有提到篇名,而模写是当时绘画最重要的方法之一,讨论画法时以模写为主,是符合当时的绘画实际情形的。这篇文章当然是指后来张彦远所抄录那篇将篇名错写成《魏晋胜流画赞》而内容是模写要法的文章了。这篇文章的篇名不可能再是《论画》,因为顾恺之已有了一篇收入自己文集的名副其实的《论

---

① 《世说新语·巧艺篇》画裴叔则条注。

画》了；而且按我们平常的习惯，也很少将记录画法的文章取名为《论画》的，在各种史料中也并未见到过将此文或是这类文章命名为《论画》的记载。当然，它更不会是《魏晋胜流画赞》了。

那么，这篇文章的篇名是什么呢？

通观全篇，从开始的"凡将摹者"到结束的"不若悟对之通神也"，完全是指出摹拓时的方法及注意事项，确实是一篇模写要法。其实，此文的篇名张彦远在《历代名画记》中曾指出来过。在《历代名画记》卷二《论画体用工拓写》中有这样一段："好事家宜置宣纸百幅，用法蜡之，以备摹写。"在这段文字之后，张彦远加了"顾恺之有摹拓妙法"八个字的自注。这八个字可有两种意思：一是指顾恺之懂得摹拓的妙法，二是指顾恺之有"摹拓妙法"的著作。显然，作者本人没有必要将此自注当成旁证博引来炫耀，而往往是依靠自注中所引资料来补自己文章叙述之不足。再从这节的全文来看，名曰《论画体工用拓写》。实际上只谈到了"画体"的好坏和"工用"的种类。而唯独没有谈"拓写"的方法，可见这条自注即是张彦远所引的著作，其引用的目的在于指示读者从其他著作中去寻找他没有谈到的"拓写"的方法，而后来他也的确抄录了这篇文章，"摹拓妙法"就是这著作的名称了。此名与后来抄录的文章之内容是完全吻合的。所以，无论是张彦远在抄录时将它的篇名写成《魏晋胜流画赞》还是俞先生将它重新订名为《论画》，都是错误的，我们应改正这个错误，恢复它《摹拓妙法》的名字。

这一来，《魏晋名臣画赞》又是哪一篇著作呢？

前面我们已大致上分析了此文的内容和文体，现在，我们在顾恺之的著作中既找不到与它的文体和内容上都相符的文章，也未见到其他典籍中有这类引文或有关记载，它只因《历代名画记》中提及而保存了篇名，使它和顾恺之的许多著作一样，成了一篇有名无实的逸文了。至于是张彦远在写错了《摹拓妙法》篇名的同时也将《魏晋名臣画赞》错写成了《魏晋胜流画赞》呢，还是顾恺之另外又写过一篇名为《魏晋胜流画赞》的文章呢，这就无从得知了。虽然两种情况都有可能存在，但好在这些文章已佚，对于它们名称的订正，就并非显得

305

特别重要了。

第三篇《画云台山记》一文，从史籍中与各家研究中，在名称上并无争议，我就不再多谈。

综合以上所述，我们有以下结论：

一、顾恺之的第一篇画论，即"凡画：人最难"这一篇画论，其篇名并非如俞先生所言而现在已被公认和通用的那样，叫做《魏晋胜流画赞》，而是张彦远抄录时所用的篇名《论画》。

二、顾恺之的第二篇画论，即"凡将摹者"这一篇画论。其篇名张彦远抄录时错写成了《魏晋胜流画赞》，俞剑华在改错时又错误地将它订为《论画》。其实，它的篇名应该是张彦远在《历代名画记》自注中指出的那样，名曰《摹拓妙法》。

三、顾恺之第三篇画论的篇名，是公认的《画云台山记》。

四、张彦远提到的篇名《魏晋胜流画赞》及《魏晋名臣画赞》，可能是同一篇，也可能是两篇顾恺之佚文的篇名。这些篇名与现存的三篇画论无联系，也并非论画文章，不应该用它们来命名这三篇画论中的任何一篇。

总之，对于这三篇画论的正名，是有助于今后对它们的理解、研究和使用的。所以我将这些看法提出来，供同志们参考。也希望得到批评指教，以便进一步作出结论，把这几篇画论的研究更推进一步，也免得今后在不精当的结论上以讹传讹，贻笑我们的后人。

1980 年于北京

# 现存魏晋南北朝画论考订

要较为系统地研究魏晋南北朝时期的画论，不得不注意以下几个问题：

从现存书目来看，此期产生了不少有关绘画各个方面的著作：有关于理论著述的《论画》、《艺术略叙》等；有关于画迹著录的《图象集要》、《太清目》、《僧繇录》等。有关于画谱的《装马谱》、《不绝笔画图》等；有关于品评的《画品》、《续画品》等；还有关于画法的《摹拓妙法》等等。但现存的画论著作已经所剩无几了。此期三百多年历史中，现仅存七篇较完整的画论，但它们所论及的内容较广，从画理、画法、画史到品评，几乎都有涉及。而且由于年代远久，抄传错脱，历史上又几乎没有专门研究这一方面问题的著述，使它们既难以阅读，也难以相互对照：此是其一。

同时，此期政治极不稳定，不但南北长期分裂，而且改朝换代频繁。加之权力争夺，就在同一朝代也易主频繁。如南齐仅23年，就七易其主；西魏也是23年，也四易其主。许多交错之区域，如巴蜀等地，数十年内往往多次改变其统治者。因此，就是同一个作者，也往往生活了几个朝代及几个区域，如谢赫就经历了宋、齐、梁三个朝代，姚最也经历了南梁、北周、隋几个朝代。各种时尚、风气及政策之变化，都会影响到文艺的变化及作者思想的变化：此是其二。

另外，此期民族之交往、宗教之信仰亦随政治变幻而摇摆，时而混杂，时而融合，时而对抗。例如南北朝各自都出现过崇佛、灭佛等数次反复，造成了思想上的动荡和自由发展，因而也造成了文艺理论上丰富多彩的面貌：此是其三。

鉴于以上情况，要想从现存的极少画论中窥出这漫长而动荡的历史时期内绘画思想的发展，那是有一定困难的。往往由于时间和区域上的差异，加之没有足够的旁证资料，很容易造成臆断，甚至产生了错误的结论。所以，在研究此期绘画思想的形成与发展时，第一步必须精确地确定这些画论产生的区域及成著年代。本文就试图在这方面发表一些看法。

现存此期的七篇画论是：顾恺之所著的《论画》、《摹拓妙法》、《画云台山记》①。宗炳著的《画山水序》，王微的《叙画》，谢赫的《画品》与姚最的《续画品》②。另外，因历代各种著作的引用和转抄而保存下来的散见于典籍中较重要的论画文字有：曹植的《画赞序》，陆机论画的摘句，王廙的《孔子十弟子画赞序》，颜之推在《颜氏家训》中论画的文字，刘昼在《刘子言苑》中的一些论画文字以及孙畅之《述画记》的部分辑文等等。另有传为梁元帝著的《山水松石格》一文，已被公认为伪托之作，它虽是北宋前的古籍，其中也不泛精论，但作为此期画论的研究，就不将它列入了。

知道了作者及成书年代，就不难确定画论产生的区域。下面我们就逐一讨论它们的成书年代。

先讨论顾恺之的三篇画论。

根据潘天寿先生、温肇桐先生及马采先生的研究，顾恺之生于建元二年，卒于义熙元年（公元344—405年），有争议也不过一年之间；马采、罗尗子、俞剑华、温肇桐等先生编写了顾恺之年表③，我同意并采用了他们的研究成果。但他们对这些画论的成书年代均未论及，史书上也无此记载，我们只能从这些画论的文字本身及顾恺之的生平事迹中找出一些线索来对此问题作一个大概的推断。

《论画》一文乃是一篇画评。在当时名士豪族相况收藏书画的情况下，名著

---

① 顾恺之三篇画论的篇名的订正，详见《今存顾恺之画论的辩名》。

② 《画品》以往多作《古画品录》或《古今画品录》，此大谬。"品"为六朝文艺批评主要文体。源于人物品藻，于后世中华艺术批评影响极大。《诗品》、《画品》、《书品》即为此期代表著述。张彦远重之，故在《历代名画记》中将古之《画品》录于书内，致有"古《画品》录"之言。《续画品》亦被误解作《续画品录》。

③ 见潘天寿《顾恺之》（上海人民美术出版社1958年版），马采《顾恺之研究》（上海人民美术出版社1958年版），俞剑华、罗尗子、温肇桐合著《顾恺之研究资料》（人民美术出版社1962年版）。

画迹身价百倍，而此篇中所评诸画又多为精品，因此，它们若非顾恺之各时各地先后所见，则必定见于某豪门大族家中所藏。当时顾恺之家中并非豪富，他父亲顾悦之只是个无锡县令。顾恺之在瓦官布施"注钱一百万"时，还因为"长康素贫，众以为大言"而遭到讪笑。可见他家并无能力收藏大量绘画珍品。在当时，书画藏品也并非可以轻易示人，所以在顾恺之成名之前，他不易博览众家书画藏品。这样看来，此文决非顾恺之早年所作。公元366年，二十多岁的顾恺之被引为桓温大司马参军。桓温官高势大富豪，本人极爱书画，所以富于收藏。顾恺之为参军后与恒温关系十分融洽，"每为桓请论书画"。可见，他在桓温处一定得以接触并研究了不少绘画精品，并也时常对它们加以评论。再从《论画》一文中所评作品来看，顾恺之指出了最后五幅画（七贤、嵇轻车诗、陈太丘二方、嵇兴、临深履薄）为戴逵的作品①。戴逵比顾恺之小十来岁，但从顾恺之对戴逵的这些作品的评价来看，如对《七贤》的评价有"以比前竹林之画，莫能及者"。对《嵇轻车诗》的评价有"作啸人似人啸，然容悴不似中散；处置意事既佳，又林木雍容调畅，亦有天趣"。对《临深履薄》一画的评价有"兢战之形，异佳有裁"等等。虽然顾恺之还指出了其中一些不足，但作为一个著名的绘画前辈，能这样评价戴逵的作品，加之在全篇中戴逵画的数量占了总数的四分之一，可见顾恺之完成此文时，戴逵应该是一个较为成熟或趋向于成熟的多产画家了。即许戴逵学画较早，但一般来说，要得到一个大画家以上的评语，恐怕至少也要到"三十而立"的年纪了吧。按照以上的推断，我们将《论画》一文的成书年代，订在顾恺之四十岁之后，即在公元385—405年之间，还是比较恰当的。

《摹拓妙法》一文的写作年代较难断定，但有几条理由可供我们作参考。从文中一开始所言"凡将摹者，皆当先寻此要。而后次以即来"来看，这篇文章主要是作为学习摹写的指导性文章而写的。当时摹写是绘画学习和制作的最重要手段，谢赫在其后还将"传移法"列为"六法"之一。据张彦远研究，此时

---

① 顾恺之《论画》中"临深履薄：兢战之形，异佳有裁。自七贤以来，并戴手"。

绘画已有各自的师承。在无印刷术又无其他复制手段的晋代，摹写自然也是最主要的教学方法。就此来看，顾恺之写作此文，当是为以上目的而作，所以此文应该写在他成名并进行传授画业之后，从现在一般常识来看，这样一篇记录操作过程的总结性传授文章，也必须有相当的经验及资历才能写作。再从文中"凡吾所造诸画，素幅皆广二尺三寸"的语气来看，作者也是一个有了长期摹拓经验、有了许多摹拓作品并形成了固定程式手法的行家了。还有，文中指出了"竹木土，可令墨彩色轻而松叶浓也。"专门强调了竹、树木及土石的摹写方法，应当是在绘画中开始强调了人物以外背景描绘的情况下提出来的要求，这比那些"伸指布掌"的树木或"钿饰犀栉"的山石之画法有了进步。顾恺之一生正处于绘画发展迅速的一个时代中，在他中晚年之际，山水画也渐从作为人物陪衬的背景画上有了发展，这篇文章特别指出了重视背景中竹木土(也是山水画中的主要对象)的画法，也应当是顾恺之中晚年后的绘画要求的一种反映。所以我认为：将此文的成书年代订在顾恺之中晚年时期，即在385—405年之间，也有相当的合理性及可能性。

　　至于《画云台山记》一文，从文中众多的"可令"、"当使"等假设语气可见此文乃是一幅画稿之设计文章。画中所谓"云台山"有数处，但据画中有张道陵七考弟子的情节，此云台山当为四川苍溪县东南四十里与阆中县接界之云台山了①。关于此文，历来有两种说法：一种认为顾恺之似乎一生没有到过四川，怎么可以设计画云台山呢，这只不过是一幅人物故事画的构图设计而已；另一种认为既然是叫《画云台山记》，当是与云台山有关，并非一般的故事画设计②。马采先生根据顾恺之的有关记载，推测他在任桓温大司马参军期间溯江而上周游过四川，到过云台山而写成此文。③各说都有一定道理。但是我们来推敲一下。将会注意到以下的情况：假设顾恺之游历过四川，此文当是他去四

---

①　《蜀中名胜记》卷24。
②　《顾恺之研究资料》第74页。
③　马采《顾恺之研究》第6页。

川后之作。那么，他不可能是马采先生所推测的那段时间去。兴宁元年（公元363年）桓温任大司马兼扬州牧。太和初年（公元366年）顾恺之被引为大司马参军起直到桓温去世（公元373年）为止，只有在太和四年（公元369年）一次北伐中，沿江而上，顾恺之与桓温江陵望津的故事①当发生在这一年，而这次北伐中桓温又为慕容垂所败，这样，顾恺之不可能有机会溯江直上四川。两年后，桓温入朝，废帝为东海王，迎会稽王司马昱入朝即位；次年，昱卒，立太子曜；再次年，桓温即卒，谥宣武②。在这段时间内，桓温未作过溯江远行。顾恺之作为他的参军，"甚被亲匿"，桓温卒后恺之还在墓前赋过诗③。他不可能长久地离开职务去远游巴蜀，更何况在这段时间内，云台山所在一带并未归属晋之版图④，在这种情况下，顾恺之要作巴蜀之游也是不现实的。桓温卒后直到太元二十年（395年）52岁的顾恺之任殷仲堪的参军为止。顾恺之的记载中留下了二十多年空白。淝水之战(383年)后，东晋偏安局面形成，游山玩水之风方盛，陶潜、谢灵运等人均先后出于此二三十年间。此时，巴蜀一代亦归晋朝版图，顾恺之作为一个放达的文人，又无官职在身，是很可能在此期出游到过四川的。按照这种推测，《画云台山记》一文的成书年代应该是公元385—405年之间。

如果顾恺之根本没有去过云台山而将此文当成一幅故事画的设计来写，这也是有可能的。关于张天师七考徒弟的故事，最早载于葛洪的《神仙传》中。葛洪（约公元281—341年）选《神仙传》时，正是顾恺之将要出生的年代，可见顾恺之生活的时代，这个故事已作为脍炙人口的谈话题材了。顾恺之将它用来作画，自然完全可能。但必须注意一点，这个故事是作为道教的主要传道故事出现的，简直就相当于佛经中的本生故事而成了道教中的圣经圣迹了。在这个时代里，佛道二教的竞争相当激烈，甚至尖锐地对立。顾恺之年轻时是倾向于佛教的，

---

① 事见《世说新语》卷一及《渚宫归事》。
② 《晋书》桓温传、文帝本纪。
③ 钟嵘《诗品》顾恺之条。
④ 详见地图出版社出版《中国历史地图集》。

瓦官寺画壁画而"注钱一百万"就是很好的证明，这时，他是不会以对立的道教之经典题材作画的。再查查顾恺之《论画》一文，所评的作品中，有关老庄道教的人物画一幅也没有，可见顾恺之趋向于崇尚道教，至少也该是中年后的事了，他的字命为"恺之"（"××之"常为当时道家之名号）也是后来的事情。按照这种推断，《画云台山记》一文也该是顾恺之中晚年所著，而且，在现存的有关顾恺之画迹的记载中，也未见到以道教人物故事为题材的画迹。所以，按照顾恺之未到过云台山的说法，这篇画论的成书年代也应该是公元385—405年之间为妥当。

综合以上所述，我便把顾恺之这三篇画论的成书年代放在公元385—405年之间了。

宗炳的《画山水序》和王微的《叙画》作为我国山水画发展初期的重要理论文章，应当引起特别的重视，它们的成书年代，对我国山水画发展之研究有着一定的意义。

一般的研究者都将《画山水序》一文当成是宗炳69岁时所著，其依据是《历代名画记》宗炳传中有"凡所游历，皆图于壁，坐卧向之，其高情如此。年六十九。尝自为《画山水序》"的记载。实际上，《历代名画记》中这段话是从《宋书》中摘引出来的。要正确理解这段话，应该看看有关宗炳的详细记载。《南史》、《宋书》均有宗炳传。

《宋书》宗炳传曰："元嘉二十年（公元443年），炳卒。时年六十九。"由此推算宗炳当生活于公元374—443年间。是个比顾恺之略晚几十年的画家。他青年时被刺史殷仲堪、桓玄并辟为主簿，由此看来，他说不定与殷仲堪的参军顾恺之还有过交往呢。义熙八年（公元412年），宋高祖"乃辟少文为主簿，不起。问其故，答曰：'栖丘饮谷，三十余年。'帝善其对而止。"[①]可见他是个一贯不求闻达而热爱大自然的画家，直到元嘉九年（公元432年），江夏王义恭还上表

---

① 《宋书》宗炳传。

称赞他"砥节丘园、息宾盛世。贫约而苦,内无改情。轩冕屡招,确尔不拔。"①关于他画山水的事,史书上是这样记载:"好山水,爱远游,西陟荆、巫,南登衡岳,因而结宇衡山,欲怀尚平之志,有疾还江陵。叹曰:'老疾俱至,名山恐难遍睹,唯当澄怀观道,卧以游之。'凡所游履,皆图之于室,谓人曰:'持琴动操,欲令众山皆响。'……元嘉二十年,炳卒。时年六十九。"由此可见。张彦远所录"年六十九"应是指宗炳活了六十九岁而言。并非指的宗炳六十九岁时著《画山水序》而言。从以上所引的资料中可知宗炳是在"老疾俱至"时才画山水于室的。其作画是为了"澄怀观道、卧以游之。"从《画山水序》一文中,也可以看出他确实在追求为画之道。这样看来,《画山水序》一文即便未必是宗炳临死前所著,也当是他暮年时的著作了。因此,将此文定为公元五世纪三十年代末至四十年代初的作品,即在宗炳生活之最后十年间(公元433—443年)的作品,当是比较恰当的。

　　王微生活之年代,温肇桐先生在《中国古代画论要籍简介》一书中订为公元415—443年,并说:"他可惜年仅29岁就逝世了。"这个说法是搞错了的②。《宋书》王微传说他"元嘉三十年(公元453年)卒,时年三十九。"因此,他的生活年代应是公元414—453年间,这是个几乎与宗炳同时期的青年画家。王微在《叙画》中开始有"辱颜光禄书"曰,称颜延之为颜光禄,乃是称其职名。据《南史》颜延之传所载:元嘉十七年(公元440年)刘湛被诛后,颜延之因尚书左丞荀赤松参奏而免官,后迁为光禄勋、太常。又有"元凶弑立,以(颜延之)为光禄大夫"的记载,而"元凶弑立"乃是元嘉二十八年(公元451年)之事。王微称颜延之为颜光禄,最早也该是公元440年以后的事情,更可能是在颜延之任光禄大夫之后的事情,这样看来,他的《叙画》一文可能作于公元451—453年间,至少也可以确定为公元441—453年之间。这是与宗炳的《画山水序》先后

---

　　① 《宋书》江夏王传。
　　② 温肇桐先生有此误,乃因他所引《宋书》版本有误,各本《宋书》均将卅九误成廿九。可详见孙彭《宋书考证》。中华书局新版《宋书》对此已作了校正。我依此版本。

不过相隔十年的又一篇有关山水画的理论文章。

谢赫的《画品》及姚最的《续画品》是我国画论中所存最早的对画家的品评著作，我们再来看看它们成书的年代。

《画品》将画家加以品题，并非论其具体作品，仔细考察其中评语，为我们确定成书年代提供了一些线索。查其书所评之有史可考的画家中，十三人有传可查，而以陆杲卒年最晚。陆杲"中大通元年加特进中正如故，四年（公元532年）卒，年七十四。"①《古画品录》中对陆杲的品评中有"传于后者，殆于盈屋"的句子，可见此书写于陆杲死后，即公元532年之后。我们再看看谢赫之生卒年代吧，史书上对谢赫一无所载，根据姚最对谢赫的评价中有"中兴以后，象人莫及"的句子，我们可以推测，谢赫在齐和帝中兴年间（公元501—502年）之前，就是一个了不起的有成就的肖像画家了。姚最说他的画："点刷精研，意存形似。""目想毫发，皆亡遗失。丽服靓妆，随时变改。直眉曲鬓，与时竞新。别体精微，多自赫始。"以至于"委巷逐末，皆类效颦"。由此来看，谢赫的这些绘画风格及成就，应该在南齐时就取得了的。南齐一代只有二十三年，很显然，谢赫不可能生于南齐，各种《古画品录》刻本上均有"南齐谢赫撰"字样，而《古画品录》实成书于梁代，可见谢赫是一个主要生活在齐代，并在齐代取得主要成就的画家。据此推断，他当生于刘宋时期，即许他十五岁就画得很好了吧，那么，他也该生于宋孝武大明年间（公元457—464年）从这时到陆杲逝世的532年，也有七十来年了。如果我们假定谢赫能活八十多岁，这在当时已是稀有的高寿了，那么，他的卒年也不会晚于梁武帝大同年间（即公元535—546年）。这样，我们便可以把《古画品录》一文的成书年代约定在南梁武帝中大通四年至大同年间，即公元532—546年之间了。

姚最的《续画品》中称梁元帝为"湘东殿下"，可见此书成于梁元帝即位之前，即在公元552年前。书中自叙乃为补谢赫书之不足而作，可见作此书时，

---

① 《梁书》陆杲传。

谢赫之书已行于世了，从此也可佐证前面推断的《画品》的成书年代是合情理的。关于姚最，《周书》卷四十七有载："最字士会，幼而聪敏。及长，博通经史，尤好著述。年十九随垣（指姚最父亲姚僧垣）入关，世宗盛聚学徒，校书于麟趾殿，最亦予为学士。"而姚僧垣乃是梁元帝的随身医师。魏恭帝元年（公元554年）宇文泰遣柱国于谨等卒步骑五万讨梁。十一月，克荆州。"擒梁元帝，杀之，并携其百官及士民以归。"这一年，姚僧垣"复为燕公所召，大相礼接。""明年，随谨至长安。"可见姚最19岁随父入关就是指的这一年，即公元555年。这样推算，姚最当生于公元536年。另外《周书》又载："秀（蜀王，姚最作为他随身医师在益州）后期有异谋，隋文帝命公卿穷治其事……最独曰：'凡有不法，皆最所为，王实不知也。'榜讯数百，卒无异辞，最竟坐诛，时年六十七。论者义之。"①据《隋书》高祖本记载：蜀王秀于仁寿二年十二月被废，姚最当于仁寿三年初坐诛（即公元603年）。这时他67岁，可算其生于公元536年，与前面的推算亦是相符的。那么，梁元帝即位时，姚最只有16岁。这书应是姚最16岁前所著。从《续画品录》的行文来看，文词较绮丽，评论态度较尖刻而偏激，所评画人亦多为当代之人，这都像是一个少年气盛的聪明才子所为。参照《周书》中对姚最"幼而聪敏"、"尤好著述"的记载，也是完全相符的。因此，我们可推断《续画品录》的成书约在公元550—551年，也就是姚最在十四五岁时所著了。

这样，《古画品录》及《续画品录》二书作为我国六世纪中叶的紧接着的两篇画品，其作者一老一少，其意见便有一定的代表性，很能反映一些此期美术思想的动态。

下面，让我们再来讨论一下散见于典笈中的一些重要的此期论画文字。

陆机论画的一段文字，俞剑华先生辑录时注明成书于公元285年前后，陆机生于公元260年，早年曾领兵。"年二十而吴灭，退居归里，闭门勤学，积有十年。"②再后来，他又辗转于洛阳等地为宦，直至公元303年，他43岁时

---

① 《周书》文帝纪、姚僧垣传。
② 《晋书》陆机传。

因兵败被谗为成都王司马颖所杀。这样看起来，他一生中主要是在官宦生涯及军队生涯中度过的。只有他20—30岁因吴灭而闭门勤学十年。我赞成俞先生的意见。将这段文字当成陆机此期所著，即是280年—290年间所著的一段文字了。

曹植的《画赞序》两段，出于《艺文类聚》及《太平御览》，《历代名画记》也引用了一段。曹植只活了40岁（公元192—232年），他的文气当以公元220年曹丕即位为转折，前期由于他之秉性"任性而行，不自雕励"，加之他又受宠于曹操，所以他以放达开朗的文风表现自己的政治抱负及对建立功勋的向往；曹丕即位后，他即遭政治上的迫害而屡被贬爵徙封，加之他天赋高而才华横溢，故一变而以文表现其渴望自由、反抗迫害、蔑视庸俗、感怀不遇等思想，而使其文风"骨气奇高，词采华茂"。从《画赞序》的两段文字来看，多仰慕古代皇帝，对暴主篡臣和忠节死难则切齿叹息，颇有微词而发"借观图画以存鉴戒"的议论，把它们当成曹植被贬谪后的文字更恰当些。俞剑华先生将其成文年代订成公元227年前后，即明帝曹睿即位之太和元年前后，我觉得是非常合理的。

颜之推论画的一段文字，乃是其《家训》中的一段文字。颜之推（公元531—590年以后）官历萧梁、北齐、北周及隋，而其现传《颜氏家训》一书中多有言齐、梁之事，可见此书成于他仕周之后。《北史》中载颜之推在公元577年北齐灭后仕周，可见《家训》一书当作于577年后，俞先生将此文订在公元580年前后之作，当然是十分妥当的。

刘昼在《刘子言苑》中一段论画文字，各画论丛书均未辑入，刘昼是北国著名诗人，生卒年代为公元514—565年，其《刘子》一书当成于他壮年之后，故将此段文字的成书年代订在公元550年前后了。

《述画》辑文的作者孙畅之，一般认为他为后魏时人，史书上没有关于他的任何记载。俞剑华先生辑书时将其写作年代订为400年前后，我认为稍早了一些。从辑本中所论画家来看，都是汉魏六朝时人，评论的方式及语气与《诗品》、《画品》等书中十分相似。品题诗人及画家的风气，盛于齐、梁之际，孙畅之是后魏（公元386—557年）人，而公元400年前后，相当于南方东晋末年，北魏刚立国不久，汉族文化影响不大，故不可能这么早出现这样评论画家的文字，从此书文字看来，很可能受到南方对人物品评风气的影响,另外,郦道元在《水经注》中引用了孙畅之的著作,可见孙作当在郦道元之前,郦卒于公元 526 年,水经注亦是其晚年之著作,因此,我认为将它的成书年代订在北魏晚期,即公元四世纪末到五世纪初比较合适。当然,这也仅仅是一种推测,目前尚无充分证据。

最后,我们再看看王廙的《孔子十弟子画赞序》。文中提到此文是为王羲之 16 岁时学书画所写,查《唐前画家人名辞典》、《中国人名大辞典》及罗卡子等人《顾恺之年表》中有关记载,王羲之生于晋元帝大兴四年,即公元 321 年,按推算此文该成于王羲之 16 岁那年,即公元 337 年,俞剑华先生在《中国画论类编》中订为 325 年前后,不知依何根据。以上两个结论都是错误的。

据《晋书》王廙传载:元帝即位时(公元 317 年),王廙奏《中兴赋》上疏,中有"臣犬马之年四十三矣,未能上报天施而詈负屡彰"的句子,可推算王生于公元 274 年,而《晋书》元帝本纪中载:"永昌元年(公元 322 年)冬十月大疫,死者十二三,己丑,王廙卒。"可知王廙卒于 322 年,只活了 48 岁。因此,不管将这段文字订成写于公元 325 年或是据以上王羲之年龄推为写成于公元 337 年,都显然是错误的。我们应该再考证一下王羲之的生卒年代。

《晋书》王羲之传有与他有关的以下一些年代之记载,可给我们的推断作一些参考:

晋元帝过江(公元 307 年)是王羲之的父亲、淮南太守王旷首先提议的。

王羲之 13 岁时,曾经拜谒过周顗、顗察而奇之,天下始知名。

殷浩公元 352 年北伐,王羲之曾遗书谏之。

公元 353 年,王羲之修《兰亭序》。

永和十一年(公元 355 年),王羲之去官与东土士人尽山水游,此时,他说过:"年在桑榆,自然至此。须正赖丝竹陶写,恒恐儿辈觉,损其欢乐之趣。"

吏部郎谢万 358 年为豫州都督时,王羲之遗书戒谢万"勿务才易务"。

年五十九卒。

按这些记载来看,将王羲之生年订为公元 321 年是完全错误的。否则,他 13 岁时当是公元 334 年,此时周顗已被王敦杀了十多年了,他怎么能拜谒周顗呢?

317

355年去官时，他才35岁，无论如何也算不上"年在桑榆"的；353年写《兰亭序》时，他刚刚三十多岁，《兰亭序》是王羲之得意之作，最能代表他书法风格及水平，这点古来已有定论。而《晋书》上说："羲之书初不胜庾翼、郗愔，及其暮年方妙。"那么，他的代表作怎会写于他三十多岁的年纪呢？再有，王献之是王羲之第七个儿子，献之七八岁时学书，王羲之"密从后掣其笔不得，叹曰：'此儿后当复有大名。'"①王献之生于公元344年，如果王羲之生于公元321年的话，那么，生第七个儿子时他只有23岁，教儿学书时，他自己不但为宦，且书法亦未著称于时，焉能断定儿子以书成名呢。这些都是有矛盾的。可见，王羲之绝不是生于公元321年。

查《历代名画记》中王羲之传下有"升平五年卒，年五十九。"的记载。

升平五年是公元361年，按此推算起来，王羲之生卒年代当是公元302—361年。我认为这个记载才是正确的。如果按王羲之生于公元302年推算，他13岁谒周顗时是公元315年，这时，周顗已随元帝过江数年，仍官居要职，羲之随父过往，当或有之。修《兰亭序》时，羲之已51岁，书法自然是"其暮年方妙"之谓了。355年去官时，王羲之是53岁，自叹"年在桑榆"还情有可原。而生第七子王献之时，他已43岁了，将暮获子，自然加倍爱之，亲教其书，后果以此成名，也是合乎人情事理的。所以，按此记载，王羲之生于公元302年是合乎历史记载事实的。

这样一来，王羲之16岁时，当时公元318年，此时王廙44岁，正被刚登位的元帝重用，并未外任它职。羲之亦因周顗的垂青而"天下始知名"，随叔父学书画，是合情理而又时髦的事情。由此我们可以断定。王《画赞序》的写作年代当为公元318年无疑。

综合起来，我们可将这些画论排列成以下表格：

这样，我们可以较清楚地看到，在魏晋南北朝（公元220—581年）这段三百多

---

① 《晋书》王献之传。

年的历史时期中,七篇较完整的画论分别地集中成于三个阶段,而每个阶段又各处于一个世纪之中,《论画》、《摹拓妙法》、《画云台山记》是三世纪末期东晋时的画论,《画山水序》及《叙画》是四世纪三四十年代刘宋时期的画论,《画

| 画论名称 | 作者及生卒年代(公元) | 作者生活区域、朝代 | 成书年代(公元) |
|---|---|---|---|
| 画赞序 | 曹植<br>(192~232) | 北方<br>曹魏、晋 | 227年前后 |
| 论画摘句 | 陆机<br>(261~303) | 南方<br>东吴、晋 | 285年前后 |
| 孔子十弟子画赞序 | 王廙<br>(274~322) | 南方<br>东晋 | 318 |
| 论画 | 顾恺之<br>(344~406) | 南方<br>东晋 | 385~405 |
| 摹拓妙法 | 顾恺之<br>(344~406) | 南方<br>东晋 | 385~405 |
| 画云台山记 | 顾恺之<br>(344~406) | 南方<br>东晋 | 385~405 |
| 画山水序 | 宗炳<br>(374~443) | 南方<br>东晋、刘宋 | 433~443 |
| 叙画 | 王微<br>(414~453) | 南方<br>刘宋 | 441~453 |
| 述画 | 孙畅之<br>(不详) | 北方<br>后魏 | 500年前后 |
| 画品 | 谢赫<br>(约464~546) | 南方<br>宋、齐、梁 | 532~546 |
| 续画品 | 姚最<br>(536~603) | 南、北方<br>梁、周、隋 | 550~551 |
| 刘子论画摘句 | 刘昼<br>(514~565) | 北方<br>北周 | 550年前后 |
| 颜子论画摘句 | 颜之推<br>(531~590后) | 南、北方<br>梁、北齐、周、隋 | 580年前后 |

品》及《续画品》则是五世纪中叶的齐梁时期的画论。而几段摘录之论画文字又分别成于这三个时期的前面及当中，弥补了部分时间的空白。这样一来，此期画论著作虽不能说较完整、较全面，但至少可见一个初步轮廓了。我们应该对应于这些画论所产生的年代去研究那时的各种社会状况及思想动态，才可能避免在这个复杂而多变的混乱时期中糊涂起来，才可能对画论本身作出较正确地理解，才可能在比较中寻找出这个时代中绘画理论的发展线索来。

1980 年 10 月于北京

# "六法"辩析

"六法"是我国最古老而又最重要的绘画理论之一。长期以来，许多研究者就"六法"的含义及其所包含的各方面内容作了不少研究，但却很少从"六法"在历史上的形成和发展来探讨它的本来面目、具体内容及发展规律，以至对"六法"产生了一些相当严重的误解。本文就这方面的问题谈谈个人看法，不妥之处，希望得到指教。

## 一 现在"六法"的回顾

现在，一般的文艺理论工作者及几乎所有的书册典籍，都将"六法"列举如下：气韵生动、骨法用笔、应物象形、随类赋彩、经营位置、传移模写。

第一个这样列举"六法"并对它加以讨论的人是唐代的张彦远。他在其九世纪中叶成书的著作《历代名画记》卷一中《论画六法》一节里写道：[①]

> 昔谢赫曰："画有六法：一曰气韵生动；二曰骨法用笔；三曰应物象形；四曰随类赋彩；五曰经营位置；六曰传模移写。"自古画人，罕能兼之。彦远试论之曰……

---

[①] 本文中所引各画论文字，均从以下各版本中校录出：王氏画苑本；津逮秘书本；学津讨原本；丛书集成本；中国画论类编本，各本文字如有不同，则以俞剑华所校《中国画论类编》（中国古典艺术出版社1958年版）中文字为准，文中标点为本文作者所加。

可是张彦远在其论述中却没有按这种列举次序对"六法"作依次的具体论述和解说。甚至在文中连前面"法"的条目一次都没有提到，只有文中的"至于传模移写，乃画家之末事"等两句里出现了"六法"中五、六两法的条目，但也看不出是对这一法的内容作具体的解说。

到了北宋末年，郭若虚在其著作《图画见闻志》中《论气韵非师》一节里再次明确地强调了这种对"六法"的理解，他写道：

> 谢赫曰："一曰气韵生动；二曰骨法用笔；三曰应物象形；四曰随类赋彩；五曰经营位置；六曰传模移写。"六法精论，万古不移。然而，"骨法用笔"以下五法可学，如其气韵，必在生知，固不可以巧密得，复不可以岁月到，默契神会，不知然而然也。……

这样，六法中各法的称谓便渐被如此肯定下来，并将"气韵生动"与其它五法对立，放在特殊重要的位置上，提出了"气韵说"的系统理论。

《历代名画记》与《图画见闻志》被公认为我国绘画史上有权威影响的著作，因此，经这两书对"六法"的列举和讨论之后，各法的称谓几乎成了定论，"六法"的影响也逐渐地扩大。元代开始，水墨山水画大盛，至明清以来，文人画成了绘画主流。绘画理论也从气韵说中派生出一系列有关"六法"的论述，成了文人画理论中最重要的组成部分，已经没有人再怀疑"六法"中各法的称谓了。在近现代对"六法"的研究中，便一直尚用这种称谓，进而讨论了各法的含义及其联系，训诂文字、引经据典，以至无人再敢去怀疑"六法"的真实含义，使得气韵生动、骨法用笔、应物象形、随类赋彩、经营位置及传移模写这所谓的"六法"成了绘画上人人皆知的理论，几乎成了中国画的代称了。

## 二 关于"六法"的质疑

然而，事情并非一帆风顺。当我们进一步研究"六法"在历史上形成与发展的始末时,却发现了不少疑问。

"六法"最早见于南朝画家谢赫所著《画品》一文的序言中。那么,首先引起我们注意的是:"六法"中所谓的"法",到底是指的什么?谢赫为什么要将它们在文中提出来?

"法"作为在画论中的概念,通常有两方面的含义:一方面是针对绘画创作过程而言,它指某些法则、技巧或规律的阐述归纳;另一方面是针对绘画评论标准而言,它指某些作品或某种风格的评定规范和准则。当然,这两方面的含义是密切联系着的。一定的绘画方法也会成为这一方面的评定标准;反之,某些评论标准也以技法作为准则。但这都是在"法"有了具体所指内容的情况下而言的。比如说,我们可以将构图方面的规则统称为"构图法",同时也可将其中各具体条文当成构图方面的评定标准。但是,如果只提到"构图法"而没有其中具体所指的内容时,它就不可能再含有评定标准的意思,而仅仅是指有关构图方面的方法了。谢赫将"六法"作为一个系统的理论,并按一定次序将各法依次提出,他是强调了它们之间的联系及统一功用的。请看他提到"六法"的这段文字:

> 夫画品者,盖众画之优劣也。 图绘者,莫不明劝戒、著升沉,千载寂寥,披图可鉴。虽画有六法,罕能尽该,而自古及今,各善一节。

在这段话中,谢赫指出他所以写这篇"画品",是为了评论众画之优劣的。而这种优劣的标准是靠绘画中那些"自古及今,各善一节"的"六法"来评定的。那么,现在所谓的"六法"是否符合于这一层含义呢?在现在所提到的六法之中,骨法用笔、经营位置、传移模写这三法,根本不含评定标准的意思,它们只是绘画中这三个方面画法的总称,充其量可算是指这三个评论的方面。它们包含哪些具体方法和含义,又有什么具体判断标准,从这三法的文字本身是看不出来的。将它们放在品评绘画文章的序言中列举出来而又无评定标准,这种做法就不好理解,而气韵生动、应物象形及随类赋彩这三法虽有一定的评判标准,但它们只局限于一种具体的含义上,很难将它们理解成某一个方面技巧的归纳。我们甚至很难在每一法之后加上一个"法"字来称谓它们,如"气韵生动法"、"骨法用笔法"等等,更不用说对它们包含的"法"作具体论述了。因此,将它们称之为"法"是十分勉强的。

所以历来对于"六法"的研究总是企图避开这个问题。往往只将各法分开讲解和讨论。这样,虽然在加上了各个研究者的一些解说之后,从每一法上都可以说通,也便于理解。但是对于整体的"六法"到底如何解释,有什么主要含义,各法间又有哪些联系,谢赫为什么要将它们依次提出,提出后又做了哪些说明和运用,这一系列问题都难以解释得清楚明白,甚至使人感到有些问题根本不可理解。如果说谢赫将各法依次列举并以"六法"冠之,却并不注意它们总的意义,也不强调它们在文中的作用,这也是不合情理的。这些就是我们在研究谢赫"六法"时首先遇到的一个不可避免的难题。

其次,我们再看看有关"六法"的行文。

前面所引两处影响最大的列举"六法"的文字,都强调了"谢赫曰",指出"六法"本是谢赫提出。而且关于"六法"列举的引文都是:"一曰气韵生动;二曰骨法用笔;……六曰传模移写。"

可是,从现在所能见到的各种版本的《画品》一文中以及各种版本的《历代名画记》谢赫传中所抄录的《画品》里的这一段文字却是这样的:(引文时未加断句)

六法者何一气韵生动是也二骨法用笔是也三应物象形是也四随类赋彩是也五经营位置是也六传移模写是也唯陆探微卫协备该之矣

这段引文是与前边所引的文字有所不同。在提及每法顺序的数目字后面均缺少一"曰"字,在叙述完每一法之后却又多了"是也"两字。虽属一字之差,但在行文的语法及语气上却给人以不同斟酌的可能;若按张彦远与郭若虚的行文,现在所谓的"六法"是毫无疑义的;若按谢赫的原文来看,少了一个"曰"字,若是多一个"也"字,也不甚影响到文意及语气,但如果同时又多了一个"是"

字，情形就不一样了。"是也"二字虽可连用作语气强调理解，但在古文中依次列举时此种用法似不多见，从本文中连贯的语气上也并非需要强调不可。同时，序数后面的条目并非有指动的对象，而在数目字后不加"曰"字联结，这种语法在古文中亦为少见。因而若按现在的各法称谓断句，这段文字从文理上和语气上来看，都有欠妥当的地方。《画品》成书于公元532—546年间，大约是谢赫六十多岁之后的著作。这时乃是南朝梁武帝萧衍在位期间。文坛上骈丽文体极盛，骈体文的主要作家及倡导者徐陵（507—583）、庾信（513—581）等人皆成名于此时，谢赫主要亦活动于文风上"重对、隶事、敷藻、调声"的齐梁时期。文意和语气是当时作文时最主要的瞩目之处，此书又是谢赫老年时所著，行文当不至于有这样的疏陋，同时，在与此书同时代的一些文论著作和其他著述中，也尚未发现此类语气及句型的文字。所以当我们研究谢赫的原文时，自然会产生对于各版本中原文与引文矛盾的疑问，也会对因此而造成的语意及语气的不妥产生怀疑。

再次，我们来看看现在所谓的"六法"与当时绘画认识的具体情况是否一致。《画品》产生的时代，正是我国绘画理论系统形成的年代。也是我国文艺批评史上最重要的时代。"六法"的出现，当然不可能脱离当时文艺批评的风尚与绘画方面的实际情况。在《画品》成书之前二三十年，著名的《文心雕龙》一书就通行于世了，一系列对文艺认识的总结和归纳，导致了文艺理论的系统化。本来，自古以来人们就认为，从前后左右上下六个方面（即所谓"六合"）来观察一个对象，便能得到完整的结果，因而在全面总结时常用"六"作数目，取其完整无余之意，故论字有"六书"，谈诗有"六义"，定音有"六吕"。所以，在这个时期中，论文则出现了"六观"，品画当然也会有"六法"了。这类理论的条目一旦归纳总结出来。它们一定会被广泛地应用。"六义"一出，谈诗则没有不提"风"、"赋"、"比"、"兴"；"六观"始用，论文则没有不谈"体位"、"置词"等等，几乎无一例外。那么我们来看看"六法"吧。"六法"二字除了在谢赫文中数次提到以外，在姚最、李嗣真、斐孝原等人的画论中也有提及，可见"六法"即使在当时也并非是一个冷僻的概念，而是一个常用的论画俗语。关于"六法"

中各法的具体所指，即使在画论中不一定都系统地提及，但有关其中各法的各种称谓，应该是时有所见的。那么，为何在张彦远之前的所有论画著作中，甚至包括其他著作中，我们都找不到如同现在所谓提及的"六法"中之任何一法呢？就是在张彦远之后，苏东坡在提到"六法"时还在"画有六法，赋彩拂澹其一也"①这样的文字，其中提到的"赋彩拂澹"也与张彦远所提不同，这样的情况是无法解释的。产生于当时的、专门为了绘画而总结出的理论，在当时及后世相当长一段时间中的画论著作中不被应用，也无与当时绘画实践有联系的记载，这又怎么叫人能理解呢？

由于以上问题的提出，我们不得不产生这样的怀疑：现在从张彦远和郭若虚那儿继承沿用下来的"六法"中各法的称谓，是否与谢赫提到的"六法"有所出入。如果没有，以上问题如何解答；如果有，那么谢赫所指的"六法"其本来面目又是如何呢？这已是一个不可避免的课题了。

## 三 谢赫"六法"之辩析

近些年来，据我所知，钱钟书先生及日本的中村茂夫先生都在自己的著作中将谢赫提到六法的文字作如下断句：②

> 六法者何？一气韵、生动是也，二骨法、用笔是也，三应物、象形是也，四随类、赋彩是也，五经营、位置是也，六传移、模写是也。

我认为这种断句是有一定根据的，钱先生从文字角度对此作了论述。中村茂夫先生也对此作了一些考订，他们谈了不少有见解的意见，但还没有从当时

---

① 苏东坡《书黄鲁直画跋后三首》。
② 详见钱钟书《管锥篇》(中华书局1979年版)及日人中村茂夫《中国画论的展开》(日文版，昭和四十年中山文华堂出版)。

绘画实践的具体情形来更充分地说明这一问题，对于"六法"也没有从绘画角度出发作完整深入的具体解释。我想就这方面谈谈谢赫的"六法"。

先从文字上谈谈我的意见。

张彦远及郭若虚在引用谢文时，每法序数之后都有一"曰"字。文理顺当。试参照其他方面论述的这种类型的文字来看：

> 为例之情有五：一曰微而显；二曰志而晦；三曰婉而成章、四曰尽而不污；五曰惩恶而劝善。（《春秋序》）

> 诗有六义焉：一曰风、二曰赋、三曰比、四曰兴、五曰雅、六曰颂。（《毛诗序》）

> 若总其归途，则数穷八体：一曰典雅、二曰远奥、三曰精约、四曰显附、五曰繁缛、六曰壮丽、七曰新奇、八曰轻靡。（《文心雕龙·体性篇》）

此类例子不胜枚举，可见在这样类型的文字结构中，"曰"字是不好省略的。所以我倒认为谢赫原文中不会省略"曰"字。《古画品录》现存各种版本均赖张彦远的抄录而传，其中无"曰"字，很可能是张彦远抄录时遗漏了"曰"字。郭若虚的引文虽与张彦远略有不同，但"曰"字却是都有的，这也是一个佐证。至于"是也"两字，从现存各本来看，均无脱漏，可见是谢赫文中原有，这也是齐梁间论文著作中常用的语气和句型。例如：

> 故立文之道，其理有三：一曰形文，五色是也；二曰声文，五音是也；三曰情文，五性是也。（《文心雕龙·情采篇》）

> 图载之意有三：一曰图理，卦象是也；二曰图识，字学是也；三曰图形，绘画是也。（《历代名画记》引颜延之语）

至于张彦远和郭若虚在引文中没有"是也"二字，可能是一种脱漏。

这样，谢赫关于"六法"的一段文字应当是如此：

> 六法者何？一曰气韵，生动是也；二曰骨法，用笔用也；三曰应物，象形是也；四曰随类，赋彩是也；五曰经营，位置是也；六曰传移，模写是也。

这与前面那类文字的语气、句法和用意都是相似的，这样的归纳也是在当时文艺批评的风尚下对文艺规律探求的结果。这样一来，"六法"就有了与现在的理解显著不同的新含义了。

再从当时的绘画实践出发，谈谈我对谢赫"六法"含义的理解。

从"六法"本身的总结提出来看，它必须符合下列几方面的实际情况：第一，"六法"既是绘画方面理论的归纳，那么它包含的具体内容，一定与当时绘画发展有关，并对当时的绘画实践有一定的总结及指导作用；第二，谢赫将"六法"作了排列，它们的顺序及对各法的理解，当与谢赫的绘画评判标准有一定的关联；第三，"六法"在品评绘画文章的序言中作为艺术方面的原则被提出来，也与谢赫在品评中的褒贬所反映出的绘画美学思想相符合。只有在这三个方面都能比较完善地解释清楚，才能进一步明白谢赫提出"六法"的意图及"六法"在当时的具体内容。

现将这三方面的问题综合起来对谢赫所谓的"六法"作一个初步的剖析。

依上文的断句来看，"六法"就是依次指的气韵法、骨法、应物法、随类法、经营法、传移法了。这"六法"正是当时绘画中六个最重要的方面上画法之归结，在当时和更早时期的画论著作与论画文章中，有关这六个方面的名目或内容都有所提及，只不过未将其总结而冠以"法"的称谓。谢赫将它们依次提出并作了一定的阐述解释，使它们具有了一定的评判准则。

从东晋到《画品》成书之前的二百来年中，我国绘画的发展正处于人物画为主、其他画类开始出现及逐步形成的阶段。谢赫就是当时最有影响的人物肖像画家之一。姚最评论他时说道："别体细微，多自赫始，遂使委巷逐末，皆类效颦。"并称赞他"中兴以来，象人为最"。可见他对当时绘画的影响及其成就了。他对"六法"的总结,也就是从人物画的实践出发来解决这方面的创作和品评问题。既然是针对人物画而言,画中人物的描绘便是最重要的部分,所以谢赫将关于人物描绘方面的"气韵法"和"骨法"放在第一、第二位提出来。本来,"气韵"和"骨法"是魏晋时代人物品评中评论人最重要的两个方面。"气韵"方面的品评,主要是指对于人的气质、格调、才情、风貌等内在精神状态的评定;而"骨法"则是指人的身材、比例、形体、肥瘦等外貌结构方面的评定。从《人物志》到《世说新语》,从更早一些的《论衡·骨相篇》到梁朝的《相经序》等文的记载和议论中,我们都可以看出,这两方面的评议是判断人物美丑的最重要标准。绘画要描绘人物,首先要涉及这两方面的描绘。早在顾恺之的画论著作中,就指出了要在绘画中表现人物的神态及思想感情,提出了"传神"的理论。谢赫作为一个人物画家,又怎么能避开这样的现实要求呢?于是,他将"气韵法"和"骨法"归结成绘画中最重要的两法。他认为"气韵"主要是指人的风韵风度,这是活人的特征,也是人之所以有各种表情神态的根本。所以他觉得在人物画中,"气韵"只有靠描绘出人特有的神情状态才能表现于画面上,这种认识是与当时对绘画上人物神态的描绘要求相符合的。早在顾恺之的著作中,就提到了画人要使观赏者感到"览之若面",强调要画出"生人",批评了"不尽生气"的画法。谢赫正是继承了这些观点,才进而提出了"气韵,生动是也"的说法,提出了"描绘人物而使之产生动势"(在这里的"生"乃与"用笔"的"用"字相似,使动用法)才是表现"气韵"的最好手段。因而画面上人物生动与否,自然也成了评论"气韵"方面的重要准则。谢赫自己就批评丁光的画是"非不精谨,乏于生气";他也在评论中说过"风范气韵,极妙参神"的话,只要风范气韵刻画得极妙,就会达到"参神"的地步了。这些评价是与谢赫对气韵的理解相一致的。谢赫所以提出了"气韵,生动是也"而没有沿用当时的"传神"之说。那是因为由于当时遍及朝野的"神灭神不灭"之争,已使"神"这个在绘画中原来指人的神情状态的概念渐渐有了更多其他的含义,同时华绮服饰的讲求又使人更加注意到人物的体态和风貌。这样,"气韵"的概念就比"神"的概念有更多易于在绘画上表现的具体形象。因而谢赫选取了"气韵,生动是也"的说法,来指导和评论人物神态表情方面的描绘了。

对于人物形体方面的造型描绘，谢赫将其归结到"骨法"之中。"骨法"也是沿用了魏晋以来"相人之说"中的称谓，从顾恺之开始就在画论中被作为人物造型方面的要求而经常提及，谢赫继承了这些理论，加上他追求"目想毫发，皆无遗失"的描绘，因而"骨法"就被作为造型描绘中最重要的范畴了。那么，谢赫将其与"用笔是也"联系在一起，又该如何理解呢？我认为，在绘画上，最初的"用笔"这一概念，并不像现在这样，主要指的是笔法的讲求。在当时绘画的发展阶段，国画上许多用笔的技巧和方法尚未被认识总结出来。所以"用笔"虽然也含有指运笔的轻重缓急这一层含义，但主要并非指靠使用这种笔法来描绘出不同的线条、皴法及其他用笔上的技巧，而是指使用画笔完成造型过程而言。从现在的画迹和记载中可看出，当时的绘画，都是先采用线描来完成造型轮廓，然后再在轮廓线内平涂或晕染色彩来加以完成的。在由许多人共同完成的壁画制作或复制较多作品的摹拓制作中（这些在当时都是重要的绘制方式），造型线描过程往往由水平较高的教师或画家用笔来进行，而着色过程则由其弟子或工匠用笔或其他工具轮流完成。现存的敦煌、酒泉等地此期的壁画及墓葬画中，可见到只勾了轮廓线的、着了部分色的画，还有勾了轮廓线并在其中注明了"工"（红）、"坴"（黄）、"才"（褚石）等代表色彩简字而没有着色的画，都可以从中看出这种作画的程序。在这个作画的程序中，轮廓造型线的描绘过程，也就是指的"用笔"的过程'，而上色的过程就被称为"敷彩"或者"赋彩"了。在人物画中，人体造型的描绘，也就是"骨法"方面的问题，当然是取决于"用笔"了。不但谢赫自己在画论中多次论及"骨法"方面的评价，在当时几乎每一篇画论中，都有"骨法"方面的论述。谢赫就是从这样的绘画实践中，归结出了"骨法，用笔是也"来。

人物画最初是以描绘人物的形状和动态为主的，几乎不涉及背景的描绘和环境气氛的渲染。顾恺之在提出了"传神"理论后，人以外的物体之描绘才渐被重视，广泛地作为人物画中的背景衬托了。顾恺之在《论画》一文中已分别将人物、山水、狗马、台榭等物列出并论及画它们的难易，他画谢鲲时也有"此子宜置岩壑中"的设计。谢赫继承了这些观点,将有关这一方面的描绘分别归结到"应物法"和"随类法"中,将其排列在仅次于人物描绘的第三、第四位了。在这里,"应物法"是指人物之外的其他描绘对象的造型描绘而言,"随类法"则是指这些东西的质地描绘而言。它们在当时对绘画的认识中是既无气韵、又无骨法的对象,描绘它们,只要通过其性状的表现就可以了。"随类法"中的"随"字,亦可能是"隋"字之误①,"隋类"即分类。"随"字也可解释成依顺,"随类"即依不同的对象而归类。早在汉代,就有"象形者,画成其物,随体诘诎"(《说文序》)及"事各缪形,随色象类"(《鲁灵光殿赋》)等说法。略早于谢赫的画家王微在《叙画》一文中亦有"然后宫观舟车,器以类聚;犬马禽鱼,物以状分"的论述,这与"应物法"和"随类法"是有着类似的含义的。谢赫在绘画上追求"点刷精妍,意存形似",因而他对物体的描绘要求造型准确,对色彩追求精妍。从他这样的画风来看,从当时在完成线描后按一定类别对象来着色的绘画程序来看,谢赫提出:"应物,象形是也"及"随类,赋彩是也"的说法,(按:赋彩一作敷彩,我以为更恰当一些。)也是可以理解的。

那么,现在看来非常重要的有关布局结构的"经营法",为什么被放在第五位呢?这也与人物画实践有关。尤其是谢赫,作为一个肖像画家他"写貌人物,不俟对看,所须一览,便归操笔"。并且"丽服靓妆,随时改变;直眉曲鬓,与时竞新"。所以有关整个画面的结构对他反而显得不十分重要。同时,在人物画中,整幅画的构图主要是靠人物之间的位置关系所决定的,顾恺之早就重视了这方面的描绘,并提出了"不可改易阔促、错置高下","不可空其实对"等有关构图的见解。谢赫进一步将其归纳成"经营,位置是也",是非常合符于这样的绘画实际情形的。

"传移法"在当时也是最重要的绘画制作方法之一,在复制同一题材的作品时,在将粉本拓在墙上绘制壁画时,都离不开"传移法"。从记载上我们也可看出,

---

① 随、隋二字,在隋代以前通用。隋:《说文》、《广韵》均解作"裂肉也",引申为分,故"隋类"即分类。

传移有用针钉眼再扑粉,有蒙上薄纸直接描摹等多种方法,顾恺之就专门写过论述这方面画法的《摹拓妙法》一文。谢赫所处的时代,正是卷轴画蓬勃发展的时代,一般文人专业画家已渐渐从壁画创作转入专门从事卷轴画创作,就是画壁画,也以在纸绢上创作粉本为主。谢赫又是个以画时人肖像为主的卷轴画家(画史上没有过他与壁画有关的记载),经常靠观察和记忆作画,所以,他最后才列举了"传移法",并仅仅以纸绢上模拓的方法来加以阐述,提出了"传移,模写是也"的说法了。

这样一来,文中论及"六法"的"是也"两个字,既是针对每一法作具体说明时语气上的强调,也含有以此说明来判断画法中优劣标准的意思。这两种含义,加上"六法"的排列顺序和对它们作具体说明的各法,都能表示出对于绘画优劣的评论准则,这种准则与谢赫的画风是一致的。再仔细看看谢赫的整篇文章里,也多次出现了气韵、骨法、传移等方面的评论,其评语也与上面提到的那些判断相一致。"六法"经过谢赫这样着重提出,它就有了较完整而统一的含义及批评标准。谢赫将它们在自己品评绘画著作的序言中提出,那是非常恰当的。同时,以上提到的各法之称谓,不但在当时的许多著作中都有提及,而且在张彦远之前的彦悰、李嗣真、张怀瓘等人的画论中也不止一次地提到,完全不像现在所谓的"六法"中各法的称谓那样,一次也没有出现过。这一点也证明了"六法"是与当时绘画实践有着密切联系,并对绘画实践有着一定指导作用的。

总之我觉得,按这样的断句来分析和理解"六法",更能反映出它们之间的联系及统一特征,各法的含义也较为清晰明确,比较合于当时历史条件下绘画发展的具体情形,因而更合符于谢赫总结"六法"的意图。至于其中各法更深入详尽的讨论以及它们发展变化规律的探索,那已远不是我这篇文章的篇幅所能阐述清楚的了。

那么，应该如何看待现在所称谓的"六法"呢？

我觉得，现在对于"六法"的习惯称谓，正是古人在研究"六法"时，根据他们所处时代的绘画发展实际而在原有"六法"基础上形成的新概念。这些概念在绘画发展过程中又经过了长期的研究讨论和不断补充，已赋与了许多更新的含义，形成了新的理论范畴了。对它们的称谓去作考据式的订正，是没有多大现实意义的。

本来，在绘画发展过程中，许多画论上的概念都在不停地发展充实或被淘汰。南北朝时期仅仅对人物画实践而提出的"气韵"、"骨法"的概念，到了唐、宋时山水、花鸟画成熟之际，"气韵"的概念自然要扩展到人物以外的对象描绘之中；当画家在绘画过程中的主观能动性被发现和进一步强调时，"气韵"又被扩展到画家主观的气质这一范围。作为人物结构称谓的"骨法"，也与绘画技法上笔法的总结而与"用笔"联系起来，因此产生了"气韵生动"和"骨法用笔"的说法。那些原来广泛运用的"传移法"也随着壁画的渐渐退居次要位置和对创作上立意的重视而成了"画家之末事"的"传移模写"了。这种发展变化是必然的。就是在现在，"气韵生动"不是经常被更多"写意"的理论所充实，"应物象形"受到了许多的挑战，而"随类赋彩"和"传移模写"则几乎是名存实亡了。关于这类现象的论述和研究，那又是另一个广阔的课题了。

所以，我们在研究绘画理论、尤其在研究理论发展的历史时，一方面要将其放在一定的历史条件下的特定范围中去搞清它们的具体内容及作用，避免造成概念与实际情况的背离而失去了它们的本来面目。另一方面也必须注意到理论本身也在不停地发展，还必须认真地弄清其变化过程及发展规律。只有这样，才能进一步发挥它们对实践的总结和指导作用。本文的目的也在于此。

1981年2月初稿于桂林

1981年10月改稿于北京

# 魏晋南北朝时期"传神论"发展的几个阶段

"传神论"作为中国画的基本理论,已逐渐被其他的部门艺术所重视。对它的研究,直接影响着艺术欣赏、艺术批评及艺术创作,具有重大的理论意义和现实意义。

"神"作为一个美学概念、"传神"作为一项艺术要求、"传神论"作为一系列美术理论被提出来,这是魏晋南北朝时期绘画史上重要的理论成果。本文想就这段时期"传神论"的形成和发展,作一个初步的回顾和探讨。

在探讨这些问题时,一方面既要将其放在一定历史条件下的特定范围中来弄清它们的具体含义,了解它们所指的真实内容,避免造成概念与实际情况的背离而将其本来的含义搞得混乱不堪;另一方面还必须注意到这些问题的本身也在不停地发展,不断出现新内容和新含义,因而我们还应该弄清其发展规律。只有这样,才不至于将"传神论"中那些艺术原则看成了陈旧的古董或者僵死的教条,以便更好地指导今天的艺术实践。

魏晋南北朝时期是我国绘画发展的关键时期。在这个时期中,出现了较多专业文人画家,形成了画家队伍中各自的师承,产生了不少绘画理论著作,史称画家四祖的"顾、陆、张、吴"四人中,就有三个活动于此期;绘画发展至此,已成为最重要的一种部门艺术了。"传神论"在这段时期中的发展,还处于比较"纯粹"的绘画理论范畴之中。因此,通过此期绘画理论的研究,可以归纳出"传神论"形成初期时的发展规律。

现在,我们就以这个时期中的画论著作为主要依据来讨论一下这个问题。

迄今为止,已知现存此期较完整的画论著作七篇以及散见于其他典籍中的一些论画文字。另存一篇传为梁元帝作的《山水松石格》,已被历来的研究者们公认为伪托之作,故不将它列入。现将这些画论的篇名、作者、成书年代及产生区域按次序列表如下:

**今存魏晋南北朝画论一览表**①

| 画论名称 | 作者及生卒年代(公元) | 作者生活区域、朝代 | 成书年代(公元) |
|---|---|---|---|
| 画赞序 | 曹植(192~232) | 北方 曹魏、晋 | 227年前后 |
| 论画摘句 | 陆机(261~303) | 南方 东吴、晋 | 285年前后 |
| 孔子十弟子画赞序 | 王廙(274~322) | 南方 东晋 | 318 |
| 论画② | 顾恺之(344~406) | 南方 东晋 | 385~405 |
| 摹拓妙法③ | 顾恺之(344~406) | 南方 东晋 | 385~405 |
| 画云台山记 | 顾恺之(344~406) | 南方 东晋 | 385~405 |
| 画山水序 | 宗炳(374~443) | 南方 东晋、刘宋 | 433~443 |
| 叙画 | 王微(414~453) | 南方 刘宋 | 441~453 |
| 述画 | 孙畅之(不详) | 北方 后魏 | 500年前后 |
| 画品④ | 谢赫(约464~546) | 南方 宋、齐、梁 | 532~546 |
| 续画品⑤ | 姚最(536~603) | 南、北方 梁、周、隋 | 550~551 |
| 刘子论画摘句 | 刘昼(514~565) | 北方 北周 | 550年前后 |
| 颜子论画摘句 | 颜之推(531~590后) | 南、北方 梁、北齐、周、隋 | 580年前后 |

从表中不难看出:此期七篇较完整的画论全部产生于南方,并且较集中地分别成于三个阶段,每个阶段又各处于一个世纪之中:《论画》、《摹拓妙法》及《画

---

① 可参阅《现存魏晋南北朝画论考订》。
②③ 可参阅《今存顾恺之画论的辩名》。
④⑤ 见《现存魏晋南北朝画论考订》一文中注释。

云台山记》是四世纪末期东晋时的画论。《画山水序》及《叙画》是五世纪上半叶末期刘宋时的作品。《古画品录》及《续画品录》则是六世纪中期齐、梁间之画论。其他的论画文字也基本产生于南方,又分别成于这三个阶段的间隙中,弥补了部分时间上的空白。这样一来,此期画论著作的发展状况就可见一个初步轮廓了。

我们就按照这些画论产生的时代,将此期"传神论"的发展过程大致划分成三个阶段。

(按:后面有关画论的引文,除注明出处外,均为上面表中之画论里所引出,引文标点为本文作者校刊。)

## 一 顾恺之阶段

这是"传神论"在绘画艺术中初步形成的阶段。"传神"作为绘画要求,最早是以"写神"或"传神"二字出现于东晋画家顾恺之的《摹拓妙法》一文中,因此,我们就把这个阶段称之为"顾恺之阶段"。它大约经历了公元400年之前从曹魏到东晋的一段时间,主要是公元307年晋室南迁之后约一百年的时间。这是一个对汉末那种"出门无所见,白骨蔽平原"的动乱记忆犹新的年代,是一个经济上逐渐回升繁荣的年代,是一个思想上异常活跃的年代。顾恺之就生活在这个年代里。

为了更好地理解顾凯之的理论,有必要追溯一下在此之前绘画理论的发展状况。

魏晋之前,绘画主要是"设色之工"所从事的职业,属于"百工之范",因而并未产生较完整而独立的绘画理论著述。关于绘画的讨论,综合起来,有两个方面的论述应当引起重视:一个是"狗马难图,鬼魅易作"的观点,认为"狗马旦暮侵于前,不可类之,故难"。正是从绘画的"存形"特征和"求形"要求出发来反映了"事实难形,虚伪不穷"的思想。另一个是关于绘画功能的认识。强调了绘画的礼教作用,不但昔夏之"铸鼎像物"是为了"使民知神奸"(《左传》),就是孔老夫子观明堂之壁画时,也要告诫同行的人说:"此周之所以盛也,夫明镜所以察形，往古者所以知今。"（《孔子家语》）这两个方面的美术观，从先秦到后汉都时有提及，在魏晋之前已经形成比较系统的观念了。直到魏晋之初，有关的绘画理论还是这些观点的继续。无论是曹植提到的"存乎鉴戒者图画也"，还是陆机所认为的"丹青之兴，比雅颂之述作，美大业之馨香"以及"存形莫善于画"的论点，都仍然是在强调着绘画的礼教作用及其存形的功能。与这两方面相比之下，其他一些有关绘画论述的文字，不过是借论画作"比、兴"而意中别有所托罢了。如庄周谈"解衣般礴"其意在"不役于身"；孔丘言"绘事后素"乃比之"言必先《诗》"；韩非记"客画莢荚"实为明"事之主次"；淮南论"谨毛失貌"也无非要"莫外寻常"等等。由于这些理论缺乏系统的论述，在绘画方面并未引起重视，对绘画发展的影响也显得微乎其微。

　　从绘画发展的实践来看，也是与上述理论相适应的。为了"使民知神奸"，所以那些高高在上的神祇都是些奇形怪状、虎头豹尾、乳目脐口、狞厉森严的"虚伪不穷"之物；而为了达到"存乎鉴戒"的目的，画中的人物描绘，也是重其功绩伟史，多以其形状姿态及事件过程的铺张描绘来表现他们"各有善恶之状"。这样一来，绘画便常常以"图腾化的神"或"神化的人"之面貌出现，追求表现文学性情节，追求"比雅、颂之述作"的功用。使绘画几乎成了一种类似于文字说教的附属物一样的东西。难怪王充对此要发出"古贤之遗文，竹帛所载灿然，岂徒墙壁之画哉？"（《论衡·别通篇》）的感叹了。

　　然而，从汉末到魏晋之初，被那动乱的社会和人生所驱使着的绘画实践，再也找不到正统的"神"的天堂，人生无常的现实教训要比以往那些图画中所存的任何鉴戒都有力得多。逃避现实苦难的要求，促使了人们思想的解放超脱，也促使着艺术的解放自由。绘画开始追求新的对人生的描绘，即便对于那些古老的题材和阴湿墓壁上行乐图的铺陈，也因为渗透着对安定生活的向往和仰慕而使那些贤君名臣、英雄列女和神灵怪异们渐渐地脱离了"四门之牗"，更多地带上了人们的现实情调。我们来看看刘宋之前那些被各种画史著录过的画迹的统计吧：晋代的绘画作品共著录了一百四十七件，其中神话宗教题材的作品只有十六件，而描绘当时人物肖像的作品却有十七件，其中甚至有王羲之的《临镜自写真图》；在作为重要绘画内容的六十七幅人物故事画作品中，也不乏描绘当时风土人情的作品，如司马绍所作的《人物风土图》、王廙作的《吴楚放牧图》及《村社齐屏风》等等，就连《胡人弄猿》及《嵇阮十九首诗》的题材，也被列入画中。再看看现在尚能见到的几处画迹：嘉峪关出土的约在公元240—280年间的魏晋墓中，一下子就镶嵌了六百多块描绘活生生的人的活动场面的砖画，人物神情各别，内容现实生动，虽然此类题材在汉代甚至更早也出现过，但在墓葬中一下子出现这么多，又占据着这么主要的位置，这是前所未有的；酒泉丁家闸出土的此期墓室内，居然画上了一只神情惊异的猫在偷看一个裸妇扫场院，这是神明能容许的吗？而在江苏南京等地发掘的墓壁上，那些无功无禄、不礼不德、非圣非贤的"竹林七贤"却以自己的放浪形骸及才情性貌被作为了当时所推重的人与人格的表率，占据了原来被神仙异灵、忠臣义士们充斥的天经地义的地下殿堂。这些对象，一般没有什么丰功伟绩去供人们渲染，他们只以个性和风貌去激起人们的钦敬，因而原来那些擅长铺陈动作和描绘情节的绘画形式，不可避免地要受到新题材和内容的挑战，促使人们对绘画上新的表现形式去探求，也必然导致着产生新的绘画见解。东晋初年，号称"江东书画第一"的王廙提出了"书乃吾自书，画乃吾自画"的风格。同时，他还提出"学画可以知师弟子（按：指画中的孔子十弟子）行己之道"的观点。这个所谓的"行己之道"不正是强调了不同于"存乎鉴戒"和"存形"的绘画目的吗？不正是强调了绘画对于主观人生的积极作用吗？这些理论，都是与以往对绘画的认识所不相同的新见解，这正预示着绘画将要出现一次新的突进。所有这一切，就是"传神论"提出之前绘画上的状况。

就在这样的状况中，顾恺之以自己的绘画实践和理论，初步提出并阐述了"传神"方面的许多问题，从而开创了我国绘画中"传神论"的理论范畴，把中国画的发展推到了一个新的阶段。

顾恺之的首要功绩，就在于他将原来有着多方面含义的"神"这一概念，最先引入到绘画中，从而赋与了这一概念更新的美学含义。那么，顾恺之在绘画中提出的"神"是指的什么呢？关于顾恺之本人对"神"的论述，有一段话历来未引起重视,这段话出自《画云台山记》一文中。实际上,正因为此文是顾恺之为创作一幅作品而写的构思设计,所以更能体现出他对绘画的某些见解。他在设计此图中三个主要人物张天师及其徒弟王长、赵升的画法时写道:"画天师瘦形而神气远,据涧指桃,回面谓弟子;作王长穆然,坐答问,而赵升神爽精诣,俯眄桃树。"在这里,"瘦"、"据涧指桃"、"回面谓弟子"以及"坐答问"、"俯眄桃树"的文字设计,都是为了要画出"形"来,而"远"、"穆然"及"神爽精诣"才是指的"神"的面貌。在这里我们不难看出,顾恺之在绘画中所谓的"神",首先是指画中人物的精神状态及神情特点。这种"神"是有别于对象的外形及动态等原来所谓的"形"的。再看看顾恺之在《论画》中所提到的"神瞩茫然,居然有得一之想"以及"亦以助醉神耳"中的"神",也是这一种含义。从顾恺之自己所写的《画赞》来看他对人物表现的追求,也可以看出他所追求的"神"正是指的这层含义。他画山涛时是要画出那种"有而不持、无所标明、淳深渊默",而使"见者莫能称谓而服其伟量"(转引自《世说·雅量》),画王衍是要画出那种"天形瑰特、岩岩秀峙、壁立千仞"的样子(转引自《晋书·王衍传》),这些描绘都是指人的思想活动和心理状态,它们是要靠人物的表情神态才能传达的,这不就是顾恺之所谓的"神"吗?再从后人对于顾恺之绘画的评价来看,唐张怀瓘评他的画是"象人之美,顾得其神",张彦远也说他画的维摩诘像"有清羸示病之容",宋黄伯思说他画的"三车之士方纵擒驰骋而神韵闲安,若中礼容"。就连大诗人杜甫也称赞他画的"金粟影"因为"神"妙而"独难忘"。从这些评论中也同样可以看出,画中人物的神态及表情被顾恺之作为绘画中所谓"神"的重要含义了。顾恺之对"神"的这一理解,正是当时人物肖像画的实践所亟待解决的重要课题。由于在当时作为最重要画种的人物画中,对于人物神态的表达,直接影响着整个画面的艺术表现,因而顾恺之所谓的"神"便又有了一层更深的含义,它还意味着整幅绘画作品甚至于整个绘画风格中那种"不寻常"的艺术情调与气氛,也就是所谓的"神仪"。当绘画达到了这种境地时,顾恺之称之为"善",否则,就是画得再好,也是不完美的。要求达到这种"神"的表现,就是要求创造出一种前所未有的艺术境地,这同样是当时的绘画实践对画家们提出的艺术要求。后来的人在讨论顾恺之所谓的"神"时，常常对其含义有所偏废，实际上，在以人物画为主的顾恺之那个时代，这两层含义是不可分离的。

因此，顾恺之所追求的"传神"，就是指画中人物神情的表达及整幅作品艺术情调的体现了。如此说来，是否在顾恺之以前的绘画就不追求这些呢？当然不是。在魏晋之前，对这目标的追求是自发的，而到了顾恺之阶段，则逐渐自觉地追求它们，因而在认识的深度和广度上都有了质的不同，这就是当时所谓的"古画皆略，至协始精"了。从我们现在能看到的汉以前的绘画与此期绘画来比较，这个"略"和"精"主要是指略于神气和精于神气，而并非专指形色而言。顾恺之作为卫协的弟子，继承了卫协这方面的做法，自觉地、有意识地追求"传神"，将"传神"作为绘画的主要要求，并将其提高到理论认识的高度，使"神"这一概念具有美学上的意义，从而能指导其后的艺术实践，这正是他超过了他的前人之处。

为了达到"传神"的境地，顾恺之总结了不少"传神"的手段，提出了不少有关"传神"的见解。

首先，顾恺之提出了自己对"神"和"形"的见解。他认为自己所追求的"神"，不能仅仅依赖他之前那些所谓的"形"来表达了。在顾恺之之前，绘画中的"形"就是指对象的体态、相貌和姿势；"求形"问题就是主要指的"画得像不像"，这正是长期以来被当成对绘画正统认识的"狗马难、鬼魅易"这个论点的主要依据。顾恺之所指的"形"，也正是局限于这层含义中。他在文章中所谓的"兢战之形"、"尊卑贵贱之形，觉然易了"、"人形不如《小列女》"、"不见京镐，作山形势者"等等"形"，都是这种含义。魏晋时期的绘画在这方面的"形"的描绘已逐步得到解决。顾恺之如果仅仅满足于这种"像不像"的"形"的追求，他就不会再提出"传神"的问题了。他觉得作到了"象形"的画，虽然能给人以一种"美"的感觉，但却达不到"善"的效果。他在《论画》中提到的"细美"、"怜美"、"美好"、"美丽"等，都是对于这种外貌描绘"像不像"的评价。他把这种"美丽之形"也当成了一种技术的标准，将其与"尺寸之制"、"阴阳之数"、"迁妙之迹"相并提，指出这是"世所并贵"的。而他自己却并未满足于此，他提出"不可惑以众论"和"必贵观于明识"，进一步追求"生气"的表达，追求画出活生生的人物来，使观看者感到"览之如面"。他对那些虽然象形但缺乏生气的作品，认为它们是"虽美而不尽善"，他批评《小列女》画得"不尽生气"，批评《壮士》画得"恨不尽激扬之态"，批评画被刺的秦王"复太闲"而蔺相如则"恨急烈，不似英贤之概"，批评《嵇轻车诗》画得"容悴不似中散"；而对那些重视了生气表现的画，他就称赞，他称赞画出了"神属冥茫"的《伏羲神农》一图"居然有得一之想"，称赞"览之若面"的《龙颜》一像画得"超豁高雄"，称赞在《醉客》一画中"作人形骨成而制衣服幔之"的画法是"亦助醉神耳"，他赞赏卫协的作品，主要是因为它们画得"有情势"，就是对于"腾罩如蹑虚空"的《三马》，他也道它们"于马势尽善也"。由此可见，顾恺之是特别强调表情及神态的描绘的，这正是原来那些"形"所不能胜任之处。他自己就明明白白说过"四体妍蚩，本无关妙处"的话，在这里，所谓的"四体妍蚩"正是原来的"形"所要表现的东西，而所谓的"妙处"，才是顾恺之所追求的"神"之所在，这个"妙处"是与"四体妍蚩"没有多大关联的。这种观点，正是和他的老师卫协那种"虽不该备形似，颇得壮气"（谢赫语）的画风一脉相承的，从北魏孙畅之对于顾恺之"画冠冕（按：指成年当官男子，泛指人物）而亡面貌"的评价中，我们也可见此之一斑。

当然，顾恺之的"传神"主张与"形"的描绘并非不相容的，他自己也并不反对"形"的追求，他自己就批评过画《小列女》时"又插置丈夫肢体，不似自然"的做法，谢赫也说他的画是"格体精微、笔无妄下"。但是，仅仅以此为据或者因为顾恺之文中出现过"以形写神"四个字就断定顾恺之是主张以"写形"来达到"传神"的绘画目的，这也是不合符当时的实际情况的。让我们再看看历来最被人们重视的另外两段顾恺之关于"传神"的论述：

> 其余诸像，则像各异迹，皆令新迹弥旧本：若长短、刚软、深浅、广狭与点睛之节，上下大小浓薄有一毫小失，则神气与之俱变矣。

人有长短,今既定远近以瞩其对,则不可改易阔促、错置高下也。凡生人亡有手揖眼视而前亡所对者,以形写神而空其实对,荃生之用乖,传神之趋失矣;空其实对则大失,对而不正则小失,不可不察也。一像之明昧,不若悟对之通神也。

长期以来搞错了这两段引文的篇名,以为这是顾恺之论画的文字,对其含义有了些误解。实际上,这两段话都出于顾恺之《摹拓妙法》一文中,我们不能离开全文的宗旨来理解它们。①

第一段引文中的"若长短、刚软、深浅、广狭与点睛之节,上下大小浓薄有一毫小失,则神气与之俱变矣"一句,明显地是指在摹拓过程中必须注意"皆令新迹弥旧本"而言,告诉拓画者不可使拓画用的素绢上所拓出的新迹与原来的旧本有一丝一毫的错脱,否则就会与原作的风貌有所距离。这里的"上下大小"等并非指绘画过程的"写形",也没有当时所谓有的"写形"的含义,而是指的拓出的画与原作的形状是否相同;这里的"神气"也不是指创作过程中的"传神",而是指原作的风貌。

第二段引文,也是强调在摹拓过程中,不可改易原作中人物之间的高下阔促而使得他们原来既定的位置不同,使得拓出的画失去了原作的面貌。在这段话中,俞剑华先生认为"荃"是"全"之误,我认为是有道理的。顾恺之在其它文章中,常用"不尽生气"等说法,在此文中也有"凡生人亡有手揖眼视而前亡所对者"的话,他所谓的"生",当是指的生气、生动,也就是指"活生生的人"所具有的特征,这正是他认为的"神"之所在处,这段话中的"荃生"是不可解的,可能是"全生"之误。"全生"就是指"全生气",和"尽生气"是一个意思,这样,与后面的"传神"是并列的同结构的语气,于文理上也较合乎于被称为"才绝"的顾恺之的身份。在这里"以形写神而空其实对"是不

---

① 可参阅《现存魏晋南北朝画论考订》。

可分割的一个条件命题，它是"全生之用乖，传神之趋失"的前提。总的看来，顾恺之是在强调了人物之间的关系以及人的动作与神情之间关系的正确表达对于"全生"和"传神"的重要作用，所以他告诫摹拓者特别要注意这一点。他认为要是忽略了这点，也就是"空其实对"的话，"以形写神"是不可达到"全生"和"传神"的境地的。这怎么能将其误解成顾恺之仅仅强调"以形写神"呢？其实，早在汉代，就有人提出过"画西施之面，美而不可悦，规孟贲之目，大而不可畏；君形亡矣"的观点（刘安《淮南子》），指出了这种有"美"及"大"的"形"而使人感到"不可悦"和"不可畏"，是由于缺少了"君形"的缘故。这个"君形"不正是指的"形"之主宰，也就是神情的表达吗！顾恺之继承并发展了这一主张，感觉到只靠以往的"形"是不足以写"神"的，必须寻找新的绘画表现。

其次，顾恺之认识到对人物神情的刻画是"传神"的重要手段，而在这种刻画中，最重要的和最成功的，则是他总结提出的"阿堵传神"和"悟对"的理论了。

有人认为将"阿堵"解释成"对象的眼睛"是不确切的[①]。我认为，从顾恺之整个意思及他的许多创作实践来看，这种解释是确切的。通观这段记载的全文："顾长康画人或数年不点目精，人问其故，顾曰：'四体妍蚩，本无关妙处，传神写照，正在阿堵中。'"（《世说新语·卷五》）在这里，"目精"就是指眼之瞳仁，它最能随着眼球的转动而表现人的盼顾神情。顾恺之是在说明"为何数年不点目精"这个问题时作的回答，所以他说："传神写照"正在这个（数年不点的）东西中。顾恺之并没有靠不画眼睛来追求人物的神态，正相反，他是靠特别讲求对眼睛的刻画来表现人物神情而达到"传神写照"的。在这一点上，他也与卫协有着类似的观点。卫协画《七佛图》，"人物不敢点睛"（孙畅之《述画》）那是因为"七佛"是新的绘画题材，不同于卫协原来所画的《北风诗图》等题材，其中人物的眼睛是难于表现的，所以他才"不敢点睛"了。而顾恺之也是明白了眼睛难于表

---

① 详见王泷《顾恺之的"传神论"》一文。（文载《美术研究》1980 年第 3 期）

现的道理，为了仔细斟酌才"数年不点目精"的。画史上还有这一方面的记载：顾恺之在替"眇一目"的殷仲堪画像时，对殷的眇目作了"明点瞳子，飞白拂其上，使如轻云之蔽月"的精妙设计（事见《世说新语·卷五》）；而他常说的"手挥五弦易，目送飞鸿难"也正是与"数年不点目精"有着相同的意思。自古以来，眼睛常被认为是"心灵的窗户"，特别是在人物品评极盛的魏晋时期，"观其眸子，可以知人"（蒋济语，转引自《世说新语》）、"征神见貌，则情发于目"（刘劭《人物志》）等论调盛兴，可以为青白眼观人、目如点漆、双目闪闪如岩下电等等有眼神的人不断被标榜推崇。顾恺之要在表现人的神情时注意眼睛的描绘，当然是不容置疑的，正因为如此，他才认识到了"传神写照，正在阿堵中"。在洛阳出土的汉墓中"二桃杀三士"等壁画里，对人物形体描绘是简略的，但双眼描绘却是精细的。以双眼中的小圆黑点的不同位置，表现出人物的视线及顾盼神情，可见在更早的绘画中。画工们已从实践中明白了眼的描绘对神情表达的作用，顾恺之在前人实践的基础上和自己绘画实践的认识中，归纳出了"阿堵传神"的理论，主动去解决人物画发展中的这一重要的艺术关键，这是顾恺之在绘画上的一大贡献。至于顾恺之为什么不说"眼睛"而要说成"阿堵"，这可能是当时清谈的风气对他的影响而故意说玄一些，也可能是他那"痴绝"的诙谐性格促使他用了当时幽默的口语的缘故。

由于顾恺之注意了眼睛描绘的传神作用，因此他也非常重视眼睛与周围事物以及眼睛与四肢动态和面部表情的关系，提出了"悟对"的理论。他所谓的"对"就是人物神情所要寄托的对象，而且他认为"有对"是生人的特征，所以他说："凡生人亡有手揖眼视而前亡所对者。"同时，他还特别重视"实对"，也就是指画中人物手揖眼视的具体对象。正因为只有活生生的人才会以表情和动态去与周围的人和物发生联系，所以顾恺之才强调用"实对"来表现生人的神情。他认为"目送飞鸿"难画，正因为目所对的"飞鸿"是运动物体的缘故。他认为"有对"是"全生"与"传神"的重要表现手段，所以他格外强调要懂得"有对"的重要性，也就是所谓的"悟对"了。他说："一像之明昧，不若悟对之通神也。"这句话中，"明"和"昧"是指色彩的鲜艳暗淡、画面的明朗灰暗或者指人物描绘的清晰模糊等，但都是属于原来那些"写形"的范畴。这种"明"和"昧"的描绘，是不如懂得了"对"的道理那样能达到传神的境地的。这和他所说的"以形写神而空其实对，全生之用乖，传神之趋失矣"不是相同的意思吗？

以上这两种观点，我们还可以从顾恺之对卫协《北风诗图》的评论中进一步得到证实。这段评论俞剑华先生在《顾恺之画论释注》中校释错了一些关键之处①，现我将其中一部分重新校抄于下：

《北风诗》：亦卫手，巧密于情思，名作。……美丽之形、尺寸之制、阴阳之数、纤妙之迹，世所并贵。神仪在心，面、手称(chèn)其目者，玄赏则不待喻，不然真绝夫人心之达。

从中我们可见，顾恺之除了称赞"世所并贵"的"美丽之形"等方面"形"的描绘外，更赞赏的是"神仪在心"及"面、手称其目"的描绘。"神仪在心"是说神情的表达，是靠着统管思想的"心"来表现的，"面、手称其目"是指画中人物的面部表情和手势适合于他们的目光。这不就是顾恺之强调的不可"空其实对"和"阿堵传神"理论的具体解说吗！所以他最后说，只有这样的绘画，才会产生那种"玄赏则不待喻"（靠心灵的领会去欣赏，用不着依靠说明去了解）的艺术效果。这正是"悟对"和"阿堵传神"理论的实际运用效果。再看看现存的传为顾恺之所作的《洛神赋图卷》和《女史箴图卷》的摹本，从他对曹子建用手拨开从侍从而与洛神目光相顾盼的手、眼描绘中，从众侍从因未察觉洛神降临那种眼无所视、手无所托的痴滞神态的描绘中，从冯婕妤那种挺然持立、无所畏惧的蔑视黑熊的体态目光以及武士怒目刺熊的面部表情和眼神的描绘中，再从这些艺术珍品长久感人的艺术效果中，我们或许可以更容易明白"悟对"与"阿堵传神"的具体内容，从而进一步了解顾恺之提出的"神"与"传神"的具体含义。

---

① 此段文字，近代各种文章均按俞剑华先生校注引用。详见俞剑华《顾恺之画论研究》一书。其中与本文所校注不同之处，不再一一列举。

诚然，在当时人物故事画和肖像画为主的绘画实践中，强调"悟对"是为了更好地展示眼神的力量，而强调"阿堵传神"又必须明白"实对"的道理。顾恺之是深知它们有机的必然联系的，所以把它们同时提出来，给以极大的重视。它们在具体绘画实践中绝不是什么玄秘莫测的东西，而是被顾恺之从实践中总结上升而成的传神理论，而是可运用在绘画上的实实在在地见诸于画面的艺术表现。如果说这些依然还可以看成"以形写神"的话，那么，它也是顾恺之独创的更新的"以形写神"，它与此前的"以形写神"有着质的不同。顾恺之前的画家们，只能以描绘动作和姿态来"标志"人物的愚贤和"说明"人物之间的相互关系。顾恺之重视了面部表情，并通过视线去联结画面各因素之间的相互关系来表现人物的思想感情，不仅做到了画中人物（个人）有神，而且做到画面全局（人与人、人与物之间）有神、生动。他既把范围缩小到面部的表现，又把范围扩大到全图各局部相互关系的表现，发展了对人物精神状态的描绘，使对于"形"的描绘产生了一个质的飞跃，进一步指出了"以形写神"的新关键，达到了"尽精微、致广大"的传神效果。

再次，顾恺之还结合着时代的审美风气去改进艺术表现，充分发挥自己主观的联想，去进一步研究对象的体态、环境与其神情风度的联系，提出了"迁想妙得"的理论，使得原来那些仅仅以"状"表善恶的"形"的因素，也有了新的生命，起到了"传神"的作用。

关于"迁想妙得"，历来解释不一，有些人停留在字义的训诂上，更有些人则根据魏晋时代的思想潮流及顾恺之性格上的"名士"味将它和"谈玄"挂上了钩。我认为这都不是正确理解这一理论的途径。"迁想妙得"作为绘画上的理论被作为一个"苍生以来无"的画家顾恺之提出来，它应该对于绘画实践有一定的实际意义，它必定反映了一定的绘画上的规律。我们对它的理解，不应该只局限于字面的训诂之上，而且应该从顾恺之的其他绘画理论和绘画实践中去进一步考察，才能明白它的真实含义。

"迁想妙得"出于顾恺之《论画》一文中。这段话的原文是："凡画：人最难，狗马次之，山水又次之；台榭一定器耳，难成而易好，不待迁想妙得也。"

从文中我们可以看出，在当时山水、狗马等题材还处于人物画中的陪衬地位时，"迁想妙得"主要是针对人物画的要求而提出来的创作理论，那些有一定结构规矩的"台榭"，是用不着依靠"迁想妙得"就可以画好的。那么，顾恺之在实际创作中，又是怎样来体现"迁想妙得"的呢？

顾恺之根据时尚的审美趣味，联想到人物造型的改进，他非常注意人体造型与当时所谓的"骨象"之间的联系。他在评论中经常用了"奇骨"、"天骨"、"隽骨"、"骨法"、"骨趣"、"骨俱"等词语。他认为"作人形骨成而制衣服幔之"就能"助醉神"。在这里顾恺之所说的"骨"显然不是指线条结构，而是属于当时盛行的"相人之说"中的所谓"骨相"，其主要是指人的形体结构，骨相学将其按人的某些气质类型作出分类。但顾恺之首先将它与绘画中人物造型联系起来，特别重视了"骨"的描绘，促使人们去注意对象的形体、特别是头部与躯干的特点，从而更准确地抓住富有个性的形体结构。这种通过其他方面的学问而联想到绘画上典型特征的"传神"手法，不正是一种"迁想妙得"吗？

顾恺之还从对人物表现的需要，联想到对人物所处环境的描绘，强调通过这种描绘来烘托人物的神情。他在画"通简有高识，不修威仪，好易老，能歌善鼓琴"的谢鲲时，认为"此子宜置岩壑中"。他在《画云台山记》中，安排了许多山水树石及飞禽走兽来衬托画中人物的表现。再看看现存的《洛神赋图卷》中那些弱柳对曹子建迷茫思绪的烘托和那些云水对洛神飘逸神态的烘托，就更容易明白顾恺之在这方面超过他的前人之处了，这也是他的"迁想妙得"用于实践的结果。

顾恺之也非常注意人的形体和性格之间的联系，并发现其中有一定可寻的规律。为了要画出张天师"神气远"，他选取了"形瘦"的造型；要画出王长的"穆然"貌，他选取了"坐答问"的姿态。他注意了人的面颊与神气的关系，《世说新语》中记载了他画裴楷时颊上加三毫的著名故事。一般将"三毫"说成"三根毛"，这种解释是不确的。我认为"三毫"就是"三笔"，即用笔在面颊上画了三条细线。这样做的作用，是为了使裴楷的面颊略微显得下凹而清瘦，如同现在画瘦削的人时用线条画出面颊上的阴影一般。这与"画天师形瘦"而表现其"神气远"

是一样的道理。顾恺之以面颊的刻画来表现神气是很有见地的，这也是他在对各种人物面貌的观察体会中"迁想"而"妙得"的结果。直到现在，面颊削瘦的人还会给我们一种机灵精巧的感觉。难怪当时见了顾恺之画的"三毫"之后，人们"如有神明，殊胜未安时"了。到了宋代的苏东坡，还念念不忘顾恺之对面颊的处理，认为"传神之难在目，其次在面颊"。而僧惟真在画曾鲁公像不似时，也学顾恺之，在眉后加了三纹而使"眉扬面颊蹙者，遂大似"（详见《东坡全集》）。

以上这些，都说明顾恺之在绘画时，并不局限于一时一事的具体描绘，而是通过了他人他事的感染而体会出此事此物形态上的微妙变化及其作用，从而进一步将这些在绘画中表现出来，这正是"迁想妙得"的具体含义。"迁想妙得"也同样是绘画中的具体创作过程之一，丝毫也不是什么"谈玄"。同时，我认为这一理论已初步论及画家主观意识的联想（即迁想）在表现客观对象过程中的作用（即妙得），这对绘画过程的认识，也是一个理论上的提高。

最后，顾恺之为了达到"传神"的艺术境界，他还形成了自己独特的绘画技法，其中最有代表性的是他那"春蚕吐丝"般的线条及"行云流水"般的用笔。线的使用是我国绘画中最古老而又普遍的表现手段。从古帛画、古壁画及汉代画像石中的线条来看，各种线条的粗细、转折、运动都十分得当，说明我国很早就有了运用线条的极高造诣。但是在顾恺之以前，线条是由所表现的对象选择和决定的，很少具有表情及传神的作用，更不用说具有作者的个性特征了。顾恺之则不然，他打破了根据对象来使用线条的惯例，使线成了整个绘画中最重要的艺术要素并且具有了作者自己的特性。他选择了一种连绵不断的用笔，几乎抛弃了线条本身的粗细对比。从长沙出土的战国帛画及汉帛画上，我们可以发现较原始的这样的线描方式。顾恺之从传统中选取了它们，加以不断地提炼和改进，利用线条的流动和转变来造成一种古雅高超的飘忽气氛。他很少用线的转折，而是利用线条的弯曲盘回来产生一种紧劲的笔势。由于这些线条的成功使用，使得它们成了顾恺之最典型的艺术特色之一。张彦远说他的用笔"不可见其盼际，所谓笔迹周密也"，并且认为他的线条"紧劲联绵、循环超忽、调格逸易、风趋电疾，意存笔先、画尽意在，所以全神气"（《历代名画记》）。指出了顾恺之是刻意追求笔法的，也肯定了他这种追求能达到全神气的效果，这是深得其中三昧的内行评价。

所有的这些新思想及新手法造就的艺术效果，正是原来的"形"所不可企及的。因此，顾恺之虽然也同样地提到"凡画：人最难，狗马次之"，但他对此已不是再停留在"事实难形"的认识上，而是因为感到"传神"的不易了。

总之，经过顾恺之一系列的努力，奠定了"传神论"的基础，标志着中国画的发展进入了一个新的时期。"传神论"中所涉及的问题，不但加深了原来关于绘画特征与绘画社会功能的认识，还提到了绘画对现实的反映、绘画创作法则、绘画题材与手法的关系、绘画批评等方面的一些问题，使得中国画理论得以初步完善。顾恺之的"传神论"主要是针对客体对象的更新的艺术要求，但它也指出了必须超越作为描绘对象的具体事物的范围，去从更广阔的认识中把握较深一级的造型规律，并初步看到了画家在描绘过程中的主观能动作用。虽然"传神论"是产生并作用于人物画的领域，但它必然会以自己的科学性及合理性去影响后来形成的画种及其他部门艺术。这一切属于未知的新领域，正是"传神论"应用发展的广阔世界。

## 二 山水画形成初期阶段

从东晋末期到刘宋末年，即公元五世纪的前八九十年间，"传神论"的发展进入了此期的第二个阶段。绘画在这个阶段的发展，有一个重要的特征，那就是出现了"纯粹的"山水画，所以我们就把"传神论"的这一发展阶段称之为"山水画形成初期阶段"。

约在东晋末期，也就是顾恺之晚年的那个时期，山水画已渐渐有了独立的趋势。孙畅之在《述画》中对戴逵之子戴勃有"山水胜顾"的评论。戴逵与顾恺之是同时的人，纵然不能肯定这评论是指纯粹的山水画而言，但至少可以肯定顾恺之和戴勃画中的山水已可列为单独评论的对象并比较其优劣了。在《历代名画记》所著录的这段时间的传世作品中，有顾恺之六幅绢画《山水》，有戴逵的《吴中溪山邑居图》，《九州名山图》。从这些画的名称看，已可能是独立的山水画作品了。从顾恺之在《摹拓妙法》中指出的"竹、木、土可令墨彩色轻而松竹叶浓也"之注意事项，也能看出作为山水画中重要对象的竹、木、土、松等物已在绘画中受到了重视并有一定的绘画程式了。再从他的《画云台山记》一文中多处对山水崖涧云石等物的画法设计来看，完全可以看出，此期的山水在图画中已不同于魏晋之初那种"钿饰犀栉"及"人大于山、水不容泛"的装饰面貌。山水即使不是描绘的唯一主体，但至少也不是可有可无的东西，甚至有时是故事中的人物镶嵌在山水中间了。到了刘宋时期，山水画已独立出现，虽然此期的画迹早已荡然无存，但从《历代名画记》中著录此期的《蜀都赋图》、《永嘉邑屋图》、《西京赋图》、《树相杂竹图》等图录来看，还有宗炳将所游名山皆图于壁的记载以及留传至今的两篇有关山水画理论的文章，都能很好地说明这一点。

　　山水画最初是作为人物画的陪衬而出现的，但是，它们的出现和受到重视都是为了要达到画中人物的"传神"效果。请看顾恺之《画云台山记》中的这一段主要人物的背景山水设计文字："画丹崖临涧上，当使嵚崛隆崇，画险绝之势。天师坐其上，合所坐石及荫。宜傍中桃傍生石间。画天师形瘦而神气远，据涧指桃，回面谓弟子。弟子中有二人临下，侧身大怖，汗流失色。"其中有关山水描绘的丹崖临涧、隆崇险绝、桃树傍生，都造成了一种气氛，使天师的神气及两个弟子大怖的神情能赖以表现出来。再看看这段时间内的一些图名之著录:《苍梧图》(袁蒨作)、《狩河阳图》(谢稚作)、《蔡姬荡舟图》(陆探微作)、《越中风俗图》(顾宝光作)等等。在这样的人物风俗故事画中，我们不难想象出画中的山水对人物的表现具有何等重要的作用。山水画就在这样的情况下得到了发展。所以说，山水画的作用，一开始就与"传神"的要求联系在一起，这是我国山水画的一个重要特征。

　　同时，山水画的出现，是在文人大量参与绘画后的事情。当时创作山水画和接受山水画的，主要是寄情山水的文人学士。因而山水画从一开始就是这些有闲知识分子们的创造，其最初的功能就是服务于知识分子阶层。山水画又是新开拓的艺术题材，所以它在艺术上的要求离不开文士们的审美趣味。这些文人学士往往具有较优越的政治经济地位和较高的文化素养，具备了超越于自然与人的狭窄的物质关系而从审美角度去表现大自然的主客观条件。所以山水画的理论和技法一开始就易于与其他艺术联系起来，并受到当时哲学、文学等思想的较大影响，这是我国山水画的又一个重要特征。

这样一来，在绘画理论上初步形成的"传神论"自然被运用于山水画的实践，并在其中得到发展和补充。而山水画的特征也影响着"传神论"的发展。这便是这个阶段中"传神论"发展的主线。此期中两个画家宗炳和王微的画论《画山水序》及《叙画》较集中地反映了这种状况。

如果说"佛画"是从国外"引进"的话，那么"山水画"则是土生土长，并由我们自己的传统培育起来的。山水，是多种多样形状的自然景物，它们既不像生物那样有特定的外貌特征和动态，也不像器物那样有一定的结构和规矩。它们既是本身无情的自然物，又是与人有密切关系而能引起人的感情的对象，因此它们的"常形"（规律性）隐藏在更为复杂多变的现象背后。山水不可能像生物那样靠动态、表情和神气来刻画；仅仅像画器具一样地将它们的形状描摹下来，也很难产生动人的艺术效果。因此，山水画一旦独立出现，就面临着"如何对山水进行描绘"的问题。在当时绘画发展的状况下，以线描表现对象或以平涂、晕染方法着色表现对象等主要的绘画技巧，对于表现范围宽广、空间结构复杂深远的山水来说，已经不能胜任。在这种情况下，"传神论"受到了新的挑战。

此期的画家们认识到了山水这一对象的特征。请看宗炳这一段论述：

> 至于山水，质有而趋灵。是以轩辕、尧、孔、广成、大隗、许由、孤竹之流，必有崆峒、具茨、藐姑、箕、首、大蒙之游焉，又称仁智之乐焉。夫圣人以神法道而贤者通，山水以形媚道而仁者乐。不亦几乎？

在这段话中，他强调了山水可以入画的两方面因素：一是它们有实在的形体,即"质有";二是它们引起人们的感受,也即所谓"趋灵"。正为其如此,山水自古以来才会以引起先哲明主们的重视。而且,他还将"圣人之神"与"山水之形"相提并论起来,认为山水能够"以形媚道",这是山水"趋灵"的体现,这是和圣人们"以神法道"相类似的。因此,他才觉得山水的"形"虽属死物,但仍是有"神"可传的。

那么,对于山水的"神",到底如何理解呢?"神"的作为"画中人物精神状态"的这一含义,在以山水作为描绘对象时是不适合的。但是,山水能激发观赏者的精神,这一点却是当时的文人们深有体会的。当时由于庄老思潮及清谈的影响,在"清静无为"、"物我两忘"等思想指导下,名人、文士争相作山水游,从中寻求精神上的解脱。一时间隐逸山林、将形骸放荡于山水之间乃成了最时髦的行为。许多画家本身的情绪和精神状况,就曾在山水之游中受到过冲击和启发。他们就是在这个立足点上来体味和理解山水的"神"的。

宗炳说过:"神本无端,栖形感类,理入影迹。"这比较具体地概括了此期传神论中对"神"的认识。指出了"神"本是无边际的东西,它栖于形体之中,并能触动某些外物的感受,它的道理渗入到各种现象与迹象之中。这种"神"的概念,当然比顾恺之所谓的"神"要抽象得多,但它也不是一种主观的臆想,而确确实实是画家们在对自然感受中和山水实践中的体会。实际上,他们觉得山水中是包含着"神"的。这"神"由于"栖形"而离不开客观的实体对象,也就是所谓的"质有";又因为要"感类"而不能脱离了这种客体能触动主体的那些因素及条件,即所谓的"趋灵"。所以说,这"神"也就成了对象中最能触发作者的精神活动、引起作者思想感情共鸣的那些东西。作者正是企图通过它的表现来达到触动欣赏者的精神活动而引起新的共鸣。画家们认识到:单纯的自然景物的描绘是不能用来完成"成教化、助人伦"的说教的;画中那些本是无情无生命之死物的山水也没有故事情节可供渲染来褒贬。于是,强调通过更新的描绘来触发他人的感情,才成了山水画能赖以生存的条件。这样,"神"这一概念就逐渐强调了人对自然的领悟,具有了较多的主观因素,因而对"神"的感受,也相应地有了新的要求。宗炳就认为只有那些"含道映物"和"澄怀味象"的圣人贤者,才较易于领悟出山水的"神"态来。这些对于"神"的理解,对于绘画创作和绘画欣赏来说,都是一个进步。

这样一来,"传神"也就成了从寻求对象引起的主观感受到通过对象的描绘来激起他人感情共鸣这全部过程中都必须注意的事情。此期的画家们虽提到了前者,但更主要的还是在于解决后者所遇到的问题。于是,他们不得不设法将欣赏者的心灵状态控制在自己的绘画表现之中,所以在表现客观对象时,"趋灵"和"媚道"的成分相对显得重要起来。这迫使着画家们抛开传统的"求形"的束缚,将"质有"和"以形"的成分相对地让位,力求创造一种能引起观赏者联想的艺术境地。他们追求更新的传神手法,提出了"类之成巧"的重要理论。

如果说顾恺之在他的理论中还没有明确地总结出关于"形似"方面的新见解的话,那么"类之成巧"的理论则是在这一方面的重要突进。它将"传神论"中的许多对造型等方面的新见解和新手法,上升到了新的"形似"认识阶段,这比那种只求客观描摹的"形似"或"以形写神"更进了一步。所以他们说:"是以观图画者,徒患类之不巧,不以制小而累其似,此自然之势。"

那么,如何能做到"类之成巧"呢?他们认为要从下面几个方面来做到这一点。

山水画第一个面临的问题是对象庞大,若是"迫目以寸,则其形莫睹"。所以在取景、构图和造境方面,都不能停留在原来的方法上。为了解决庞大对象的空间处理,他们提出了"竖划三寸,当千仞之高;横墨数尺,体百里之遥。"用"以小现大"的描绘方法处理了"近大远小"的视觉现象,从大方面解决了取景和构图的问题。这样一来,众多而纷繁的对象是不可能做到"皆无遗失"的细微描绘的,而且仅仅以一山一水、一树一石的具体描绘,也不可能唤起他们从"千仞百里"的山水中所得到的感受。要处理这一矛盾,必须依靠画家的思考,所以他们说:"灵亡所见,故所托不动;目有所极,故所见不周。"认为离开了画家的思考,任何人眼的观察都具有一定的局限,因而要真正解决"造境"的问题,还必须做到"以一管之笔,拟太虚之体;以判躯之状,尽寸眸之明"。在这段话中,"判躯"二字不太好解。我认为,从其在文中的位置,正与"一管"

相对，故"判"字很可能是指量之词，在此当作"分散着的解"①。"判躯"就是指那些各个分散着的形体，而不是眼睛所看到的一切东西。这样，这段话就应该这样理解：在画画时，必须用一杆笔来拟定天地的体位，靠着各个对象性状的描绘来表达出眼睛所观察到的景致。在这里，"判躯之状"已初步含有了"对对象的选择舍取与典型概括"的意思，后来石涛提到的"搜尽奇峰打草稿"也正是这一思想的发展。这种观点，为解决山水画的造境问题奠定了理论上的依据。

同时，面对结构复杂的对象和较简单的绘画技巧这一现实矛盾，他们提出了在绘画中必须用不同的笔法来表现不同的对象，用纵横变化来取得生动的效果，并按照不同的规矩来描绘按类状分别的各种对象，在技法上作了一定的归纳总结，借以达到"类之成巧"的目的。请看这一段论述：

> 于是乎以叐之画，齐乎太华；枉之点，表乎隆准。眉额颊辅，若晏笑兮；孤岩郁秀，若吐云兮。横变纵化，故动生焉，前矩后方出焉。然后宫、观、舟、车，器以类聚；犬、马、禽、鱼，物以状分；此画之致也。

在这里，"叐之画"是指一种游曳状的急疾笔画；"枉之点"是指邪曲变化的点；"隆准"本指高鼻子，这儿借指像鼻子那样隆起的山头。这段论述中还注意了自然变化对山水的影响，并且将这种在自然变化中的不同面貌比作人物的表情，认为描绘这种变化可以产生生动的效果，起到类似"传情"的作用。这些观点和方法都是受到了人物画中"传对象神情"之观点的启发和影响而产生的，但也正是在人物画为主时的"传神论"中所未能涉及的。

再有，他们认为对于客观对象的认识和理解甚至比如实的观察描绘更重要。因而他们将画家主观上修养和认识的提高，第一次摆进了绘画理论研究的范畴中，认为非此是不能做到"类之成巧"的。他们说道："以应目会心为 (wéi) 理

---

① 关于"判"字，《说文》：分解也；《玉篇》：分别也。我取二解兼之。

者，类之成巧。则目亦同应，心亦俱会，应会感神，神超理得。虽复虚求幽岩，何以加焉？"在这里，他们强调了"应目会心"，也就是强调了要以画家主观精神去体会观察的结果，认为只有将这个过程当作绘画之"理"的人，才是能"类之成巧"的。这样做的结果，将会使得观赏者的目光和心灵都产生"同应"和"俱会"，那么，画中的"神"就可被感觉出来，才进一步明白了其中真意。这就是画家主观体验结果所得到的最高艺术境地，这种境地即使靠了反复的实地观察，也是不易再得到的。这一系列观点在绘画上的提出，是最初从理论上较系统地指出画家对绘画表现的主观能动作用，其主要影响是进步的，它奠定了我国山水画从一开始就不是追求"纯自然的再现"这一重要的美学原则，这是我国山水画发展的基础。事实上，他们通过"类之成巧"所要表现的，正是那种"虚求幽岩何以加焉"的"理"。有了这些，"则嵩、华之秀，玄牝（按：即所谓的"道"）之灵，皆可得之于一图矣"。他们图中所要得的秀美之山水和生动的道理，不正是山水之"神"吗？有了这种应目会心的本领，又有了各种描绘对象的手法，那么无端的"神"才会因为"诚能妙写"而"亦诚尽矣"了。

　　画家要做到"应目会心"，就必须要陶冶性格和增进修养。所以他们强调了画家要加强对自然美的感受，指出这种美感需要欣赏者的想象，又可激发神思，并非其他东西所能代替。他们说："望秋云，神飞扬；临春风，思浩荡。虽有金石之乐，珪璋之琛，岂能仿佛之哉！"他们也指出了画家要加强自己主观之陶融。他们说："于是闲居理气，拂觞鸣琴，披图幽对，坐究四荒；不违天励之丛，独应无人之野。"这些看法，虽然其中还有着一些虚幻的玄秘词句和消极因素，但它们正是为了解决"类之成巧"这个问题时提出来的。其中强调的主要部分是针对绘画中出现的问题而言并符合绘画发展规律的，就在今天看来也仍有一定道理。客观描绘发展到了一定的阶段，必然会产生要求表现主观思想感情并以此激起观众的一面。正因为他们看到了这一点，他们才懂得了提高主观修养对于提高艺术表现的重要性，并最先在画论中阐述了这些。这种看法，后来发展成为我国绘画中的重要基础理论之一。不看到这些，甚至于从它强调了主观方面这一点来加以否定，不仅违反绘画发展的规律，而且也限制了绘画的艺术功能。

从以上的论述我们可以看到,"类之成巧"的提出,既强调了重视对象的选择和剪裁,又强调了提高画家的修养和气质;既强调了对象形体特征的观察,又强调了在观察过程中的主观联想和在绘画过程中对观察结果的取舍和综合;既强调了对客观对象的描绘,又强调了这些描绘依据的规律和方法等等多方面的因素,所以,它比"以形写神"、"悟对"、"阿堵传神"等理论更进了一步。

最后,我们还必须一提的是,这些理论的产生,也是与对山水画社会功能认识的加深相适应的。宗炳图所游山水于壁,是为了"澄怀观道,卧以游之"。他说:"余复何为哉?畅神而已。神之所畅,孰有先焉?"王微也认为:"图藉相慰,吾所以穷而不忧,实赖此耳。"(《哀僧谦告灵书》①)并说:"岂独运诸指掌,亦以明神降之,此画之情也。"这两个画家,一老一少,年龄相差四十来岁,而思想看法如此合拍,当然不是一种巧合,而是他们认识到了绘画除了"政教"作用之外,还有"畅神"的功能。山水画那种能引起人们产生思想共鸣的艺术境地,更容易表现出了从"教化"中解脱而走向"悦情"的效果。当然,他们在此同时,也并非否认了绘画的"教化"作用。王微就公然宣称:"图画非止艺行,当与《易》象同体。"宗炳也说:"理绝于中古之上者,可意求于千载之下;旨微于言象之外者,可心取于书策之内。况乎身所盘桓、目所绸缪,以形写形、以色貌色也。"这里的"以形写形、以色貌色"二句,以往多被当成宗炳的创作主张理解,此乃大谬。在这段话中的"以形写形、以色貌色"乃是当作"图画"二字的代称解。整段话的意思是:"理"和"旨"在"绝"和"微"的情况之下,还可以通过历史的研究和文章的体味去"意求"和"心取",更不用说那些反复观看的、往来于其间的景物和图画了。这乃是对绘画"教化"功能的认识和肯定。实际上,从说教转为陶情,这仍然是一种更深入的潜移默化。但作为绘画来讲,它的艺术的功能更纯粹了,更独立了,也更有效了。因为它已从宗教和政治教

---

① 僧谦,王微弟。早微四旬而卒。《晋书》有传,本文出自《晋书·王微传》。

育中分离了出来,这也是艺术前进的标志。

总之,此期的理论家们把"传神"这个命题扩大开来。不仅传画中所画的事物之"神",而且要传画家面对对象时感情激动之"神"。这是"传神论"在理论上的一个重要发展。但是,由于历史的局限与思想的局限,他们无法对"画家主观感受之神"作科学的解释,对于如何通过对客体的描绘来达到这一目的又未能弄得很清楚。虽然有些人在创作实践中已在不同程度上做到了这一点,但却未能给以进一步地分析和说明。只好用当时流行的"玄"言来加以应付,于是就留下了谬种产生的空隙,使得其后一些艺术上主观唯心理论也往往得以借题发挥,但那是艺术发展史上的另一类必然现象了。

此阶段中绘画资料奇缺,这两篇画论中却提出了许多重要的理论问题。历来对这两篇画论的重视和理解都不够。唐代张彦远就说:"宗炳、王微皆拟迹巢、由,放情林壑。与琴酒而俱适,纵烟霞而独往。各有画序,意远迹高,不知画者难可与论。因著于篇以俟知者。"强调了它们"意远迹高"的一面而没能将其放在绘画的发展史中作具体研究,以至使后人止足于此。近代则往往因宗炳、王微在哲学上及宗教信仰上的某些唯心主义态度及其在画论中有某些玄秘费解之处而"因人废文"的居多,这是错误的。艺术理论只能放在艺术发展史中来讨论,它们的优劣只能以其时代作用来衡量。这两篇画论正是在东晋以来"传神论"的基础上对绘画进一步认识的总结,特别是其中从理论上提到并阐述了绘画必须是画家能动的对客观的反映,将绘画从"只求模仿自然物体"的"以象形作为最高目标"的准则中解放出来,使绘画上升到包含一定自我表现因素的艺术境界。这对其后绘画的发展及中国山水画特殊风格的形成,有着不可低估的影响,对于整个绘画理论的发展,也有着重大的意义。

## 三 "六法"阶段

从刘宋王朝的覆灭到隋统一中国这大约一百年的时间里,美术理论上最重要的成就就是"六法"的总结提出,而"六法"的提出正是与"传神论"的发展有直接关系的。因此,不妨将"传神论"的这一发展阶段称之为"六法"阶段。

在这段时间时,经过了数百年译经布道的佛教,北采儒学、南法庄老,终于以潜移默化的面貌爬上了宗教统治地位之宝座。佛教艺术首先是作为一种信仰物和崇拜物的具体形象而不是作为欣赏的对象占据了正统的美术殿堂。从魏晋开始的"人的主题"①,在正统位置上又渐渐被新的"神"所取代,那些原来所追求表现人之心灵的音容笑貌的描绘,也渐渐成了新的程式。"人的主题"只能在华绮的光怪陆离的现实中寻求外貌的装点,神采已被华美的服饰所淹没。

新的"神的主题"必然引起新的对"神"的怀疑,政治上斗争的需要,也势必会影响到宗教的兴衰。范缜"神灭论"的提出,多次兴佛灭佛的斗争,使得哲学上"神"与"形"的争论空前尖锐激烈。这些直接影响着文艺思潮。同时,经历了二百来年的"六朝繁华"已走过了它的鼎盛时期而沉浸在糜烂的骄奢淫逸之中。回光返照的经济繁荣,助长绮丽浮华的审美风气,"形式美"被提到了空前重要的地位。竟陵八友,徐庾二家、永明体、齐梁体、宫体、骈体、玉台体或相竞或相继地以炫目的文采、纤艳的辞藻、绮丽的声韵充斥着此期文坛。这促使文学批评家们进一步认识了文学的性质,开展了系统的文学批评,出现了《诗品》与《文心雕龙》这样不朽的文学批评专著。这一切都会影响到"传神论"的发展。

在这个阶段中,一些画家着重继承了"传神论"中那些重视客观对象"神"的描绘的一面,根据绘画发展的状况及社会审美要求进一步总结了绘画的许多"法",使绘画的表现更加精密,希望借此以达到新的"传神"境地。还有一些人则选择了"传神论"中那些重视主观感受表达的一方面,并接受了清淡、玄言的影响,形成了强调主观对客观感受而略于对象形色描绘的思想,迎合一些放达文士的趣味,以"得意而妄言"的态度指导对绘画的要求,与前一种观点产生了对立。各有各的实践,各有各的理论,各有各的市场。使得"形"和"神"

---

① 此观点我取李泽厚同志成说,详见其著作《美的历程》第五章。

在绘画上开始对立起来，形成了各自的文艺思潮。在这里，前一种人的代表是谢赫，后一种人的代表是姚最。他们留下来的此期仅存的两篇重要画论，可供我们对此作一个比较和认识。

历来的研究，往往推崇"六法"而指谪谢赫对顾恺之的评论，这是对谢赫的一个误解。实际上，谢赫所提出的"六法"与他对顾恺之的评论是受同一思想支配的，结论也是统一的。

我们先来看看谢赫提出的"六法"到底是指什么。

张彦远在《历代名画记》中的《论画六法》里是这样转引的：

> 昔谢赫曰："画有六法：一曰气韵生动，二曰骨法用笔，三曰应物象形，四曰随类赋彩，五曰经营位置，六曰传移模写，自古画人，罕能兼之。"彦远试论之曰……

其后，一般认为谢赫提到的"六法"就是所谓的"气韵生动"、"骨法用笔"、"应物象形"、"随类赋彩"、"经营位置"及"传移模写"了。现代钱钟书先生及日本的中村茂夫对于谢赫的六法，都作过另一种断句："六法者何？一气韵，生动是也；二骨法，用笔是也；……（下略）"我们来看看这两种对六法的理解，到底是哪一种更符合当时绘画发展的实际情况呢？从此期两篇不同作者的画论著作中数次提到"六法"二字，又未作说明来看，可见"六法"在当时绘画界中并不是冷僻的概念，而是常用的理论术语了。六法的内容即使没见到系统的提出，但是其有关的内容，应该是在当时著作中时有所见。可是按照上面的理解，关于"六法"中任何一法，不但在当时画论中从未见提及，就是在其他的各种著作中也尚未见到，这种现象是难以解释的。而且，就是现在看起来，"六法"中之首的"气韵生动"就很难称之为什么"气韵生动法"。它们之间的统一联系就更不好理解了。如果我们将这"六法"理解成绘画上六个方面的方法，则"气韵生动"就不好理解，"骨法用笔"的理解也较牵强；如果我们将其看成绘画评论上的好坏标准（即法则），除了"气韵生动"、"应物象形"及"随类赋彩"

可理解以外，"经营位置"及"骨法用笔"只能算评论的方面，而谈不上是好坏的标准，自然也没有了"法则"的含义，"传移模写"连评论的方面也算不上。因而历来对"六法"的解释，都是将它们分开讲解。这样虽然各法都可以说通，有些也可勉强理解，可是对于整体的"六法"到底有什么主要含义，各法间的联系如何体现，又难以说得透彻合理。甚至连张彦远在论六法时，也几乎没有按这样的理解去提其中的各个法。虽然绘画评论与讨论画法有一定联系，关于"六法"的两方面含义也很难截然分开，但是谢赫将它们依次系统地在自己的品评著作中提出，当然有注意和强调它们之间的联系和规律的意思。所以我觉得，这样对"六法"的提法是对谢赫的原意有一定出入的。我们再仔细来斟酌一下谢赫的原文。在现在所能见到的各版本的《画品》中，提到"六法"的一段文字与张彦远《论画六法》所引略有不同：在表示每法次序的数目字后面，少了一个"曰"字，而在每一法之后，多了"是也"两个字。试比较如下：

六法者何？一曰气韵生动，二曰骨法用笔。（张文，下略）
六法者何？一气韵生动是也，二骨法用笔是也。（谢文，下略）

虽然只是一字之差，但两文是有一定出入的。各本中均有"是也"二字，张彦远在《历代名画记》谢赫传中抄录的《画品》也有此二字，当不是误加；如果无"曰"字而又有"是也"，古文中尚少见此种用法，于文理上欠妥当，于语气上亦不顺畅。齐、梁间重文采、音韵，此文又是谢赫老年所著，更不会如此。所以我认为："曰"字乃是脱漏，这样一来，谢文便应当是："六法者何？一曰气韵生动是也，二曰骨法用笔是也（下略）"。此类句型和语法结构，语气顺当，六朝文中是常见的，与谢文同时的品评文章对于谢文的整段文字，是否可考虑作如下的断句：[①]

---

[①] 有关"六法"这样断句及理解的详细讨论及依据，可参阅《"六法"辩析》。

虽画有"六法",罕能尽该,而自古及今,各善一节。"六法"者何?一曰气韵:生动是也;二曰骨法:用笔是也;三曰应物:象形是也;四曰随类:赋采是也;五曰经营:位置是也;六曰传移:模写是也。唯陆探微、卫协备该之矣。

假如我们按照这样地断句来看,气韵、骨法、应物、随类、经营、传移,正是当时以人物画为主,其他画种初步独立和形成时关于绘画上几个主要方面的分类。其中的"随类"可能为"隋类"之误,"隋"、"随"古通用,隋字按《说文》、《广韵》均解为裂肉,引申为分,隋类即分类。同时,随也可解释成依、顺,随类即依不同的对象而归类,与王微《叙画》中"然后宫观舟车,器以类聚"是一个意思,也可解得通。在这里面,气韵和骨法是指画中人物的描绘方面,应物和随类是指人物以外其他东西的描绘方面,经营和传移是指整个画幅的结构和制作方面。这六个方面的内容在当时的画论中均有提及,这种提法在当时或更前一些的画论著作与其他著作中也经常出现,谢赫自己的著作中也多次出现关于"骨法"、"气韵"、"传移"等方面的评论。将解决这几个方面问题的内容归结而称之为"法",是合情合理的,也正是当时文艺界的风气。所以我觉得"六法"就是指此而言,也就是指的"气韵法"、"骨法"、"应物法"、"随类法"、"经营法"和"传移法"。而这些"法"的排列顺序及"生动、用笔、象形、赋彩、位置、模写"这六方面,正是谢赫从自己的绘画实践出发来对前边"六法"的一种理解与评判,这是和他的画风相适应的。谢赫在绘画上"点刷精研,意存形似。[①] 目想毫发,皆无遗失",他画的人物"丽服靓妆,随时变改,直眉曲鬓,与时竞新"。可见他是个追求形象逼真、描绘精细、赋彩艳丽的画家,以至时人对他有"象人为最"的评价。他的这种画风正是他对"六法"认识的指

---

① 此句引文也有作"意在切似"等。但其含义都是指谢画重视"形似"而言。

导下的结果。他是个肖像画家，又是个赶时髦的画家，他将有关人物描绘的法放在首位提出，而将复制画幅的法放在最末尾，也是合乎于人之常情的。这时，文中"是也"两字，既可理解成对每法具体解释的强调语气，也可理解成含有判断优劣标准的意思。这两种理解都能表示出谢赫对于绘画优劣的品评原则，这与谢赫的整个画风也是合拍的，谢赫将它们在自己的品评著作中作为《序言》提出，当然是最恰当不过的了。因此我觉得，现在我们所提到的"六法"，很可能是张彦远对谢赫著作的一种理解，与其在历史上的本意可能有所出入。而按这样的断句来理解六法，更能反映出它们之间的统一特征及联系，对于各法的含义也更清晰明确，也较合于当时历史条件下文艺和绘画发展方面的具体情形。所以在研究这个阶段"传神论"的具体发展状况时，我将这些看法提出于此。当然，我这样理解"六法"，丝毫没有打算否认长期以来对其研究的成果，也不主张将"六法"的称谓从现行的习惯定论中改变过来。因为这些称谓在长期的研究讨论中，已赋有了许多更新的含义，总结成了另一有特殊意义的概念，形成了新的理论范畴了。我这样提出来，只是为了进一步讨论"六法"在历史上的本末，进而弄清"传神论"的发展状况及规律。

谢赫提到的"气韵"，其主要含义是指作为描绘对象的那些人物的风韵气度而言的，指的是客观对象的神情姿态。它与顾恺之所谓的"神"具有基本相同的含义。在谢赫眼中，这种"气韵"是活人的特征，是各种动态表情的根本所在，所以他才有"生动"之说。那么，谢赫为什么不用"神"而用了"气韵"呢？因为在谢赫所处的时代，"神"的概念在绘画上的使用，其含义不如"气韵"明确具体。特别是在齐梁间，"神灭"与"神不灭"之争遍及朝野，"神"已被更普遍地用于其他范畴的概念之中，而华绮服饰的讲求，更容易衬托出人物的体态神情而使"气韵"的概念在形象上进一步具体化了。对于谢赫这样一个人物画家来说，"神"这个概念当然不如"气韵"更恰当。所以他选取了"气韵"这一说。他说过"风范气韵，极妙参神"的话，只要风范气韵刻画得极妙，就会达到"参神"的地步。这就是谢赫对"传神"的理解。谢赫继承了顾恺之传神理论中关于"神"这一概念的具体认识，舍弃了当时更多地带上了哲学和宗教色彩的"神"的称谓，选取了在当时人物品评中具体可视的"气韵"之说。这样一来，顾恺之所谓的"神"就显得更为具体而较易于在绘画中借助于具体的描绘表现出来。这与谢赫的绘画思想是一致的。谢赫将它列在"六法"之首，正是这个意思。实际上这种说法就是谢赫对顾恺之"传神"二字所作的一条绝好的注脚。

谢赫提到的"骨法"，才是指画中人物形体描绘的范畴。"骨法"一说虽然是沿用魏晋以来人物品评中"骨相说"中的称谓，从顾恺之开始就在画中作为对人物造型的要求而大量的提及，但谢赫进一步将其归纳出来，使它能在绘画过程里有了更具体的含义。谢赫对人物形象的"意存形似"的要求，使他不再停留在顾恺之那种只注意人物的形体特点，只满足于某些富有共性形体结构而觉得四体妍蚩无关妙处的地步，他追求"目想毫发，皆亡遗失"，因而他将作为"形"之描绘的主要范畴的"骨法"放在第二位提出来。那么，为什么谢赫又将其与"用笔"联系在一起呢？从现存的画迹和记载中我们可以看出，当时的绘画，都是先采用线描来完成造型轮廓，然后再在轮廓线内平涂或晕染色彩而完成的。在由许多人共同完成的壁画制作或者复制较多作品时的摹拓制作中（这在当时是主要的绘画方式），造型的线描往往由较高水平的老师或画家来进行，而着色过程则由其弟子或是工匠来完成的。所以"用笔"是指前一个过程的操作而言。"赋彩"是指后一个过程的操作过程而言。在人物画中，人体造型时的描绘，也就是所谓的"骨法"方面的问题，当然是指的"用笔"了。所以谢赫有"骨法：用笔是也"之说，这正是顾恺之"传神论"中"形"的概念的一种具体说明。

相对于人物而言，那些造型上不太重要的各类物体的描绘，谢赫将它们的"状"和"性"分别归纳到"应物法"和"随类法"中。顾恺之为了加强人物神态的表现，提到过一些这类手法，谢赫发展了这一方面的理论。从谢赫在绘画上对造型"切似"和对色彩"艳丽"的要求来看，从前边提到过的绘画过程中造型与色的程序来看，他将这两方面的"法"放在稍后提到并归结到"象形是也"和"赋彩是也"的准则中，那也是不难理解的。

顾恺之提出的"实对"的理论，也被谢赫继承并将其归结到"经营"这一法中。

本来，经营是指构图方面的设计方法而言。谢赫认为构图的关键在于画中人物的位置关系，他将顾恺之所强调过的"实对"与人物间的空间位置联系起来。这是他从自己审美角度"悟对"的结果，所以他把"经营"方面的要求归到了可以具体理解和表现出来的"位置"之中。

最后，谢赫将当时作为重要绘画方法的所谓"传移法"理解成"模写是也"，这不正是顾恺之在《摹拓妙法》一文中所强调的内容吗？

从以上论述可见，"六法"正是对顾恺之以来"传神论"中有关客体描绘方面主要内容的说明、归纳和总结。

现在，我们再来看看谢赫对顾恺之的评价吧。谢赫在当时是个颇有名气和影响的人物画家，他在实践上也有相当的贡献。连与他看法不同的姚最也对他有"别体细微，多从赫始，遂使委巷逐末，皆类效颦"的评价。他的画风虽然精谨华丽，但也是企图通过这一方面的努力来达到生动的神似效果的，所以他批评丁光的画是"非不精谨，乏于生气"。他对顾恺之的评价，也正基于这样的认识之上。他推崇顾恺之的理论，但是他对顾恺之的不够细巧的画风不满足。他称赞顾恺之的画，认为它们是"格体精微，笔无妄下"，但是他还觉得这样的作品，即所谓的"迹"，还不足以达到顾恺之理论上的主张，即所谓的"意"，因而他才有"但迹不逮意，声过其实"之说。这里的"声"并非指顾恺之的名声，而是指顾申言要达到的境地。否则，他是不会称赞顾恺之是"笔无妄下"的。这整个评价较为具体，也与谢赫整个绘画思想与品评原则相符合的，长期以来对此评价指谪过多，那是没有仔细考察谢赫的品评原则和对评论文字没有正确的理解所造成的，也是一种不够公正的偏见。

总之，谢赫在理论上系统地提出的"六法"，是在他自己强调"客观地"描绘对象的基础上对绘画认识的总结，是魏晋以来"传神论"中关于客观对象描绘这部分内容的归纳，其中基本上没有涉及作者主观感受如何表达的问题。因而"六法"继承了顾恺之以来强调表现对象客观神态的一面。由于它在理论上更系统化和条理化，使得后人能有规矩可循，所以"六法"会成为"传神"之后我国美术理论上最重要的概念。特别是关于"气韵"的提出，几乎成了"传神"

的代称而开创了后世"气韵说"的先河。

有人强调客观对象的表现，就会有人强调主观感受的表现，艺术的发展就是在这种交替中进行，而且那种观点也没有中断过。在谢赫《画品》成书十来年后，一个十几岁的年轻人姚最就对他的观点提出了异议，其中也包括对"传神"的不同看法。姚最虽没能像谢赫提出"六法"那样总结形成新的理论体系，但他却在《续画品》一文中提出了许多不同于谢赫的见解，从而继承发展了"传神论"中强调主观感受表现的另一个方面之理论。

姚最和谢赫的分歧，虽然集中反映在他们对于顾恺之的评价上，但实质上却是他们对顾恺之以来"传神论"继承的理论分歧。姚最反对谢赫关于顾恺之"迹不逮意、声过其实"的评论，他赞扬顾恺之那种"四体妍媸无关妙处"的思想，说顾恺之是"擅高往策，矫然独步，终始无双。有若神明，非庸识之所能效；如负日月，岂末学之所能窥"。语气中颇有对谢赫的挖苦轻蔑。实际上他对顾的评价全是一些空洞的辞藻，远不如谢的评价具体，他是抱着对谢赫这一派画风及理论的不满，借着评顾恺之来进而为自己的理论寻找继承上的依据。姚最从自己的观点上去理解顾恺之的"迁想妙得"，强调了其中的主观因素，并继承了"传神论"发展过程中强调主观感受表现的那些理论，因此他忽略了顾恺之的"神"中指对象人物神态客观描绘的一面，提出了"神"是可以靠画家主观感情的表达而"意求"得到的主张。

姚最是以当时玄学中影响最大的"言意之辩"来对待绘画的。他所持的基本观点是魏晋以来玄学思潮在绘画上的集中反映。他认为人们即使对待有形有色的绘画作品，也必须"熟究精粗，摈落蹄筌，方穷至理"。这正是当时借以为依据的谈玄典故，也是追求"得意妄言"思想境况的说明。他在评论顾恺之时，就是执的这种观点，影响到后来张彦远评顾恺之时，亦取《庄子》中坐忘之典，这是魏晋以来文人多取的思想方式之一。因此，姚最觉得那些相对来讲不太注意"形似"的绘画，反而更能得到某些"意"。他将"神"理解成了画家在作品中主观要表现在那些东西，或者是欣赏者能从作品中引起主观感受的那些东西，也就是他文中所谓的"至理"了。这种"至理"既然要"摈落蹄筌"

方能得到,也就是说,画中那些"形"和"色"就好像渔猎所用的"筌"和"蹄"那样,是一种主观上求得"至理"的工具罢了。这样,"神"在画中就不再是只靠"存形求似"可以求得的。这便是姚最对"传神"认识之根本。

姚最认为,对客观对象的形象描绘是不可能尽善尽美的。他说:"轻重微异,则妍鄙革形;丝发不从,则欢惨殊观。加以顷来容服,一月三改,首尾未周,俄成古拙,欲臻其妙,不亦难乎!"同时,他还认为只靠技法上的训练提高和操作技巧,也不可能画出真意来。因为"课兹有限,应彼无方,燧变墨回,冶点不息,眼眩素缛,意犹未尽"。(按:此段文字不太好解。略注于下:课:指字的课程学习;兹:这些;燧变:灯火油尽而暗淡;墨回:墨水干涸了;素缛:白绢及上面画的彩色。)既然只靠客观对象的描绘和技法上的提高不可能解决"求神"的问题,那些只重视这些方面而不去进一步搞清绘画中"至理"的人,就好像是"未曾涉川,遽云越海;俄睹鱼鳖,谓察蛟龙"一样。他是鄙夷这种人的:"凡厥尔等,未足以言画矣!"

那么,如何求得画中"至理",也就是所谓有的"神"呢?姚最虽没有系统论及这个问题,但从他对画家优劣的评论中,我们可找到他对这个问题的看法。

姚最对谢赫那种精妍求似的风格颇加微词,认为它们笔路纤弱,"未穷生动之致",及"不副壮雅之怀"。对于"性尚铅华、甚能留意"的沈标,姚最也只称他"未臻全美,殊有可观"。姚最对肖世诚(湘东殿下,后为梁元帝)的画推崇备至,认为他"足使荀、卫搁笔,袁、陆韬翰"。而肖的画则是一种"至于象人,特尽神妙,心敏手运,不加点冶"的风格。从中我们可见姚最的褒贬,他认为精妍求形的画不如不加点冶的画能够"传神"。肖世诚那种被姚最认为"特尽神妙"的画,是在"听讼部领之隙,文谈众艺之余,时复遇物援毫"这种随便的情况下即兴创作出来的。姚最特别称赞他的这种"造次惊绝"的艺术境地(按:造次即随随便便之意)。姚最认为,这样的画是不应该随便用"法"去衡量的,画中的境界,也不是靠什么"法"或"点冶不息"的努力就可以达到,也不依赖前人的规矩。他认为要达到这种"神妙"的境界,主要是"心敏"、"学穷"及"心师造化"的结果。所以他认为肖世诚是"天挺命世,幼禀生知,学穷性表,心师造化,非复景行所能希涉"了。在这里,姚最提到的"心敏"及"幼禀生知",

主要是指画家先天的气质与天赋的条件，"学穷"是指画家极高的个人文化艺术修养，"性表"是指画家主观感情及意向的表达，他的这些概念并没有提到所描绘的客观对象，与王微、宗炳所提到的"穷理"、"尽性"等观点有不少相似之处。所以他要带着不屑的语气说道："画有六法，真仙难为"了。姚最的这些观点，完全是强调通过主观表现的角度来达到"传神"目的的，他所谓的"心师造化"也是指从画家主观上去师法客观，并认为这种结果是"非复景行所能希涉"。这也是与"神超理得"的观点一脉相承的。

姚最在欣赏和品评绘画作品方面的态度，也与他重视主观感受表现的观点相一致。他借了"坐忘"、"据梧"等典故，指出欣赏绘画，也要靠主观感受去"意求"。强调了"冥心用舍"才能"幸从所好"，这与宗炳所谓的"澄怀味象"有些相似。所以他的品评中也不列品第，认为"解画无多"，"其优劣可意求也"。这些都是与姚最的整个美学思想相符的。

总的来说，姚最的整个理论，都是强调在绘画上"主观表现"的理论。相对说来，在这种理论指导下的绘画面貌往往偏向于比较地"略于形色"。虽然这种理论在当时产生的思想根源离不开"玄学"中主观唯心思想的影响，但是对于具有描绘客观事物功能的绘画艺术来说，它们在认识上符合于一定绘画具体发展阶段中的某些艺术规律，因而对绘画认识的发展具有一定的进步作用。诚然，任何艺术表现都包含着客观表现与主观表现的对立统一，但针对绘画认识的一定发展阶段来讲，从认识到绘画的"存形"功能发展到"悦情"功能，又进而认识到绘画还能通过"求神"来表现作者主观的精神世界，这是一个提高。就是从对绘画技法上来讲，在当时，这种比较"略于形色"的画法，也并非是技法上的不足和倒退，而是人们对技法上另一方面的进一步要求和认识。它要求达到"言简意赅"的艺术效果。尤其是在当时，它与那些精密细巧的画风比起来，无疑是对那种文艺上追求奢华绮丽的形式主义文风的一种反抗。此时期中最优秀的画家张僧繇就是"离披点画，时见缺落，此虽笔不周而意周也"（《历代名画记》）。他的"点、曳、斫、拂，依卫夫人《笔阵图》，一点一画，别是一巧"（同上）。使得他的画"笔才一二，而象已应焉"（《画断》）。他所以取得这样的成就，不能说他的绘画思想与姚最这些理论没有相同之处。张僧繇是与谢赫同时期的画家，谢赫在品评中根本未提及他，而姚最却是在画史上第一提到他的人，并称他"虽曰晚出，实过前哲"，恐怕道理也在于此。

这一方面的思想，最初在顾恺之"迁想妙得"的理论中已有萌芽，经过了宗炳、王微"穷理尽性"、"神超理得"等理论的发展，形成了此时姚最所谓"心师造化"、"意求"的理论。这种理论经过后世不断地发展起伏，终于成了我国绘画上"写意"一派的理论基础。

"传神论"在这个阶段的发展中，不但理论上提出了"气韵说"和"心师说"，在实践中也产生了疏、密二体的画法。以至张彦远后来说道："若知画有疏密二体，方可议乎画。"这一切标志着在绘画上我国两种传统的思想及技法——写实的和写意的思想和技法——在理论上的初步形成并各自发展起来，奠定了我国传统绘画的发展道路。

通过以上论述，我们了解到"传神论"就是这样地随着社会变化及艺术前进而不停地发展着。它不断改变其中各个概念的内容和含义，甚至走向其反面，也不断打破它们之间的平衡而造就了新的平衡。对于今天的我们来说，它们在发展的第一个历史阶段中都有各自具体而真实的含义。不管它们是强调"主观表现"或是强调"客观再现"的成分居多，它们都是绘画认识发展道路上各自迈出的一步。当然，用现在的观点去衡量古人的成果，是容易发现他们的错误与不足的。古人的成就不是在于解决了我们今天的问题与否，而在于他们在一定的历史条件下为某些部门学科归纳了一个体系，提出了其中有关问题的基本范畴，使得其后那些属于这一部门学科发展中的问题，能遵循一定的规律发展完善。魏晋南北朝时期就是一个中国绘画理论体系的形成时期。其中以"传神论"的发展为主要线索而建立起来的一系列理论，成了我国画论的基础，为后世美术理论的发展起了编经立纬的作用，也指导着后来的绘画实践。

毫无疑问，在艺术中"形"和"神"是相辅相成的，这两种东西都是绘画中不可少的。所以在它们各自发展的阶段上，应该容许从不同的角度来作理论上的认识：我们可以从"以形写神"这方面来认识美术的发展，也可以从"为神求形"这方面来认识美术的发展。而且在不同的发展阶段上,对"形"和"神"这些艺术概念有着不同的理解。它们不同于抽象的哲学概念而有着绘画上的具体含义。一般说来,当"形"局限了艺术表现时,艺术家们便要寻找新的艺术手段,这时,他们常常不满足原来的"形"而强调了"为神求形";但是当他们找到了新"形"之后时,又完成了新的"写形"而达到更高一级的艺术境地,成了更高一级的"以形写神"了。"传神论"的形成和发展,不正是统一对立规律在艺术史上的具体体现吗!

艺术是随着时代的前进而发展的,"传神"也可看成是绘画发展的一种概括。"无形者则谓之神",这个"无形"乃是指无以往的"形";"形无常而参神"(顾恺之《水赋》见《全晋文》),这个"无常"而"参神"的"形",也同样是指不受以往常形的束缚。所以就其本质看来,"传神"就是意味着要求"形"的革命,要求艺术形式的不断创新。

艺术的生命在于创造,也就是指它能用时代的先进感情及艺术形式去感染群众。"传神论"正是抓住了这一艺术的真谛。所以它一旦形成,就成了我国艺术中最主要的原则和优秀的传统,指导着我国艺术的发展,使得长久以来,我国艺术始终循着"传神"的道路,攀登着一个又一个的新高峰。

1980~1981 年于北京

# 魏晋南北朝美术史导论

历史学家们通常将曹丕代汉之黄初元年至文帝灭陈之祯明三年(公元220—589年)称为魏晋南北朝时期,这是中华文明史中继春秋战国(公元前770—前221年)以来最长久的一段政权分裂时期。前自汉末动乱而三国鼎立;中有西晋短暂统一继五胡十六国之纷争;后为南北相对稳定但朝代更迭频繁的南北朝对峙。使得这一段时期成为汉唐两个统一盛世之间的巨大历史旋涡,成为中国历史上最为纷繁动荡的时期。只要稍加注意便不难发现:自三皇至民国的整个中国历代帝王世系图表中,竟有五分之二密集的篇幅被这区区三百多年所占据,其余各朝世系只占那疏朗的五分之三;而在中国当今所谓的二十四部正史中,竟整整有十一部正史记志着这一个时代。

在中国美术史上,还没有一个时代的美术像魏晋南北朝美术那样向后世展示了如此全面的文化特质,展示了如此众多的直指人生的艺术业绩:画家"四祖",此期居三;书家"两圣",此期占二。那些最能代表各类艺术中特点的风格、流派、品类,如后世所谓的画中之"疏密二体",书中之"南帖北碑",陶瓷中的"青白两系",建筑中的"寺塔园亭",亦莫不肇于魏晋南北朝时期或于此朝中完全形成基本定制。目前已知的国内各主要石窟,包括饮誉世界的敦煌、麦积山、云岗、克孜尔、龙门、炳灵寺、响堂山、栖霞山等重要石窟,无一例外地开创于魏晋南北朝时期。尤其重要的是,中国美术的基础理论,也在这一时期中得以建树确立,"六法"、"九品"、"笔阵"、"书韵"、"神采"、"风骨"、"体性"、"悦情",或藻或品,或叙或评,或运物而华体态,或开心以促韵味,或置陈布势以随类应物,或用笔经营以究像造形,都在这一时期中得以精研熟虑,自立其说,且能进一步摒落筌蹄,理归一统。这是魏晋南北朝各门类美术发展中最重要且一贯的普遍特征,它们使"匠技"中的"意法"上升成为"艺文"中的"理趣",使艺术进一步成为文化表率。

然而,每一个注意这个时代的人,都会注意到那动荡的人生,正是那些活生生的人,靠他们的心目手眼、七情六欲创造了这样一个文化艺术的高峰,因而,在谈到这个时代的造型艺术之前,我们不免还要回顾一下这个时代中那些曾经创造过它们的遥远人生。

## 一 艺术与人生

"天下大势,合久必分。"汉末的大动乱不但结束了两汉王朝的一统江山,也使得那统一的文化艺术风貌得以改观,三国之争已振不起汉家的纲纪,却派生出了新兴的思想与风格来。公元280年,西晋灭吴,完成了短暂的统一,随之而起"八王之乱"、"永嘉之乱",到公元317年匈奴刘聪政权占据了洛阳,晋室南渡长江,全国又进入了割据分裂的战乱不息之中。

西晋灭亡后,中原成了群雄逐鹿的战场,从陇西到辽东,一百二十年间,匈奴、鲜卑、羯、氐、羌,五胡十六国,彼此互相砍杀争夺,大大小小的暴发户政权,匆匆忙忙地轮替着粉墨登场;偏安江东的晋室,也在内部倾轧中统治着南半个中国。

公元420年,刘裕取代东晋恭帝,是为宋。430年鲜卑族拓跋氏的北魏灭夏,436年又灭北燕,基本统一北方,从此渐趋稳定,与南方对峙抗衡。

由于十六国时期频繁的战争和朝代不断更替,而南北朝时期在统治者内部,又常常彼此猜忌,互相残杀。如刘宋六十年中,皇族百廿九人,被杀者百廿有一,而其中骨肉自相残杀者八十人。又如北魏末年,兵乱频作,一代豪华的洛阳名都,"墙宇倾毁,荆棘成林,野兽穴于荒阶,山鸟巢于庭树"。在这种情况下,现实生活中既充满苦难和危险,又看不到前途与希望,于是靡费成风;另一方面,知识分子为了避祸,寄身远离,崇尚玄谈;更多的人们把信仰转向了宗教。这些造就了魏晋时代特有的有声有色的人生。

我们忘不了出现在书场戏台上舍生死而"六出祁山"的名臣；我们缅怀着俚曲道情中那咏"柳絮因风"的才女；我们爱慕那"掷果回车"的"潘安之貌"和"七步成诗"的"子建之才"。当我们谈论起嵇康临刑前还能从容弹奏《广陵散》时，我们不免为之动容；当我们明白了幼年诵读的《千字文》竟是梁武帝之散骑侍郎周兴嗣奉命将王羲之一千个散字拓本"一夕编缀，鬓发皆白"时，我们也禁不住为之叫绝；一部《世说新语》处处记志着多彩的人生。当我们把这些搜寻出来时我们不禁要问：这是那个乱乱纷纷的时代吗？这是那些动荡中可诅咒的人生吗？

其实，社会中的具体人生并不像社会总体那样可作简单的概括。人的自然生命会在以往沉积的文明中找寻到各种对新的社会的适应与创造。魏晋南北朝时期特殊丰富的历史背景，正给这种人生的创造提供了广阔的舞台。各政权之间的政治经济，存在着相当大的差异；封建之制，行举不一；官仪虽承汉制，然重兵黩武，税赋各立；军事上多行官方武器民众募兵，教取皆不相宜；且刑无定制，因政而施。故而整个社会规范便处于一个社会个体难以作总体把握和正常推断的无规矩定则的波动之中。以致上可行非礼之仪，下可作无君之论，(按：《抱朴子·诘鲍》篇载有时人鲍敬言作无君之论。)唯有"九品中正制"的选人之举，始于曹魏，至隋乃罢，成为此期中与人生关系最大的诸因素中唯一恒常不废的选举制度。此制虽然历来多受后世诋諆，但其实则是对人生产生至关影响的一项人事制度，是从"君"主的封建制度和"民"主的举荐制度到"文"主的科举制度的一个过渡；是从"门阀世袭"、"乡举民选"到"开科取士"的中间过程。在当时的历史条件下，此举虽有其他方面的功利目的，而且相对后来的"科举"制来讲诟病不少，但在其用人的核心问题上是主张"唯才是用"的。通过"任人唯才"的选举方式打破"世袭"的王权任命，以新兴的士族地主中的"贤才"来代表他们干政任权。撇开这种制度在其他方面的功过，仅就"唯才是举"的方式而言，对人的"自觉"便功不可灭。"唯才"标准的本身便直指人的"智、识、性、能"，"举才"的社会功利所带来的"重才情性貌"之时尚，实际上很快变化成了一种社会认可的对人的判断，这才使"重人"的审美准则得以确立。在动乱的社会与无则的人生判定中，这种标准在恒定的人事制度下产生了同一的导向，才使后来以"人的才情性貌"为主要判则之"魏晋风度"成为一个时代的审美准绳。另一方面，由于新兴的士族豪门只有在对政权的全面把握中才可能推行新的政治主张，因此，士族内部对新思想的吸收，对人才的重视与造就，都在"九品中正"的选举制度下备受重视，并得以促进与完善。魏晋之际，公私教育并未因动乱而有废，反而文教之风尤甚；且特别重视各种蒙学教材，兴"小学"之风，为后世教育奠定了各方面之基础。这些也正是"九品中正"制背后所造就的影响之一。因而，在一定意义上可以这样说："士"这一阶层得以在中华历史上独立形成，"士"的含义由古代的"崇武重义"之列士精化成后世的"修文尚德"之学士，以致后来科举制度得以提出并顺利实施，完全有赖于魏晋时期人才制度的变革与人才思想的转化。

虽然到了六朝之际，"不计门第"的"唯才"原则变成了事实上的"上品无寒门，下品无势族"之状，泛滥的豪族强力甚至影响到中央集权。但是，这件事的本身亦有其诸多方面的影响；一方面由于"唯才"与"任用"的关联，使得士族集团成了文化层次相对较高、较集中的集团，使得重视文化素养成为一种重要的社会标准；另一方面由于"唯才"与"门第"之间的矛盾而使得不少有才能而无门第的人无晋身于政治的可能，使得他们能在各种学术艺文之领域中进一步得以发挥；第三方面，由于这种制度对人生与社会的普遍作用，也使得不同社会阶层的人在对"文化"的重要性认识上趋同起来。使得这一制度的影响不再仅停留在上层政治军事结构的范畴中，而是扩展到了社会生活的各个领域，促进了对文化的探索，进一步导致了"文"的自觉。以致在文艺领域中之批评亦以"九品"为则。而且，这种影响已不再停留在人才的"致用"上。它将那种"致用"后面的"才情性貌"上升成为人物品藻的"韵致"，成为人物自身品质之"格调"。这样，又促进了文艺品评中以"人"的"派"和"流"作为中心原则的批评标准之产生。它不但促使艺术观念在相当大程度上从"社会功利"转向了"人生目的"；也促使艺术形式能从"实际需要"的使用目的转向了"情感需要"的形式感觉。中华艺术中许多艺术门类在这两方面的根本性转化正是始于魏晋或完成于魏晋的。这对艺术而言，显然是一个了不起的进步，就是对于整个民族文化的提高，结果也是显著的。这些又与相对恒稳的人事选举制度相得益彰地形成了新的人生观。魏晋艺术的发展，得益于这种对人生的新认识。

也许一个时代的艺术和人生更为相似；在它身上容纳了越多的经历，它也就具有了越多的容量；在它身上包含了多少的起伏，它也就具有了多少的节奏。魏晋南北朝正是集历史的荣辱贵贱于一身的时代，是中华盛衰强弱之大界。民族的交融纷争，政权的明取暗夺，经济的鹊起鹊落，文化的混杂取舍，大动大乱，大起大落，华戎融体，士庶等级，如此造就出一个时代的通则：人生历程反因时代而生色。生得艰难，死得突兀；生得自在，死得壮阔，故而俯仰得失，倍真于情。终于以"纵使留得身后名，不如生前一杯酒"的人生态度而"留名身后"，将"生"和"死"如此统一于"生"之中。为"生"而生，何奇不有，实非始料可及。但一个时代的艺术毕竟又有别于每一个实在的具体人生，人生虽受制于时代，艺术却常常能够打破时代的桎梏而辅助于人生。当每个人生将时代的付予按不同的方式化为艺术之识时，时代的文化便会因艺术的人生而大放异彩。魏晋人生如此，魏晋文化与其中那直指人生真谛的艺术也是如此。试回顾一下那"出门无所见，白骨蔽平原"的满目苍凉与"对酒当歌，人生几何"的慷慨悲歌，试吟诵一下那"明月照积雪"、"池塘生春草"与"种豆南山下"、"采菊东篱下"的诗篇；试想象一下那"南朝四百八十寺"的暮鼓晨钟与"北国多健儿"的银马雕鞍，那"天苍苍，野茫茫"的亘古雄浑与"莲叶何田田"的委婉清丽。它们何止是一幅幅历史画卷中的风情小品，它们已是整个时代的，并能使后来每一个懂得这种文化的人生与之共鸣的生命之喟叹。

如果我们想极为精练地概括出汉唐文明的特征，我们或许会想到"汉家陵阙"中西风夕阳下那石阙铜驼所表率的雄风；我们或许会想到"唐代菩萨"中丰腴柔媚的严妆华饰所表率的丽质。它们占领着历史上雄朴华茂之两座峰巅。但是当我们要概括魏晋南北朝的文明特征时，相信任何人都会毫不犹豫地想到那些"七子"、"八友"、"二王"、"七贤"，那些"三谢"、"两潘"、"大小阮"等诸多人物的嬉笑怒骂，音容文辞、琴棋书画，饮食衣履，一句话，是他们"人生"的才情性貌所展示的"风骨"。不是吗？在汉代死者的丰碑与唐代的天国华美之间,"魏晋风骨"之中那回荡着的人生之气韵,正是这个时代的最强音。

魏晋南北朝的美术,也在各个层面上体现出了这样的时代特征。"神"、"骨"、"气"、"韵"、"势"这些原来广泛取之于天、地、人、物中的认识,都在这个时代中由于美术的发展而步入了美学的殿堂,又由于美术的作用而将其包容的那些诸多关系统一于"人"这个"主体"身上。将"人"当成了衡量艺术的标准,一个"画龙点睛"的成语,蕴含了多少时代精神与文化信息,它是人在美术中自觉的写照,是美术由于人的自觉而升华的体现,是美术特有的思维方式对自身认识的一种反映。魏晋美术史要留给后来的,永远也离不开这种人生与文化的启迪。

## 二 理论与玄风

艺术自觉的本质是人的自觉。而艺术自觉的重要体现方式之一便是艺术理论的独立形成与艺术的理论形式形成统一而一统的结构体系。但不应当忽略的是:认识的提高与理论发展的规律才是艺术理论独立形成的前提。因此,在谈美术理论与美术活动之前,我们不能不注意到这个时代哲学对认识的影响。在魏晋时代,不可否认的是"玄学"在这方面的敦促作用。

我们常常惊讶,为什么在动乱的人生无常之时代中,人们反而还有闲情逸兴去"品藻"或"清谈"。我们发出这种惊叹时往往忽视了理性本身对人生至关重要的实在含义,忽略了理念自身也是人们认识世界过程中的最高、最重要的直接认识对象。而"玄学"所解决的正是这样一个理论核心问题。它们是认识人类经历、经验所获得的理念规律之过程,是认识"认识"的重要方式。当理论研究的对象仅仅停留在"名""实"之间时,人们的认识当然只能局限于"心""物"之间;只有当理论研究的对象上升到"名""道"之间时,人们的认识才有可能上升到"思""律"之间,这便是"玄风"的正经意义。我们可以从其他方面找出许多"品藻"与"清谈"的有关起因,诸如对生命无常的安慰与解脱,诸如相人之术与谶纬之风的迁延,诸如内象外观与天人感应的扩展,诸如服药与饮酒造成的失态等等。但除此之外,我们无论如何也不应该忘记理论自身的发展与中华哲学造就的特殊的理论认识之方式，不应该忽视在艺术理论表象中那文史哲学背后的理论构架特征。实际上，后来所谓的"六经注我"的一切认识，大抵都始自"王弼注易老"那种所谓的"正始之音"。这才真正是中华艺术理论肇始完善所始终赖以"存神立骨"的正始之音。讨论"玄学"理论体系的是非以及它在其他范畴中的功过并非本书的重点，但"玄学"在艺术理论认识中的作用和意义都是我们不可忽视的。由于"清谈"本身的对象是"玄言"，"清谈"的目的又是人生的一种理论过程，因此，它是一种有"名"无"实"、"名"存"实"亡的名辩之谈，而不是一种实务之举。这样，"玄学"更易于将作用集中在人的"智"、"识"之中，集中在人类认识结论之间内在规律的探求之上。既然"清谈"是一种"体言会性"的表象所掩盖下之"察名悟道"的过程，因而它对理念的发展与规律的揭示是必然的。只有经过这样的过程，纯理性思辨才能得以确立，理论本身才可能脱离"言"中所反映的"实"而上升到"名"中，才使"道"可以成为不以"器"而立的自体而被知，才使那些不可以常道常名的"道"和"名"成为可以认识并揭示其规律的"道"和"名"。"援老入儒"便是在相当大的程度上完成了这样一种思维体系下的理论建树，它使得儒老在互证互补中双双上升成一种民族文化的统一的理念演绎方式，既将儒学的"现实"成分与严谨的思辨逻辑变成一种理论方法，又将老庄的"心象"情绪与感觉的把握模式变成一种认识格局，使它们之间互为表里，完善地解决了自然、社会、人生的理论框架而完成了第二阶梯上的理论认识，使"玄学"相对地上升到"理念之理论"的台阶之上，魏晋玄学从根本上发展了中华史文哲学中那种重历、重史、重验、重证的思维方式，而将历、史、验、证的结论统之以"识"的逻辑之研讨，使它在理论认识上重视人生感情诸因素之介入的要求为以往哲学所不可取代。魏晋艺术理论的形成并独立发展，正是得益于魏晋玄学在这些方面的理论成就。

实际上，中华文艺中许多方面基础理论的基本构架，都是在魏晋时代得以完善的，特别是关于感觉规律与形式结构这两个重要方面，均得力于玄学对人们认识的促进。如文学理论上的文气学说、体裁学说，音乐诗歌理论上的音韵学说、声律学说等等，均出现或完善于魏晋时代。魏晋美术理论正是这诸多理论建树的一支，它们不但相互作用影响了时代的美术，还影响了时代的艺术，也影响了后世中华文化与中华人生。前人有言曰："唐诗晋字汉文章。"以"晋字"以蔽之而言魏晋成就，在文化发展上是一语中的的，在艺术史上亦有其内在的深层揭示。我们撇开字辞表面所论的文艺类型，直探它们揭示的文化精义时，我们不得不从广义的艺术宏观上来理解"汉文章"的另一种深刻含义。秦皇同文而书，使得古代具有"纹"的含义之广义的"文"变成了狭义的"志"与"识"的"字"。以"纹"成"礼"、以"纹"定"仪"的古代规则渐渐让位给以"文"志"史"、以"字"图"识"的新文化观。汉尊儒而重文，故华章丽辞渐兴，辞赋文体渐立。"文章"的自身亦在很大程度上取代了以"纹"而"彰"的重要文化功能，以至王充有"古贤之道竹帛所载灿然矣，岂徒墙壁之画哉"的叹喟。至此，便"纹"、"文"相形，典籍三分：字学图识，卦象图理，绘画图形；魏晋时代的文人已普遍有了这种认识（按：颜延之有言曰：图载之意有三：一曰图理，卦象是也；二曰图识，字学是也；三曰图形，绘画是也。）那么，所谓的"晋字"，当然不是指"字"本身那种早在秦汉已完成的"志识"功能与文字定型化的音、形、义本身那所谓的"六义"之则了。"字"在魏晋的成就，在于"书"，在于"字"在"书写"中的体性、韵势、笔阵、行气。一句话，在于"字"从"实用功能"上升至"审美功能"的进一步完成，而使"字"成为一种完善而统一的"文化符号"。"晋字"的发展过程，是一个将"志识"的规范化之"文"又化成审美的性格化之"纹"的过程，是对"文"的"文化"。这与玄学的第二个阶梯上的认识一样，是一种第二个阶梯上的文"化"。正为其如此，它们的有关理论才会成为"文化理论"而具有普遍意义，并不同于"哲学道理"而具有特殊意义。这是此期艺术理论的特征，也是魏晋美术史的显著特点之一。我们之所以重视"晋字"，只是因为它能在这方面作为时代的表率充分地反映出这一特征来。以"志识"为主的字学，虽然有矩可循而又变化无穷，虽有确定的理念含义却又只是有"名"无"实"；它们与"音"、"形"之间的联系以及它们与"义"的关系，使它们能直接作用于感觉思维两个主要方面又不受其局限。因此，中华哲学中那种重关系、重理念、重感觉经历与情绪状态的文化传统，不可能不率先将"字学"化成一种"文的哲理"去影响和制约感觉，纪录并展示理念，揭示关系与证明经验。再将这种"哲理的文"又还原成一种感觉模式去适应传统哲学造就的文化需要，化成一种普遍意义上的审美格局去引导人们的"知"和"行"。实际上，在汉语词汇中的"知""识"，在很大程度上与字的"志""识"是同意的，而"行"的本身也同时具有了"字里行间"和"行成于思"中那种"行"的含义。"晋字"在构架、笔阵、行间、韵势等方面的成功及它那广义上的探索，将中华文化提高到一个新的格局之上，并反过来用这个格局影响制约了其余的文艺类型，由此而直接造就了相似的审美情趣，完成了对人的文化心态之造就。

作用于人生的至理促使人进一步认识文化的至理。当文化中那些人所创造的基本理念符号与基本形式元素被主动把握并成为艺术的主导因素时，艺术理论和文化至理融合为一体，那么，这些艺术门类作为文化的表率也成为一种必然。魏晋书、画艺术的发展历史标明了这点。另一方面，只有在自身文化中的至理被诠释得相当完善、能适应各种理论构架并对不同艺术门类作指导和规定时，它们才可能在不同品类，甚至不同文化的艺术对象中寻找自身的照应，才可能有目的、有方法、有能力地去"化"那些不同的"文"。建筑、工艺在魏晋的兼收并蓄与改造衍生；佛教文化所带来的观念与艺术式样在魏晋时期的发展历程，也正说明了这一点。在玄学思想的促进下，魏晋时代的美术一方面离不开自身艺术规则与时代氛围所造就的特征，另一方面又离不开由"文"所造就并为"文"所衡定的制约。一方面离不开艺术法则所规定的形色状貌之物矩，另一方面又更倾向于由人的才情性貌所企望之心托：由"志"而"文"，由"技"入"心"，由"心"生"化"，这是魏晋时代美术的主要特征与发展线索，理论之建树，实用之探索，均莫不如是。

## 三 文化与宗教

魏晋南北朝美术史家无一例外地注目于这个时代中极其重要的美术现象：

佛教美术的汉化与各少数民族美术的融合。这不仅仅因为大量史迹及遗存与此有关，还因为在整个中国美术史中，宗教与民族中的问题在魏晋时代反映得最为典型，形成了中华艺术发展交融的一个综结。尤其是佛教范畴中有关的美术类型及典型作品，对后世文化产生的影响具有世界性的意义。在一定程度上可以这样认为：魏晋时期民族美术的交融更集中体现在佛教范畴的有关美术类型中。佛教在魏晋时代初步完成了它的中国化历程，这与魏晋美术家们对佛教美术的接受与全面改造是不可分离的。那么，我们不禁会问：自东汉初年佛教普遍传入中国之后，二百多年间佛教艺术在中国的发展变化几乎处于停滞状态，为什么到了魏晋时代，佛教及其艺术才得以广泛流传，尤其是从东晋至南北朝这二百多年间，其间虽有各种政治经济原因造成的多次毁法灭佛，但佛教及其艺术还是奇迹般地发展并初步完成了它的中国化历程呢？

几乎任何一本谈到这个问题的著述，都会强调这个时代与宗教有关的多方面社会生活的影响。这些是毋庸多言的。但影响是一个问题，接受并改造又是另一个问题。诚然，多方面的社会原因使这个时代本身对宗教产生一种亲和。政治经济斗争的需要曾促使政权对宗教进行倡导，并使宗教组织具有牢固而稳定的结构。但这并不能很好地说明佛教中国化的必然结果。佛教的普遍传入，本身就是受汉明帝遣使求法而倡导的，东汉二百多年，上层统治阶级以至皇宫内苑亦多有信佛之举，且从未灭佛，那么佛教在东汉时期的发展为何处于停滞之状呢？另一方面，魏晋时代不少统治者所进行的灭佛运动以及对僧尼寺庙采取的行动，比倡佛崇佛要苛严得多，那么佛教在这种苛严的打击下为什么仍会继续发展呢？这些，都不是简单的提倡或消灭的直接因果关系所能解说的。佛教在魏晋时期能蓬勃发展并形成自身新的宗教形态，其本质原因仍在于魏晋时代那"人"和"文"的自觉；"人"的自觉创造了对佛教接纳与改造的心理，"文"的自觉才可能完成接纳与改造佛教的外部形态。只有这样，中华文化才有可能在将佛教形态"化"成一种民族文化的载体之后而被永久地接受，并使佛教能从以宗教为幌子的文化实质上去陶冶中华民族的心性与抚慰他们之人生。

关于人生那些许多根本性认识，诸如生死的无奈、情欲的俱生，以及这些对于现实的背应等等，它们作为一切宗教所要阐释的基本精义，在中华固有文化中有着极早极完善的认识。先秦诸子中大量著述所反映的基本哲理，已认识到了这样的人生本质；秦汉神仙方术的思想与好尚，也能从这些方面给人生以宗教精义相似的满足。为什么到了魏晋之际，那种最重视人生现实，那种普遍的"为生而生"的"一死生为虚诞，齐彭殇为妄作"之人生观却要以"苦、集、灭、道"为"四谛"、以"寂静涅槃"为"至法"的佛教中得以寄托呢？诚然，佛教教义中的"无常"、"无我"与"苦"、"空"等学说从表面上似乎适应了魏晋时代动乱中的人生现实，但在"六朝金粉"那醉生梦死的繁华中，社会心理的矛盾便不可忽略了。问题还不仅如此，外来宗教如果不是对人生施以最广泛的介入，不从"文化的人"这个本质上去影响社会与自然，它们要在中华民族恒持发展的自体文化中立足便不可能。只有如此，它们才不至于在现实变化中无所适从。

自觉的在各种思想方面的探索成为魏晋学术思想与风气的重要特征。对于各种思想与流派，魏晋时代进行了全面深入地发掘、认识、发展或补充。或注或释、或整或集、或补或托，不一而足。除"玄学"之外，至今能见到的《山海经》、《穆天子传》、《列仙传》等上古著述，皆因魏晋人注、集而得以流传，更不用说当时"有书必注"的盛况了。今传《列子》八篇，《尹文子》一卷、《鬼谷子》三卷以及《邓析子》等著作，亦是魏晋人之著述。既然"六经"可以"注我"，"我"又何尝不可"托古"呢？魏晋风度如此，时人恐怕未必以"伪托"而非之。若后世买椟失珠，见筌忘鱼，便不见著作本意，失却"魏晋风骨"了。对于佛教中大量的释经注道，也是魏晋文化思想在佛教方面的反映之一，是时代之风的一面。魏晋之际，大量佛经被释译保存下来，例如梁武帝时代就于华林园中总译佛经五千四百卷。许多著名僧人并非以"佛徒"著称，而是以"学者"知名，以致《魏书》开正史立"释老志"之特例。正是由于这种从文化上、思想上对佛教作全面认识，才可能在对佛教的接受中阐释出"教"而不是"宗"的法则，才可能从对佛教那些宗教艺术领域中揭示出更多与"人"相关而不是与"物"相关的规律来。

应该指出的是，在魏晋佛教中国化的历程中，魏晋美术家是功不可没的。他们率先从感觉上以固有文化心态改变了佛教面貌，并且反过来又以佛教中的艺术形象影响了民族文化。他们通过艺术创作进行了宗教与文化的大融合、大普及。使佛教艺术所带来的外部形态深入到中华民族文化的观念之中。这样，艺术造就的感觉模式便不再随佛教形式的兴衰起落而变化消失，反而使得无论是对佛教的倡导或反对，都变成了一种对佛教文化的深化认识之过程。寺有兴废，僧有戒俗，教有止行，但宗教思想、宗教活动所造就的对人的影响，变成一种艺术上的审美习惯与文化上的认识方式之后，废寺便是文化景观，俗僧多为学者名医，止教亦成为"佛学"，就连"阿弥陀佛"也成了"老天爷"似的口头禅。佛教之中国化历程，自然有赖于这种"文"化的过程之中。魏晋美术家们所创造的有关佛教范畴的那些众多美术遗存及典型作品，也在这个过程中具有了永恒的审美价值与世界性的意义，并同时因此而对它们的时代具有特殊的宗教意义与文化意义，最后能代表时代特征与民族文化的个性特色。

从对佛教艺术的接受、改造之文化过程中，我们可以举一反三地窥见魏晋时代造型艺术发展之特色。在交融混杂的时代中，美术的变革是普遍的，在"人"与"文"的自觉中，这种变革反映的总趋向是：由较多地受时代政治经济等现实功利的制约转向更多地受文化的诱导与审美的影响，并在各种法、式、款、规的全面探索中促进了它们统一于民族文化的意、趣、情、理之中。这些，无论在建筑、工艺以及书画等各种美术门类中，均有不同层次，不同程度的体现。

人生与文化的作用，使魏晋时代的美术像是中国美术史中的"蜂腰"或者"关节"，它对前汉后唐这两个时代艺术的总结和开拓起了斩折与通筋舒络的作用，也以自己显著的成就丰富了中华美术，并对后世文化产生了巨大的直接影响，从而以自身多样纷繁、生动活泼而又统一的"魏晋风骨"，永远占据了中国美术史中特殊重要的一席。

1989—1990 年于北京

# 折腾本己
## ——读陈玉圃画集代序

做个人真难，做中国人更难。一人一个主意，中国就有十亿个主意；一年来一次"新潮"，中国有记载的"新潮"就该来了四千回。真是！但我有时又想，事情也未必尽然如此。人生在世，无非是"七情六欲，生老病安"八个字而已。这样一来，人倒是容易做了一些，可画却难画了许多。这么多有主意的人，在这多么新潮里画来画去，要画出这八个字的人生来，你说艰难也未？

画张画真难，画中国画更难。就那么一副纸笔，蔡伦和蒙恬至今已用了数千年；就那么一套"皴擦点染"，四大家八大怪们不知转了多少个轮回。怪不得我总听说，除了卖画赚钱的画店老板知道怎么画之外，大家都皱着眉头相互问道怎么办。

有些人要敲开铁屋子了。他们用上了拖把、条帚、丝瓜瓢、鼻涕、唾沫、淘米水、胳膊、脚掌、电吹风。但折腾了一阵，连自己也没劲了。于是，只有坐下来骂中国人太保守，或者偷偷地去练毛笔字。

有些人要唤醒民众了，他们宣告了文化困境、艺术穷途、精神末路、种族无望。但声讨了几回儒家困境或义和拳的愚蠢之后，自己也打起了"纯化"、"保护"的中庸旗号来自我解嘲。

理论家被搅得更糊涂。他们居然看出了"八怪"之所以成功是因为有盐商们赞助。他们相争去考据徽商们的家谱，寻求商人们的主张、要封他们为"艺术改革的倡导者"或者从中找出"人才学"、"艺术经济学"等边缘学科的鼻祖。他们还研究了"吴门画派"出名是因为有妓女的奉献和捧场，于是又相争去搜集苏州妓女们的轶闻趣事，要追认她们为"性解放的先锋"。

于是，画家们谁的也不信。他们想：唉！管他呢！还是画自己的画吧，爱画什么就画什么，想怎么画就怎么画，画自己就得了。

得！这么一来，画画似乎容易了一些，可是，自己却难做了许多。西方的先哲们早就说过，人生不能两次跨过同一条河；世界上也没有两片一模一样的叶子。仅这两个命题就足以使我们难倒自己了，更何况我们中国艺术哲学的老祖宗庄老先生还有不知道蝴蝶是自己还是自己是蝴蝶的古训。而且，不用我说，谁也不怀疑，时间仍和过去那五千年一样，一秒一秒地过，人生仍和过去那无数人生一样，各管各地过。

于是，交头接耳的艺术家们又各顾各地去东洋、去西洋、去民间、去洪荒。到头来，他们发现寻找来的自己和原来的自己，竟不知道哪个该是他自己些。

没有什么比敲了半天，原来并没有铁屋子；叫了半天，原来并没有声音；走了半天，不知走到了还是回到了原地更无聊了。于是，大家又一起陷入了那无边无际的、冲不开、推不破、走不出、绕不过、看不透、抓不着的人生悲雾，其实这也是艺术的真谛之中。

陈玉圃在那儿笑。他既自信又有点失望，他只有无可奈何地笑着去对付别人和自己对自己的反对。他的笑不再是那个隆冬深夜我在他蜷缩的小屋中那种坦荡的笑，那时的山东大汉及他的画都使我联想起电视片《鼹鼠的故事》中的那只小鼹鼠。如今，他的画长大了。我猜他看到那些哗众取宠的画家们装出一副洒脱的样子时，他一定鄙视而且觉得那太容易。于是，他那本该是苍白的嘴唇上也涂上了唇膏，如同齐白石咏菊花诗中那"也买胭脂学牡丹"的句子那样。他的笑苦涩了，那是因为他的心苦涩。他也是个父亲，当孩子和妻子分别给他以父亲和丈夫的义务时，画店老板们也在向他频频招手了。他那本该是枯皱的石痕上便有一些湿漉漉的绿苔。他的笑勉强了，那是他的心在勉强。他也是个画家，当朋友和学生们给他以同志和老师的期待时，那些先哲圣贤们也在给他以谆谆教诲。于是，他痛苦地掷掉笔，大声对亲人嚷道："没法画！"然而，他又画出了一幅好画。一幅不能卖钱、不愿送人、难以展出的画，他自己知道那幅画的处境和自己的困境。于是，他想："悔了吧！""改了吧！"读读花间词，写写香浓艳，哪怕从杨万里、范成大的清丽入手呢。而且，日本国那惊人的物质文明总是和那一贯轻薄的艺术风格一起进入艺术家的视野，也很难说这些未触动或潜入人的心田。他的笑惶惑了，他的画上似乎也泛出了轻云恶竹之气，而这里本应是氤氲苍松之席位的。

但这一切对我来说仍是陈玉圃、仍是那只辛勤掘地的小鼹鼠。那红唇绿苔恶竹轻云对他来讲，终归是不协调的货色！我觉得，也许他更觉得，在这些货色的背景上，有着那么一大片奇大无比的浑然之物，那是他天然的相，那比江山更难移的本能的相。我常常奇怪，我们有时为什么会屈从别的而徒劳地去改造它！？

我真恨我们，我们想方设法去走后门、拉关系、寻赞助，想出一本哪怕自己"包销"的画册。可是，我们那个本家死鬼陈子庄（石壶）的阴魂比我们强得多，鬼迷心窍的编辑们却到处找他的画出集子。我们打尽主意求名人、交洋友、办展览，想成一名哪怕被三流小报记者鼓吹的"著名画家"。可是，我们那个山东老乡张鹏又赶到前面去了，那么多鬼迷心窍的老专家学者钻到破小学校中将他作为"文物"发掘出来，出尽风头。我们还使尽解数去找领导、结帮派、发牢骚，想捞上个教授、副教授或者主任、副主任，哪怕当个群众组织的小头头也心满意足。可是，我们哪个没见过、没听说过的至死也不明白的八大同乡怪物黄秋园又独占风流，不知道那么多学院、画院的画师领导们又是被什么鬼迷心窍，不停地给他发教授聘书，送名誉证。

也许，根本的原因就是他们压根儿就没有打算改造过自己的"相"。正因为如此，他们或活着或死去，或相近或遥远，他们总是轻而易举地当自己。因此他们画好了画，做好了人。"为其不知，故能大知；为其不争，故无与能争"。如果我套用老庄语气来这两句，恐怕又有人说我在迂腐地毒害人了。也许在人们眼中，他们比你我更难，但他们在你我的眼中，不也有比人们更容易得多的高明之处吗！

当西方现代心理学家创造出"格式塔"这个词时，我们聪明的祖宗已把"相"这个词用了何止千余年了。当我们玩味一下"相随心现"的俗语和"瞎子摸象"的寓言时，艺术家们的"格式塔"不尽在其中了吗！白石老人自挽联中有"无人间恶相，何惧马面牛头"之句，我曾赞叹再三。在一切真正被人类历史文化首肯的艺术家和他们的作品里，我找到的还是那"人之初，性本善"的假定；还是那"无人间恶相"的"真善美"。因而，我爱陈玉圃那浑无边际的本相，我不追求他往日的留恋，我也不赞美他后来的苦涩。一切人生真谛的探索只是人们自己的事，但我在陈玉圃那画的律动中，瞅见了一个艺术家的"相"来。因此，当我借用白石老人的句子时，与其说是对陈玉圃本相的一种赞美，不若说是对他的祝愿；与其说是一种对艺术家的希望，不如说是一种对艺术规律的揭示。

据说，人类最原始而朴质的那些东西至今未变。我相信社会发展会给人类带来许多新的未知领域，但我更相信，妨碍人们前进的，却总是那些熟知的习惯。那种从"非人"过渡到"超人"之其间被称为"人"的东西身上，总有一种共通的真谛。其实，许多梦寐以求的东西，正是自己毫不在意地抛弃的东西。正如我们长大了不停地追求童贞、追求民间、追求古朴那样，这些东西正是我们个人、社会和人类当年在一个丑陋的异性面前，在一个装腔作势的教师面前，在一个善于蛊惑人心的瘟神面前，毫不犹豫地抛掉的东西。

据说，非洲的土人们在生病时不会说"头昏"或者"头疼"，更不会说"头裂开了一条缝"或者"头像炸了一样"。也许他们的朴质使他们不能分辨各种痛楚；也许他们的原始没给他们更多文明世界人类的其他联想。我们中国人可是太多痛苦了，而且，我们在三千年前就开始学会了"赋、比、兴"。但是，非洲的土人们在头昏头疼头裂头炸时会说："我有头！"

上帝啊！这真是个伟大的发现：我有头！

我有头！

头，对于我们感到不适时，我们才会感到有。也就是说，只有当我们痛楚时，我们才会更强烈地感到存在；只有我们强调自己的存在时，我们才会折腾本己。

文化不正如此？人生不正如此？

玉圃啊！我们还是躲起来，为了我们的存在去痛楚地折腾本己吧！

1987年除夕夜于北京

# 自强不息

## ——《中国中青年画家自选作品集》代序

人世间的道理本没有许多，画画的道理当然更少。从"划"到"画"，从"画"到"化"，一言以蔽之曰："造化无穷。"造者，创也；空间本无限，立之则造。化者，变也；时间不停滞，运之则化。无穷者，生生不息不尽也。"造化"则"无穷"。这岂不是说：创造与运动才会具有永久生命。中国人有感于天地永恒之叹，于艺术又何尝不是歪打正着!!

造也非寻常，化也不简单，于是，我们又将希望寄托于神仙上帝古圣先哲，于是，便出现了许多作画的道理。古老的过去了、未来的尚不知，当今时兴的恐怕又可一言以蔽之曰："画出个性。"（或曰特色、自我、风格，等等。）

"画出个性"又谈何容易，单是这四个字的脚注，恐怕就永远写不完。中国人从演周易到布谶纬，从画太极到排八卦，三教九流，诸子百家。外国人从习数理到宣神教，从布"阵""群"到究信息，上帝主教，技师学者。哪一个历史上留下的人，哪一句历史上留下的话，哪一本历史上留下的书，哪一件历史上留下的事，拉过来排、演、布、究，至少都可以作"炮打隔山子"似的对"画出个性"的精辟诠释。无怪乎上帝佛祖都闭目缄默，圣贤智哲皆箴玄禅谒，余下的我辈就只有絮絮叨叨了。

画种的不停出现，绘画材料的不断更新，画法的不止探索，这一切伴随着人们对世界认识广度深度的增加，使得不但对某个新范畴探索的难度增加，而且使得对固有范畴的进一步认识，以至接受、改造、或扬弃都更加困难。

人类的历史越长，人类能掌握的记录历史的手段就越多，人的不同特性便会被诠释得更加充分，更加丰富，人类对自身的某一方面的了解、认同也要求得更高更严。使得任何一种人类的思想感情要以特殊的新形式出现或者在以往的形式中得到新的体现与升华都越来越困难。

摆在当代人面前的是，"画"和"个性"都各自够难的了，又偏要"画出个性"来，岂不是难上加难吗？

然而，那又有什么办法呢？谁叫我们是个人呢？谁叫我们会"画画"呢？谁叫我们具有人类特有的向未来世界展示我们这个世界纪录的本领呢？于是，只有画！

有些人逮住一点画下去，听凭人家笑话，就算他画得和某个过去的人一样，不也是在这个时代中展示了一个过去一样的人吗？埃及木乃伊尚且有人要看，那么"活古人"恐怕未必没人喜欢。何况，世界上既没有两片相同的树叶，那又哪来的完全相同的艺术创造呢？加之画到后来，难保不会应了石涛和尚那句"纵使触着某家，乃某家就我也，非我故某家也"的箴言。

还有些人不管一切画下去，对其他的不闻不问，尽管画得和"非画"没有两样，不也是在这个时空中展示了一些荒唐的画吗？马路上的疯子和卖"大理丸"的尚且有人围观，那么，"荒唐画"也难保没有信徒。何况，荒唐事虽然一失败就会变成罪恶，但一胜利了则往往成了伟绩，谁又能预料画到后来，我们不会再出几个中国式的凡·高、达利或者世界性的雪个、青藤。

理论家的美德是宽容，总是念艺术紧箍咒的时代不但没有"假洋人"与"活古人"，而且根本没有外国人眼中的"真洋人"与未来人眼中的"死古人"。而这个"真洋人"与"死古人"才是我们总称的"个性"。在艺术上的个体创作并不等于个性，个性也并无优劣之分，只有当个体的特征引发并表现为前所未有的至极时，它成为某类型群体的特色被世人，尤其是被可能将我们与前人比较的后世人所瞩目时，才称之为个性。

说穿了，个性的本质是文化性，是一个时代的文化在某些个体上的聚集，是一个民族的文化在某个区域的展示，是一个历史的文化在某个时刻的积淀。难怪不得孔老夫子要说"其人无文，其行不远"了。

当然，要使每个个体都成为文化性的表率只是一种愿望，但否认每个个体都具有文化性则只能是无知了。个体要发展成为个性，只有"文"而"化"之的唯一途径，难怪不得古代圣贤们早就有"天行健，君子以自强不息"的论述。他们有感于天人关系之叹，于艺术也正是"歪打正着"。

绕了一个圈，不是又绕回来了吗？中国老百姓常常将"造化"作为"天"的代称，他们深深明白"造化无穷"才是"天行健"的根本，而"自强不息"压根儿就是"出个性"的本质。

绘画是一种文化，文化是一种人生至理。那么，画理不正是人生之理吗？画法不正是文化之法吗？

我们这些中青年的"君子"们啊！让我们同来为了"画出个性"而"自强不息"地"文"而"化"之吧！

1986年5月于桂林

# 不要忽视"创新"的传统
## ——"八十年代中国画展"观后之"乱弹"

### 一

我认为"八十年代中国画展"办得好，其中作品选得也好。我看到展览会上的荷花已不同于宋人画册中的了，那春雾已不是大涤子笔下的了，那人物也不是陈老莲手中的了。那描绘亘古莽昆仑的《玉龙图》使我不觉怀念起刚逝去的石鲁同志，那描绘自古都有的秋景的《秋村图》，却使我联想到西班牙那位还活着的八十多高龄的大师米罗，《日记四章》勾起了我清新隽永的情思，使我惋惜"文化大革命"中被抄毁的真情的日记，《育花翁》使我想起了我多年相处过的长安老农，还有罗中立的《父亲》。这些感情，我在看"四王"、"八大"的画时，无论如何也不会产生。我以为这就对了，这就是八十年代。如果"中国画"不能引起人们这样的现代联想与现代感情，"八十年代"又何有之呢？

我敢肯定，没有从心灵上和现实中躲开我们共同生活的这个时代的思想感情，没有对我们这个时代的荣辱恩宠和悲欢离合视之以漠然，才会在创作过程中对使用当代的手法作冥思苦想的探索。刘占江画中那冷涩而拙中见情的笔法，袁顺那种以童稚般心灵并从西方现代绘画中获得启示来塑造的奇妙造型，胡振昆那种受了当代文学艺术影响而选择的表现手法，王迎春那种用深情从现代理解角度将古老题材与手法同铸于一人一花中的新意……不知怎的，我总感到他们与时代有某些合拍。这不是时代的节奏又是什么？

长期以来，文艺界有一个似乎公认的、但却是不对的看法：画家是可以偏激的，理论家则必须公允；艺术家可以片面，理论家则必须面面俱到；艺术创作应当充满激情，理论研究却只能冷而静之；绘画必须有自己的风格，而理论家却不能用自己的面孔说话……恐怕就是这些不成文的根深蒂固的偏见腐蚀并束缚了艺术家和理论家自己，使他们不能更好地配合，也使他们无暇去想想这样一个简单问题：既然如此，难道那些公允、冷静、没有自己面孔的艺术理论，竟然会来源于偏激、片面、激情而有风格的艺术实践并要继续指导它们而使其"百花齐放"，你道是怪也不怪！

所以我认为，艺术理论与艺术创作同样是艺术发展史中的一种创作活动，它们相互评论和检验。因而，艺术理论也应该是充满生活激情的、有自己面孔的，同时，在一定程度上，也应该允许"片面"和"偏激"，不然，那个"百家争鸣"的"鸣"又如何"争"法呢？

释家有"此亦一是非，彼亦一是非"的偈语。各画种、各风格、各流派、皆各一是非也。写实难，写意也难，看来似"胡抹乱涂"的"抽象"亦未必不难。"抽象"中有胡抹乱涂者，"写实"中就没有沽名钓誉者？"写实"中有粗鄙甜俗者，"抽象"中就没有装腔作势者？各有是非标准，各有好坏高低，文艺批评的任务，恐怕不是以己长度人短的吧，恐怕还是共同提高更重要。那些以某一种创作思想与手法作唯一标准去衡量和评判所有艺术品的作用，真是不如释门中几个老和尚有见地。

## 二

关于中国画的特点，几十年来讨论得真不少，大家不约而同地总认为中国画应该有着某种"传统"。我不知道"传统"这个提法，是否也是我们中国的传统，但我翻阅了有画史记载以来的中国画论，似乎还未发现"传统"这两个字。我也曾仔细琢磨过，中国画到底有没有什么"传统"？如果没有，为什么它能数千年间发展不衰；如果有，那它到底是什么？是"笔墨"吗？但画史上分明也有"吹云弹雪"之类的古训；潘天寿、高其佩的指画姑且不论，但米芾却真的用棉纱团墨涂抹过"无根树"和"懵懂山"；而且道济和尚还曾以白纸示人，只签一名一印而称之为画，此画尚传至今。如果我们不排斥这些大师们的做法，那么，杨达林在《荷香图》中加上木板水印，余友心在《归牧》中融形色为一体；程振国在《早春图》中揉纸团墨，张立辰在《指墨》中矾胶并用之类的做法我们就不能指责为"没有笔墨传统"。是"色彩"吗？唐、宋花鸟七彩并施，元人山水却只染浅绛；吴昌硕先生虽然从不用"胡"粉，但齐白石先生却的确爱用"洋"红。谁是谁非，谁是传统也很难说，那么，刘秉江在《塔吉克舞》中的水粉水彩，吴华伦在《五百里滇池》中那现代化的绿色，康淑贞在《晨雾浓》中烘染的被北京人称为"雪青"的调子，我们又怎么能否认他们正是循着"随类赋彩"的"老法"呢？是"造型"吗？黄荃的虫鸟可乱标本，倪云林的草木又难分麻竹；石涛和尚的草稿要"搜尽奇峰"，齐白石的海棠却是"真本却无"；谢赫的肖像画是"毫厘不爽"，但李可染先生却主张"不与照相争功"。既然如此，我想，张道兴用速写式线条造型的《茶岭春》与袁顺用有趣的稚气造型的《秋村图》，就不该被视为"不伦不类"和"异端"。

那么，"传统"到底是什么？

我想，如果我们将"传统"当成中国画发展中最重要的特点的话，那么，我认为这"传统"也只有一个：那就是被历史承认了的艺术上的不断创新，那就是站在中华民族的审美情趣上对过去历史中艺术表现手法的否定和对现在艺术表现手法的探求，那就是从艺术角度对当代思想、感情、题材、技巧等方面的不断认识和开拓，并使这些达到前所未有的高度。纵观中国画的发展史，无一大家不是如此。难怪在中国画史上，总也不乏"吴道子有笔无墨，项容有墨无笔，吾当取二者之长兼而揉之"、"不使一笔入吴生"、"纵使触着某家，乃某家就我也，非我固某家也，我于古何师而不化之有"、"似我者死"这类的言语。石涛和尚一言以蔽之："笔墨当随时代。"

我以为，这才是中国画最宝贵的传统。正为其如此，我越发觉得《八十年代中国画展》可贵，我觉得它办得好。参加展览的同志们有不少探索，在《侗乡小景》(潘缨)、《旧居前的草坪》(何韵兰)、《夏日》(张平良)、《童年》(杨刚)等作品中，作者不但挖掘了一些前人未有的题材，他们还学习并融合了民间蜡染、工艺等方面的手法，造就了与古老笔墨技巧相背庭径的手法。但我们看到，这些作品同样没有脱离国画的范畴，正相反，有不少人觉得它们比"四王"、"八大"离我们更近。在张道兴的《茶岭春》和杨炳湘的《乡村》等作品中，我找到了不少新的描法，它们也许是从素描与速写教学中升华而来的，也许是从版画与图案中受启示提炼而成的，或许就来自画家们的心底手底，这正是他们现实感受的驱动结果。这些"用笔用墨"如果以古老的笔法墨法来要求，也许并无什么"基本功"可言，但它们也是一种新的感情的凝结。难道仅用古老的技法就能画出《高原卫士》和《姑苏印象》吗？难道画那些古老题材的《墨花》、《核桃林》、《黄河入海流》就注定只能用古人的手段与情调吗？难道对晨雾，对阳春、对夕阳与残雪的印象和情思就只能与古人雷同吗？当然不能如此，所以杨力舟和张仁芝才将古老的技法加以改造和变化，所以袁运甫和何韵兰才从西洋与东洋的艺术家们那儿采取了一些"拿来主义"。康淑贞用新的色调与情意画出了《晨雾浓》，彭培泉选新的对象与流派作出了《阳春图》，曾善庆用不同前人的渲染法造就了《牧归图》，赵刚则以新的泼彩手法与"抽象"造型画出了《夕照残雪》。几乎参加这次展览的每一个人、每一幅画，都有着不同程度的探求，这是十分可贵可喜的。我们的祖先，曾从西域绘画中悟出了"曹衣出水"手法，曾从佛教艺术中创造了举世闻名的中国观音菩萨，曾将暹罗国产的狮子变成了中国宫殿的守护神……我们这些以之自豪的炎黄子孙，首先不应该忘了这种传统。正因为如此，这个展览才堪称为《八十年代中国画展》，不管它其中画的是亘古已有的山川草木或是生活在当代的人。

## 三

新的探索和尝试是可贵的，但并不是所有这种探索和尝试都能成功，往往绝大多数要失败。所以我想，在创作过程中不但要珍惜自己的探索，也应该尊重别人（也包括古人和洋人）的探索。不要轻易抛弃自己的"画"，也不要轻易否认别人的"法"。真正好的东西绝不是靠门户之见能决定的。恐怕没有一个抽象派画家会否认达·芬奇那种写实风格的成就和影响，也不会有哪个古典派画家会对毕加索视而不见。同样的道理，齐白石与于非闇才都有了不起的成就。可见要使新的探索被承认、被理解，还必须使它们美好完善才行。

不用讳言，在艰难险阻的攀登之路上，只有极少极少数人能达到前所未有的高峰。不要因为只有极少数创新能被历史所承认而否认并排斥"创新"的尝试，尤其对于生活在我们时代的中青年画家来说，继承"创新"这一中国画的传统更为重要。在我们的时代中，新的社会制度，新的社会关系，还有新科技文化与新交际往来所导致的对世界的崭新认识，这些共同铸就了时代的感情，要表现这一切，恐怕不是老祖宗留下的东西能够胜任的。

我认为还有必要再提醒一点：艺术的民族性、时代性归根结底总要在作品的个性上体现出来，任何其他的体现方式都不能取代这一点，这是艺术最显著的特点之一。因而，作为一个民族的、时代的个人，历史赋予艺术家的任务要繁重得多，对于一个有着古文明和崭新社会主义制度的中华民族的艺术家来说，则更是如此了。

我们有许多艺术家苦于摆脱不了"传统"这个包袱，似乎一动脑就被古人束缚了起来；也有许多艺术家摆脱不了"现实"这个包袱，似乎一动手就被"现实"制住了肘。这是前进过程中的正常现象，要紧的是去提高自己，使自己的现实和传统都能成为中华民族在当代艺术中的代言人，这需要不懈的努力。

前人已总结了不少这方面的经验教训，从"仰观天象，俯察地物"到"外感于物，近取诸身"，从"外师造化，中得心源"到"读万卷书，行万里路"，这都是些真知灼见。我们不少画家，对于外感于物、外师造化和行万里路是做得不少了，条件比起古人来也不知优越多少倍，那么，让我们抽空坐下来，做一做"近取诸身"和"读万卷书"的工作如何？也许从中真会得到一些新时代的"心源"哩。

近几十年来，"洋学堂"的教学体制让我们开了不少眼界，读了不少好书，但如果我们搞中国艺术的人，能平心静气地用古人治学的方法去读一下中国古典哲学与艺术理论著作，去玩味一下中国古典诗文曲词，去浏览一下中国的琴棋书印，领略其中的意、趣、理、法，这对于提高自己而达到"借古以开今"的目的也是不无裨益的。

　　在看展览时我注意到彭培泉同志的《阳春图》画的乃是瓜叶菊，我想起前年崔子范同志的个展上他也曾以另一手法画过这种古人绝未见过、近代才从国外引进的受欢迎的小花。它的中国名字取得切贴而有趣，我不禁吟成短歌一阕，愿与同志们共勉："古人未必能见此，今人未必不爱此，美丑有律亦有时，各写丹青各自知。阅尽徐黄无此法，纵无此法君莫嗤，正为求法法应时，为君勉力探求之。"

1983年夏于京城恭王府门房中

# 石鲁传代画序

先生原名冯亚衍,四川仁寿人,慕石涛、鲁迅之品格,因以石鲁为号。先生生于1919年,冯氏初为邑里故族。辛亥鼎革,家室破落而余韵犹丰,科举废除而诗书尚存。先生聪颖好学,自幼熟读经书。于学三年,随兄赴锦城入"东方美专"习中国画。旧科新学,良莠杂芜,国运不兴,烽烟四起,杂言群出,触蛮相争,重技轻文,宣法抑道;于先生之正气布下了无名火,亦为先生之画道植下了谬误根。学成归而执教乡里。越明年,先生弱冠,感国乱、伤时事,愤污吏,怜子民,于是孑然一身,登自行车越巴山,穿秦岭,由川入陕,辗转至晋而赴延安。余旧作中曾为"足踏日月促双轮,投笔从戎万里征"之句,即谓先生此举也。

塞北十载,十年硝烟。多金戈铁马,远风花雪月。笔枪色剑,铸荷戟之一卒;刻制印作,为民众之代言。虽砚池留弹孔,笔洗映血痕,却艺为时用,技被匠趋,见急功而远文理,显近利而非画道。然枯藤九转,烽火三回,或洗马于延河畔,或负薪于南泥湾;枣园星灯、山巅塔影、皇天后土、古塬狂飙、俗谣新俚、小米黄花,亦为先生立肝胆、融情怀、镌形骸、铸魂魄。得失相望,毁誉各参。惜先生入庐山之中,觉之未深、去之不薄,几阻先生之大道。

一唱雄鸡天下白,先生而立之年,雄姿英发,居功不傲,荣而未归。或著述以问世,一部《暴风雨中的雄鹰》为影坛票友,或任职以见称,数任陕西省美术家协会主席等职。十余年间,也曾入京华、游神州、赴印度、过非洲,官运不减,画名亨通。然故技未却、世事莫推,实在只能画些所谓的《非洲写生》与做出些《长城内外》之流作品,或取法于欧美,或问道入苏联,无异于走卒贩夫似地、实际上绕着一个背离国画规律之怪圈。三面红旗与灾害三年之际，不惑之年的先生方在小劫之后小悟过来。"长安画派"一展，先生天降英才，自然艺高一筹。抛开如写死之写生，撇去纯妄设之思构，舍弃重叙述之布陈，改造实功利之目的，于生活、于笔墨、于法式、于情怀均有新的理解和升华。"野怪乱黑"虽褒贬不一，先生却有诗相嘲。其法知矣，其趣识矣，其艺独矣；然时境不遇，道之未觉，理难大悟。其文尚只能停留在《家家都在花丛中》与《转战陕北》之态。但心灵深处之机杼，已在《南泥湾道上》等作品中渐次显欲觉大道之趋势。

十年浩劫之中，吾于长安街头识得鹑衣蓬首，棱棱浩然之先生。忘年之水，曾有数首小诗赠先生。又为先生作《丹青引》以志，中有句曰："作画但惜水如血，忍观中原血似水。病来尚虑色未新，祸至却忧山河倾。体伤力薄神未昏，唯求杜康醉却醒。莫道大悲难慰心，丹青离骚文化情。"可睹当时之一斑。正是在此大劫大难之中，大悲大苦之内，杜康化神，丹青索命，似心死，似情崩，人人都道先生是"神经"。于是，觉自内发，悟从化生，情化文，文化画；大道识而器浅，至理悟而文彰。笔底生梅兰竹菊，又何来梅兰竹菊；纸上现皴擦点染，实本非皴擦点染。是画矣，亦道矣，乃先生也！大任斯人之概，大道小技之貌，非此其谁！

大劫后之大悟，先生一展而动京华，皓首穷经，雕虫不老。惜天妒先生英才，应了"闻道夕死"的箴言。先生于1982年辞世，方过耳顺之年。惜哉！未至从心所欲，使我等未能更睹先生大悟后至美之道。

荣宝斋有意集先生散作，尤见先生之心灵。嘱予题之，《赞》曰："大道出神，小技形辉。新学常用，故理恒煨。错而不失，迷乃速归。斯人斯文，物朽不非。哀哉先生！画慰我悲。"

1989年于京华一梦庐

# 朱屺瞻画序

夫画，小技也。史皇初作，本意虽可按方域、标浸流、志形势、演象理。然道依理化，技随匠分，而后陶水土、染丝帛、镂骨木、铸金石；或涂刻彩饰，或绣织绘缀，或划捽裂凿，或烧熔镂范，千技百巧，众艺一工。考工记之也详，礼仪判之也明。史册简牍、钟鼎鉴符、旌帜衣履，皆莫不然。一言蔽之曰：以工用材器规图绘纹样也。然理运不穷，智识无尽、典籍三分，画曰"图形"。（按：颜延之曰：图载之意有三：一曰图理，卦象是也，二曰图识，字学是也，三曰图形，绘画是也。）虽壁高九丈，帛广盈尺，形容参差，彩泽纷纭，纵千回万转，犹一纸一笔一墨耳，为画之技，岂不小乎！

然画道大矣！河图洛书，地理天文；铸鼎象物，民知神奸；谶形符象，鬼使神差；文盛乎明堂、武昌于凌烟，或融心物于涂抹，草意气于笔墨；或寓劝教于形色，聘情怀于布陈。画之道也，起于经天纬地之理，运于润国泽民之策，归于愉情体性之心。故大涤子曰："夫画，天下通变之大法也，山川形势之精英也，古今造物之陶冶也，阴阳气度之流行也；借笔墨以写天地万物而陶泳乎我也。"信夫！圣人有言："施于有政，是亦为政。"画道之理，不亦几乎？

以至小之技成至大之道，难哉！

化万象千形于色相之中，明诸方色相于一画之内。至美至善，应目会心，见智见仁，不言而喻，圣贤之不言大道亦不过如此耳。故吏士众而绘者稀，帝王稠而画圣罕。仓颉四目，菩萨千眼，识画道而观世音，其理一也。为画者苟能不明不慎乎。

今观屺瞻先生画道，犹感于此。先生治画九十年矣，泛东洋，游九洲，顾环宇，寻迹踪；兼收并蓄，形质相彰。亦有宁静淡泊之得，亦有搏谷藏书之失。以洋鉴古，由迹入心，耄耋之年而蓦然回首，悟至理而使其所画适道。

先生初习西画，尤喜后期印象派诸家形色，至今先生画风中之行笔运墨、造形布色仍隐见其余韵。因陈者或非之，大谬也。殊不知恺之画七佛，道子绘观音，青藤爱石榴，原济名苦瓜，皆以借外物而达宗师，亦文之至道。不然，李白之草蛮文，严复之译天演、唐乐多胡声，葡萄入汉家，岂不荒唐之至！何况于画，自古则知华戎殊体，习西画者，有译经传道，有生吞活剥，有舍本逐末，有削足适履。先生习而渐悟，次第鄙而非之，游刃之中解而弃之，精者神者化而为文，其学之道也。故先生之画能常新而不失其体，恒变而不化其宗，较之只知有国画之故态而不知更当有新貌者，只知有西画之规范而不知更当有文理者，又岂可同日而语哉！

先生之画恣意纵横，不以形色貌之，不以境界目之，不以工巧论之，不以题材限之。野重雄奇，自是一路。其心可求而迹不可师，其艺可赏而法不可袭，其途可鉴而路不可复也。大匠之作，后学不可不慎。

且先生所处之世，地覆天翻，道叛径离，理由法乱，文因术毁。先生以百年之人生，斗转蛇行，由技入道，大不容易。林风眠先生与先生可谓一先一后殊途同归，入大悟之途。惜含而未蕴，文意尚约；虽画中有题，辞不乏意，然直而不朴，浅犹近露。此乃时代文化之使然，又岂可独求于先生哉。况先生佳作绝少苟且，吾曾于冯其庸先生宽堂之中得睹先生长卷《著书黄叶村》图，把玩再四，惊世骇俗；如此奇珍，世不复多矣！

荣宝斋集先生近作刊行，嘱序再四。余思冯其庸先生有《朱屺瞻年谱》行世，述先生行迹已详；王朝闻先生、冯其庸先生亦同序《朱屺瞻画集》，言先生艺术，旨趣宏远。余无奈散漫为文。后生幼学，犊言勿罪！

己巳盛暑于京华一画书屋

# 《中华艺术丛书》跋

《中华艺术丛书》问世了。作为主编的我，似乎感到有些话要说。

造型艺术是文化最直观的本质显现。因此，文化之间的差别，没有比造型艺术表现得更典型、更集中的了。从造型艺术的角度出发，对中华文明中特殊的造型对象、造型材料、造型手法等诸方面作深入的专题研究，是对一种源远流长的古老文明的深刻认识和弘扬民族精神的重要手段。我和我的编撰者们不但对此企求已久，而且乐此不倦。我们觉得，文化一旦被当成"替罪羊"而任人宰割，那就不仅仅是一个民族、一个时代的悲剧，而且是对整个人类和整个世界的摧残。

当西方以数理哲学不停地揭示着"物"的奥秘时，中华文明却精研于那文史哲学所造就的"我"之平稳之中。当西方哲人们明白了二加二不过是一种"规定"而不是"规律"时，中华哲人们也懂得了任何历史与文化都可作定量定性探讨的道理．于是，在高更弃家逃向塔希提岛之时，在海德哥尔将自己紧锁在房间里之时，我们也势必会追求着"科学性"和"技术性"而时髦地扬起走向世界的风帆。对于文化，这一切都不是徒劳。尽管高更和海德哥尔只会找到西方的现代认识，我们也摆脱不了将释迦牟尼附会到布袋和尚和济公活佛身上的历史，但对于文化，这一切更不是徒劳。也许加速这种进程，就是反思中对文化的促进。

当一种文化被另一种文化造就的方法去认识时，它也就失去了自身的形态、丧失了原有属性和特征。因此，改变这种状况的办法，恐怕只能率先用"文"本身去"化"出方法来。我希望研究者以自己别出心裁的、富有科学性的学术成果来阐释一种造型艺术形象，探索其中的精神内涵、文化价值及审美特征。

我们将这个目标当成这套丛书的主要追求。谁都知道，这些只能建立在对专题资料的长期积累、详尽把握与深入研究的基础之上。

愿读者能和我们一同感受其中甘苦。

1987 年 冬于桂林

# 《三文丛书》序

主编写序言，颇有发宣言之嫌。写文章发宣言，叫人望而生厌。于是，我还是说说这套书名目的原委吧。

传说有一次人间鼠患成灾，上帝便配制了一些耗子药，希望能拯救人间。那些以达人娱神为己任的一群便打着上帝药房的旗号和普度众生的幌子，当上了发放耗子药的使者和替耗子药做广告的宣传家。

其中一位喜于形色地想：这回活该耗子倒霉。他全力以赴，身体力行，一夜之间耗子们尸横遍野，侥幸余下的耗子纷纷惊呼着"上帝的末日到了"而背井离乡。不料几天之后，耗子尸体们却阴魂不散，布下了一场瘟疫，两条腿的生灵们也尸满丘壑。

其中的另一位回肠九转，根据传统的子丑寅卯理论与流行的象征寓意理念，推断出耗子乃鼠辈，鼠又属子，将耗子药冠以"子药"的美称，嗲声嗲气地上了电视广告。于是一天之内收到上万封家长的抗议信，说他们的独生子女们因为服了"子药"之后上吐下泻。结果反而使濒于破产的"独子康还魂丹公司"绝处逢生。

一百个使者一百个心眼，一个心眼对耗子药有一百种诠释，一种诠释能导致对耗子药的亿万种使用方法。耗子们还是耗子们，上帝那儿却凭空为此增设了"耗子药咨询处"、"耗子药发放办公室"、"耗子药安全局"、"耗子药效益综合研究中心"等百十个机构，后来又不得不考虑人间群众的要求，重新设立了"耗子药监察委员会"，并设置了"信访接待站"和对使者们的"揭发检举箱"。

于是，上帝在不厌其烦之际收回了一切成命，而且据说还发誓从此之后永不管人间的事。打那时起，上帝也好过了，人间也美妙了，就连耗子，似乎也变得与世无争起来。

我总在想：文化是否也是一种药。

中国人对药有许多精辟见解："是药都有毒，看你怎样服"；"药补不如饭补，敲锣不如打鼓"；"骡子有价马无价，黄金有价药无价"；"怪病怪医不怪药"；"药医病，不医命"……诸如此类道尽药中三昧的谚语格言，其立论扩展开去都是一篇"文化学"上的"警世恒言"，它们与文化似乎亦是"理出一辙"。甚至在中国有史以来的漫长历史中，"服药"还成了一种文化品格的表征：神农尝百草，屈原餐落英，阮籍服五石，葛洪炼丹砂。还有数不清的秦皇汉武求仙药；三姑六婆卖淫药；七怪八仙制膏药。就连母夜叉孙二娘和潇湘妃子林黛玉也卖"蒙汗药"和爱嗅药香，更不用说鲁迅本人就因其父亲"吃错药"而改变了他的一生去学起"医药学"来，并且还写了《药》的名篇与《药、酒与魏晋风度》的精论。然而，在这林林总总的假假真真之中，还有一联道得更妙："药能医假病，酒不解真愁"。它妙就妙在不但有了中国人的真真假假的狡黠，还妙在在中国人心目中，愁本质上还是一种病，酒本质上也是一种药。也许酒正是人类那与文化有关的药之始祖。可是，哪一种药不是在医治着人生那无奈的七情六欲之假病，又有哪一种酒能解脱了人生那本质的生老病死之真愁呢？也许正是这样，人们才找到了文化。

于是，我又在想：文化也的确像是一种医治人生的药。

那么，文化又是什么呢？

据说世界上有上百种有关文化的定义。"五四"新学之际被译成什么"德先生"、"赛先生"之类的洋文，如今也"化"成了中国的"文"，"学"到了中国的"科"，"主"宰了中国的"民"。但我想，科学也罢，民主也罢，不同民族与区域的各自诠释与应用，本来就是千差万别，更何况中国早就有过农民们在田中说"皇上真享福，天天吃饺子"的笑话，有皇帝问饥民们"干嘛不喝参汤而让他饿死"的正史。

对于文化，西方人倾向于这样一种广义的定义：文化是一切人类的创造物；

也偏爱这样一种狭义的注释：文化是种群表现出的共同之行为模式，主要是生产模式、御敌模式与交往模式。一言以蔽之，西方对文化的理解还是表现为一种对象的物态与本体的行径之剖别，更强调物态的人为性与行径的功利性特征。

中国人眼中的文化，其基本内涵却并非如此。恐怕中国人更倾向于接受这样一种广义的文化定义：文化是人类社会发展历史中被认可的认识方式以及合符于这种认识方式或认识结果的个体行为；也更赞同这样一种狭义的解说：文化是人类种群认识的理念纪录，主要是文字记录、图符记录与形象记录。连中国普通老百姓在运用现代汉语词汇时也会自觉地将"没有文化"作为"不识字"的代称。因而说到底，中国对文化的理解基本体现在一种自身的知识与对象的观念之理解上，强调的是知识的符号性与观念的记录性特征。

因而，一切各自的文明都要在对方的文明面前发生文化之"错位"：中国人爱吃的，连中国熊猫与苏东坡学士都"不可一日无此君"的竹笋与天安门前以至城隍庙前皆有的华表旗杆，都被西方学者们煞有介事地考据论证而说成"生殖器崇拜"的遗风；安格尔的《泉》和摩尔的《地中海》那类作品中美妙的人体，又总被中国道学先生和老百姓普遍当成诲淫诲盗的肉欲诱惑。非但如此，就连一言一行、一举手一投足，都会由于不同文化积淀而造成对同一对象、同一行为、同一概念的迥异反射。举例来看：对于同一个金钱集聚流通机构，外国人称之为"银行"，而中国则取名为"钱庄"。"行"者，走也；"庄"者，固也。一重流通，一重集聚。由原始狩猎经济导致的重攫取、重游移、重使用的西方文明与由原始采集经济导致的重收藏、重安固、重贮存的中华文明，产生了多么不同的结果。再看看对客体的了解方式：西方人多将对象之典型个体或撕裂或割碎、或剖析或毁坏，然后量度比较归纳占据，从西医学科直到柯达胶卷、可口可乐等商品的包装所反映的西方人治学之道与取用取食之方式即可明白这点。而即使对于同一对象，中国人也不自觉地希望在保持对象完整性前提下去认识它们：有次序地打开硬纸盒，然后再可以原封不动地将它们盖起来；旋开或拔下瓶塞，然后可以再将其旋好或塞上，注意病人的整个体貌与气质而不是更留神某一局部之病变等等。在这些例子中，西方数理哲学影响的重剖析、重物理、重功利结果与中华文史哲学造就的重本性、重关系、重感受过程的认识方式与目的又呈现出多么不同的行径。

如此等等，又何况文化？

因而，无休止地扩展"文化"的涵盖面，于文化并无多大意义，而只要知道了"一粒米藏着个大千世界"的道理，真正了解"文化"那具体而微的本质内涵才显得更为重要。于是，我们便萌发了要以一种当代的认识来诠释一种文化内涵的不自量力的愿望。

在中国，狭义的文化定义更接近于广义的"文"。"文"在中华文明中，从产生开始就是指的一种由抽象出来的可感觉符号构成的视觉对象。是"仰观天象、俯察地物、近睹鸟兽之迹"的感觉结果，是"外取诸物、内取诸身"的认识结果，是从"结绳记事"到"书契文志"的深化结果。那中华特有的"石之美者"的玉可见的绚烂条纹是"文"，那天象中的星移斗转、云蒸霞蔚是"文"，那龟甲兽骨中烧凿钻摔的裂痕刻画是"文"，那典籍图册中的书、画、卦、形还是"文"。在世界所有的石器文明中，只有中华文明选择了那些有"道道"的石块，后来，又寻找到能吐出"线条"的蚕，再后来，又创造了刻画成"道道"的汉字，发明了书写"道道"的纸和处理"道道集合"的印刷术。这一切有迹可寻的历史，不正是对那种中华民族特有的，从"纹""明"到"文明"，从"纹""志"到"文字"，从"纹""彩"到"文采"，从"纹""彰"到"文章"，从"纹""画"到"文化"的特有解说吗！

人类有了自觉的认识，才会使自己成为一种尺度去量度天地万物，而度量的记录又在于"文"而"化"之的必由之途。我想起了中国古老的"三生万物"的哲学，无论我们如何用现代化的观念去赞美它的奇妙或诅咒它的迂腐，它对认识史上将时空与变化，对立与统一，主客体与观念，形态与运动等诸关系的见仁见智的引入，其功用是毋庸置疑的。如果我们注意到了中国的太阳神和月亮神是三条腿的乌鸦和三条腿的蛤蟆，那我们便不会同意那种说象征国家的鼎有三条腿是因为三点定一稳定平面的解释。如果我们进而注意到上古卦象中，乾卦是三道长画（☰），坤卦是三组短画（☷），思考一下中国文字中为什么"山"

是三座山峰（⛰），"水"是三道水流（≋），"雨"是三行水滴（⛆），"草、木"是三枝茎叶（ψ, ⽊），星星只有三颗（⁂），连爪也只有三个趾（爪）等等，我们也应当明白这绝不是一种"象形"上的解说，它们正是一种哲学认识的结果，是一种理念符号在创造中的原则所自然主宰的反应，是一种特有民族的特有认识方式的"文化"纪录。当许多汉字从"𧈧"（虫）发展到"𧈩"（昆），再发展到"𧍜"（蟲）的时候，我们是否也会在这个历程中体会到那种从"看山是山，看水是水"到"看山不是山，看水不是水"，再到"看山还是山，看水还是水"的"禅"中所谓的"三"界呢！

因而，我们在将我们的丛书定名为"三文丛书"时，既不排斥见仁见智地选取"文明、文采、文化"或者"文志、文章、文史"这类可类比或不可类比的具体组合，更愿提供在"文"上的"三生万物"之遐想和启迪。当然，生万物的"三"也是由"一道"而来，由人类第一次磨制石器中那一道靠劳动创造的"有意味的形式"而来。我们理解的"一道"便是这种自己的扎扎实实的一磨。现代观念是现代认识的结果，现代意识的人又必须建立在以现代文化观念去认识过去、现在和未来的基础之上。这又绕了一个"三足鼎立"的圈子，我们的作者们都愿在这个圈中作"螺旋式上升"，愿以我们争作现代人的思考，于自己、于中华都从"一"做起，对中华民族历史的以至现实的一种现象、一种特征、一种方式以及一种别的什么，作一点我们自己的诠释。或许它们之中的万一会有幸成为被称之为"文"的那种东西，那便也算是我们的"三生之幸"了。

中国古来的"文"都太难太难，"文章千古事"和"其人无文，其行不远"已从正反两方面道出了为文之不易，现在则更难了。达尔文的整个进化论，在中国只剩得"物竞天择"四个字，一套马列主义的基本原理，在中国也便只留下"历史唯物"和"辩证唯物"：中国文化史上，容不得如许多的圣贤。

"文也不言，其功无穷"。我们谁都明白西方社会的进步是文化发达的结果，然而我们却常常不肯正视，中华近代衰弱首先是消灭文化的结果。文化常常被当作"替罪羊"而代人受过，那些在文化的镜子前被照出了污垢的人，总以为砸镜子便能去掉自己身心中的糟粕，那些歪曲着古圣先哲洋贤们认识的人，总以为说了别人的坏话便能弥盖自己行性中的卑劣。那些咒骂着一种文化以为可以热爱或掌握另一种文化的人，到头来只会是整个人类文化的叛徒，那些批判着别人的文化以为这便是自己文化建立之途的人，也只会自作自受地搬石头砸自己的脚。

"国运不兴，文化何罪？"罪在无文而已。文化既是一种认识，它只能在有认识的头脑中产生共鸣；文化既是医治人生的药，它必定是拯救社会的药。难道将耗子药药死了孩子是药的错误？难道我们不应该明白"庸医害人"的平凡真理？从这个意义上讲：文化无糟粕，历史无垃圾。

1988年春于南宁

# 后记：有梦不觉人生寒

十三年前的初春，我只身来到举目无亲的京华，就学于蔡若虹、王朝闻先生门下，寄寓在后海前沿恭王府内一个集体宿舍中。

那是一个冻雨敲窗的春夜，陆君要离京赴美求学，他特地邀我到崇文门当时北京唯一的粤菜馆共进晚餐。陆君是岭南人，他只有用粤菜来寄托一下他那去国怀乡的难舍柔情。我们喝了点儿酒，微醺中回到了恭王府内小角落中他借用的那狭小的琴房里。昏黄而温馨的灯光下，他为我弹奏了拉赫玛尼诺夫的第二钢琴协奏曲。一开始那遥远而沉厚的和弦就敲打着我的心，那悠长而平缓地起伏着的主题，使我胸中逸气越积越厚又总是绕而不发。我实在不堪这当时看来也许是死别的生离，霎那间涌出的泪水使身心突然变成了一片解脱的空白。琴声融成了一片亘古的轰鸣，四周闪现出一片耀眼的新绿，仿佛是大地母亲对孩子的祝福。我突然记起了多年以前离家求学时家母赠我的诗句：风景宜人随处好，何须定向故园看。渐渐地，拉赫玛尼诺夫那清越而猗丽的旋律又在耳畔响起，那正是他在大洋彼岸怀念俄罗斯故土的倾诉，是纪念那开满蒲公英大地时的吟哦。我知道，陆君正借着这音符的图画向我描绘他的幽思。一曲终了，我们无言相对而都把脸转向窗外，接着，又默默地步入那料峭的春寒中，但春雨毕竟洒在了我们的脸上，溶化了满面的泪痕。

恭王府的大门旁，街灯让细雨的迷蒙包围着，镶上了一圈圈五彩的光环，春风刮起的雨丝游曳着，像是在夜空中飘荡的一个个灵魂。

"你真的不打算走吗？"陆君喃喃地问我，那声音仿佛从另一个世界中飘进我的耳朵。

"你是应该走的。"我答非所问地说。我不知道如何安慰这个在"文革"中失去几乎所有亲人的朋友,他已经无家可归了。"乱时相依倚,清平各自飞",浩劫之后各人重整自己破碎的心灵时,他越发孤寂起来。我以为换一个大环境对于他那寂寞的心来说,总归会是一种解脱。

但陆君却拉着我的手喃喃地说:"可是,我害怕那陌生的气息,我永远会想家啊!"

我知道他想的家是什么,因为我们曾共同沉浸在"月是故乡明"的赞叹与"乡音无改鬓毛衰"的遐想里,何况我们早已过了"而立"之年,又带着一颗天生敏感且不善忘却的心。于是,我只好仍是喃喃地说起"大丈夫志在四方"、"你选的专业必须到外国进修"以及"天涯何处无芳草"、"何处黄土不埋人"之类的废话来。

我送他走到车站,他又送我走回来,不知过了多久,也许要错过末班公共汽车了,而那时的北京,几乎找不到出租汽车。终于,陆君默默地站定,深深吸了一口气。明天的此时,他也许就站在异国的土地上了。

"送君千里,终须一别;还是'道远无复论,努力加餐饭'吧!"我终于说出了我极不愿说的又一句废话。让离人吃饭,那从汉代古诗到现代口头问候中都忘却不了的中国真理。

陆君却郑重地点点头,然后又郑重地问我:"你真不打算走么?那你打算怎么办呢?"

"打算?!"我突然想起来我是否该有点什么"打算"了。其实,我真不知道什么打算。在我看来,打算本也和希望差不多。希望本是无所谓有无所谓无的,然而,打算就有么?如果希望如同地上的路,那么,打算也许只能是路上所行的车。霎那间我又想起了许许多多的往事来:十岁那年,我上初中,就打算着要当一个演员,可后来,"家庭出身"不好的我只能辗转着做一个当演员的梦;上了大学,我又打算着当一个科学家,然而几年之后,曾被人挂过"反动学生"牌子的我还是只能当一名被暗地监督劳动的铁路养路工,并且已经做不成当科学家的梦了。但我似乎仍不肯放弃什么打算,我仍在做梦。记得有一次,我又

## 后记：有梦不觉人生寒

做了一个梦，梦见我在高高的天空中穿云破雾地飞行，突然，那陌生的神瞪着眼问我上天来有点什么"打算"，我始终答不出有什么打算而惊醒过来。那正是1976年一个黎明前似乎黑暗无边的春晨。于是，我只能在"梦坠空云齿发寒"中吟成了《记梦》的几句：

> 云海雾山识不得，金弦银箭振车辙，
> 日车霹雳羲和走，仙娥谁识昭阳客。
> 寒深天梯隐湿露，茫茫元气之何处，
> 欲张云帆九万里，帝口未开风无主。
> 鸿龙玉狗眼犹白，霹雳电光闪愁色，
> 青娥素女渺无迹，琼楼玉宇皆淡泊。
> 忽听人歌行路难，何向天宫解束勒，
> 侧身咨嗟归沅湘，荒鸡三唱天未白。

如今，当远行的友人问起我的"打算"来，我该说些什么好。

陆君急切地望着我，他的眼睛仿佛是夜空中的萤火虫。我避开了他的目光，轻轻揭开了自己最沉重的心扉之底门。

"打算做梦，"我仿佛对自己说，"做一个中国的梦。"

我知道自己，永远只能是一个做着五彩梦的孩子，我深信梦中的一切。

"是的，我又何尝不是在企求着做一个新的梦呢。"陆君默许了我的回答。我知道，他会理解我的期待与祝福。我曾经暗自写过"人生如梦，梦似人生，人生常假梦常真"的词句，我并不承认梦的破灭，因为我要肯定生命追求的价值。

在陆君登上末班公共汽车向我挥手时，我们会心地笑了。我在春雨中又吟出了"无迹方知流光逝，有梦不觉人生寒"的句子来。

十三年如同流水般地逝去，神州大地上十三年的变化，正是我做梦也未曾想见的。十三年来，在京华"半为隐士半劳碌"的我，也许是还算自在地做着我"打算"的那个梦。七月的一天，在上海旅次中的我忽然发现了报纸上陆君归国举行演奏会的消息与评论,那赫然在目的曲目中,仍有那首拉赫玛尼诺夫的第二钢琴协奏曲。欣喜之余我不自觉地拿起了电话,然而,我追不上行色匆匆的朋友。当我回到北京后,陆君又离京远行了。"人生不复见,动如参与商",难道缘分真该如此,我不但没能见到陆君,甚至还错过了他演奏会的转播。也许这倒好,我反而永远忘不了那间狭小琴房中冻雨敲窗下的春夜。

在莫名的惆怅中,我感到岁月并不原谅我的记忆,我似乎觉得也应该将自己借以温暖人生的梦,留下一些不负流光的痕迹来。于是,便从那些故纸堆中,搜寻出这本集子的文字。是流连、是回顾、是总结,还是期望,我说不清,也许只是诉说给友人的荒唐的梦呓。

我本打算给它取个《无痕有梦集》之类的名实相符的书名,但近年来时髦的"文明"(也是文名)大多已脱光了屁股。不但使得中国的"礼仪"丧失殆尽,就连中国那种"衣冠禽兽"之类的骂人话也"无从附体",更有甚者,连真善美中的"美感"也认为只能从"动物的快感"那儿去"有根有据"地获得。我便只有让自己的"文"有意地遮蔽一下罢,因为我们还希望做一个中国人主张的那种"不知足也应知羞"的人类。

也许那遮蔽着的中华文明,将是我永世追求的真梦。

1991 年岁末于桂林一梦庐